U0023461

航空地勤服務管理

Airline Management in Airport Service

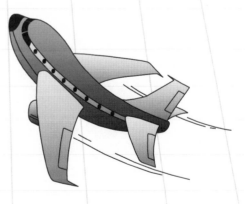

楊政樺◎著

李　序

　　隨著航太科技的蓬勃發展，在市場競爭下，各航空公司莫不在服務品質上力求改善，以凸顯其產品的異質性，裨益利基區隔。「服務優質化、人員菁英化、企業資訊化」爲二十一世紀民航界的發展重點，對重視顧客滿意的航空業而言，卓越的服務必須經過規劃和管理，更需要在學校階段穩固紮根。然而，「十年樹木、百年樹人」，雖預期我國加入世界貿易組織及兩岸通航後的航空專業人力需求殷切，然專才培育不易、專業教材不足，是爲我國航空人力資源培育的努力空間。國立高雄餐旅學院航空管理學系楊政樺老師學有專精，授課認眞，很高興楊君針對民航地勤服務管理的主題耗費心力彙整付梓，並將知識分享大眾。

　　楊君於民國八十五年於遠東航空公司服務期間，爲我擔任遠航董事長期間推動各項研究專案的得力幕僚。楊君於執行所交辦之國際航線開闢、公司中長期策略規劃、兩岸直航策略規劃、民航噪音費管制、航機起降時間帶、額度管理策略、飛航組員配對系統……等專案時，其扒梳探索、窮源究委的研究熱忱讓人印象深刻。本人由楊君從事各項專案的計劃管理與內部協調、執行研究專案之優良績效與冷靜的邏輯分析能力，乃至於涉外事務之協調手腕，均具有相當程度的瞭解與肯定，並曾於民國八十八年特薦其攻讀博士學位，楊君亦不負本人所望，順利考取國立交通大

學運輸科技與管理學系博士班。楊君綜合理論與實務特著《航空地勤服務管理》一書，佳作付梓之際，邀我爲序，爲對作者潛心研究精神與成就表達敬佩與祝賀之忱，特綴數言予以推薦，是爲之序。

中華航空股份有限公司董事長

李雲寧 謹識

中華民國九十年三月二十日

張　序

　　在天涯若比鄰的今日，人們藉著航空器速度快、無遠弗屆的特性，促進了文化交流、觀光旅行、經貿活動，並藉此改變了時空的意義。然而，人們對於航空業所能提供的服務要求也越來越高。在二十一世紀科技及服務管理並重的時代，如何提供人們安全、快速又舒適的移動環境，是目前人們致力發展的重要課題。

　　民航運輸產業是屬於寡佔競爭市場，在市場競爭的生存壓力下，各航空公司的管理人無不希望藉由策略的創新以建構產品的差異化，提高進入障礙，並能利用產品差異性吸引或留住更多的旅客。然而，屬於服務業的民航運輸業，其價格、策略甚至促銷或廣告都很容易被模仿，若要永續生存，甚至在該行業獨領風騷，除了對飛航安全可靠度的努力、硬體設施的現代化之外，應該在傳統行銷組合的四P變數，亦即price（價格）、place（通路）、product（產品）、promotion（促銷）之外，考量航空業特殊的服務屬性，再加入二P，是為people（員工與顧客的人群關係）及process（服務過程）。藉由與顧客面對面接觸的基層地勤服務，以細節管理強化企業的競爭強度，以Michael E. Porter所提出的五力分析架構，包括潛在新進者、客戶、供應商、替代品，及產業競爭者，來瞭解公司在整體產業內的潛在作用力，進而發展適合於自身資源之競爭策略，並確定公司在產業的發展與機會，以臻

永續經營之目的。

　　國立高雄餐旅學院航空管理學系楊政樺老師於本所碩士班、博士班就學期間，曾修習余開授之「高等統計學」、「運輸需求理論」及「運輸安全」等科目，余並忝為其論文指導教授，對楊老師具有相當程度之瞭解。楊老師於交大求學期間，在求知及研究上的積極主動態度讓人印象深刻，尤其在製作論文期間，更可看出其獨立研究與創新思考的能力；除此之外，楊老師亦於余擔任交大運輸研究中心主任及交大運輸科技與管理學系系主任期間，參與兩項新竹市政府委託的研究計畫，無論對於團隊合作默契、研究能力、工作態度及團體和諧上均堪稱傑出。無論其治學態度、研究能力、尊師重道的應對進退與同儕間的和睦相處，乃至於交通運輸領域的學習成效、民航實務界累積的工作經驗，楊先生實為積極上進之青年。最近一年來，楊老師深居潛研，綜合多年於民航業界的實務經驗與教學心得編彙成書，名為《航空地勤服務管理》，余肯定其研究與教學熱忱，爰為之序。

國立交通大學總務長

國立交通大學運輸科技與管理學系教授

謹識

民國九十年三月二十六日

自 序

　　若要以二分法將航空公司的部門組織以服務地點的屬性做為分類標準,可粗略分為地勤與空勤。然而,事實上航空公司一般之職掌歸屬主要分為行政管理、業務管理、財務管理、規劃管理、機務管理、飛安管理、品質管理、運勤務管理、航務管理、空勤服務⋯⋯等功能。廣義的地勤,應包含第一線的運務、勤務、票務、訂位,也包括負責執行飛機修護、定檢的機務、行政內勤的企劃、業務、財務,甚至包含從事飛航安全工作推展與監督的飛安部門⋯⋯都是屬於地勤。基於篇幅考量,雖云航空地勤的範圍涵蓋甚廣,本書僅將探討範圍界定於機場運務服務、勤務服務,並於最後一章對飛安管理的觀念做簡單的引介,期使讀者瞭解「無飛安,就無所謂營運」的業界鐵則。

　　國立高雄餐旅學院航空服務科、航空管理學系為配合國家亞太空運中心及預期加入世界貿易組織、兩岸通航後的航空基層操作人力需求,於一九九七年八月一日正式成立,其宗旨為培育國內航空公司空、地勤基層服務人力資源,為全國首創的民航服務科系。與本系建教合作的業界,遍及國內各航空公司,計有中華航空、長榮航空、華信航空、遠東航空、復興航空、立榮航空,以及外商港龍航空,深獲業界好評。承續校方技職導向的理念,

本系透過三明治學程（sandwich program），期使學生能夠經由輪替經歷「學校學習」和「職場學習」的輪調式、期釋（block release）制的工作經驗學程能夠學以致用，並為業界培訓基層的第一線服務操作人才。吾人於一九九九年八月甫任專任教職，擇用教材之際，雖坊間航空相關書籍頗多，然而以服務管理為導向的實作類專門書籍卻鳳毛麟角，尋之不易。遂參考國際航空運輸協會之相關文獻、我國多家國籍航空公司之運務相關手冊，並以吾人於航空公司任職期間之服務經驗，彙編為課程講義。經歷幾屆以來的不斷更新，遂將全書以「航空地勤服務管理」之名付梓出版。因吾人於南部擔任教職，又於北部進修博士，在教務及博士班課業的案牘勞形下，本書係於一年來透過南來北往的火車旅途中逐章逐節草成，然由於作者才疏學淺且匆促付梓，謬誤之處在所難免，尚祈斯學宏達先進不吝賜正為感，并就教於方家諸君子。

本書得以順利完成，首先要感謝中華航空公司李董事長雲寧先生，李董事長望重寰宇，在日理萬機下，多年以來仍然費心殷切指正吾人於民航專業的研究思維，甚至百忙中仍撥冗惠賜鴻序，使本書增輝良多，耑此誌謝。而吾人在交通大學運管系碩士班、博士班進修期間，師承恩師交大總務長張教授新立博士，在張教授悉心指導下，無論是運輸專業理論的教導、研究方法的傳授，乃至於為人處事的諄諄教誨，均讓吾人獲益匪淺，至深感謝。國立高雄餐旅學院李校長福登教授、容副校長繼業教授、萬教務長金生教授及航空管理學系陳主任福川博士在校務繁忙之際，仍大力支持吾人的博士進修，甚至在生活上給予諸多關照鼓勵，吾人均永誌於懷。在此特別要感謝的是成功大學統計學系劉教授應興博士及交通大學運管系任教授維廉博士，兩位學養俱佳的恩師除了平常透過網路通訊，不厭其煩地啟迪吾人專業研究方法的邏

輯思維，並在爲人處事的哲學上指點有加，浩浩師恩，高山仰止
。交大管理學院韓院長復華教授、運管系卓主任訓榮教授、許巧
鶯教授、吳水威教授、吳宗修教授、高凱教授、張隆憲教授、王
晉元教授、陳光華教授、謝尚行教授於運輸管理專業基礎的訓練
與關照，亦令吾人受惠良多，特此致謝。除此之外，特別感激二
叔國立清華大學動力機械工程學系楊教授鏡堂博士、二孀元智大
學應用外語學系忻教授愛莉博士在家父驟然往生後對吾人的諸多
提攜與鼓勵，使我能夠在悲愴的情緒下重新出發。而航空業界諸
多友人，包含中華航空公司董事長秘書黃意文小姐、華儲股份有
限公司柯主任勝鐘、復興航空公司曲副理端陽、遠東航空公司資
源管理處楊處長振池、周副主任文津、總經理室機隊規劃組潘珍
珠小姐等亦給予筆者諸多協助與關懷；高餐同事張老師健豪先生
及摯友美商奇異飛機引擎公司林協理青松先生、遠東航空公司飛
安部王穎駿先生於本書撰寫期間對各章節內容的匡正與建議，甚
至惠贈寶貴的資料及照片，使本書內容更加嚴謹及豐富，在此一
併致謝。

　　「父兮生我，母兮鞠我。拊我畜我，長我育我。顧我復我，
出入腹我。欲報之德，昊天罔極！」願以這本專書獻給善良、辛
苦劬勞的母親以及父親在天之靈，沒有雙親無怨無悔的勞瘁栽培
，沒有眼前的小小成就。最後，對於女友佳靜多年來的陪伴，使
我能堅強面對所有的挫折與困難，亦銘感於心。謹將這份成果獻
給所有關心我與支持我的親友。

楊政樺（Edward Yang）謹誌

2001年4月4日於國立高雄餐旅學院

目　錄

李　序　i

張　序　iii

自　序　v

第一章　航空運輸簡介　1

第一節　航空運輸簡介　2

第二節　國籍航空公司簡介　9

第三節　民航六大特許產業　21

第四節　民航其他相關產業　25

第五節　國際航空組織　29

第六節　民用航空局　36

第二章　航空公司的組織、營收與成本　41

第一節　航空公司的組織運作　42

第二節　航空公司營運收入簡介　54

第三節　營運成本與結構分析　60

第三章　航空站作業流程 73

　　第一節　航空站基本認識　74

　　第二節　航空基本用語　83

　　第三節　機場運務部門工作執掌　97

　　第四節　訂位系統概述與機場訂位　104

　　第五節　電話班訂位人員的規範　112

　　第六節　機場售票　116

　　第七節　場站聯絡及通訊作業　122

　　第八節　優待票作業　128

　　第九節　二十一世紀的航空服務電子化變革　131

第四章　旅客報到作業 141

　　第一節　旅行文件簡介　142

　　第二節　入出境物品規定　150

　　第三節　旅客報到作業　159

　　第四節　旅客報到突發狀況之處理　171

　　第五節　機坪作業　175

　　第六節　內候機室作業　182

　　第七節　內候機室突發狀況之處理　185

　　第八節　清艙作業　190

　　第九節　航空器放行作業　193

　　第十節　離境班機後續處理作業　194

　　第十一節　接機作業　197

　　第十二節　貴賓離、到站作業　202

第十二節　運務廣播用語　208

第五章　異常事件處理　215

第一節　接獲恐嚇電話　216

第二節　接獲爆破飛機情報　217

第三節　劫機事件處理　219

第四節　班機延誤、取消旅客權益糾紛處理　228

第五節　國際航線對機位超賣的補償給付　236

第六節　旅客霸機事件處理　238

第七節　更換艙等　243

第六章　特殊旅客之處理　247

第一節　摒載原則　248

第二節　病患　250

第三節　囚犯　252

第四節　孕婦搭機　254

第五節　需要輪椅的旅客　255

第六節　盲人及耳聾之旅客　258

第七節　要求特殊協助的旅客　262

第八節　MEDA CASE　276

第九節　STPC旅客　282

第七章　行李處理作業　289

第一節　託運行李　295

第二節　手提行李　302

第三節　超重行李及客艙大件行李　305

第四節　武器託運作業　308

第五節　到站行李作業　313

第六節　活生動物的託運　321

第七節　報值行李作業　332

第八節　遺體託運　336

第八章　危險品處理作業　341

第一節　危險物品分類　345

第二節　禁止當做行李載運的危險物品　349

第三節　允許當做行李載運的危險物品　351

第四節　載運的限制條件　354

第五節　隱含於行李中之危險物品　358

第六節　危險物品之處理　358

第九章　勤務作業　363

第一節　航機勤務支援作業　364

第二節　飛機進出停機區之勤務支援作業　377

第三節　出入境行李及貨運作業　382

第四節　輪椅及雨傘服務　390

第五節　航空站消弭外物作業　392

第六節　地勤服務相關車輛及地面安全　395

第十章　航空安全簡介　403

第一節　著名的飛安相關定律　412

第二節　影響飛行失事的四種因素　422

第三節　飛機失事之分類　427

第四節　航空公司飛安實務　434

第五節　航空保險的種類及未來趨勢　446

附　錄　SITA TELIX航空電報代碼　455

參考文獻　491

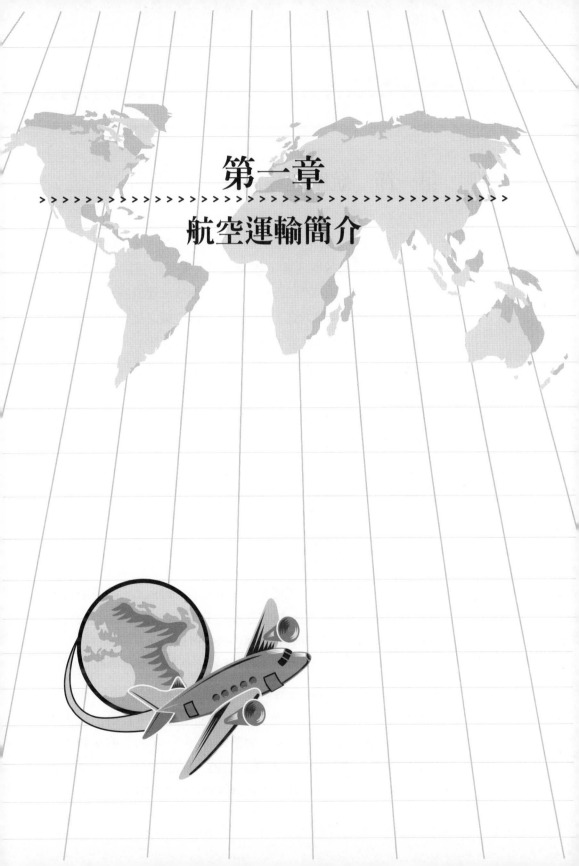

第一章

航空運輸簡介

第一節　航空運輸簡介

「運輸」（transportation）的定義為「為達到某種活動目的，將人或貨物透過各種運輸工具及通路，從甲地運送到乙地的現象」。因運輸工具的不同而區分為陸面運輸、管道運輸、海上運輸及航空運輸等運輸方式，而航空器憑藉空氣之反作用力飛行於大氣之中從事運輸行為者，我們稱為「航空運輸」。對於缺乏有利天然資源的台灣而言，想要生存、繁榮，就必須與世界各國從事經貿往來才能獲得商機，因此，航空運輸對我國的整體經貿活動扮演極為重要的媒介。然而，航空運輸事業是一個投資大、回收慢的龐大事業，以一架波音747-400的客機來說，造價約一億五千萬至一億七千萬美金，如果要擁有一個完整的機隊，耗資百億美金的資本是必要的。如此龐大的資金挹注，端賴投資者的魄力與冷靜的市場策略規劃。

一、航空運輸的定義

航空運輸，簡稱「空運」（air transportation）。顧名思義，基於達到某種活動目的，以航空器為工具，將人或貨物透過各種運輸工具及通路，從甲地運送到乙地的現象稱之「航空運輸」。航空的原理係根據飛機引擎發動後產生動力，帶動渦輪使其轉動，渦輪不斷地旋轉產生推力，藉著地表空氣之反作用力而使航空器得以浮升於空中，並經由地表海面之反作用力而浮升或推進。航空運輸是國民經濟的一個重要的部門，是技術密集和資金密集的產業，屬於「第三產業」的第一個層次，亦即「流通領域」。航空運輸在國民經濟和社會活動中從事運送旅客和貨物的

‹‹‹

生產部門，它雖不直接創造新的物質產品，不增加社會的產品總量，但它是直接生產過程的繼續，對保持國民經濟、各部門、各地區、各企業間的聯繫、交流及促進對外交往有重大的作用。

　　在目前工商業高度發展的環境下，人們從事商務往來及觀光將更加頻繁，爲了縮短兩地往來的時間，在交通工具的選擇上，也就趨向於速度快及準點度高的運輸工具。航空運輸有速度快的特性，因此目前成爲人們長途旅行的最佳選擇。由於航空運輸快速發展，提供便捷、舒適旅程服務，不但縮短了各地區的距離，也擴大個人活動的能力，同時人和人間的交流密切，國際間觀光、文化、經貿活動往來頻繁，使國界意識逐漸淡薄，「天涯若比鄰」的地球村雛形已逐漸形成。而藉著便利而密集的航空運輸網路，也可逐漸縮短城鄉差距，有利於政府的國土規劃。除此之外，藉由航空運輸快速、無遠弗屆的特性，也提高了工業製品及農產品的附加價值，也促使交通結構、地區結構、都市、產業等結構發生變化，改變了傳統的社會生活型態、人民意識及經貿活動脈絡。然而，航空運輸的運作方式比其他運輸方式要來得複雜許多，以下茲就廣義及狹義兩部分，對航空運輸作一簡明的定義：

　　所謂廣義的「航空運輸系統」包含有政府部門（如：交通部、交通部民用航空局、飛安會）、航空站（包含：機場管理當局、海關、移民局、檢疫、航警……）、航空公司、航空站地勤業、航空貨運承攬業、航空貨物集散站經營業、空廚業及航空器製造商、發動機製造商、航空器租賃公司……等相關產業。而狹義的「航空運輸」僅包含由航空公司所提供的運輸行爲。由以上定義可知，其主要差別在於提供旅客服務爲直接或間接方式。

二、航空運輸發展回顧

　　根據我國民用航空法第二條：「航空器：指飛機、飛艇、氣球及其他任何藉空氣之反作用力，得以飛航於大氣中之器物。」從一八〇四年至今，航空運輸的發展可謂一日千里，茲於後將航空史上重要的里程碑依時間順序摘錄之：

1. 一八〇四至一八五九年，英國的卡萊（Cayley）發展出第一架成功離開陸地飛行的滑翔機。
2. 一九〇三年十二月十七日，美國北卡羅萊納州的萊特兄弟（Orville and Wright）以自造雙翼飛機「飛行家一號」（Flyer I）成功地完成最早的動力飛行。
3. 一九〇六年，巴西的杉多斯‧都蒙特以自製的雙翼飛機，飛行了二百二十公尺，此為歐洲境內首次的動力飛行。
4. 一九一一年（清宣統三年），中國革命興起，革命軍擬以航空制勝攻取帝都北京，遂向奧地利訂購「伊特立克式」單翼飛機兩架以備策應。一九一三年，該機運至上海，清朝宣統皇帝愛新覺羅‧溥儀與隆裕皇太后同意遜位、還政民國後，此機乃於上海從事飛行表演，供人觀賞。
5. 一九一九年，英國的「維卡斯‧維爾雙」引擎雙翼飛機，從紐芬蘭（New-Foundland）到愛爾蘭（Ireland），以十六小時十二分的時間，飛行3,040公里。
6. 一九二七年五月二十日，美國的林白上尉駕駛「聖路易斯精神號」首創自紐約至巴黎之橫渡大西洋的歷史飛行，航程3,625浬，歷時三十三小時三十九分鐘。
7. 一九二八年，英國工程師法蘭克‧懷特爵士首先提出噴射引擎的實際方案，並在一九三七年試驗成功，英國第一架

噴射戰機「格洛斯特‧米底亞」則是一九四五年開始服役。

8. 一九五二年，英國製造出第一架噴射客機「地海維蘭德」（Dehavilland Comet）D.H.106彗星I號，自此，噴射客機成為民航機的主流。

9. 一九五八年，渦輪噴射螺旋槳飛機正式服務，波音707型客機成為美國第一架的商務噴射客機，並淘汰以往的複式螺旋槳飛機（reciprocating propeller）。

10. 一九七六年一月二十一日，英航和法航宣布以合製的「協合號」（Concord）在兩地同時起飛營運，開啟了超音速客機的紀元。雖然該機巡航時速高達兩千三百公里，高度六萬兩千呎，但卻因噪音太大引起美國的抵制，在開航的前幾年幾乎無法降落美國的機場。此外，協合號飛機造價昂貴，營運費用偏高（其班機座位數僅約一百零八至一百二十八個座位），致使其票價約為一般噴射客機頭等艙票價再加17％至20％。

11. 一九八○年代以後，因應自一九七○年代之全球性能源危機及國際性經濟不景氣，而推出較以往節省燃油及降低噪音水準的諸多新型飛機，比較顯著的例子是美國波音公司之B-757、B-767及B-777，英國的BAC-176……等。

12. 一九九○年代後期，全球的航空公司之間瘋狂地進行結盟或合併。一九九七年五月由美國聯合航空公司、德國漢莎航空公司、加拿大楓葉航空公司、北歐航空公司及泰國國際航空公司五家公司率先組織了第一個全球性的「星空聯盟」（Star Alliance）；一九九八年九月，美國航空公司、英國航空公司、加拿大國際航空公司、國泰航空公司和澳洲航空公司五家大公司也成立了第二個全球性的「寰宇一

家聯盟」（One World Alliance）。短期來說，合併的議題可以為參與者在營運上帶來許多動力，增進在世界上的排名；長期來看，他們必須為設置更新的服務水準，共同創造一個可以超越競爭者的團隊。[1]

而我國民用航空運輸業的發展的開始，要由一九○九年開始談起。這一年，一位法國航空技師梵朗先生在我國上海的上空從事航空器的表演，此為中國神洲穹蒼第一次出現人造的飛行器邀遊天際。爾後，在軍閥割據時代，一九二一年北洋政府航空署開辦北京與上海的國內定期航線。一九三○年八月，我國第一家民營的中國航空公司開啟上海、四川、廣東、北京、昆明及香港、舊金山等航線的空運服務。一九三一年，歐亞航空公司飛航北京、廣州、蘭州、四川及香港、河內等航線。後來，歐亞航空公司收歸國有後，於一九五一年改組為中央航空運輸公司，飛航國內各大都市及香港、馬尼拉、舊金山等國際航線。歷經八年艱辛的對日抗戰，一九四五年，由美國陳納德將軍所創辦民航空運隊（簡稱CAT）成立，諸多外籍航空公司將經營航線延伸至我國境內。

一九四九年因中國共產黨取得大陸政權，以蔣介石為首的國民黨政府遷都台灣。原先中國的三大航空公司（中央、中國、民航空運隊）僅民航空運隊隨政府遷台，維持台灣國內及香港等地空中交通。民航空運隊在一九五五年改組成立民航空運公司，經營國內外航線，但一九七五年該公司法人股東美國太平洋公司決議宣布解散。繼而，一九五一年由陳文寬、戴安國、蔡克非等人共同創辦復興航空公司，是台灣第一家純民營經營國內航線的航空公司。但一九五八年十月一日，復興航空因一架自馬祖返台北的水陸兩用客機PBY型藍天鵝式商用飛機失事，遂改變經營方

針，暫停國內航線，以代理國際客運業務及經營空中廚房為主，一九八三年由國產實業集團接掌後，始恢復國內航線經營。一九五七年，胡侗清成立遠東航空公司，初期經營空中運報業務、不定期國內外包機及航測、農噴等工作，一九六二年起陸續開闢國內航線班機，為經營國內航線之主要航空公司。一九五九年，一批空軍退役軍官以資本額新台幣四十萬元、員工二十六人及PBY型飛機兩架成立中華航空公司，從事至寮國、越南代行戰地運補工作，一九六二年開始經營國內航線，一九六六年華航以DC-4開闢第一條國際航線，台北至西貢（越南胡志明市），一九七〇年開闢中美越洋航線，華航為台灣的民航發展立下嶄新的里程碑。一九八二年，華航又增闢台北至盧森堡歐洲航線，一九八四年完成環球航線，躋身國際的大型航空公司，為代表台灣的國家航空公司（flag carrier）。除此之外，一九六六年大華航空公司、台灣航空公司、永興航空公司紛紛成立。大華航空初期以直昇機農噴、運補或包機業務為主。台灣航空公司以經營蘭嶼、綠島等離島航線為主。而永興航空公司除了經營離島航線外，尚從事農噴業務。

　　一九八七年，因台灣的高速公路壅塞，鐵路營運績效不佳，政府於是頒佈「民航運輸業申請設立、增闢航線、購機執行要點」，放寬國內航空運輸新業者加入及允許業者增闢航線的管制，此即一般所謂的「開放天空政策」。在航空客運量大幅增加的狀況下，台灣遂進入高競爭環境的空運市場。在國內航線市場利潤固定，且競爭激烈的生存危機下，天空開放後的航空公司均紛紛改組，添購新機，擴大國內線的經營規模及拓展國際及區域航線。一九八九年長榮航空公司獲准籌設，經營國際航線。一九九一年華航子公司華信航空公司成立，飛航國際航線。迄二〇〇一年六月，小小的台灣地區，共計有六家航空公司經營民用航空運輸

>>

業，分別為中華、長榮、華信、復興、遠東、立榮。另亞太、大鵬、中興、凌天、金鷹經營普通航空業。開放天空後的台灣國內航線雖飛航班次增加，但因供給增加導致相對的承載率下降，和航空公司家數成反向關係，在具商業優勢的國際航權拓展不易、海峽兩岸的直航市場又不明朗的狀況下，國內航空公司集團化、聯盟化遂成為生存法則下的必然趨勢，如同美國開放天空後航空市場的質變經驗，台灣的航空公司初期以維持市場占有率為競爭策略似乎在經營一段時日後有所改變。他們確信最有效率的競爭武器在規模，因此開始併購小型航空公司或將航空公司彼此間的藩籬給集團化、聯盟化。遠東航空公司持有復興航空公司股票愈見明顯，且兩家公司也採取航線與票價聯盟。立榮航空自一九九八年七月一日合併大華、台灣航空後，同時長榮航空也停飛國內航線。立榮的機隊迅速壯大，原來的十二架機隊擴增為三十二架，立榮航空的飛行版圖也從本島擴及偏遠離島航線。不過，來自各公司的員工文化差異，是否將制服統一換上橘色系的立榮航空制服就會「標準化」，值得觀察。三家公司各有檢修手冊，員工作業方式不同，在合併轉換過程中是否會發生文化差異所帶來的問題，則考驗著該公司管理階層的智慧。員工是活的人，有自己的價值觀，讓不同背景人員的融合是一項藝術，過程必定會有陣痛期。如何縮短陣痛，為公司帶來合併的力量，而不是力量的分散，只有靠公司制度面與管理面的努力了。此外，華航亦在考量飛航品質與專心經營國際線下，自一九九八年十一月由華信航空接手飛航國內線。

　　除國籍航空公司外，目前在台灣營運之外籍航空公司有澳門航空（NX/AMU；Air Macau）、泰國航空（TG/THA；Thai Airways International）、日本亞細亞（EG/JAA；Japan Asia Airways）、日空（EL/ANK；Air Nippon）、港龍（KA/HDA；

Dragon Air）、國泰（CX/CPA；Cathay Pacific Airways）、菲律賓、東亞（菲律賓）、印尼、森巴迪（印尼）、馬來西亞（MH/MAS；Malaysia Airlines）、新加坡（SQ/SIA；Singapore Airlines）、汶萊皇家航空（BI/RBA；Royal Brunei Airlines）、越南（VN/HVN；Vietnam Airlines）、越南太平洋（BL/PIC；Pacific Airlines）、澳洲航空（QF/QFA；Qantas Airways）、澳亞航（澳洲航空公司子公司）、澳洲安捷（AN/AAA；Ansett Australia）、紐西蘭（NZ/ANZ；Air New Zealand）、沙烏地（SV/SVA；Saudia）、南非、英亞航（BA/BAW；British Asia Airways）、法國亞洲航空（Air France Asie）、德國漢莎（Lufthansa）、荷蘭亞洲（HN/KLC；KLM Asia）、荷蘭馬丁（MP/MPH；Martinair Holland）、盧森堡國際航空貨運（CV/CLX；Cargolux Airlines International）、瑞士航空（SR/SWR；Swissair）、加拿大國際（CP/CDN；Canadian Airlines International）、加拿大楓葉航空（AC/ACA；Air Canada）、美國西北（NW/NWA；Northwest Airlines）、聯合（UA/UAL；United Airlines）、達美、大陸（CO/COA；Continental Airlines）、美國長青（EZ/EIA；Evergreen International）、聯邦快遞（FM/FDX；Fedex）、優比速（5X/UPS；United Parcel Service）、保羅、泰華……等，從事客貨運定期或包機業務。

第二節　國籍航空公司簡介

　　民用航空運輸業主要可分為經營國際航線及國內航線的航空公司。在「天空開放」實施之前，我國計有四家航空公司：中華、遠東、台灣、國華（永興）航空公司，其中僅華航營運國際

>>>

航線。「天空開放」政策實施以來，新加入營運的航空公司計有復興、大華、立榮、瑞聯（中亞）、長榮、華信等六家航空公司。截至二〇〇一年六月，台灣的國籍航空公司以固定翼航空器經營國際定期航線者有中華、長榮、華信、復興、遠東、立榮等六家；經營國內定期航線者有華信、復興、遠東、立榮等四家，茲於後分別介紹之：

一、中華航空公司[2]

中華航空公司為我國第一家經營國際航線的國籍航空公司，一九五九年以資本額新台幣四十萬元、員工二十六人及PBY型飛機兩架成立從事至寮國、越南代行戰地運補工作，一九六六年，開闢第一條由台北至西貢（今稱胡志明市）的國際航線，正式步上了國際航空舞台。一九八八年在原有二十七位股東捐出股權後，成立「財團法人中華航空事業發展基金會」，將監督管理權交給社會。為擺脫因過去擔任台灣「國家代表公司」而所受到來自國際上因中共排擠的政治包袱，在國際競爭下，華航為了創造新的企業形象，而於一九九一年正式申請股票上市，落實企業民營化，一九九三年正式在台灣證券交易所掛牌買賣，成為台灣第一家上市的國際航空公司。一九九五年十月華航推出全新的企業識別標誌「紅梅揚姿」（註：其中「紅梅」代表「自信、體貼入微」；「淡藍」代表「智慧、專業品質的堅持」；「印鑑」代表「追求卓越的承諾」）。

而在一九九五年六月，華航買下國華航空33%的股權，不但加強國華航空飛安技術，更配合國華開拓國內航線，積極建立兩岸之間的飛航網路，爭取大陸市場。同時為了有更寬廣的國際航線，華航讓出其16%的股份與英國航空的大股東——英國西敏寺銀行，成為華航的外籍股東，如此華航可以藉由英國航空及美國

航空在歐美地區的強大網路，有機會建構全球聯營服務。中華航空四十多年來稟持最初的服務理念「相逢即是有緣，華航以客為尊」來服務人群，造福群眾。為了因應時代的變遷及企業目標的改變，一九九八年完成新版「中華航空公司策略規劃書」，確定出整體企業的新願景為「最值得信賴的航空公司」，且頻頻透過各種行銷通路及媒體主動出擊，將此新願景與國人分享，並從事企業改造。

華航累積了四十餘年的努力，今日的華航無論是飛國內航線或是飛國際航線，都占有極重要地位，目前經營的航線已經擁有逾四十條客貨運航線，飛往全球近五十個大城市，包括了歐洲、亞洲、美洲、大洋洲等二十三個國家四十七個目的地。截至二○○一年一月十五日止，華航的員工總數合計為9,265人（包括國內7,762人，國外1,503人）。華航由早期的兩架水上飛機開始營運，至今已擁有波音、麥道、空中巴士等各式航空器共五十二架，機隊並同時在進行更新及機種簡化，計劃在二○○三年前簡化成三個機種，目標為晉升世界最年輕機隊之列。

華航於二○○○年的總營業額已超越新台幣七百億元，並預計在二○○三年前將總營業額提升至新台幣一千億元的規模。華航旺盛的企圖心不僅展現在經營績效上，更以雄厚的根基穩健成長，朝向企業永續經營及多元化發展的目標邁進。多年來，相繼設立許多關係企業及轉投資事業，延伸經營的廣度與深度。其各項投資事業包括：

1. 航空相關事業：華信航空公司、遠東航空公司、華普飛機引擎科技公司、華膳空廚、華潔洗滌公司、全球聯運公司、華儲股份有限公司。另該公司擁有修護廠，除擔任該公司飛機各階段之修護工作外，並支援其他航空公司委託

飛機過境、過夜或各階段的修護工作。

2. 機場地勤事業：桃園航勤、台灣航勤、香港怡中機場地勤公司。

3. 資訊事業：先啓資訊系統公司、關貿網路公司、華旅網路科技公司、ABACUS電腦訂位網路系統。

4. 其他事業：華美投資公司、華航（亞洲）公司、華陞投資公司、遠邦創投公司。

二、長榮航空公司[3]

長榮航空公司為台灣第二家經營國際航線的國籍航空公司，該公司的中文名稱傳承長榮集團一貫之命名。公司英文名稱EVA（EVA Airways Corporation）乃取自長榮集團英文名稱Evergreen Group之字首，加上航空事業airways之字首組合而成。該公司在政府宣布「天空開放政策」後，集團總裁張榮發先生構想利用海運的基礎延伸航空業務，整合海、陸、空為一全面性之運輸網路，遂於長榮海運公司內部成立一航空籌備小組，開始進行規劃，並於一九八八年九月一日長榮海運二十週年慶時，向該集團之各分公司、代理商宣布此項計畫，並由交通部將此申請案轉報行政院，復由行政院指示經建會研究評估，於經建會完成研究報告後，送呈行政院裁示，並經過交通部和學界、業者溝通後，於一九八八年一月十七日公布了國際航空客、貨運公司的申請條件，長榮航空向民航局申請籌設甲種民用航空運輸業後，於一九八九年四月七日正式成立，並於一九九一年七月一日正式起飛。

發展至今，長榮航空擁有近四十架的飛機，包含波音747-400全客機、747-400客貨兩用機、767-300 ER全客機、767-200全客機，MD-11全客機及MD-11全貨機等。在機務部分，一九九八年九月一日該公司機務本部改制成為「長榮航太科技公司」，除了

‹‹‹

提供長榮航空機隊的維修服務外，也擴大代理其他航空公司的各項業務維修業務，並以提供航空業界最精良的維修品質為目標，努力於維修能量及技術能力之提升。長榮航空公司目前經營的業務項目包含：1.國際和國內航線定期與不定期的客、貨運，以及郵件運輸業務；2.飛機設備的租售；3.各個相關人員的訓練；4.相關機件之保養和維修；5.發行空運雜誌；6.相關產業的經營和投資；7.空中廚房業務。中正機場二期航站完工後，長榮航空更自二〇〇〇年七月二十九日凌晨起，所有由中正國際機場出入的班機均透過二期航廈營運。第二航廈的行李輸送設備係採全自動之行李分揀系統，不僅使得團體行李易於處理，提早報到的出境旅客，甚至還可以享受提早存放行李之便利。

　　目前服務網已發展至亞、歐、美、澳四大洲，開闢約三十個國際航點。除了不斷開拓新的國際航線，長榮航空更以其獨到的航空事業經營理念，領導國內航空資源整合；自一九九五年即陸續投資立榮、大華、台灣等多家國內線航空公司，開創國內航空事業合作經營新趨勢。一九九八年七月一日起，三家航空公司更合併為立榮航空公司。

　　長榮集團在全方位運作的理念下，將企業經營邁向國際化、多角化，從創辦長榮海運開始，以發展貨櫃運輸、貨櫃集散及其他相關企業為基礎；再藉由海運奠下的根基，將長榮集團的業務範疇擴展至航空運輸與旅館休閒服務業等領域。目前該集團之關係企業包括：張榮發基金會、張榮發慈善基金會、長榮國際公司（巴拿馬）、長榮日本株式會社、長榮美國公司、長榮德國公司、長榮英國公司、長榮香港公司、長榮海運股份有限公司、立榮海運股份有限公司、長榮航空股份有限公司、長榮貨櫃股份有限公司、長榮運輸股份有限公司、長榮重工股份有限公司、長榮重工私人有限公司（馬來西亞）、長榮航勤股份有限公司、長航通運

>>>

股份有限公司、長榮空廚股份有限公司、長榮造船株式會社、長
榮清勤股份有限公司、台灣碼頭服務股份有限公司、長榮保全股
份有限公司、長麗公司、長榮菲律賓公司、寧波長勝貨櫃公司、
青島長榮集裝箱儲運公司、上海長榮集裝箱儲運公司、立榮香港
公司、立青海運公司（巴拿馬）、箇朗貨櫃有限公司、長榮貨櫃
運輸（泰國）、長安航太科技股份有限公司、長榮大飯店（檳
城、曼谷、巴黎、台中、基隆）……等。

三、遠東航空公司

　　胡侗清先生於一九五七年六月五日秉持勤儉樸實的經營理念
創立遠東航空股份有限公司，從四十年代台灣尚處物資匱乏、百
業待興中以僅僅三十餘名員工、資本額六十萬元起家，初期以經
營貨運爲主，並長期擔任「空中運報」任務，直到一九七八年中
山高速公路通車後此一工作始告終止。遠航早期的服務範圍極爲
廣泛，除經營客運、貨運外，還承攬國內外包機、空中照相、森
林防護、海上搜尋及支援石油鑽探等運補工作，亦接受軍方、民
航局、省府委託維護其飛機、直昇機，並接受國外航空公司飛機
及發動機維修工作，因此累積了豐富完整的經驗，並在觀光事業
蓬勃發展的六十年代順勢成爲國內航線的龍頭老大。

　　然而，世事如棋，人生詭譎，正當遠航在胡侗清先生的努力
下逐漸茁長，胡先生卻因心肌梗塞導致腦溢血於一九八六年驟然
辭世，由於未預立遺囑，因此造成一連串的家族股權糾紛，對經
營管理產生鉅大衝擊，這段路可謂一步一針氈！屋漏偏逢連夜
雨，在當時石油危機及內亂未定下，由於政府的「開放天空政
策」，小小一個台灣市場，擠進了八家航空公司共同搶食國內航
線這塊大餅，市場競爭激烈的程度已達白熱化，遠航當時的市場
占有率大幅由60%滑落到40%。前總經理蔣洪彝先生上任後奮起

直追，先將管理權與股權分開，使公司業務運作不受股權紛爭影響，經過一連串經營革新之後，逐漸把市場占有率拉回到50%左右，重新登上國內線龍頭的寶座。

「天空雖然浩瀚，卻無處容納錯誤」，要求飛安不打折的李雲寧先生於一九九四年八月在蔣洪彝先生回華航擔任董事長後，繼任遠航的總經理，成立「加強服務委員會」，宏觀在多元化的社會型態轉變中，消費者意識逐漸高漲，處於競爭更激烈的時代，要有屬於遠航專有的異質性產品，遂提出「飛安第一、顧客至上、員工為重、品質為先」的經營理念，深信只有絕對地確保飛行安全、眞誠地以顧客為導向、滿意的員工及標準化的服務品質才能創造滿意的顧客。在此明確的方針指引下，一切的作為均是朝著「制度化、標準化、資訊化、國際化」的企業方針，並以「穩定國內、發展區域、放眼兩岸、進軍國際」為企業目標，期能眞正的為國家、社會及大眾提供更多的貢獻，亦將永遠以「關懷之心」為社會貢獻服務。一九九五年，中華開發信託公司（現為中華開發工業銀行）及南山人壽保險集團入主取得經營權，擁有53.17%之股權，並於八月一日成立董事會。以AIG投資集團台灣分公司負責人角色入主董事會的副董事長崔湧先生上任後，面對外在環境的改變及遠航的定位，認為「是一項資產，就不要把它變成負債」，突破舊有體制成規，導引遠航由員工自主邁入企業經營的模式。一九九五年時，並開闢兩條國際定期包機高雄至帛琉及高雄至蘇比克航線；一九九六年，機務維修獲得ISO9002認證；一九九六年獲得經營國際定期航線的資格及飛安評鑑甲級的殊榮，而於同年九月將兩條包機航線升格為定期航線，並於十二月時股票正式上櫃，隨著業務量的擴大，一九九八年成立遠航集團，總裁由胡定吾先生擔任，李雲寧先生任遠航董事長兼總經理。一九九九年十月新增亞庇航線。二〇〇〇年李雲寧先生入主

圖1-1　航空運輸舒適、快捷、無遠弗屆的特性為重視時間價值的旅運者選擇運具的考量重點

資料來源：遠東航空公司王穎駿先生提供

中華航空公司擔任董事長，遠航董事長由崔湧先生接任，陳每文先生為總經理。

　　歷經四十餘年漫長歲月，追溯遠航的歷史，從胼手胝足共同奮鬥的成長期、股權糾紛的休養期，到企業化經營的革新期，一路行來的點點滴滴，彷彿是一部民航發展史。為了回饋社會大眾長期以來的支持，遠航更從一九九八年十二月起陸續引進全新的MD-83及設有商務艙的波音B757-200機隊，以機隊年輕化、卓越的飛安品質及舒適便捷的運輸服務滿足國人旅運需求，縮短城鄉差距及創造旅遊市場的繁榮。

四、復興航空公司

　　復興航空公司成立於一九五一年五月二十一日，由陳文寬、戴安國、蔡克非等人共同創辦，為第一家國人自辦的民營航空公司。當時除經營台北－花蓮－台東－高雄定期班機與金門、馬祖不定期包機業務外，並代理外籍航空公司客、貨運銷與機場地勤

圖1-2　復興航空公司空中巴士A320客機整裝待發

資料來源：楊政樺攝於台北松山機場停機坪

業務。一九五八年十月一日，因一架由軍方包機，自馬祖返台北的水陸兩用客機PBY型藍天鵝式商用飛機失事，遂改變經營方針，暫停國內航線，加強代理事業，並於一九六六年在台北興建空中廚房，供應國際航機餐點；一九七九年配合中正機場啟用，國際機場遷至桃園，該公司遂於南崁興建空中廚房一座。

　一九八三年，該公司由國產實業集團接掌改組後，乃於一九八八年八月二十五日恢復國內航線營運，於一九九二年一月二十八日包機首航菲律賓佬沃，並於一九九四年十一月四日升等為國際定期航線。其間陸續研究規劃增闢馬尼拉、金邊、宿霧、普吉島、泗水、澳門、菲律賓克拉克及馬來西亞亞庇等地航線。一九九五年三月啟用全球獨步中英文雙語旅客訂位系統（MARBLE Computer Reservation System）。同年六月和八月，高雄及桃園空中廚房雙雙榮獲「ISO9002品質認證」，確保空中餐飲的衛生與品質。十月及十二月陸續開航中正泗水與中正澳門國際定期航線；一九九六年開闢高雄澳門國際定期航線，區域聯盟「廈門航空」

及「雲南航空」，提供國內旅客聯程轉運服務，經澳門轉機至福州、廈門與昆明；一九九八年增闢馬來西亞亞庇航線。而復興也與「上海航空」聯程轉運，旅客可經澳門轉機上海。目前該公司主要機隊為ATR-42、ATR-72、A320及A321。截至二〇〇一年三月為止，復興航空所經營的國內航線包含：台北、嘉義、台南、高雄、屏東、台東、花蓮、金門、馬公等九個據點十一條航線，提供每天約一百四十五個班次的飛航服務。國際線則有台北─澳門、高雄─澳門、台北─沙巴、台北─普吉。另與上海、廈門、雲南等三家中國大陸航空公司聯程轉運合作，經澳門轉機上海、廈門、福州、昆明等四大城市。

除此之外，復興航空也代理美國大陸航空及北歐航空的相關業務，並充任美國大陸航空、泰國航空、越南太平洋航空、泰華航空等外籍業者的客貨包機代理及地勤代理。

五、立榮航空公司

立榮航空公司原名馬公航空公司，成立於一九八八年八月一日，由陳文武先生創辦，初期以兩架英國航太公司生產之BAE HS-748經營台北、高雄、馬公之定期客運業務。一九九五年，該公司取得經營國際包機資格，包機首航菲律賓佬沃。同年四月長榮航空購買馬公航空30%的股權，同時全面導入國際航空公司之管理制度與系統，一九九六年三月八日，原馬公航空為了調整市場形象及業務拓展需求，正式更名為立榮航空。一九九八年七月一日起，因應航空市場上環境的變化及資源配置的有效化，立榮航空正式宣布與大華及台灣航空合併。合併後，以立榮航空公司為存續公司，同時長榮航空亦全面退出國內線，將額度及MD-90交由立榮航空使用。在接收長榮航空、大華航空及台灣航空之飛機後，一時機型繁多，維修及管理成本上升。該公司為了簡化機

隊運作、降低維修成本，即以「機隊單純化」為經營之要務，先
於一九九八年陸續引進六架MD-90同型機，將原有的五架BAE-
146汰換掉。截至二○○一年三月為止，MD-90總數已達十三架。
一九九九年九月，該公司陸續引進DHC-8-400型客機，將原有
DHC-8-300型客機陸續汰換，目前除MD-90機型外，尚且擁有
DHC-8-300螺旋槳型客機十二架、DHC-8-200螺旋槳型客機一
架、DORNIER-228螺旋槳型客機三架。藉著航線網路脈絡的密集
及機隊調度彈性的便利性提升，立榮已成為目前國內航線中航線
網路最密集的航空公司。

　　立榮航空目前的經營航線，國內線遍佈全省各地，國際線飛
航馬來西亞的亞庇、印尼的峇里島、緬甸的仰光及泰國的普吉島
等區域航線，另外尚有高雄至中正機場來回接駁服務，提供旅客
更便利的選擇。在空中餐飲方面，立榮空廚為南台灣規模龐大的
空中廚房之一，提供自有機隊和其他航空公司國內線及國外線的
機上餐飲，且於一九九九年七月獲得ISO9002國際品保認證，建
立更制度化、標準化的完善作業流程。除了經營客、貨運物外，
立榮航空並於一九九九年獲得台北、高雄、金門、馬公、嘉義、
台南、台東等航站地勤業務代理權，期許以「立足台灣、放眼世
界」為該公司的經營目標。

六、華信航空公司[4]

　　華信航空公司係於一九九一年六月一日由中華航空公司及和
信集團共同合資成立，是我國第三家飛航國際航線的航空公司。
一九九二年十月三十一日由於和信集團撤資，華信航空遂成為由
華航百分之百投資的子公司，但人事及財務章程、前後艙組員的
招募、訓練則完全獨立。一九九六年四月並獲得國內航空界第一
張空中服務ISO9002品質系統國際認證。華信航空是我國民航史

上直飛澳洲、加拿大的第一家航空公司。

　　一九九八年八月，華信航空與國華航空合併後統稱爲華信航空。國華航空公司（Formosa Airlines）原名爲永興航空公司，成立於一九六六年，創立初期以飛航離島航線及經營農噴業務爲主；直至一九九〇年加入經營本島主要航線。一九九四年十月與誠洲電子集團結盟，正式更名爲國華航空公司，當時擁有國內十二條航線，往來台灣地區與離島地區共十個城市，每日起降架次約一百二十班左右，主要以SAAB SE-340、FK50、FK100及Donier-228從事飛航服務。一九九六年七月一日，中華航空與國華航空開始策略聯盟關係，首創國內與國際航線全程訂位、一票到底、行李直掛之服務，同時並與誠洲電子集團各自擁有42%的股權，且具有經營管理權。於一九九九年七月起，國華與華信研究合併的可行性及資源、訂位系統的整合，而於同年八月起正式合併，存續公司爲華信航空公司。爲了爭取電子商務的無限商機，一九九九年十一月起率先推出國內航線電子機票後，在二〇

圖1-3　華信航空公司波音737-800客機剛剛抵達停機坪

資料來源：楊政樺攝於台北松山機場停機坪

〇〇年六月中旬推出網上購票、海東青會員卡，並於二〇〇一年二月十三日起，在台北、高雄兩地的機場櫃檯裝設「KIOSK自動報到亭」，引進國內旅客自動報到系統，讓旅客從購票、付款、取登機證皆可獨立完成，以落實二十一世紀運務服務電子化的概念。

　　華信航空目前的機隊包含：波音737-800（簡稱738）、FOKKER-50、FOKKER-100。在其國際航線的經營方面，華信於一九九九年十一月二日開航緬甸仰光、一九九九年十二月十七日開航泰國清邁、二〇〇〇年一月二十八日開航菲律賓佬沃、二〇〇〇年五月一日開航位於密克羅尼西亞海域的塞班島（美國）、二〇〇〇年七月十四日開航菲律賓宿霧、二〇〇〇年七月十九日開航柬埔塞金邊、二〇〇〇年十一月一日以包機飛航日本、二〇〇一年一月十九日飛航泰國烏打拋及二〇〇一年一月二十一日開航馬來西亞關丹。而原先對於澳洲、加拿大的航線，該公司基於經營策略的考量，於二〇〇〇年三月二十六日起將溫哥華及雪梨兩條長程國際航線移轉給中華航空公司經營。

第三節　民航六大特許產業

　　據我國民用航空法第四十九條，民用航空業的種類有：民用航空運輸業、普通航空業、航空貨運承攬業、航空站地勤業、空廚業及航空貨物集散站經營業等六種。有關它們的定義民用航空法第二條中有明文規定。

一、民用航空運輸業

　　民用航空運輸業指以航空器直接載運客、貨、郵件，取得報

酬之事業。有關民用航空運輸業之業務，依據「民用航空運輸業
管理規則」第二條規定，如依航空器區分可分爲固定翼航空器運
輸業務及直昇機運輸業務；如依運輸規則性區分可分爲定期航空
運輸業務及不定期航空運輸業務。另有所謂包機，係指民用航空
運輸業以航空器按時間、里程或架次爲收費基準，而運輸客、
貨、郵件之不定期航空運輸業務。目前計有中華、長榮、遠東、
華信、立榮、復興等六家航空公司經營固定翼航空器運輸業務；
德安及亞太經營直昇機運輸業務。

二、普通航空業

普通航空業指以航空器從事空中遊覽、勘察、照測、消防搜
尋、救護、拖吊、噴灑及其他經專案核准除航空客、貨、郵件運
輸以外之營業性飛航業務而受報酬之事業。依據「普通航空業管
理規則」第二條之定義，普通航空業係依民用航空法第二條第十
二款規定，指經營航空客、貨、郵件運輸以外之航空事業，其範
圍包括農、林、漁、礦、水、電、照測、狩捕、消防、搜救、教
練、跳傘、拖吊、遊覽及其他經專案核准之營業性飛航。目前計
有德安、金鷹、亞太、凌天及華毅等五家業者。

三、航空貨運承攬業

根據民用航空法第二條之規定，航空貨運承攬業係指以自己
之名義，爲他人之計算，使民用航空運輸業運送航空貨物而受報
酬之事業。依據「航空貨運承攬業管理規則」第二條之定義，航
空貨運承攬業的主要業務爲辦理航空貨物的集運工作，亦即將不
同託運人交運的貨物，一次交付航空公司承運出口，或將航空公
司進口的貨物分別交付給貨主。航空貨運承攬業通常與航空公司
訂有契約協定，相互依存。航空貨運承攬業者在整個航空貨物運

輸過程中可說是航空貨物在地面上的接駁運輸者。目前國內承攬業者登記在案之業者計有829家，外國籍著名承攬業（快遞業）者有DHL、UPS、TNT、FDX等。

四、航空站地勤業

　　航空站地勤業指於機坪內從事航空器拖曳、導引、行李、貨物、餐點裝卸、機艙清潔及其有關勞務之事業。「航空站地勤業」簡稱「地勤公司」，地勤作業為機場整體客貨運輸作業中重要的一環，其主要的工作項目大抵包含：

1. 機坪作業督導與管制：負責協調和處理有關作業及資料的處理、通報航機作業的督導、協調機下作業的人力、裝備的需求……等。

2. 機坪服務作業：機坪服務主要係提供各型飛機到離機場所需之場面服務，並引導航機順利起降。服務項目包含：航機進離場引導作業，航機進離場輪檔及滅火作業，航機進離場車道管制及耳機通話作業，航機加油作業，航機飲水處理及添加作業，航機清廁作業，航機電源車（ground power units, GPU）、氣源車（air starter units）、冷氣車作業（air conditioning units），航機煞車冷卻作業，航機擋風玻璃擦拭作業，航機離場推機作業，航機移位作業，航機異常支援作業……等。

3. 裝卸服務：主要負責客機、貨機出口與入口行李、郵件的裝載及航機貨物的打盤、裝櫃作業。裝卸作業必須依照各航空公司航機到離時間，配合適當的人力與裝備以順利完成裝卸航機任務。

4. 貨物服務：主要提供郵件、貨物的裝載調度服務。服務項

目包含：進出口郵件集調，進出口貨物集調，場內、外貨
運倉儲進出口貨物拆理、打盤（櫃）服務……等。

5.旅客服務：服務項目包含提供傷患輪椅、擔架服務，出境
櫃檯行李裝櫃與託運服務，進口行李拆理、轉機處理服
務，出、入境旅客手推車服務……等。

6.機艙服務：服務項目為負責航機之客艙清潔及餐點、侍應
品補給。航機在經過勞頓的旅途後，客艙必須重新整理，
方能以全新面貌上路，服務下一趟使用該航機的旅客。

目前國內地勤業者主要有桃園航勤股份有限公司（簡稱「桃
勤」）、台灣航勤股份有限公司（簡稱「台勤」）、長榮航勤股
份有限公司、立榮航空、復興航空、華夏公司、美商優比速台灣
分公司（U.P.S. Taiwan Branch）等。

五、空廚業

空廚業指為提供航空器內餐飲或其他相關用品而於機坪內從
事運送、裝卸之事業。

我國自一九九八年一月二十一日在修訂之民用航空法增列「
空廚業」為民用航空業的種類之一起，「空廚業」得以「自己名
義」而非「航空站地勤業」身分提供航空器內餐飲服務。目前計
有立榮航空公司、長榮航空公司、復興航空公司、華膳公司及高
雄空廚公司等五家業者。

六、航空貨物集散站經營業

航空貨物集散站經營業指提供場所及設備，經營航空貨物集
散而受報酬之事業。根據「航空貨物集散站經營業管理規則」第
三條對航空貨物集散站經營業務範圍規範如下：

‹‹

1.航空貨物與航空貨櫃、貨盤之裝櫃、拆櫃、裝盤、拆盤、
　裝車、卸車。

2.進出口貨棧。

3.航空貨櫃、貨盤保養、維護及整修。

4.其他與航空貨物集散站倉儲有關之業務。

　　航空貨物集散站經營業是專供進出口貨拆打盤、拆併裝櫃或
存儲未完成海關放行手續的進出口貨物的場所，為陸空運輸的中
繼站，其功能有：理貨、通關、存儲及驗放等綜合性作業性質。
目前計有華儲、永儲、遠翔空運倉儲、美商優比速航空台灣分公
司及美商聯邦快遞台灣分公司等五家業者。

　　上述民航六大產業均係國家特許事業，而所謂「特許事業」
係指經營權原保留於國家，在特定情形下，國家將其經營權之全
部或一部分，授予私人經營之事業。而規範這民航六大特許事業
的法律規定包括：母法「民用航空法」與其他子法，如「民用航
空運輸業管理規則」、「航空貨運承攬業管理規則」、「普通航
空業管理規則」、「航空站地勤業管理規則」、「航空器登記規
則」、「外籍航空器飛航國境規則」……等共同構成政府管制航
空六業的法律依據。

第四節　民航其他相關產業

　　台灣為典型的海島型國家，島內缺乏自然資源，除了基本的
農產品可以自產自足之外，整體國計民生的發展還是得依靠賺取
外匯，因此我國的貿易依存度高達85％以上，對外交通運輸顯得

特別重要。除海運外，航空運輸為必然蓬勃發展的事業之一。

　　整個民航運輸系統是以滿足旅客、貨主之運輸需求為目的，雖然此系統是以航空公司為營運主體，但所涉及行業甚多。因此，除了第一節所提到之我國民航六大特許產業之外，其他與航空運輸的相關產業尚有飛機製造及維護廠商、航空器租賃業、快遞業、報關行、航空代理業、旅遊業、旅館業、物流與倉儲業、F.B.O.（fixed base operators）、飛行訓練中心、航空器週邊設備製造商（如航空座椅、自動空廚系統、侍應車……）；與機場建設有關則涉及建築業、運輸顧問公司、助導航設備製造業、飛航管制設備……限於篇幅，援舉數例如後：

一、航空器製造及維護業

　　由於航空器本身與飛航安全息息相關，航空器製造國的民航主管當局對航空器製造與維護，都訂有一套繁雜但不失井然有序的規定，除了生產者必須具備航空器「機型檢定證」始准出售外，使用者之航空公司必須按照飛機製造廠規定維護手冊、程序或指令維護航空器。因此，航空器製造商在售出飛機後，尚必須指派專責駐廠代表於購買者的航空公司充當技術顧問及協調者，因此航空器製造商與航空公司的售買關係是長期的。

　　世界上著名飛機製造廠有美國波音（包含被合併的麥克唐納・道格拉斯公司）、洛克希德（Lockheed Aircraft Corp.）、龐巴迪公司（Bombardier）、貝爾公司、賽考斯基公司、法國空中巴士集團、俄羅斯的「航天之星」（Aviastar）……等。至於飛機維護專業公司則有亞洲航空公司等，也有航空公司自己維護並替其他航空公司飛機維護，如中華、遠東航空公司。而製造飛機發動機（又稱引擎）的知名製造商包含美國的General Electronic Co.及Pratt & Whitney，英國的Rolls-Royce Ltd.……等。

＜＜＜＜＜＜＜＜＜＜＜＜＜＜＜＜＜＜＜＜＜＜＜＜＜＜＜＜＜＜＜＜＜＜＜＜＜

二、航空器租賃業

　　航空運輸是屬於資本密集的產業，由於飛機造價昂貴，除了少數航空公司可用自有資金購買之外，多數航空公司除向銀行貸款外，尚可透過飛機製造商以融資協助。另外，如果航空公司不急著購買飛機，但需要添置飛機來滿足營業或其他決策所需，爲滿足這種要求，於是出現了以租借方式來進行的新行業，稱爲「航空器租賃業」。除此之外，近年來我國國籍航空公司由於匯率因素，亦有多家業者以「售後租回」（sale lease back）方式將飛機出售予租賃公司，再向租賃公司承租，以避免造成當年度財報帳面上嚴重虧損。

　　根據IATA統計，一九九二到二○○○年飛機取得資金來源，自行購買的占49%，營業性租賃占21%，融資性租賃占30%。然而，何謂「營業性租賃」（operation lease）？何謂「融資性租賃」（finance lease）？我們先來談談「營業性租賃」。

　　「營業性租賃」的特性是出租人擁有飛機的所有權，承租人擁有飛機的使用權，當雙方租約期滿時，承租人將飛機歸還出租人，由出租人再租予其他航空公司。於會計報表中，「營業性租賃」可爲承租人提供經營的彈性與靈活運用，亦可隨著預估市場的蓬勃、萎縮，採彈性租賃期間，營業性租賃又細分爲「乾租」（dry lease）及「濕租」（wet lease）兩類。

　　其次，我們來看看所謂的「融資性租賃」，融資性租賃的特性則爲承租標的物（飛機）係由承租人自行決定，出租人僅提供融資資金，且雙方事先約定於租約期滿時，出租人以雙方約定的價格售予承租人。承租期間有關飛機的維修、保險、應繳稅捐均由承租人負擔。目前世界上的專業航空器租賃業已由資本額超過一百億美元的 ILFC（International Lease & Finance Corp.）與GECAS

（General Electronic Capital Aviation Service）兩家租機公司占有大半個租機市場；較小的租賃公司則以日本租機公司居多，主要參與航空器租賃業務爲CIT（日本第一勸業銀行主控）、Sanwa、Tombo、Orix、Sunrock……等公司，他們約有三十至五十架不等的飛機；歐美亦有幾家中型的租機公司，如德國漢莎航空系列的租賃公司Lufthansa Leasing、GATX、Ansett、IAL……等，一般中型租賃公司多負有母公司財務系統配合的需求，因此除了租賃業務能夠獲得利益之外，在購機費用與折舊費用上的攤提亦有減少母公司稅賦的助益。我國目前承作飛機租賃業務的有「中租迪和公司」、「中央租賃公司」、「華信租賃公司」、「翔和租賃公司」……等，其中「翔和租賃公司」純粹以飛機租賃爲其主要業務。

三、貨運相關行業

以一般國際航空貨運作業程序來說，航空貨運承攬業向貨主收取出口貨物，安排班機時間，經過報關行（通常承攬業也自兼報關業務），通過海關查驗，暫儲於集散站或貨運站，等貨物在此上盤櫃再交給航空公司運送。所謂盤櫃是指裝載空運貨物、行李之貨櫃或貨盤。進口貨物則完成通關手續後，由承攬業派車將貨物送達貨主。

四、報關行

報關行係指受進出口商（貨主）委託，到海關辦理進出口通關手續的一種服務業，其業務內容爲代理貨主繕打進出口報單、遞送報單、申請驗貨、領取貨樣、會同查驗貨物、簽證查驗結果、繳納稅捐及規費、提領放行貨物等，目前航空貨運承攬業大部分兼營報關行業務。

五、觀光旅遊業

包括旅行業、休閒遊憩業、度假村、旅館服務業、餐飲服務業、交通遊覽公司、租賃車……等行業。

六、其他

其他與民用航空有關的相關產業包含：航空專業訓練中心（如：空中巴士集團在中國北京創辦的華歐訓練中心可提供模擬飛行訓練、客艙緊急逃生訓練，美國隨處可見的短期飛行訓練學校……等），為了旅遊便利所提供旅行支票、信用卡，外匯兌換的「金融業」，為了旅行人員暨產物平安及海外事故的急難救助而生的「保險業」，提供航空旅遊行銷體系中的廣告業，印製機上雜誌及空中售賣型錄的印刷業、航空專業雜誌及出版公司（如：美國的 *Airline Business*、*Air Transport World*、台灣的《世界民航雜誌》……等）、航空專業人員培訓短期補習班（如台灣隨處可見的空服員短期訓練補習班）……等。

第五節　國際航空組織

一、國際民航組織（ICAO）[5]

(一)成立起源

第一次世界大戰結束後，各交戰國紛紛中止敵對狀態，原本因應戰爭需求的飛機製造商也開始尋找戰爭以外的新市場，為謀求經濟復甦，各國政府紛紛期望能藉著無遠弗屆的航空運輸來提升國家聲望及促進經濟繁榮。從一九一九年的巴黎和會開始，為

有效協調國際性民航運輸在跨國法律關係的錯綜複雜，陸續又展開若干的國際會議，包含了一九二三年在美國華盛頓舉行的第五屆「泛美會議」（Pan-American Conference）、一九二八年的第六屆「泛美會議」後簽訂的「哈瓦那公約」（The Havana Convention）、一九二九年的華沙公約（The Warsaw Convention）……雖已擬具國際觀的芻議共識，但始終缺乏具備公信基礎的超然管理協調組織及放諸四海皆準的國際規範。對於國際空運所牽涉到的人與貨的法律問題至為複雜。就人而言，運送人與使用人未必為同一國籍。就貨物而言，航空器與運送物所有權人的國籍亦未必相同。就地而言，損害發生地與賠償請求地往往又不在同一國家。因此使得雙方的權益，因關係國彼此適用的法律不同，往往處於不確定的狀態，肇生諸多困擾；而且隨著航空運輸需求多元、多樣的發展，航太科技的日新月異，航空運輸不僅是量的增多，亦產生了鉅大且迅速的質變，各國為謀求民航事業的迅速發展，以及期望有一個公信的國際性組織來統籌協調全球民航事業的法規制度、工作執行程序及邏輯、飛航事故調查程序……依此環境及需求下，打破疆域藩籬的國際民航組織於焉誕生。

一九四四年十一月，美國發函邀請五十二個國家共同參與在芝加哥所舉行的國際民航會議。訂定了「國際民用航空公約」（Convention on International Aviation），通稱「芝加哥協議」。繼而，為執行這個公約起見，又於一九四五年五月正式成立「國際民航組織」（International Civil Aviation Organization, ICAO），由各國政府派代表組成，總部設在加拿大的蒙特婁，另在巴黎、開羅、墨爾本及利馬設置四個辦事處。該組織為聯合國的官方專責機構，其目的在發展國際航行的原則和技術，並促進國際航空運輸的規劃與發展。

(二)組織目標

國際民航組織的組織目標包括以下各項：

1.確保全世界的民航事業獲得極有秩序與安全的成長。
2.確保各締約國在機會均等原則下經營國際民航業務。
3.滿足全世界人民對航空運輸獲得安全與經濟的利用。
4.鼓勵各國為和平用途改進航空器的性能與使用藝術。
5.鼓勵各國為發展國際民航事業努力營建航路航站及助航設施。
6.避免各國際民航業者間的惡性競爭。
7.避免各締約國家間的差別待遇。
8.促進國際民用航空的飛航安全。
9.促進國際民航業務的全面發展。

(三)組織架構

國際民航組織的組織架構如圖1-4所示，在大會及理事會下設有六個委員會，分別為空中航行委員會、航空運輸委員會、法律委員會、飛航服務共同支持委員會、財務委員會、調節委員會。

(四)部門職掌

國際民航組織各部門職掌如下：

1.大會：大會是芝加哥公約全體締約國在每國一票表決權的條件下之主要機構，其特徵與職能很類似聯合國大會。大會每三年舉行一次，由理事會負責召集。
2.理事會：理事會是國際民航組織的常設和執行機構，由三十三個會員國代表組成，任期三年。概括來說，理事會不僅有行政管理權，還有準立法權及準司法權。
3.空中航行委員會：主要職責為研究有關改進空中航行相關

>>>

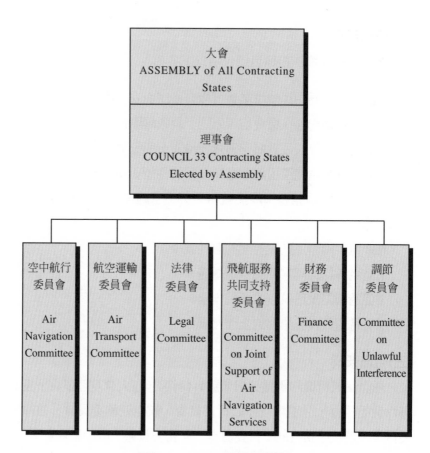

圖1-4　ICAO組織架構圖

問題，並就航空技術問題召開專業會議，以及蒐集、傳佈
一切改進空中航行的有用資訊，並出版之。

4.航空運輸委員會：處理有關航空運輸的定義、標準和建議
措施、簡化運輸手續、簡化航空器進出國界及旅客貨物出
入境的國家規章等問題，由理事會指派十二人組成之，下
分空運便利、統計兩組。

5.法律委員會：這個委員會的主要職責是研究並草擬國際公
約，形成草案後，由理事會召集各國正式代表參加的外交

會議進行討論、修改與締結。

6.飛航服務共同支持委員會：由理事會指派九人組成之。

7.財務委員會：由理事會指派九人組成之。

(五)入會資格

僅接受聯合國會員國之入會申請。

二、國際航空運輸協會（IATA）[6]

(一)成立起源

雖然呼應一九四四年十一月美國邀集五十二個國家共同在芝加哥所簽訂之「芝加哥協議」及翌年成立的國際民航組織，但牽涉到國際間各航空公司營運細節的票價、運費等商務事項仍未深入著墨。為了因應這個需求，各國代表均有成立一個類似民間公會性質之國際團體的共識，遂於一九四五年由各國飛行國際航線的航空公司聯合組成國際航空運輸協會（International Air Transportation Association, IATA），此組織因與國際民航組織（ICAO）互動密切，在國際共識下，儼然已成為一個半官半民之國際機構，總部亦設於加拿大之蒙特婁。而為了便於說明及劃訂地區間之運費及運輸規章，IATA將全世界劃分為三個地區，第一區為南北美洲，第二區為歐、非兩洲及中東，第三區為亞澳兩洲，於各分區皆設有數個區域辦事處，如亞澳區下設有亞太（設於新加坡）、北亞（設於北京，負責中國、印度、外蒙古、台灣地區）等區域辦公室。其職權則包括運費之訂定、清算等機能，運輸上統一條件之訂定。目前世界各航空公司均透過該協會相互連結與從事商務協調，IATA儼然已成為全球民航事業馬首是瞻的民間公信組織。

(二)組織任務

國際航空運輸協會的組織任務如下：

1. 協議實施分段聯運空運，使一票通行全世界。
2. 協議訂定客貨運價，防止彼此惡性競爭、壟斷，如MTP（minimum tour price）為航空公司會員共同制定的票價標準。但允許援例競爭，以保護會員利益。
3. 協議訂定運輸規則條件。
4. 協議制定運費之結算辦法。
5. 協議制定代理店規則。
6. 協議訂定航空時間表。
7. 協議建立各種業務的作業程序。
8. 協調相互利用裝備並提供新資訊。
9. 設置督察人員以確保決議的切實執行。

(三)組織架構

國際航空運輸協會的架構如圖1-5所示。

(四)部門職掌

國際航空運輸協會各部門的職掌如下：

1. 財務委員會：負責所有國際航空運輸財務聯繫與協調工作。
2. 航空事務委員會：負責國際旅客運送之商業性事務協調工作，及提供旅客代理店會議與旅客服務會議之必要指導。
3. 貨物委員會：負責國際貨物運送之商業性事務協調工作，及提供貨物代理店會議與貨物服務會議之必要指導。
4. 運務委員會：負責航空運輸技術層面事務協調工作，包含有安全、機隊營運、工程維修等內容。

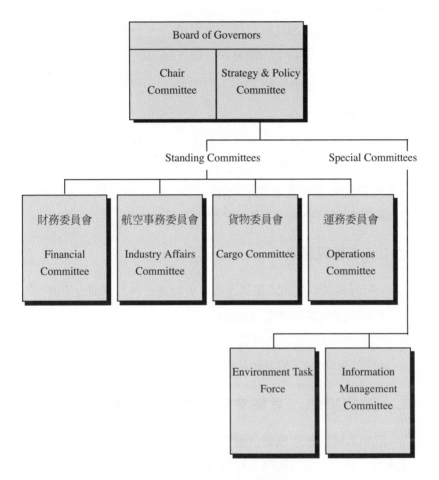

圖1-5　IATA組織架構圖

(五)入會資格

　　國際航空運輸協會之會員資格原需為ICAO會員國之航空公司，目前已修改章程同意非ICAO會員國之航空公司加入IATA。會員主要分為兩種：一是正會員（active member），係經營定期國際航線之航空公司，二為準會員（associate member），係以經營定期國內航線之航空公司為主。自一九七四年國際航空運輸協

會在大會中正式批准允許包機公司申請加入，截至一九九六年爲止，航協共有兩百五十四個會員（註：航協於一九九一年擁有兩百零二個會員，一九九五年時增至兩百三十三個會員）。

(六)收費標準

航協主要之經費來自會員繳納之會費，固定會費爲正式會員入會費爲一萬美元，準會員爲七千五百美元；非固定會費（年費）則係按會員年度承載量營收之噸公里（RTKMs）核算。除此之外，每年還必須繳納一萬美元之行政管理作業費。

(七)加入之實質幫助

1.對於各航空公司所提供之產品與服務可參與運價之協商。

2.參與IATA各項國際性之活動。

3.藉參與獲得與各國情報資訊之交換。

4.由於參與IATA而提升及確認航空公司服務品質之形象。

三、航空機組人員協會國際聯合會（IFALPA）

這是各國的航空機組人員協會的國際行業組織，主要代表各國機組人員的利益在國際上與各機關團體打交道，尤其在一九六○至一九七○年代在抵制劫機犯罪上發揮了重要的作用。

第六節　民用航空局[7]

民用航空局（Civil Aeronautics Administration, CAA）爲我國民用航空事業之管理機構，屬交通部管轄。我國民用航空法第三條規定：「交通部爲管理及輔導民用航空事業，設交通部民用航

空局，其組織另以法律定之。」是以民航局爲第三級之中央行政官署，亦即民用航空事業之直接管轄機關。有關民航局的歷史沿革，我國民用航空事業自民初開始籌劃，一九一八年初設「籌辦航空事宜處」，一九一九年十一月正式成立「航空事務處」，主管航空業務；一九二一年二月改爲航空署，隸屬軍政部，當時不分軍航與民航；直至一九二八年國民革命軍北伐成功，國民政府成立後，民用航空事業的監督管理，改由交通部管轄；二次大戰後，政府爲建設及管理民航事業，於一九四七年一月二十日在首都南京正式成立民用航空局，隸屬交通部，當時局內設有業務、航路、場站、安全、秘書等五處及會計、人事等二室。

一九四七年隨政府遷台後，爲配合業務需要，於一九七二年修訂民航局組織條例，至一九八七年政府開放天空後，爲因應航空事業之蓬勃發展，乃再行修訂民航局組織條例，以符合現況需求。近年來由於政府積極推動經貿自由化、開放天空、開放大陸探親及大力發展國際觀光旅遊等政策，致民航事業呈現空前蓬勃發展現象，且預期未來航空運量將更形成長，面對此一衝擊，民航局除充分加強及改進場站措施、更新航管與助航系統設備，更開放機場外航空貨運集散站之設立，致力於航權之拓展等，以因應此一快速成長之需求，俾提升我國民航事業達到國際水準。

有關民航局的任務職掌有下列各項：

1.民航事業發展及民航科技之規劃與政策之擬定。

2.國際民航規劃、國際民航組織及國際民航合作之聯繫、協商與推動。

3.民用航空業之管理督導及航空器之登記管理。

4.飛航標準之釐訂及飛航安全之策劃與督導、航空器失事之處理及航空人員之訓練與管理。

5.航空通信、氣象及飛航管制規劃、督導與查核。

6.民航場站及助航設施之規劃、建設。

7.台北飛航情報區之空域運用及軍民助航設施之協調、聯繫。

8.民航設施、航空器材之籌補、供應、管理及航空器與器材入出口證照之審核。

9.民航資訊系統之整體規劃、協調與推動,及電腦設備之操作、維護與管理。

10.航空器及其各項裝備、零組件之設計、製造、維修、組裝過程與其產品及航空器製造廠、維修廠(所)之檢定、驗證。

11.其他有關民航事項。

　　依據現行組織條例,民航局隸屬交通部,內部建制單位計有企劃、空運、飛航標準、飛航管制、助航、場站、供應等七組及秘書、會計、人事、政風、資訊等五室。另因應業務需要得設置各種委員會,局屬機構有中正、台北、高雄三個國際航空站,花蓮、馬公、台南、台東、台中、金門、嘉義等七個航空站,蘭嶼、綠島、七美、望安、馬祖、屏東、新竹等七個輔助站,以及飛航服務總台、民航人員訓練所、航空隊等單位。此外,尚有機場擴建工程處、國際機場旅館、桃園航空客貨運園區開發中心等三個任務編組單位,以及航空警察局(隸屬於內政部警政署)、民用航空醫務中心、財團法人航空器設計製造適航驗證中心、台灣地區機場聯檢協調中心等四個受民航局指揮監督的單位。

　　有關民用航空局的組織架構如**圖1-6**所示。

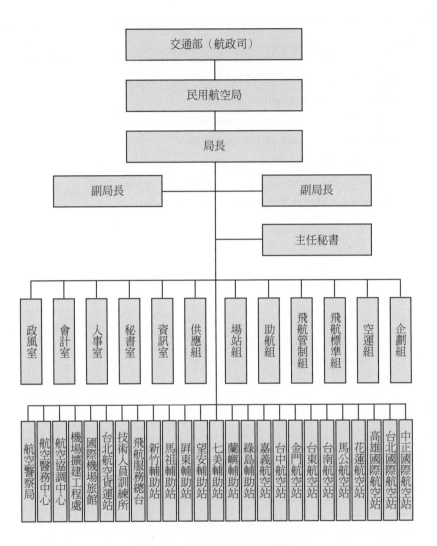

圖1-6　民用航空局組織圖

資料來源：交通部民用航空局

註　釋

[1]資料來源：Motivated Mergers, *Airline Business*, 2000.07; The Merger
　　Puzzle, *Airline Business*, 2001.03.

[2]資料來源：www.china-airlines.com.tw

[3]資料來源：www.evaair.com/welcome.asp

[4]資料來源：www.mandarin-airlines.com.tw

[5]資料來源：http://www.icao.org 、www.mantraco.com.tw

[6]資料來源：http://www.iata.org 、www.mantraco.com.tw

[7]資料來源：交通部民用航空局網站www.caa.gov.tw

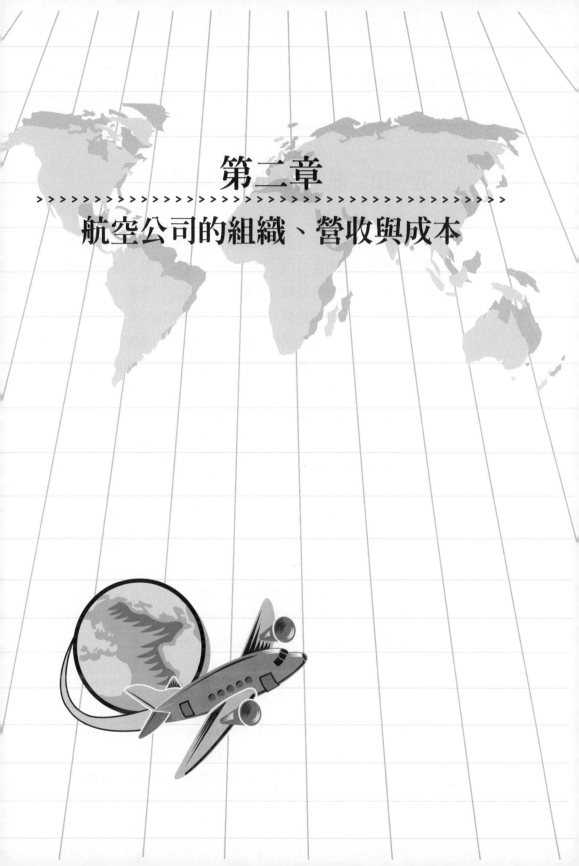

第二章
航空公司的組織、營收與成本

第一節　航空公司的組織運作

　　對旅客來說，想要搭飛機到某地，似乎是再簡單不過的事情了。他可以透過電話訂位，或是直接到機場買票上機。整個搭飛機的過程就是買票、登機、等候起飛、飛行、降落……等。但對航空公司來說，要賣給旅客一張機票，讓旅客登機、起飛，然後降落到目的地，這樣的過程卻是相當複雜的。因爲，飛機必須要有人來飛，所以要有機師；再者，機上必須有人提供必要的緊急飛安措施與空中服務，也就要有空服人員；另外，飛機要能正常飛行，就必須維修、保養、檢查，也就需要機務維修人員。而航線的開闢規劃、機隊規劃以及中、長期的策略發展，需要企劃人員；票務行銷及與旅行社的互動，需要業務人員；整體的財務運作、資金調配，則有賴財會人員的兢兢業業；關於人力資源的運用、訓練、升遷與薪資計算，需要人事部門人員的運作……從一架飛機的順利起飛，不難發現其中包含多少人的心力與時間的投注。

　　航空公司一般之職掌歸屬主要分爲行政管理、業務管理、財務管理、規劃管理、機務管理、飛安管理、品質管理、運勤務管理、航務管理。其彼此之間關係如圖2-1所示。

1.行政管理：負責人事、總務的行政事務，推展及管理業務。

2.業務管理：負責國內外客運市場政策，執行客運訂位管制，旅行社代理售票訂約及信用督導等業務。

3.財務管理：負責公司全盤預算編列，控制與經費審核，外

<<<<<<<<<<<<<<<<<<<<<<<<<<<<<<<<<<<<<<<<<<<<<<<

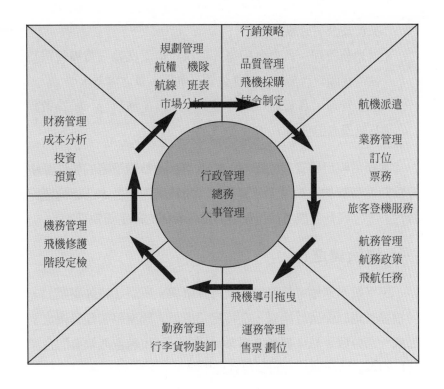

圖2-1　航空公司組織管理關係圖

　　匯操作，收入與成本、飛航成本分析與預估。

4.規劃管理：負責公司政策之規劃研擬事宜，一般有航權取
　　得、機隊規劃、航線規劃、班表規劃、市場分析及成本效
　　益分析等大方向計畫之研究與擬定。

5.機務管理：負責執行飛機全盤修護與各階段之定檢，飛機
　　維護裝備及特勤車輛之修理機具配造與維修資料儲存。

6.飛安管理：負責飛航安全工作之推展，分析影響飛安因素
　　及緊急事件處置等工作之執行與督導。

7.品質管理：負責公司服務品質之掌控與監督，及旅客申訴
　　之案件處理，製訂服務品質管理策略及方向，以提升服務

品質及公司形象。

8.運勤務管理：負責各項運、勤務政策之推動、督導管理及
執行相關教育訓練，以加強運、勤務人員之專業水準。

9.航務管理：負責航務政策推動、飛航任務執行、航線策劃
及航機派遣任務。

本節依照目標管理的程序，循航空公司整體策略的製作脈絡
分為四個步驟加以討論，分別是：「組織與運作」、「組織運作
彈性」、「經營目標與執行策略」及「責任的確定與執行」。

一、組織與運作

民用航空運輸業是屬於國家特許事業。所謂「特許事業」，
係指經營權原保留於國家，在特定情形下，國家將其經營權之全
部或一部分授予私人經營之事業。因此，民用航空運輸業的企業
特性的寡佔狀況與政府的制規息息相關。

在目前經濟發展呈現國際化、自由化、全球化的趨勢下，航
空運輸已逐漸成為世界貿易的主流。自從美國國會於一九七八年
通過「解除航空公司管制條例」及一九七九年的「國際航空運輸
競爭條例」，舉凡航線、票價、班次等等均紛紛放寬了約束，甚至
解除管制（deregulation）。繼美國之後，澳大利亞、加拿大、智利
……等國家也宣布解除航空管制。以我國而言，自一九八七年十
一月及一九八九年一月分別開放國內航線及國際航線航空公司申
請設立，在俗稱「開放天空」的「民航空運自由化」正式起跑
後，台灣天空百家爭鳴，為求在激烈的拼鬥中出線，迫使民航業
者在營運政策、行銷方式、收購股權、航機售租策略……乃至於
服務品質等方面產生諸多改變以謀永續經營，期能區隔市場，確
認各市場區隔下顧客的「需求」（needs）和「需要」（wants），以

<<<<<<<<<<<<<<<<<<<<<<<<<<<<<<<<<<<<<<<<<<<<<<<

爭取顧客的忠誠度及市場佔有率，提升市場上的競爭優勢。

在最終產品 —— 運輸服務提供顧客來消費的背後，事實上是一連串專業的精密分工所呈現的共同成果，茲將構成航空公司的組織單元介紹於後：

(一)總經理室

對民用航空法的規範來說，民用航空運輸業應為法人組織，若以「股份有限公司」的型態經營，一般而言，航空公司的董事會成員包含董事、監察人數人，而由董事會設董事長一人，由董事互選產生。董事長下設總經理或最高執行長（Chief Executive Officer, C.E.O.）一人、副總經理數名及稽核室等單位。總經理、副總經理下設總經理室。總經理室的編制設有公共關係、法務保險、商情資訊、飛航安全諮詢……等子單元，但實際上，其組織型態各有不同。

(二)業務及行銷部門

業務及行銷部門亦有業者細分為客運及貨運兩部門。但一般而言，業務及行銷部門是航空公司執行「開源」以創造生存機會，尋求更多客源的重要單位。本部門的職掌包括營運計畫之策訂、監控及評估航線營運績效，規劃空，地勤及貨運各項產品及服務，飛航班次計畫之擬訂及協調，擬定價格策略並制定市場價格，票務管理（ticketing），與旅行社從事套裝旅遊的銷售，規劃行銷通路與管理機位配銷，處理旅客申訴事宜，研擬廣告推廣方針，電子商務（electronic commerce）……等事宜。

(三)運務部門

機場運務是航空公司與旅客面對面接觸的第一線單位，也就是俗稱的「地勤」。地勤的工作是與時間賽跑，讓飛機準時且順

利地起飛是其工作的首要任務。如果要界定「運務」的工作範
圍，大抵來說，是「從旅客到機場櫃檯報到劃位開始，到旅客登
機完畢前的一切相關事務，都屬於機場運務工作的範圍」。

　　一般而言，航空客運之運務部門乃是設於航空站內直接負責
處理旅客出入境的事宜，除了協助旅客通過檢疫、海關、移民局
的查驗外，尚需辦理提供飛機在機坪上應用的一切地面裝備服務
及聯絡。運務狹義解釋是為顧客服務的一切作為，就IATA解釋，
可包括航空公司之一切商業活動。若廣義解釋，則其涵蓋貨運，
實務上，運務或貨運有各自獨立，亦有隸屬於業務部門者。

(四)企劃部門

　　「企劃」（planning）是為組織設定未來目標，並建立達成目
標方法的過程。因此，具豐富策略與規劃思考的企劃團隊以研擬
出完美且可行的 "Corporate Plan" 成為企業達成永續經營的關鍵
因素。以長榮航空公司而言，企劃部門（該公司稱為企劃本部）
為公司政策與計畫執行的火車頭，且公司的短、中、長期經營方
向與目標及策略的規劃與制定，皆在企劃本部完成並推動執行，
而長榮集團總裁亦相當重視該部門執行的成果與策略規劃的完
善，所以非常重視該部門主管人員的遴選，並授與相當程度之倚
重權限。

　　有關機隊發展規劃、新增航線規劃、企業轉投資評估、公司
發展計畫之策訂、市場資料及商情分析、企業整合及締約聯盟評
估、專案計畫的協調與管理……等，都是企劃部門的職掌。

(五)人力資源管理部門

　　人力資源管理部門負責人力需求規劃、政策規章制定、勞資
關係處理、人員招募、任用、晉升、遷調、考勤、績效、獎懲、
離職、人員訓練、員工福利業務之規劃、出國證照之辦理……等

業務（註：遠東航空公司將人力資源管理部門、行政部門以「資源管理處」統籌）。

(六)行政部門

航空公司的行政部門（亦有稱為總務部門）係負責各部門的後勤支援，包含收、發文等之文書處理，公司辦公場所及房舍之規劃、設計、發包、施工，膳勤、車輛、清潔、宿舍、福利社、文具物品及總機……等行政庶務之處理。

(七)財務會計部門

航空公司的財務會計部門的業務範圍包括籌措中、長期資金，提供財務報表供管理者研參，規劃年度預算方案並控制預算之執行，規劃並執行稅務作業，執行會計及財務相關業務，管理機票及折價券，分析營運成本結構，審核及管理各部門的帳務，籌辦股東會及董事會……等。

(八)機務維修部門

確保飛機與地面設備能在安全及適航狀態下營運，包含飛機、各型發動機、通信電子設備之日常及定期等各項維修工作，修護相關之標準施工方式與作業程序，適航指令及修護通報，各類飛航器材、修護工具、裝備等之補給採購，修護人員各種專業訓練業務之規劃、執行……事項。

(九)安全衛生部門

安衛部門除了配置捍衛公司門禁、人員及軟硬體安全的警衛班之外，尚有安全衛生及安全防護等功能。其業務包含公司全盤警衛、安全調查、安全訓練、勞工安全衛生及安全情況反映處理等業務。

(十)航務部門

主要業務包含執行飛航任務，調配飛行任務，航機簽派及載重平衡計算（weight & balance），航機旅客、貨、郵件的裝載計畫（load plan），航機動態掌握，向機場飛航服務臺填寫飛行計畫（flight plan），提供執勤機師飛航天氣資料（meteorological information），班機異動處理，航務性能分析……等工作。

(十一)品管部門

為落實飛安，避免「球員兼裁判」，品管部門在航空公司組織編制中，往往獨立於機務部門，但亦有隸屬於機務部門的一個子單位內，不管其編制狀況為何，其業務至少包括了各型飛機、發動機、附件及非破壞性之檢驗，特許飛行之適航簽放（試飛、飛渡），修護合約之審查，技術人員資格審核，相關訓練證照之核發，維護計畫之審核及修訂，推動所有修護品質保證業務……等。

(十二)飛安部門

飛安工作在航空公司的組織編制裏，較「理想化」的狀況是能直屬於總經理管轄，且能獨立於航、機務部門之外，較能具備「超然立場」發揮其功能，不過民航局對飛安部門的組織定位並無強制性的規範。有關該部門的業務職掌，除了常態性的機長報告處理外，至少包含飛安政策釐訂、飛安督導、消弭外物損害管制（FOE）、飛安教育訓練、飛安刊物之彙編、飛航違規事件之處理、失事調查……等事項。

(十三)空服部門

有些航空公司將空服部門隸屬於航務部門的組織編制之下，但通常若干中、大型航空公司基於專業分工的考量及對服務品質的重視，而將其獨立為一級單位。空服部門的業務至少包含空服

作業標準之擬訂與執行、空中旅客侍應品及空服用品規劃、旅客投訴意見處理、空服作業手冊之編纂及管理、空服人員年度訓練計畫、空勤組員調派管理、空中精品業務開發……等事項。

(十四)訂位中心

航空公司的訂位中心為處理包含旅客個人訂位、旅行社團體訂位及機位管制（space control）的相關業務。經營國內線的航空公司訂位中心業務性質較為單純，通常會把票務（ticketing）和訂位（reservation）放在同一個部門。而大部分國際線的航空公司則由於業務項目及專業分工較細，因此採取分組方式，將票務與訂位明確劃分。目前我國國籍航空公司所使用的電腦訂位系統（CRS）如表2-1所示。

二、組織運作彈性

面對瞬息萬變的航空產業特性及相關業務拓展，乃至於經營需求，航空公司在人員及組織結構上常必須從事適時的彈性調整，以確保組織能在各種環境與經營需求下有效地運作，符合「效率」（efficiency）及「效能」（effectiveness）。茲分別就彈性的應用方式討論如下：

為配合不同任務與環境需求，航空公司設有多項委員會或任務編組，依其性質可分為「常態性組織」及「機動性組織」。

表2-1　國籍航空公司所使用的電腦訂位系統

航空公司	訂位系統
中華航空	從荷航（KL）發展的系統
長榮航空	從英航（BA）發展的EVAPARS系統
立榮航空	使用UPRS系統
遠東航空	外包IBM發展的MARBLE系統
復興航空	外包IBM發展的MARBLE系統

(一)常態性組織

　　為配合長期性、循環性的例行性計畫及營運需求,航空公司常以跨部門運作的「矩陣式專案管理」組織方式成立專案委員會或專案小組。

　　　《例一》飛安諮詢委員會:由飛安、航務、機務、運務、空
　　　　　　服等直接與飛航安全相關的部門共同組成。

(二)機動性組織

　　為配合臨時性、非循環性的專案計畫或特殊營運需求,如同常態性組織原則,航空公司常以橫向整合、跨部門運作的「矩陣式專案管理」組織方式成立專案小組,有效管理人力及相關資源的運用,並減少部門本位,促進通暢之溝通。

　　　《例一》防颱計畫:依據公司內部標準作業手冊作業程序,
　　　　　　由各相關部門主管組成。
　　　《例二》租、購機計畫:面對租、購機需求時,由公司內部各
　　　　　　相關單位組成。負責處理相關主管官署及國外廠商的
　　　　　　協商、採購、運渡等事宜,並從事適當之計畫控管。

三、經營目標與執行策略

　　有關航空公司在策定企業目標及執行各部門的營運時,常必須經由一個龐大的評估邏輯系統從事「生產」。「謀定而後動」是理性的航空公司管理人運籌帷握、決戰千里之外的邏輯,在繁複的機隊規劃、航線開發、轉投資相關事業,或是人力的需求規劃之前,必須要有明確的「政策定位」,在公司政策的大方向下,從事長、中、短期經營計畫及目標的制訂。

　　至於航空公司決定企業經營目標的過程與方法,事實上與一

＜＜＜

般企業的管理思維相較，並無太大的偏頗。首先是政策方針的「經營策略」制訂。在公司經營目標（例如爭取國內航線佔有率第一或市場獲利率最高）下，以「可衡量的指標」進行現狀分析（包含內外在環境分析、市場分析及成本效益分析）及對問題的辨認發展可行方案及提供備案，經由科學工具對各可行方案的效益評估選擇最適方案。根據最適方案以「目標訂定」的方式訂定相關執行單位的權責，並藉此從事人力資源需求規劃及機隊規劃、新航線開發、轉投資事業等附屬方案以樹狀結構的邏輯思維從事企業目標的執行，實施「目標管理」制度，以使管理階層目標與政策能貫徹到各部門。有關航空公司「目標管理」制度自計畫至修正階段之流程如圖2-2至圖2-5。

四、責任的確定與執行

　　經過上游的目標策略及責任確定後，根據民航局要求，在「公司整體運作手冊」明訂各部門組織機能及其職掌，並隨時依組織的調整修訂。由航空公司直接隸屬於董事會的稽核部門，負責全公司整體運作之稽核作業，以確保內部控制制度之落實。

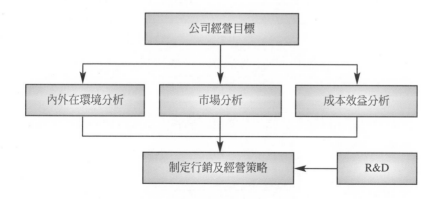

圖2-2　經營策略制定流程圖

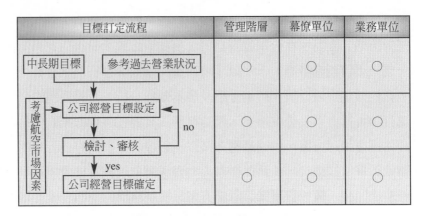

圖2-3 目標訂定權責流程

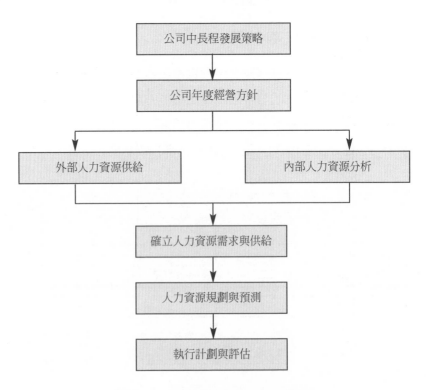

圖2-4 人力資源規劃作業流程圖

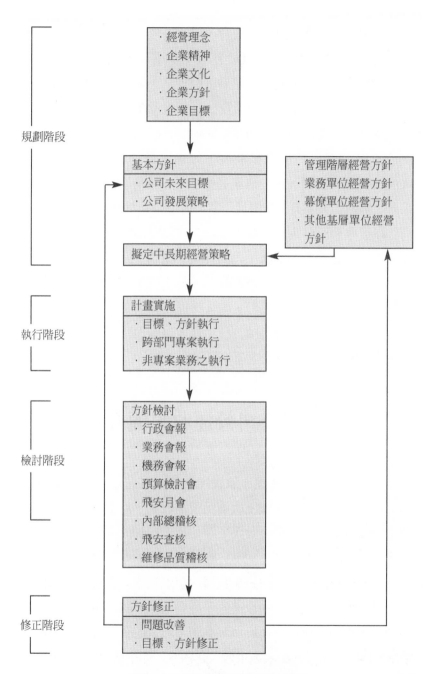

圖2-5　目標管理制定流程圖

　　航空公司並會依循政府法令、規章、公司經營理念、方針指示、營運需求、員工需求及社會環境變遷等因素，在合法、合理、合情的原則下，訂定公司制度與規章。這些制度與規章涵蓋全公司行政管理系統所需之業務，爲使規章制度、施行、適用、修訂及廢止有所依循，對各種組織均訂有相關之作業手冊，包括內部控制制度、內部稽核制度、維護手冊、航務作業手冊（FOM）、飛安維護計畫、票務運作手冊、運務手冊、危險品管理手冊、場站作業手冊、空服員作業手冊⋯⋯等百餘種。

　　以這些手冊訂定的制度規章及工作程序爲各相關部門運作的標準，藉由公司教育訓練、內部會議、簡訊、月刊、公告或其他內部通告管道加以宣導、辦理執行。爲了確定使各項制度與規則能夠落實執行，稽核、品管、飛安、財務及人力資源等單位均會派員定期或不定期進行各項查核工作，以確保所有員工都能在「一致化」的標準下完成航空運輸服務的運作。

第二節　航空公司營運收入簡介

　　航空公司收入之種類，除眾所熟知之客運收入、貨運收入外，尚包括郵運收入、機上販賣免稅品收入、旅遊券販售收入、超重行李收入及其他營業收入（諸如設備租賃收入、代訓收入、維修友航飛機的維護收入、機上雜誌之廣告收入⋯⋯等）。

　　茲於後將國際線航空公司及國內線航空公司在營運收入分類上的差異做一比較，分別以某國籍經營國際航線之甲航空公司及經營國內線之乙航空公司爲例，其營運收入的分類及項目架構如**表2-2**及**表2-3**所示。有關各項收入之內容，如下所述：

表2-2　甲航空公司營業收入分類表

營運收入分類	營運收入項目
客運收入	班機客運收入
	包機客運收入
	聯航客運收入
貨運收入	班機貨運收入
機上販賣收入	機上販賣收入
超重行李收入	超重行李收入
旅遊券收入	旅館住宿收入
	其他雜項收入
其他營業收入	模擬機租賃收入
	模擬艙租賃收入
	退、換票手續費收入
	貨到處理收入
	到付貨運服務費收入
	維修收入
	地勤收入
	機上雜誌廣告費收入
	材料銷售收入

表2-3　乙航空公司營業收入分類表

營運收入分類	營運收入項目
客運收入	班機客運收入
	包機客運收入
	聯航客運收入
	雜項客運收入——退、換票手續費收入
貨運收入	班機貨運收入
郵運收入	郵運收入
其他營業收入	代理收入

>>>

一、客運收入

因承載旅客而得之機票收入。依國際民航組織（IATA）規定，若航空公司透過旅行社（travel agent）售票予消費者，需支付票面價9%予旅行社作為佣金，一般稱為正常佣金（normal commission, N/C）：若航空公司於自有櫃檯直接售票予消費者，需依IATA所訂定之票面價格收費，以保障旅行社之生存。

依IATA規定，航空公司每張售票收入至少為票面價91%。但由於航空市場競爭日益激烈，航空公司通常提供遠低於IATA票面價之售價給旅行社，再依各旅行社之配合度，提供不同等級的現金折扣，演變至今，部分國家或地區之航空公司不再支付票面價9%之正常佣金，且航空公司之實際所得，通常遠低於票面價91%。

二、貨運收入

因承載貨物（不含旅客超重行李）而得之營運收入。根據IATA之規定，若航空公司透過貨運承攬代理商（forwarder）承攬貨物，需支付票面價5%予貨運承攬代理商作為佣金，一般稱為正常佣金；若航空公司直接承攬貨物，則必須按IATA所訂定之運價收費，此規定係為保障貨運承攬代理商之生存。

如同客運的實務經營模式，航空公司通常提供遠低於IATA運價之價格給代理商，再依其之配合度，提供不同等級的折扣。

三、機上販賣收入

航空公司於其國際航線班機上提供某些物品，供乘客依需要購買所得之收入。主要販賣物品為酒精類飲料、有公司圖騰的紀念物（如模型機）、化妝品、珠寶、禮品、玩具……等項目。

四、超重行李收入

因旅客行李超重而收取之行李超重收入。目前，實務上區分為計重制及計件制兩種。前者依旅客購買艙等機票之不同，航空公司提供不同重量額度之免計費行李限重，超過限重部分即向旅客計費，收取超重行李費用。一般係依經濟艙票面價十分之一為超重部分之每公斤費率計算，東南亞及歐洲地區採此制。後者計件制乃以兩件行李為免費攜帶之限度，且每件行李之長寬高不得超過特定尺寸，超過即收取行李超重費，越太平洋航線（美國線）採此制。

五、旅遊券收入

旅客使用套裝旅遊行程時產生之收入（不含機票收入，因機票收入已併入客運收入）。所謂套裝旅遊行程，即結合機票＋飯店住宿＋接送機＋導遊之全套旅遊行程。主要為旅館住宿收入及其他雜項收入，屬於代收代付性質，公司無實際收入發生。

六、其他營運收入

無法歸屬於以上項目之營運收入，此項收入包括模擬機租賃收入、模擬客艙租賃費用、退換票手續費收入、貨到處理收入、到付貨運服務費收入、維修收入、地勤收入、機上雜誌廣告費收入、材料銷售收入……等項目。

由以上**表2-2**及**表2-3**可知，國際線航空公司營運收入項目比國內線航空公司來得多，主要原因為其營運規模及運作特性不同，例如國內線航空公司因飛航時間大都在一小時內，因此大部分均無機上販賣收入及雜誌廣告費收入。另外，國內線與國際線

商務、旅遊旅客所佔比例不同,國內線大部分爲商務旅客,國際線大部分航線商務及旅遊旅客所佔比例相差無幾,甚至於旅遊旅客佔大多數,因此,國內線航空公司在營運收入方面則少有超重行李收入及旅遊券收入。

圖2-6　復興航空公司空中巴士A321型客機正在上貨
資料來源:楊政樺攝於台北松山機場

圖2-7　中華航空公司空服訓練中心模擬客艙
資料來源:楊政樺攝於中華航空公司松山航訓中心

圖2-8　遠東航空向長榮航空租借場地設施從事新聘空服員的水上
　　　　迫降逃生訓練

資料來源：遠東航空公司王穎駿先生提供

圖2-9　遠東航空向長榮航空租借模擬客艙從事新聘空服員的高空
　　　　失壓氧氣面罩使用訓練

資料來源：遠東航空公司王穎駿先生提供

第三節　營運成本與結構分析

　　航空公司成本架構可分為固定成本與變動成本兩大類，以下分別仍以前述經營國際航線之甲航空公司及經營國內線之乙航空公司為例，這兩家航空公司之固定成本與變動成本架構如**表2-4**及**表2-5**所示。

　　底下，我們將針對經營國際航線及國內航線之航空公司的一般化固定成本及變動成本予以說明：

一、固定成本

　　固定成本包括：

1.航空公司對固定成本的支出，大致可分為機務維修費用（人事）、飛行員費用、空服員費用、保險費用、利息費用、折舊費用、租金費用、運勤務費用及行政費用等項目。其中對於飛行員費用的計算方式和一般幕僚單位及維修單位的員工薪資不同，因為飛行員每月均有固定之保證時數，以保障其基本薪資。若實際飛行時數未達保證時數，仍以保證時數計薪，若有超過，則除有保證薪資外，另有超時加班費。

2.空服員費用：空服員如同飛行員，其每月均有固定之保證時數，以保障其基本薪資。在實際飛行時數方面若未達保證時數，仍以保證時數計薪，若有超過，則除有保證薪資外，另有超時加班費。

3.保險費用：包含有飛機機體險、兵險（飛航國際航線對可

‹ ‹

表2-4　甲航空公司固定成本變動成本分類表

固定成本	變動成本
直接固定成本：	油料費用
保險費用	維修費用
利息費用	機上服務費用、販售成本
折舊費用	艙勤服務費
租機費用	機場使用費
	佣金費用
間接固定成本：	飛行組員費用
廣告費用	飛越費用
管銷費用	旅遊券成本
建物折舊及攤銷	訂位系統費用
	內陸轉運費
	地勤費用
	雜項費用

表2-5　乙航空公司固定成本與變動成本分類表

固定成本	變動成本
機務維修費用（人事）	油料費用
飛行員費用	機務維修費用（材料）
空服員費用	機上服務費
保險費用	艙勤服務費
利息費用	機場使用費
折舊費用	佣金支出
租金費用	地勤費用
運勤務費用	訂位系統費用
行政費用	

　　能遭受戰爭攻擊所加入的保險）、旅客責任險等費用，其
分攤基礎為元／架次。

4.利息費用：由於航空公司購機之機價款除自備款（一般為
　30%）外，餘款通常以貸款方式取得，因而產生利息支出
　費用。

5.折舊費用：包含飛機及備品折舊，視飛機之折舊年限而定，每年折舊費用再依飛行架次做攤提。

6.租金費用：指飛機租賃費用，當航空公司考慮折舊、利息及營運資金調度問題，不以購機方式取得，而採租機方式，因而產生租金費用。

7.運、勤務費用：指航空站各項成本費用，如運、勤務人員及各項設備折舊費用等。

8.行政費用：泛指管銷費用，包括總公司行政人員的薪資費用、水電費、電話費用、文具用品、印刷費用等。

9.公關及公益活動費用：航空公司為求相關營運業務之順遂，必要時會以微妙的人際脈絡及高度的公關手腕從事穿針引線、打通關節脈絡，是商業活動在檯面上或檯面下不可或缺的策略行為，此相關成本的支出即為「公關費用」。此外，航空公司的收益來自社會大眾的支持與愛用，基於

圖2-10　航空公司的燃油成本耗費甚鉅

資料來源：楊政樺攝於高雄小港機場停機坪

「取之於社會，用之於社會」的飲水思源回饋原則，航空
公司常會捐贈教育機構諸多資源（如設備的添購、經費的
支援）、舉辦社會公益活動、拯濟及關懷社會弱勢團體，
相關活動的支出則可歸類為「公益活動費用」。

圖2-11　為確保飛航安全，航空公司的機務維護不遺餘力

資料來源：楊政樺攝於遠東航空公司機務廠棚

圖2-12　航空公司的機務維修技師兢兢業業地維護航空器發動機

資料來源：遠東航空公司王穎駿先生提供

二、變動成本

變動成本項目的特性包括：

1. 油料費用：油料費用包括汽油費用及滑油費用，為航空公司花費比例較大之成本支出項目之一，平均約佔航空公司成本開銷的20%。因此，油價變動對航空公司的營運成本影響甚鉅。計算基礎可採用飛行小時（flight hour）或輪檔時間（block hour）再乘以油價。

2. 機務維修費用（材料）：材料費用會隨著飛機機齡的增加而增加。維修材料包括飛機上所有零件，主要有引擎、航電器材、起落架、鼻輪等項目，其分攤基礎為元／飛行小時。

3. 機上服務費：包含侍應品（餐點）、書報、雜誌、清潔品等費用，其分攤基礎為元／架次。

4. 艙勤服務費：主要是提供侍應品的人力費用，分攤基礎為元／架次。

5. 地勤代理費用：於國內外機場委託地勤代理作業而發生之費用。地勤代理作業之內容，依標準「機場地坪作業」，包括以下十三大項：

   (1) 代理航空公司支付有關於機場、海關、航警及其他有關費用，提供辦公室之使用設施。

   (2) 裝載管制及通訊。

   (3) 單一載具控管（unit load device control）。

   (4) 安排、照應旅客及處理行李，協助完成出入境程序，成立旅客服務中心。

   (5) 貨物裝載及郵件分配、運送處理。

(6)機坪作業：飛機引導、停泊、起動、移動作業，執行機
坪與飛機間之通訊、安全處置作業。

(7)飛機清潔服務：內部、外部清潔作業，包括廁所處理，
用水處理，冷卻器、加熱器之提供及操作，除雪及除冰
，客艙設備之重新佈置。

(8)燃油及油類之補給：與燃油公司聯繫、油品訂購作業、
監督裝卸燃油作業。

(9)飛機維修：例行服務、非例行服務、材料處理、停機及
機棚之安排。

(10)飛機運航及機員管理：出發站之飛行準備、出發站以
外地點之飛航準備、機上協助、飛機啟航後之作業、
飛航中再簽派機員管理。

(11)地面接駁運輸。

(12)餐勤服務之安排：與餐飲供應商之聯繫與管理、機坪
餐飲之處理、物品儲存、餐具清潔安排。

(13)監督及管理飛航前、後之作業。

6.訂位系統費用：航空公司未自行開發電腦訂位系統，而以
租用其他航空公司之訂位系統，所必須支付的訂位費用，
其分攤基礎為元／人。

7.運航飛越費用：為飛機飛越他國領空所必須支付之飛越費
用及導航費用。目前，美國、日本、新加坡等國並未收
費，我國與菲律賓、越南及寮國則依每架次收費。

8.機場使用費：主要包括降落費、噪音費、停留費、候機室
服務費、地勤設備使用費、空橋費、擴音費及安全服務費
等費用。目前我國國際及國內機場使用費收費項目上的差
異如**表2-6**所示。

有關機場使用費計收基礎如下所示：

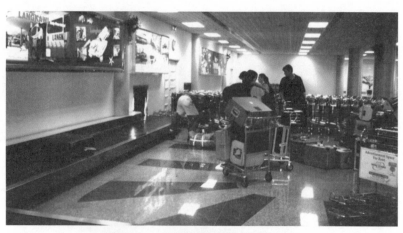

圖2-13　行李輸送系統與提領處

資料來源：楊政樺攝於馬來西亞吉隆坡國際機場

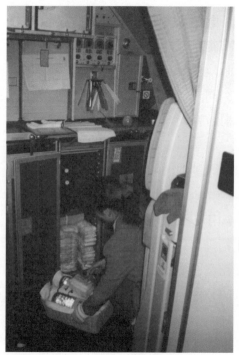

圖2-14　航空公司人員正
**　　　　在從事客艙設備**
**　　　　的重新佈置**

資料來源：楊政樺攝於港龍航空
　　　　　公司空中巴士A340客
　　　　　機

(1)降落費：依據我國民航局在二〇〇〇年七月二十八日修
　　訂之「使用航空站飛行場助航設備及相關設施收費標準」
　　（交通部交航發字第8937號令）第十六條的規定，降落
　　費以「航空器最大起飛重量」（maximum take-off weight）
　　為計收基礎。國內及國際航線計收單位及方式如**表2-7**
　　所示。

(2)停留費：此費率的收取係以航空器最大起飛重量與停留
　　天數為計價基礎。按日計收，未滿一日者以一日計，露
　　天停留未超過二小時者免收。其計收單位及收費費率如
　　表2-8所示（註：截至二〇〇〇年七月二十八日止，「
　　夜航費」及「滯留費」暫不收費）。

(3)噪音防制費：我國航空噪音防制費的收費是以航空器最

表2-6　我國國際及國內機場使用費收費項目比較表

	降落費	噪音費	停留費	候機室服務費	地勤設備使用費	空橋費	擴音費	安全服務費
國內	□	□	□			□	□	□
國際	□	□	□	□	□	□		□

註：□表示需要收費。

表2-7　降落費費率表

計收單位	國際航線		國內航線	
	計收方式（最大起飛重量）	費率（元）	計收方式（最大起飛重量）	費率（元）
每千公斤	50,000公斤以內	164	20,000公斤以內	66
每千公斤	50,001公斤~150,000公斤者	205	20,001公斤~50,000公斤者	99
每千公斤	150,001~250,000公斤者	229	50,001公斤~150,000公斤者	121
每千公斤	250,001公斤以上者	248	150,001公斤以上者	135

資料來源：交通部民用航空局。

表2-8　停留費費率表

計收單位	國際航線		國內航線	
	計收方式 （最大起飛重量）	費率 （元）	計收方式 （最大起飛重量）	費率 （元）
每千公斤	100,000公斤以內者	28	20,000公斤以內者	23
每千公斤	100,001公斤以上者	15	20,001公斤以上者	10

資料來源：交通部民用航空局

大起飛重量為計價基礎。國內及國際航線計算方式相同，其計收單位為每架次，噪音值以七十三分貝為計收標準，計算公式如**表2-9**。除此之外，在此援舉各國機場的噪音費徵收模式，可以從收費因素、徵收方式和收費調整因素三方面來加以分類，並如**表2-10**所示。

(4)候機室設備服務費：以航空器最大起飛重量為計收基礎。目前僅國際航線收費，國內航線則免收費。其計收單位及收費費率如**表2-11**所示。

(5)地勤場地設備使用費：以航空器最大起飛重量為計價基礎。目前僅國際航線收費，國內航線免收費。其計收單位及收費費率如**表2-12**所示。

(6)自動行李分揀輸送系統使用費：以出境航空器架次為計價基礎。目前僅國際航線收費每架次新台幣1,384元，國內航線免收費。

(7)安全服務費：客貨運均收，以航空器最大起飛重量為計價基礎。目前國際及國內航線收費標準相同，如**表2-13**所示，惟技術降落及班機回航，因不需再經出境安全檢查，所以免收。

(8)擴音設備及服務費：以每架次為計價基礎，每架次新台幣十五元。

<<<<<<<<<<<<<<<<<<<<<<<<<<<<<<<<<<<<<<<<<

表2-9　我國噪音防制費費率表

噪音費＝17元×最大起飛重量（每千公斤）＋95元×（起飛音量－73分貝）

資料來源：交通部民用航空局

表2-10　世界各機場噪音費徵收模式之比較

	收費因素			徵收方式		收費調整因素	
	噪音值	重量	機型分類	含在降落費內	單項	時段	每年調整
Austria			∨	∨		∨	
Belgium			∨	∨		∨	
France	∨	∨	∨	∨	∨	∨	∨
Germany			∨	∨			
Italy			∨	∨			
Japan	∨	∨			∨		
Korea			∨	∨			
Holland	∨				∨		∨
Norway			∨		∨	∨	
Sweden			∨	∨			
Swiss			∨		∨		
UK			∨	∨		∨	

＊France除依重量徵收單項噪音費外，並依機型分類調整降落費

＊Holland在航空器缺乏噪音值時另依重量、機型分類等因素徵收單項噪音費

＊UK在Manchester機場依噪音值單項收費

資料來源：林如蘋，〈機場航空噪音費徵收之研究—以中正機場爲例〉，國立交
　　　　　通大學交通運輸研究所碩士論文，1996。

表2-11　候機室設備服務費費率表

計收單位	國際航線		費率（元）
計收單位	計收方式（最大起飛重量）		費率（元）
每架次	50,000公斤以內者		1,080
每架次	50,001公斤~100,000公斤者		1,620
每架次	100,001公斤~200,000公斤者		2,700
每架次	200,001公斤以上者		3,780

資料來源：交通部民用航空局

表2-12　地勤場地設備使用費費率表

	國際航線	
計收單位	計收方式 （最大起飛重量）	費率（元）
每架次	50,000公斤以內者	360
每架次	50,001公斤~100,000公斤者	720
每架次	100,001公斤~200,000公斤者	1,080
每架次	200,001公斤以上者	1,800

資料來源：交通部民用航空局

表2-13　安全服務費費率表

	國際航線		國內航線	
計收單位	計收方式 （最大起飛重量）	費率 （元）	計收方式 （最大起飛重量）	費率 （元）
每架次	55,000公斤以內	644	55,000公斤以內	644
每架次	55,001公斤~100,000公斤者	1,287	55,001公斤~100,000公斤者	1,287
每架次	100,001公斤~250,000公斤者	1,931	100,001公斤~250,000公斤者	1,931
每架次	250,001公斤以上者	3,218	250,001公斤以上者	3,218

資料來源：交通部民用航空局

表2-14　空橋使用費及接駁使用費費率表

	國際航線		國內航線	
計收單位	計收方式	費率（元）	計收方式	費率（元）
每次	座位201以上者	2,304	座位201以上者	576
上、下各一次		4,032		1,008
每次	座位200以下者	1,728	座位200以下者	432
上、下各一次		3,024		756

註：每次即為單橋，上、下各一次即為雙橋
資料來源：交通部民用航空局

(9)空橋或接駁車使用費：以雙橋及單橋、提供座位數為計
收基礎。目前國際及國內航線均有收費，如**表2-14**所
示。

圖2-15　**無論是國際線或國內線，我國機場的空橋使用費是以雙**
橋或單橋為計收基礎

資料來源：楊政樺攝於塞班國際機場

圖2-16　北京首都國際機場的空橋

資料來源：楊政樺攝於北京首都國際機場航站大廈

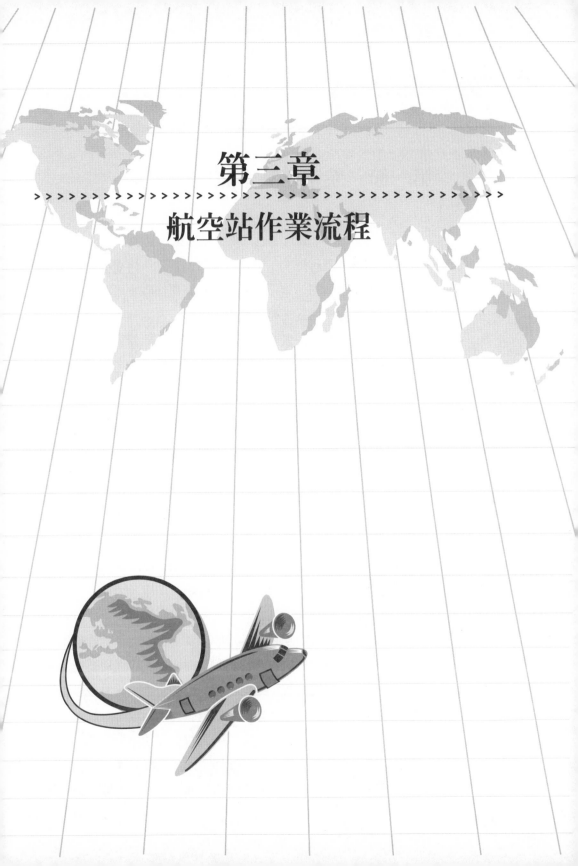

第三章

>>

航空站作業流程

第一節　航空站基本認識

　　自一九〇三年十二月十七日萊特兄弟在小鷹鎭（Kitty Hawk）
第一次成功載人飛行以來，飛行對人類而言就不再是夢想而已，
而是確實可以達到的。早期的機場係因應軍事戰爭用途，二次世
界大戰後，軍方機場逐漸轉爲民用，尤以一九七八年美國開放天
空政策實施後，各航空公司加入或退出市場解除管制，民航事業
如雨後春筍般蓬勃發展。爾後，民航市場競爭激烈，併購行爲增
加，各大航空公司均極力發展軸幅機場（hub and spoke），機場
的質與量也紛紛正向發展。由於航空運輸不是戶及戶（door to door）
運輸，必須與地面運輸相配合，所以必須仰賴機場的運作，做爲
兩種運輸方式的介面；其次，國與國間的運輸，機場不是成爲出
境點就是入境點，所以機場也就扮演著國與國間門戶的角色，因
此一個國際機場包含著許多作業項目及作業單位，如財政部的海
關部門、衛生署的檢疫單位、內政部的證照查驗單位……等。

　　航空站（airport）爲航空運輸的終點（terminal），俗稱機場。
依民用航空法的定義，航空站包含飛行場及站屋，因此，航空站
乃指供航空器起降活動的區域及該範圍內供裝卸客貨及提供航空
器起降所需的各種設施及裝備。一般來說，世界上各個經營定期
航線之機場，大多數是由政府投資興建而成。我國民用航空法第
二十八條規定：「國營航空站由民航局報經交通部核准後設立經
營之。省（市）、縣（市）營航空站由省（市）政府向民航局申
請，經交通部核准後設立經營之；廢止時，亦同。航空站，除依
前項規定外，不得設立。」因此在機場的所有權方面，不論國內
外，大都爲政府所擁有。而在營運權方面，國外機場擁有獨立營

運權，使機場經營者能充分自由地運用經營的理念；但對於我國民航局所屬的各個機場，並未享有獨立營運權，機場之營運政策、各人事及預算，均應報請上級主管核定。

對於機場的分類，美國分為四個等級，分別是「主要航空站」（primary airports）、「商業服務航空站」（commercial service airports）、「普通航空站」（general aviation airports）及「備用航空站」（reliever airports），茲說明如下：

1. 主要航空站：可細分為大型空運中心、中型空運中心、小型空運中心及非空運中心等四類。
2. 商業服務航空站：主要提供一些地區性、人口較少之地方至空運中心間的接駁服務。
3. 普通航空站：主要為一些少數的航空器提供基礎且廣泛的服務。有些位於主要大都會區，可起降一些空運中心無法處理的航空器。
4. 備用航空站：為美國聯邦航空總署特別設計之航空站，大多位於大都會航空站附近，以備航機臨時迫降需要。

至於我國的航站組織，則依照「交通部民航局所屬航空站組織規程」之規定，國內航空站可分為甲種、乙種、丙種與輔助航站等四級，甲種航空站屬國際通航站，乙種航空站屬國內航路交互航行頻繁站，丙種航空站為航站規模及業務次於乙種航空站者，輔助航站屬臨時起降或緊急著陸時所用之站；國內各航空站中，中正國際機場、高雄國際機場及台北國際機場屬於甲種航站，而屬於乙種航空站者有台南、花蓮及馬公機場，屬於丙種航空站者計有台中水湳、嘉義水上、台東豐年及金門尚義機場，其餘機場如新竹、屏東、七美、望安、蘭嶼、綠島、馬祖等則屬於輔助航空站，如**表3-1**所示。

表3-1　國內各機場屬性

航空站名稱	機場名稱	航站等級	機場性質
中正國際航空站	中正國際機場	甲種航站	民用
高雄國際航空站	高雄國際機場	甲種航站	民用
台北國際航空站	台北松山機場	甲種航站	軍民合用
台南航空站	台南機場	乙種航站	軍民合用
花蓮航空站	花蓮機場	乙種航站	軍民合用
馬公航空站	馬公機場	乙種航站	軍民合用
台中航空站	台中水湳機場	丙種航站	軍民合用
嘉義航空站	嘉義水上機場	丙種航站	軍民合用
台東航空站	台東豐年機場	丙種航站	軍民合用
金門航空站	金門尚義機場	丙種航站	軍民合用
新竹輔助站	新竹機場	輔助航站	軍民合用
屏東輔助站	屏東機場	輔助航站	軍民合用
馬祖輔助站	馬祖北竿機場	輔助航站	軍民合用
七美輔助站	七美機場	輔助航站	民用
望安輔助站	望安機場	輔助航站	民用
蘭嶼輔助站	蘭嶼機場	輔助航站	民用
綠島輔助站	綠島機場	輔助航站	民用

資料來源：交通部民用航空局「民航政策白皮書」

　　至於航空站系統的組成，主要可分為「空側」（air side）、「陸側」（land side）兩部分，航站大廈登機門為兩者的介面，其中空側包括停機坪及登機門地區（apron-gate area）、滑行道系統（taxiway system）、等候區（holding pad）、跑道（runway）及航空站空域（terminal airspace）……等；陸側則包括航站大廈（terminal buildings）及航空站聯外運輸系統（airport ground access system）；詳細之航空站系統組成關係如圖3-2。

　　另外，對於圖3-2，我們從四個部分來探討：

一、機場配置

機場配置因素包括跑道數目、方位及航站大廈與跑道間的關係，跑道（runway）的方向受到機場所在地之風向、機場發展可供使用地區大小及型式、機場週邊土地使用、機場空域限制……等因素所影響。在機場之配置中，跑道系統不僅關係著整個機場的運作效率，同時影響跑道本身的容量。跑道係設置在起降地帶中央，供飛機直接起降之用。當風向改變或單位小時起降架次超過小時容量時，將影響跑道正常起降，而影響跑道使用效率。

而滑行道（taxiway）的主要功能係用以連接航站區域、跑道間、航站大廈及服務維修區，提供飛機起降前後平面運動的中間鋪面，依飛機之駛進駛出可細分為「入口滑行道」（entrance taxiway）及「出口滑行道」（exit taxiway）。在比較繁忙的機場，通常會設置一平行跑道之滑行道（parallel taxiway），此滑行道可雙向運行，以使航機儘可能快速脫離該跑道。

至於等候區係設置於跑道進口端的側邊。其功能為提供飛機在起飛前做最後的駕駛座艙檢查，並使引擎加溫達到足夠的推力。

二、登機門的指派

登機門與停機坪為機場運輸系統中陸側與空側之連結介面，有關航站大廈與登機門之配置問題，通常會考慮到下列因素：旅客步行距離較短、樓層轉換較少、避免動線交叉、擴充發展性、民眾使用適應性……等因素。

登機門依飛機大小及班機時刻表進行登機門配置，惟實際營運時易受天候因素影響，而導致登機門需因應情況重新進行調配，而無法依原先配置的登機門登機。

圖3-1　帛琉國際機場的外觀，機場的英文看板是以該國國旗顏色設計

資料來源：楊政樺攝於帛琉國際機場

三、旅客及貨物動線規劃

　　旅客從進入航站大廈開始至登機的動線設計，亦會影響機場效率，特別是機場容量接近飽合時，流暢的旅客動線更是提高效率及服務品質的不二法門。旅客從進入航廈、櫃檯買票及劃位、內候機室候機、登機等流程，若能依實際運量設計並考慮旅客方便性、適當的川堂面積，加上清楚易懂的標示，相信對機場使用效率的提升有很大的助益。在貨物動線方面，若能考慮貨機機坪與貨運站之連繫，並增加快速通關作業，可大大地提高貨運業者及貨運站之經營效率。

　　以地處歐洲大陸中心、客貨營運量龐大的德國法蘭克福機場（FRA）為例，該機場為了應付旅客的成長，於一九九四年起在原先第一航站東側啓用第二航站，並擁有造價兩億五千萬馬克之

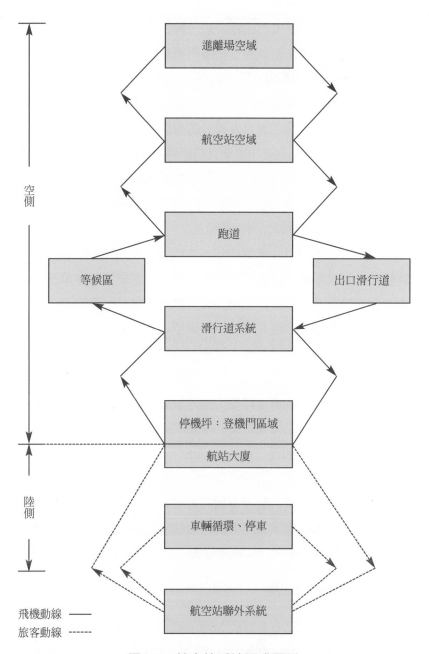

圖3-2 航空站系統組成關係

資料來源：張有恆，《航空運輸管理》，1998

行李運送系統與自動導引運輸系統，裨便旅客來往於第一、第二航站之間。這個設在屋頂的自動導引運輸系統可以縮短旅客至登機門的步行距離、增加航廈的整體運輸功能，並提高對旅客的服務品質。至於轉機旅客，不論是國際站或國內站，只需在航廈各層樓間垂直地移轉即可滿足大部分的轉機需求。而對於機場內外的運輸系統，自一九七二年法蘭克福機場通勤鐵路車站（S-Bahn）開放以後，航空與鐵路整合的模式成為各國機場建設的標竿對象，機場鐵路車站就設在第一航站的地下層，流暢的動線設計更使機場的使用效率發揮到淋漓盡致。

另外，以填海造陸興建的日本大阪關西機場（KIX）為例，該航站大廈之旅客航站區係採線型佈設，可容納年旅客量三千萬人次，主航廈長三百公尺，兩側之登機廊則各長七百公尺，即全長達一千七百公尺。現其航站為四層樓建物，而有關各樓層之使用大致為：地面層為國際線入境層，設有八個行李轉盤及入境迎客大廳；二樓則專供國內線出入境使用；三樓為國際線出境證照查驗、航空公司貴賓室及轉機大廳等設施；四樓是國際線出境大廳，設有航空公司之報到櫃檯。而該航站設有自動導引運輸系統（AGT System），稱為"Wing Shuttle"，俾便旅客往來於國內線及國際線兩航廈之間，期縮短國際線旅客至登機門之步行距離，增加航廈之整體運輸功能，並提高對旅客之服務品質，至於轉機旅客，不論是國際線或國際與國內的接駁航線，只需在航廈內各樓層間垂直移動即可滿足其轉機需求。

四、機場其他設施

為了提供旅客享有良好的服務，給予旅客充滿安全、快樂、便利的旅遊經驗，讓他們置身機場時能擁有完善的週邊設備，機場設施尚包含下列項目：

1.顯示班機抵達與起飛時間的螢幕：為俾便旅客查詢搭乘班機抵達與起飛時間、登機門號碼等訊息，機場多會在內、外候機室設置顯示螢幕，以供查詢之便。

2.銀行及兌換外幣處：為了俾便機場內往來旅客外幣匯兌之便，銀行多會設置機場服務處或兌換亭。

3.電話設施：遍佈於整個機場，可分為投幣式、插卡式及信用卡付費的電話。

4.免稅商店：無論是各個機場的入口或內候機室、登機門附近，多設有免稅商店（duty free shop），消費者可在候機時於該處消磨等候時間及購物，若干機場的免稅商店甚至提供消費者在登機前四十五分鐘前購買並付款後，會由專人將所購商品送至旅客所搭乘之班機的登機門門口之服務。

5.吸煙室：大部分的國際機場都是禁煙的，但為了提供癮君

圖3-3　顯示班機抵達與起飛時間的螢幕

資料來源：楊政樺攝於香港赤鱲角國際機場

>>

圖3-4　國際機場的免稅商店

資料來源：楊政樺攝於泰國曼谷國際機場

子方便，多會在內候機室或行李提領處附近設置吸煙室。

6.藝術品展覽：國際機場為一個國家直接呈現於國際往來旅
　客面前的形象，重視文化行銷的國家通常會在機場的視覺
　藝術上耗費心思。許多國家的候機室多設有具備該國藝術
　色彩或文化圖騰的作品在此展出，提供候機旅客鑑賞，並
　從事文化宣傳。例如我國的中正國際機場二期航站在入出
　境大廳設有大型室內雕塑、中國庭園造景之外，另與國立
　歷史博物館合作，設置台灣藝文館、文化走廊，展現台灣
　多元化的藝術風貌。

7.行李拖運車及寄物箱：若干國際機場會在航站大廈的行進
　通道附近提供免費或付費式的手推行李拖運車，讓旅客裝
　載沉重的行李，並至航站外候車處旁歸還。而各航站的出
　境大廳（通過海關檢查口）會提供投幣式的寄物箱讓旅客
　暫存行李。

8.機場至市中心的接駁運輸：機場航站大廈外多設有公車、
　大眾捷運或計程車招攬處的交通運輸接駁系統，俾便旅客
　由機場出境後可迅速接駁至市中心。

第二節　航空基本用語

　　在第二章第一節「航空公司的組織運作」裏，我們曾經討論
過航空公司機場運務部門的工作範疇是「從旅客到機場櫃檯報到
劃位開始，到旅客登機完畢前的一切相關事務，都屬於機場運務
工作的範圍」。為俾便讀者研習航空運務之順遂，在介紹運務相
關作業之前，我們先對實務界常會使用到的名詞從事適當定義：

一、運務作業用語

1.旅客報到（check-in）：旅客持機票及身分證明文件，在機
　場櫃檯辦理登機報到劃位手續。

2.艙單（manifest）：艙單係為飛機飛航時所應具備之基本文
　件，其內容包括班機所經路線、機型、機號、日期、時間
　、班次、機艙及客艙之組員、旅客名單以及貨運清單、裝
　載重量等資料，由起程站填寫分送（離）到站相關單位備
　用，艙單係機密文件，不可隨意交給未經授權之外人查閱
　，本項文件保留期限至少兩年。[1]

3.座位表（seat chart）：客艙內旅客之座位分布表。

4.登機證（boarding pass）：旅客於辦理報到手續後，航空公
　司發給旅客登機之憑證。

5.身分證件（identification card）：官方認可有效且具有照片
　之身分證明文件，如身分證、護照、駕駛執照等。

6. 確定（confirm）：已訂位之旅客再次向訂位單位或機場確認機位記錄。

7. 未到（no show）：於作業時間內，已訂位之旅客未辦理報到者稱為no show。

8. 取消（cancel）：取消在航空運務的使用上有兩種意義，分別是：(1)旅客於班機起飛前主動向訂位組取消其訂位；(2)班機於特殊狀況時，取消其原先計劃的飛航任務。

9. 候補（stand-by）：未訂位之旅客於班機客滿時，自願依序等候搭乘機會。

10. 結束（closed）：班機起飛前若干時間截止櫃檯作業，實務上又稱為「關櫃」。

11. 登機門（boarding gate）：已辦妥報到手續之旅客於登機前所通過之班機停靠指定門。

12. 清艙：航空站聯合檢查人員於班機起飛前執行之安全檢查。

13. 放行：班機經清艙後准予離場起飛之行為。

14. 登機：班機經清艙後開放旅客進入客艙。

二、空運專業用語

1. 國際民航組織（International Civil Aviation Organization, ICAO）：此組織由各國政府派代表組成，為一官方機構，其總部設在加拿大的蒙特婁，另在巴黎、開羅、墨爾本及利馬設置四個辦事處，其目的在發展國際航空技術，並促進國際航空運輸的規劃與發展。

2. 國際航空運輸協會（International Air Transportation Association, IATA）：簡稱「航協」，為民用航空民間公會的國際性組織，其總部設於加拿大之蒙特婁，另在瑞士之

日內瓦設有辦事處，其職權包括有運費之訂定、清算等機能，運輸上統一條件之訂定。

3.美國聯邦航空總署（Federal Aviation Administration, FAA）：此局由美國運輸部所設，其主要任務是負責管制空中安全、飛航管制設施之營運、促進商用航空之發展、負責考驗並審核飛行員、導航員、維修技工之證照工作，以及設立有關飛機製造、營運及維修等方面之安全規定。

4.航權：當一國之民航機經營定期之國際航空業務，以有酬的方式載運旅客、貨物、郵件等，需降落或進出其他國家，必先取得該國之同意或許可，簡稱為「航權」（traffic right）。

5.航線（airway）：乃為民航機關（在我國為交通部民航局）指定之適於航空器飛行之通路。

6.時間帶（time slot）：所謂「時間帶」就是「某一航班在某機場從降落到起飛使用該航站設施的這段期間」。換言之，一航空器從降落到起飛，使用包括飛航情報區、航空管制以及機場等設施及資源的這一段時間均涵蓋在時間帶的定義中。

7.額度：軍民合用機場，在考慮演訓需要下，所釋放出的民用飛機起降架次，一個起降為一個額度。

8.歷史優先權（grandfather right）：航空公司現行所擁有的時間帶，若非其自行放棄，否則航空公司將享有現有權利，保有其所有營運的時間帶，又稱為「祖父優先權」。

9.準點率（on time performance）：為航空公司在一特定時段內（如國內線為十五分鐘的容忍度），航機準時到達次數與總班次的比例。

10.飛行時間（flight time）：飛機從起飛到落地的這段時間。

11.輪檔時間（block time）：係指飛機從起程站Push Back，
經班機滑行、起飛至飛機到達目的地機場，停好飛機於停
機線上，機長關車，勤務員置輪檔於機輪的這段時間稱
之。

12.飛航情報區（flight information region, FIR）：乃提供飛航
資料服務及執行飛航管制業務所劃定之空域。國際民航組
織將全球的空域劃分為一塊一塊若干數量相互銜接的飛航
情報區，每一個飛航情報區都提供飛航服務，若干飛航情
報區會包含相當廣大且少有航空器飛行的洋面空域，諸如
日本的東京飛航情報區、那霸飛航情報區、美國的奧克蘭
飛航情報區……等。

13.飛航管制（air traffic control, ATC）：飛航管制，指為求增
進飛航安全，加速飛航流量與促使飛航有序，所提供之服
務。航空器起飛後，便無時不在「管制」之中，所謂「管
制」，大致包括航路、高度、次序等方面的管制。管制機
構指定航空器飛航不同之航路，以維持航空器間之左右間
隔，又指定航空器之飛航高度，以維持航空器之上下間
隔，並指示飛航次序，規定在某些情況下，何者有權先
飛，何者需予避讓，以確保飛機不致有碰撞之虞。

14.區域管制（area control）：旨在提供某區域內及航路上的
航空器之飛航管制服務。其權責範圍或管轄地區，通常包
括數千平方英里上空的空域。

15.終端管制（terminal approach control）：終端管制又稱為
離到場管制，此一單位多位於其所服務的主要機場，其管
制空域在機場半徑六十浬範圍，高度約兩萬呎或兩萬四千
呎以下的空域，其目的旨在提供其責任區內航空器爬升及
下降之進場及離場管制服務。

16.機場管制（tower control）：機場管制又稱為塔台管制，旨在對機場的空中航線及其附近，以機場為中心，半徑五浬內、高度約三千呎以下的空域，提供飛航管制服務，對離場的航空器，給予從登機或上貨停機坪，到使用跑道、滑行道安排指示，並向航機駕駛員頒發起飛許可；同時並對到場的航空器，亦由塔台管制員提供同樣方式處理，發給航空器准予降落的指示，直到其平安到達指定停機坪。

17.助航設備（navigation aids）：乃指一切輔助飛航之設備，包括通信、氣象、電子與目視助航設備及其他用以引導航空器全飛航之設備。

18.儀器飛航規則（instrument flight rules, IFR）：藉飛機儀表與飛航管制台以無線電發送的指令，以安全避開其他飛機。

19.目視飛航規則（Visual Flight Rules, VFR）：係指航空器在目視天氣狀況下飛航依據「看見就相互避讓」基本原則，與其他的航空器保持安全隔離。台北飛航情報區規定管制空域內目視能見度八公里，雲幕高一千五百呎為目視飛航規則的天氣標準。

20.航空器簽派員（operations dispatcher, OD）：為航空公司之航機派遣、製作航機載重平衡表及飛行計畫擬訂之人員。

21.航空站（airport）：指全部載卸客貨之設施與裝備，及用於航空器起降活動之區域，包含飛行場、停機坪及航站大廈等設施。

22.管制塔台（control tower）：即空中交通之指揮塔台，為出入航機之精神樞紐，其位置應能廣視各跑道兩端及滑行道、停機坪等航機活動之地區，俾能有效指揮與管理進出

該機場的航機安全。

23.航站大廈（passenger terminal building）：係指提供出入境旅客辦理查驗、通關及行李託運等作業空間之建築。

24.航空貨運站（air cargo building）：為處理航空貨物之作業空間，其設計以能容納預測之年貨物處理量為原則，並設置貨櫃場及停車場等附屬設施。

25.航空器（aircraft）：指飛機、飛艇、氣球及其他任何藉空氣之反作用力，得以飛航於大氣中之器物。

26.飛機（airplane）：指用螺旋槳或高速噴射發動機推進和藉空氣升力支持的各種重於空氣、有固定機翼之航空器。

27.飛行場（airfield）：指航空器起降活動的水陸區域，並不具備有裝卸客貨運輸之設施裝備。

28.跑道（runway）：設置在起降地帶之中央，係供航機直接起飛或降落之用。

29.滑行道（taxiway）：為連接跑道與停機坪或修護機坪供航機滑行之用者。

30.停機坪（apron）：係供停放飛機以便客貨上下及飛機加油或檢修之用。

31.全球電腦訂位行銷系統（Global Distribution System, GDS）：透過旅行社終端機，提供航空公司、飯店、汽車租賃等產業之相關資訊，使旅客能在最短時間得到其所需之資訊，如訂位回覆，以達行銷通路國際化及資訊化之目標。

32.營收管理系統（Revenue Management System, RMS）：是運用作業研究科技與電腦資訊，將有限的機位，根據以往的訂位記錄及機位使用率，預測未來的市場需求，決定機位配置數量，以達營收最大之目標。

<<<<<<<<<<<<<<<<<<<<<<<<<<<<<<<<<<<<<<<<<<<<<<

33.shipper load：又稱為bulk unit program（BUP），指航空公司提供空盤給航空貨物承攬業者，由其自行打盤裝櫃，並以盤櫃為計價的方式。

34.聯運（interlining）：兩航空公司間互相承認彼此之機票，同意對方在其機票上開立己身之航段，為航空公司間最基本之合作方式。藉由雙方航空公司簽訂聯運合約及拆帳協定，旅客可持用任一方航空公司機票，搭乘另一航空公司班機。

35.機位購買（block seat）：在特定航線上，保留一定數額之機位或艙位，供對方航空公司使用，以便彼此合作開發市場。機位購買在性質上，可分為賣斷及寄賣兩種。

36.機位交換（seat exchange）：在雙方皆營運的相同航線上，互換座位，使雙方提供班次數增加，提供旅客更便利服務。

37.共掛班號（code sharing）：在雙方皆有航權（航線證書）之情況下，兩家航空公司將其班機號碼（code）共掛於同一班機上。通常會搭配SPA、Seat Exchange、Block Seats、Pooling及FFP等商業協定，以落實合作內容。

38.共享營收（revenue pool）：同一航線之營運者，將營收提出後依比例或公式分配。分配公式有依營運之座位數比例分配、依營運機型之大小係數點分配或採固定之分配比例等方式。

39.共攤成本（cost pool）：營運雙方可視合作之規模及深度，考慮對費用提出重分配。共攤成本之費用項目，必定包含航線上的直接成本，但對飛機備品等間接成本，亦不可忽略，如航線上雙方之班次不均等，涉及機會成本時尤須注意。

40.股權持有（equity sharing）：為降低營運成本、增加營收，航空公司併購或買進另一航空公司的股票，為航空公司間最深層的關係，透過股權持有方式，凝聚兩公司管理階層之共識，達成航空公司間之合作目的。

41.常客優惠方案（frequent flier program）：航空公司對其忠實顧客給予的優惠措施，航空公司可各自擁有其自己的FFP或加入合作聯盟。藉由常客優惠方案，以便於在競爭激烈之航空市場，贏得顧客忠誠，保持一定水準之市場佔有率。

三、機場常用英文代號

1.adult：係指滿十二足歲以上適用全額票價之旅客。

2.AIT（American Institute in Taiwan）：美國在臺協會。

3.AOG（aircraft on ground）：主要指無法起飛之班機。

4.ASTA（American Society of Travel Agents）：美洲旅遊協會。

5.ATA（actual time of arrival）：確實到達時間。

6.ATD（actual time of departure）：確實起飛時間。

7.AVI（live animal）：活生動物。

8.AVIH（animal in hold）：動物裝載於航機貨艙內。

9.baggage（行李）：旅客在旅途中為了穿著、使用、方便與舒適所攜帶之物品，包括手提行李與託運行李。

10.baggage identification tag or baggage tag（行李掛牌）：此為航空公司對旅客已託運行李而開立之行李識別用掛牌，一般為一式兩聯，上聯掛在行李上，下聯交付旅客以作證明及收據。

11.barter：不牽涉金錢交易的一種以物易物之交易方式，如

航空公司以機票交換廣告公司、雜誌社等的廣告費用。

12. BITA（bilateral interline traffic agreement）：兩航空公司間互相承認彼此之機票，同意對方在其機票上開立己身之航段，為航空公司間最基本之合作方式。雙方承認方式可分為MITA及BITA兩種，如雙方均為IATA ICH（International Cleaning House）會員，則可透過會內程序，互相承認，此稱為MITA（multiple interline traffic agreement）；若雙方之任一方不是IATA ICH會員，無法透過多邊關係進行，則雙方須另簽署合約，此稱為BITA（bilateral interline traffic agreement）。

13. Bank Settlement Plan（BSP）（銀行清帳計畫）：若旅客欲從事多航段且承載之航空公司為一家以上時，可以由旅行社或航空公司以標準中性票的方式來開出機票，該項措施可以減去旅行社為了開特定航空公司機票所必須存在不同航空公司的資金。然而各機票系統供應者（含旅行社及航空公司）彼此間的帳務問題則透過銀行清帳計畫於每個月的約定日從事分配沖銷。

14. CAA（Civil Aeronautics Administration）：交通部民用航空局。

15. charter flight（包機）：係指個人或團體機關為特定的期間之旅客或貨物運送需求，依法定程序向航空公司承租飛機。

16. checked baggage（旅客託運之行李）：即登記行李由航空公司代為保管運送，並發予行李憑證及掛牌。

17. CHD（child passenger）：係指年齡滿兩歲以上但不足十二歲，付孩童票之旅客。

18. clear for take off：允許飛機起飛。

19.conditions of carriage（運送約款）：航空公司與旅客間之權利義務條款，以作為航空公司作業之最高準則。

20.conjunction ticket（聯票）：指一開立的機票與另一張機票的行程相關，而聯合成同一段行程之運送契約。

21.connecting flight（銜接班機）：該班機可供旅客銜接（須轉機）至另一地或其目的地之班機。

22.CRS（Computerize Reservations System）：航空電腦訂位系統。

23.DCS（Departure Control System）：機場離境管制系統，包括有check-in/weight & balance/load control……等功能。

24.deportee：被遣送出境者。

25.direct flight：係指可不須換機即可將旅客或貨物送達目的地的班機。

26.ETA（estimated time of arrival）：預定到達時間。

27.ETC（European Travel Commission）：歐洲旅遊協會。

28.ETD（estimated time of departure）：預定起飛時間。

29.E/B（excess baggage）：超額行李。

30.FIT（foreign independent tour）：目前通常與個人旅遊（individual travel）一詞交替使用。

31.flight diversion：班機改降於非預定之降落場所。

32.gateway：在某國家／地區第一個抵達或最後一個離境的航點。

33.GMT（Greenwich mean time）：格林威治時間。

34.go show：指旅客未事先訂位或未於啓程前取得確認機位，逕行前往機場報到櫃檯劃位者。

35.GSA（general sales agent）：航空公司之業務總代理。

36.INAD（inadmissible）：遭拒絕入境者。

37.infant：係指年齡不滿兩歲之嬰兒旅客。

38.interline connection：不同航空公司間之轉機或接駁行為。

39.LDM（Load Message）：航機裝載訊息，包含旅客人數、行李重量、貨物郵件重量等。

40.MAAS（meet and assist）：需特別照料之旅客。

41.mayday：航機遭受嚴重及緊急之威脅而請求立即協助者，用無線電發送之口語信號。

42.MCO（Miscellaneous Charge Order）：MCO中譯為「雜費支付書」或「雜項交換券」，乃是航空公司對特定人發行機票、支付退票款或提供服務的憑證。

43.MCT（minimum connecting time）：可容許之最短轉機時間。

44.MITA（multilateral interline traffic agreement）：兩航空公司間互相承認彼此之機票，同意對方在其機票上開立己身之航段，為航空公司間最基本之合作方式。雙方承認方式可分為MITA及BITA兩種，如果雙方均為IATA ICH（international Cleaning House）會員，則可透過會內程序，互相承認，此稱為MITA（multiple interline traffic agreement）。

45.MVT：MVT為movement的縮寫，係指班機運動狀態，MVT能使航空公司各相關單位確定飛機目前之狀況，並提供離境班機抵達續程站之時間。

46.no show：指持有特定日期某航班確認機位之旅客，未通知航空公司取消機位且未依訂位時程報到搭機者。

47.on line connection：搭承某一航空公司班機再轉接同一航空公司的其他班機。

48.open ticket：未指定搭乘日期之機票。

49.PETC：animal in cabin，帶上客艙的寵物。

50.PNR（passenger name record）：旅客航空電腦訂位記錄。

51.pool baggage：兩位或兩位以上旅客以加總方式共同計算其行李重量。

52.PTA（prepaid ticket advice）：預付票款通知，航空公司對旅客之代理人已在異地付款而授權旅客得在啓程地取票搭機之作業程序。

53.reconfirm（再確認）：此爲旅客向航空公司再次證實將搭乘其已訂妥之某一特定航班機位，以免機位可能被航空公司取消之一種行爲及作業程序。

54.SITA（Societe Internationale De Telecommunications Aeronautiques）：國際航空電訊協會。

55.SOP（Standard Operation Procedure）：標準作業程序。

56.SPA（Special Prorate Agreement）：特別拆帳金額協定；當旅客持對方航空公司機票搭乘後，雙方航空公司須清帳以釐清財務關係，其拆帳方式一般可分爲兩種：一般清帳方式（normal pro-rate）及特別拆帳協定（special pro-rate agreement），前者依票面價清帳，後者則依雙方議定之金額或百分比清帳。

57.stopover：在旅程中途點停留或滯留且不在到達當日離開，或到達後算起二十四小時內無銜接之班機。

58.STPC：所謂STPC爲"stopover on company's account"、"layover at carrier's cost"或"passenger expense en route"之意，亦即非自願轉機旅客之費用招待。

59.TIM（Travel Information Manual）：內容詳述各國之入境、海關與檢疫規定之航空專業索引手冊。

60.transfer：國際航線之旅客於行程中因無直飛班機（或該班

圖3-5 擔任航空公司機場服務中心諮詢服務的運務員

資料來源：楊政樺攝於台北松山機場遠東航空公司櫃檯

機於中途點停留）必須於某航點作一短暫停留後再繼續其
行程，此種旅客稱之為「轉機旅客」。而轉機旅客因其班
機編號之變更與否又區分為「原機過境旅客」（transit
passengers）和「過境旅客」（transfer passengers）。所謂
"transfer"（過境）係指旅客因行程需要，必須於中途點作
一短暫停留，爾後搭乘另一班機編號之班機繼續其行程，
不論飛機是否更換。

61.transit：如同前述觀念，同一班機編號之班機，因某些需
要（如加油、裝卸客貨）而必須於某點停留一段時間後繼
續其行程謂之"transit"（原機過境）。

四、航空公司代碼

有關各大航空公司的簡稱、代碼及英文全稱，請參閱**表3-2**。

表3-2　各大航空公司代碼

簡稱	航空公司	英文全稱
CI	中華航空	China Airlines
BR	長榮航空	Eva Airways
EF	遠東航空	Far Eastern Air Transport Corp.
GE	復興航空	Trans Asia Airway
B7	立榮航空	Uni Air
AE	華信航空	Mandarin Airlines
AA	美國航空	American Airlines
AF	亞洲法國航空	Air France Asia
AI	印度航空	Air India
AR	阿根廷航空	Aerolineas Argentines
AZ	義大利航空	Alitalia
AK	大馬亞洲航空	Air Asia
AN	澳洲安捷航空	Ansett Australia
BA	英國亞洲航空	British Asia Airways
BI	汶萊航空	Royal Brunei Airlines
BL	越南太平洋	Pacific Airlines
CS	美國大陸	Continental Micronesia
CP	加拿大國際	Canadian Airlines Int'l
CV	盧森堡航空	Cargolux Airlines
CX	國泰航空	Cathay Pacific Airways
DL	達美航空	Delta Air Lines
EG	日本亞細亞	Japan Asia Airways
EK	阿酋國際	Emirates
FX	聯邦快遞	Federal Express
GA	印尼航空	Garuda Indonesia Airlines
KE	大韓航空	Korean Air
KA	港龍航空	Hong Kong Dragon Airlines Ltd.
KL	荷亞航空	Klm Asia
LA	智利航空	Lan Chile
LH	德國航空	Lufthansa German Airlines
MS	埃及航空	Egypt Air
MH	馬來西亞航空	Malaysia Airlines
MP	馬丁航空	Martin Air Holland
NW	西北航空	Northwest Airlines
NX	澳門航空	Air Macao

<<<<<<<<<<<<<<<<<<<<<<<<<<<<<<<<<<<<<<<<<<<<<<<

（續）表3-2　各大航空公司代碼

簡稱	航空公司	英文全稱
NZ	紐西蘭航空	Air New Zealand
OA	奧林匹克	Olympic Airways
PR	菲律賓航空	Philippine Airlines
QF	澳洲航空	Qantas Limited
RG	巴西航空	Varig Brazilian Airlines
RJ	約旦航空	Royal Jordanian Airlines
SA	南非航空	South African Airways
SK	北歐航空	Scandinavian Airlines System
SG	森巴迪航空	Sempati Air
SR	瑞士航空	Swissair
SQ	新加坡航空	Singapore Airlines
TW	美國環球	Trans World Airlines
TG	泰國航空	Thai Airways
UA	聯合航空	United Airlines
UL	斯里蘭卡	Air Lanka
US	全美航空	US Air
VN	越南航空	Viet Air
81	大菲航空	Grand International Airways

第三節　機場運務部門工作執掌

　　機場運務部門是航空公司派駐於各機場與旅客直接接觸的最前線，社會大眾廣稱其為「地勤人員」，其主要工作是為旅客做登機前的服務。一般來說，國內線運務工作內容是在機場櫃檯辦理旅客報到、代驗證件、行李過磅、劃位及現場開票，在候機室內引導旅客通關候機，登機時並作廣播服務、提醒旅客登機、貴賓服務工作或廣播尋找已報到未登機的旅客。另外運務人員尚須聯絡地勤公司之行李裝卸、空廚侍應品補給、燃油公司加油作業，

甚至還必須處理旅客的失物協尋、旅客申訴……等業務。

　　機坪運務須注意飛機是否延誤抵達，狀況是否良好，飛機或旅客有任何異常狀況，機坪、候機室、櫃檯運務員必須立即密切連絡，以免引起旅客抱怨。國際航線運務工作大部分與國內線相同，僅在櫃檯作業上，由於旅客多早已拿到機票，櫃檯運務僅須負責少數之開票的工作。運務工作最大挑戰是處理班機延誤事件，班機延誤時常必須負責處理旅客轉機、住宿、機上餐飲、旅客抱怨解釋及安撫等，尤其是國際班機一旦延誤，因旅客人數眾多，且國籍不同，溝通不易，對機場運務是一種很沈重的負擔。

一、機場運務工作項目

　　有關機場運務工作項目大致可以分為下列範疇：

(一)報到櫃檯（check-in counter）

　　負責處理旅客機場報到的各項相關手續，包括查驗旅行證件（護照、簽證……等）、撕下有效之機票搭乘聯（flight coupon）、辦理行李過磅檢查、吊掛行李牌、徵收超重行李費、辦理劃位、發給旅客登機證、安排獨行兒童（UM）搭機、殘障人士專人輪椅服務……等作業。

(二)聯檢（C.I.Q.）

　　所謂C.I.Q.是「海關」（customs）、「移民局」（immigrations）、「檢疫」（quarantine）的簡稱。主要工作為負責提供旅客在離開報到櫃檯後，到登機門前的各項服務。如勸導辦妥報到手續的旅客，儘早進入移民局辦理出境檢查手續；若旅客在通過移民局及安全檢查時發生狀況，協助其處理；找尋有疑問的託運行李旅客，打開行李接受檢查；開始登機後，找尋尚未登機的旅客等工作。

<<<<<<<<<<<<<<<<<<<<<<<<<<<<<<<<<<<<<<<<<<<

(三)登機門（boarding gate）

負責在候機室提供旅客相關服務，如登機廣播、收取登機證、協助老弱婦孺登機、在必要時提供旅客班機最新動態訊息、誤點時的餐點供應、轉搭友航班機或食宿安排……等。若干航空公司並沒有專門負責人員，而是由報到櫃檯關櫃後，由櫃檯人員兼任。

(四)失物尋找（lost and found）

航空公司機場運務部門通常在其組織下會設有尋找旅客遺失行李的單位（如長榮航空公司中正機場行李組）。根據旅客說明遺失行李的式樣、顏色、大小、特殊記號……等，填寫「行李異常報告表」（property irregularity report），拍發電報以尋找旅客遺失行李。協助尋獲或後到行李驗關，則以急件行李的處理方式（如圖3-6）交給快遞公司歸還旅客。對於因運送過程損傷的旅客行李，則委託特定簽約廠商修補破損行李箱或處理行李損害賠償等事項。

(五)機坪勤務（ramp service）

飛機停妥後，負責機坪作業各項整備工作。諸如：提供停靠空橋、旅客扶梯、推／拖飛機、地面電源車（ground power unit, GPU）、空調車（air conditioning unit, A/C）、加油車、飲水車（potable water trucks）、裝載機上餐飲（catering）、客艙清潔、裝卸貨物……等。以我國國籍航空公司而言，除中華航空、遠東航空及華信航空北高線委由台灣勤務公司代理機坪勤務外，其餘皆為自辦。

(六)載重平衡（weight balance and load control）

載重平衡的主要目的是在使飛機的載重符合相關技術標準，

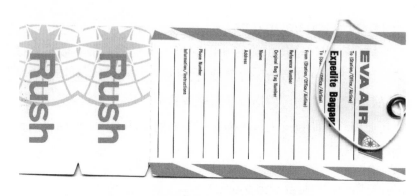

圖3-6　長榮航空公司的急件行李牌
資料來源：長榮航空公司中正機場行李組提供

讓飛機在整個飛行過程中重心保持平穩，不致發生危險，包括：最大可起飛重量限制、重心限制等等。當某一航班關櫃後，負責與航務部門簽派員協調的運務員必須把本航班的裝載艙單交給簽派員，內容應包括旅客人數、航空器載重後總重量、最大可起飛重量限制、重心限制、航空器載重後實際重心量等等。簽派員獲得前述資料後，利用電腦製作載重平衡表及飛行計畫（flight plan），再將此飛行計畫提供給該航班的機長，以為飛航決策參考。班機起飛後，有關文件記錄的管理必須依據民用航空運輸業管理規則第三十四條辦理：「民用航空運輸業對其運輸中使用之下列文件，應自起飛之日起至少保存兩年，以備民航局查核：1.乘客機票票根；2.乘客艙單；3.貨物提單、託運單、貨物艙單及有關運務文件；4.包機合約。」

(七)貴賓室服務（V.I.P. lounge）

貴賓室主要是在登機前或過境轉機時，提供頭等艙及商務艙旅客休息的處所，視航空公司規模而在貴賓室有不同的設備：如自助式的點心吧、隔間小會議室、書報閱覽區、淋浴小間、即時

的股匯市資訊。貴賓室一般工作為解決旅客之查詢、訂位、再確認等服務事項。現在已有許多商務人士利用貴賓室所提供便利的通訊設施、網際網路，處理公務或金融投資等相關事宜。

二、機場運務工作的執掌及權責

本節係針對機場運務工作的執掌及權責從事介紹，茲討論如下：

(一)機場經理及副理（station manager/deputy station manager）

"station manager"是航空公司在機場配置的最高行政長官，主要是協調各部門運作的順遂、特殊貴賓的送往迎來與站務的管理規劃。對於此職銜，各家航空公司的稱謂並不一致。長榮航空及立榮航空稱為主任及副主任；遠東航空稱為站長及副站長；國泰航空、港龍航空、新加坡航空稱為機場經理及機場副理。頭銜雖然不同，但工作卻大同小異，一般工作範疇如下：

1. 站務櫃檯作業流程之規劃、改進及推行。
2. 注意各項人員安全、事務安全、地面安全、物料管理安全並回報總公司。
3. 與公司、各友航、機場當局相關部門作業之聯絡與配合。
4. 緊急或意外事故發生之應變與處置。
5. 特殊貴賓的送往迎來與接待。
6. 站上人員調派、人員考核、獎懲與建議。
7. 上級其他臨時交辦事宜與公文處理。

(二)值班督導（officer in command, OIC）

機場值班督導採輪班制，在值勤期間，如遇到旅客申訴或臨時事故要找負責人時，督導往往必須控制全局。若干大型航空公

司尚且會在督導底下設置副督導、組長等職司，協助相關業務之順遂。有關督導的工作範圍如下：

1. 班機櫃檯作業之控制與執行，決定關櫃並通知各單位關櫃人數，刷出班機資料文件交運務員分送各單位。
2. 當天旅客人數與班機起飛、抵達時間之掌控。
3. 因應班機狀況，規劃及調度人力。
4. 提供貴賓之接待及服務，並通報上級。
5. 遇班機延誤時，班機延誤通告之張貼與解說。
6. 班機異常之協調處理與回報。
7. 開票、訂位、劃位之監督與支援。
8. 上級交辦事項之執行。
9. 票款之存放。
10. 機票點收。
11. 站上人員調派，排定輪值班表。

(三)運務員

運務員是機場運務部門的基層工作人員，他們直接在第一線服務旅客，擔任與旅客面對面接觸的工作，往往是旅客評價航空公司服務品質的重要指標。其工作範圍如下：

1. 國內線櫃檯於班機起飛前一小時開櫃，接受旅客劃位作業，並於班機載重平衡安全原則下，親切詢問旅客其喜好之座位（國際線櫃檯的開櫃時間端視各航空公司依航線屬性另行規定）。
2. 協助處理特殊旅客之需求（容後續章節詳述）。
3. 國內航線於班機起飛前十五至二十分鐘開始受理當班次候補旅客劃位（立榮航空為起飛前二十分鐘）。

<<<<<<<<<<<<<<<<<<<<<<<<<<<<<<<<<<<<<<<<<<<<<

4.負責與安檢單位協調辦理槍彈代管作業事宜。

5.於班機異常時，協助簽轉旅客、旅客情緒安撫、班機異常且可歸責於航空公司過失之必要性的安排旅客食宿。

6.維持櫃檯秩序，指引旅客售票／劃位櫃檯位置，並疏導已進入候機室旅客等候登機（outside counter）。

7.於關櫃後，將班機文件送至機上交予客艙長（長榮航空及立榮航空稱為事務長或purser），於班機結束時，點算班機之票數，檢查是否為有效票。

8.將撕下後檢查無誤機票之旅客搭乘聯蓋上「已使用」章（或uplift之章），連同艙單文件，以票包包裝，送繳航空公司的票務審查部門。

9.聯絡公司相關單位本班機之特殊事件。

10.各班次到站、離站之接機與送機，並指引到站旅客出口處。於登機門值勤者，必須防止旅客攜帶大件行李及寵物、充氣玩具或氣球等闖關上機，並適時予以攔下，交勤務人員放置貨艙。

11.負責機場服務台接受旅客諮詢等服務。

12.班機結束後，製作相關業務報表，並送繳相關單位。

13.執行機場售票作業、網路訂票及電子機票專屬櫃檯作業。

14.支援行李提領處者，協助旅客行李異常查詢及申訴事宜。

15.負責機場貴賓室的接待服務及貴賓室資源管理。

16.對於有提供機上即時電視新聞的航班，要適時地將電視臺送來的新聞錄影帶由登機門交給該班次的空服員，俾便旅客於空中旅行時觀賞。

圖3-7　運務員首要工作原則就是確保班機能夠準時起飛

資料來源：楊政樺攝於北京首都國際機場

第四節　訂位系統概述與機場訂位

一、訂位系統概述

　　航空公司比起其他產業，其中最特殊之機能是其預約訂位。航空公司的預約訂位業務是始自一九一九年的荷蘭航空公司（KLM Royal Dutch Airlines）。剛開始荷蘭航空是以人工作業，直至近十年來由於電腦科技的發展，才轉變為電腦預約系統（Computerized Reservation System, C.R.S.）。旅客在購買機票後，在規定的期限內，隨時都可以向航空公司訂位，也隨時可以取消，甚至不取消訂約、不登機，機票照樣有效。這種特性和其他

＜＜＜＜＜＜＜＜＜＜＜＜＜＜＜＜＜＜＜＜＜＜＜＜＜＜＜＜＜＜＜＜＜＜＜＜＜＜＜

交通工具的屬性不同，以買火車票來說，買了火車票只限於購買當天或預約的當天有效，買了車票即算訂位，對於訂位的列車或當日的其他列車若未予搭乘，車票隔日即失效。因而，航空公司為了保障其利益，不得不有「超額訂位」（over booking）之措施，但本節討論的課題與超額訂位無關，因此並不深入探討。航空公司對預約訂位功能的組織編制，通常會專責設置透過電訊交換機處理全國各地旅客訂位業務的訂位中心（reservation center），有的公司會在機場的運務部門另設訂位櫃檯，以接受旅客面對面的訂位。一般而言，旅客出國前會先向航空公司或旅行社訂位後再行開票。訂位服務的項目非僅在預訂機位，除旅客因宗教信仰或其他原因需要使用特別餐食，無成人陪同的孩童旅途需要照顧，或因身體殘障疾病需供應輪椅、擔架服務外，其他如訂旅館、租車等特別之需求，均可在訂位時說明，由訂位單位通知沿途各站有關單位準備並照料。訂位人員除接受旅客訂位外，尚須接受旅客查詢或機票再確認工作。

在還沒正式介紹機場訂位之前，我們先來看看訂位系統與航空公司之間密切的關係。從一九七○年代開始，航空公司為應付龐大的旅客訂位需求，開始建立與旅行社間的電腦訂位系統。C.R.S.內容有各航空公司資訊、班機號碼、機票價格，除訂位可選擇座位、訂特別餐、刷機票、發登機證外，亦可用於租車、訂旅館、旅行遊程，是餐旅及運輸產業營運的利器。國內旅行社較常使用的C.R.S.計有ABACUS、GALILEO、AXESS及AMADEUS等四種。以台灣旅運市場的C.R.S.使用佔有率來說，約有九成左右使用ABACUS，其次依序為GALILEO、AXESS、AMADEUS。茲於下分述之：

ABACUS（算盤系統）：在一九八八年五月由新加坡航空、國泰航空所創，其主要股東分別為全日空航空、國泰航空、中華

航空、長榮航空、印尼航空、港龍航空、馬來西亞航空、菲律賓航空、皇家汶萊航空和新加坡航空等十家航空公司，目前以新加坡爲主要基地。ABACUS是針對亞洲旅遊業者需求而設計的資訊系統，且該集團擁有亞太地區最大的CDS（機位配售系統）及CRS市場佔有率。該集團所提供的航空訂位服務，包括全球旅遊相關資訊的訂位以及旅行社的管理系統。使用此系統的旅行社可經由訂位系統切入取得數百家航空公司、旅館、租車公司等與旅運餐飲有關的資訊。該公司目前的產品包含從事票價查詢和計算的ABACUS TRANSPORT NETWORK（ATN）、提供使用者透過此工作站從事航空公司及非航空公司的產品訂位的Abacus Whiz、從事淨價票務管理系統的FareX……等。有關ABACUS的重要功能說明如下：

1.班機時刻表及空位查詢：算盤系統涵蓋了全球百餘家航空公司時刻表的即時可售機位及選位預訂。

2.訂房／租車／旅遊：舉凡全球各地主要飯店資料，諸如剩餘房間數、地點、設施及房價，均可透過ABACUS查詢得知，並從事預約。除此之外，ABACUS尚提供租車資訊及各項旅遊資訊，俾便旅遊者規劃行程所需。

3.BSP中性機票：若旅客欲從事多航段且承載之航空公司爲一家以上時，可以由旅行社或航空公司以IATA標準BSP中性票（Bank Settlement Plan）的方式來開票，由於BSP中性票不需事先囤積各家航空公司機票，可爲旅行社節省大量人力及物力成本。

4.票價系統：可透過票價系統即時提供所有國際航線（包含美、加地區）的票價資料。

5.委託開票功能：中小型旅行社可透過移轉訂位記錄，授權

票務中心開票，且能確保不讓自家顧客資料曝光。

6.顧客資料存檔功能：ABACUS可將顧客基本及特殊資料存檔。

7.行程表列印：ABACUS提供旅客列印行程的功能，包括班機時刻、旅館確認、租車及其他特別安排。

8.旅遊資訊系統：提供全球各國的入境須知及該國的簽證、檢疫、健康證明、關稅等必備文件及該國的格林威治時間、國定假日……等旅遊資訊。

9.參考資訊系統：各種訊息的最新消息。

10.信用卡檢查系統：可檢查顧客信用卡的信用。

AMADEUS：AMADEUS成立於一九八七年，分別由法國航空、西班牙航空、北歐航空及德國航空所創始，歐洲為其主要的市場。一九九五年AMADEUS並和美國大陸航空所使用的SYSTEM ONE訂位系統合併。AMADUES的功能包括：訂位功能（包含航空機位訂位、旅館訂位、租車、火車訂位）、資料查詢（旅遊工具的訂位資料查詢、涵蓋目的地、旅遊資料、簽證資料、查詢系統功能、資料庫查詢）、證件開立（機票、發票、行程表、登機證及租車或訂飯店的voucher）。

二、機場訂位

接下來，由於本書訴求的焦點在於機場運務，因此我們不對航空公司的訂位中心著墨太深，航空公司在各機場的運務部門所設置的訂位櫃檯方為我們關心的課題。通常航空公司礙於班機現場作業繁雜，並不一定會設置常態性的訂位櫃檯，原則上不接受現場訂位，旅客欲訂位可撥訂位專線，由專責單位（也就是訂位中心）負責。但亦有部分航空公司為了提高對旅客的服務，仍會

視航空站、航線屬性及可用人力資源的調度從事常態性或機動性的「機場訂位」。負責這項工作的運務員必須於上班時間內利用訂位通路（包含電話、語音系統、電腦網路、旅行社等）為旅客預定機位，除機位訂位外，航空公司尚且可以利用C.R.S.提供旅客有關旅遊餐飲的週邊預約服務，其所需要基本資料可分為下列幾個部分：

1. 行程資料：包括各航段所搭乘之航空公司名稱、班次號碼、艙等／票價代號、出發地點、目的地點、需要座位數目。

2. 旅客資料：包括旅客姓名（護照姓名及頭銜）、搭機者或聯絡人家裡電話號碼、公司電話號碼、旅行社名稱（包含電話及代號）、付款截止日期、付款方式。對航空公司的操作而言，已訂位旅客之姓名不得更換，班機客滿時，得拒絕與訂位名單姓名不符之旅客劃位。

3. 特別餐飲：除了上述對機位訂位的基本服務，因應不同之旅客基於宗教信仰、病理健康、旅客年齡、飲食節制……等不同的理由，空中特別餐的預約也是航空公司的服務範圍。只要旅客在訂位時（或至少在搭機前）事先說明，航空公司將盡力為旅客從事安排。選擇航空運輸的旅客在一個旅次的75%至90%時間所接觸到的是空中服務，因此空中服務是航空公司重視的焦點，而機上餐飲服務是空中服務的核心，更是焦點中的焦點。航空公司的菜單需要有變化，有規模的公司對菜單更換均加以系統化，每年設計數套循環菜單（menu cycles）定期輪換。一般分為月循環（monthly cycle）及季循環（quarterly cycle），在常客多的短程線上會使用週循環（weekly cycle）。每年更換新循環菜

單時，可以全換或部分航線更換，或部分艙等更換。但某些乘客若是因宗教原因、病理原因、健康原因或是攜帶嬰幼兒，可以在訂位時向航空公司預訂特別餐點。特別餐種類繁多，其名稱、定義及訂餐代號（code）不一，經航空界長期協商後已趨一致。針對特殊旅客之需求所提供的特別餐（special meal）預約項目如下：

(1)嬰兒餐（baby meal, BBML）：包含奶粉、流質類嬰兒食品。

(2)標準兒童機餐：包含固體類幼兒食品及兒童機餐（如漢堡、薯條、炸魚條、巧克力及糖果）……

(3)標準素食機餐：包含西式素食餐、嚴格的西式素食餐、中式素食餐（vegetarian meal, VGML）、印度素食餐及嚴格的印度素食餐……

(4)標準宗教機餐：猶太教餐（kosher meal, KSML）、回教餐（Moslem meal, MOML）、印度餐（Hindu meal, HNML）……

(5)食療機餐：包含無鹽餐（no salt added meal, NSML）、低膽固醇／低脂機餐（low cholesterol meal/low fat meal, LFML）、糖尿病機餐（diabetic meal, DBML）、低纖維質機餐、低蛋白質機餐（low protein meal, LPML）、高纖維機餐、低卡路里機餐（low calorie meal, LCML）、流質機餐、無機生果機餐……

4.特別需求：無成人陪同之獨行孩童、產婦、身體殘障疾病、年老者或其他因旅客本身特殊需要者，於搭乘飛機前將要求航空公司從事預防或事先予以安排之需求，事先告知航空公司，航空公司會採取適當之措施，在旅途中維護其安全。諸如：

(1)身體健康過濾預防：如meda case。

(2)行動不便需求：如輪椅、擔架、救護車等之需求。

(3)攜帶物品需求：如寵物、超重尺寸行李、客艙內行李……等。

(4)幼齡旅客旅行之需求：如嬰兒睡籃、無人陪伴之幼童及青少年。

(5)到達之聯絡服務：旅客若是想將自己抵達目的地消息向其目的地之親友聯絡時，航空公司可以利用當地之分公司，替其傳遞抵達聯絡（arrival notice）之服務。

(6)其他需求：如氧氣筒、因舒適理由而另外購買額外座位、因首次出國旅遊而給予之指引服務……等。

5.代訂服務：如飯店住宿等需求。

6.輸入票號：航空公司於年節或連續假期之前的交通尖峰需求期間，為確認機位，避免no show所帶來機位閒置的營運損失，乃要求訂位的旅客先行購票，或於規定期限前以所持機票號碼通報予航空公司，俾便完成確認手續以保留其機位。

7.其他：如機票票號、開票日期、特殊座位之選訂等相關資料。

綜合上述之相關資料構成了「旅客訂位記錄」，簡稱PNR（passenger name record），而大部分的訂位資料於班機報到前必須讓機場運務人員知悉並預作準備，此類之訂位資訊必須針對「同一班機」整理建檔，而建檔完成之「整體」航班資料謂之「旅客訂位名單」，簡稱PNL（passenger name list）（PNR為個體資料，PNL為某特定班次的整體資料，請讀者釐清此觀念）。

如果是國際航線業務，對於PNL的處理必須考慮到機場辦理

報到時，必須事先獲得旅客相關資料，因此，PNL一般均於班機
離境前四十八小時送抵機場（某些航空公司於二十四小時前或十
六小時又四十分鐘前方傳入機場）。「PNL」的內容大致包含：

1.日期／班次號碼／航段／座艙等。
2.機位已確認之旅客姓名、稱謂及相關備註資料〔如接機訊
　息、特別服務需求（SSR）、其他服務訊息（OSI）〕。
3.轉機入境班機、續程轉機班機旅客名單。
4.已訂位確認之機關團體名稱。
5.飛機座位容量及該航班可售座位數。

當PNL傳至機場後，可能因旅客行程之異動、增加或取消造
成訂位資料不正確，此時將由訂位系統中傳出所謂的「班機旅客
增減名單」（addition/deletion list, ADL）至機場以利機場作業需
求，其內容包括：

1.座艙等。
2.增加名單。
3.減少名單。
4.變更名單。

另外，如果是國內航線作業，訂位開放時間為班機起飛前六
十天，訂位截止時間為班機起飛前七十分鐘（立榮航空公司為班
機起飛前一小時）。在此期間之後，電腦系統即設定該班機於唯
讀狀態，不能接受旅客訂位及修改。訂位旅客須於班機起飛前二
十分鐘（立榮航空公司為班機起飛前三十分鐘）至機場劃位櫃檯
報到劃位，逾時機位開放予現場候補旅客。除此之外，航空公司
於連續假日或旺季時，為確認機位，通常會要求訂位旅客先行購
票，並於規定期限前，以所持機票號碼報予航空公司，航空公司

接受旅客爲訂位確認，並爲其保留機位。

若旅客欲更改訂位，通常爲下列狀況：

1.更換航程、聯絡電話。
2.增加或減少訂位人數。
3.取消訂位。

第五節　電話班訂位人員的規範

由於第一線的作業人員所表現的服務品質通常是代表公司給予旅客第一印象的良窳。爲眞正落實「全方位服務」之現代服務業的高品質企業形象，航空公司通常會要求在機場與旅客面對面接觸的機場訂位人員接受嚴謹的職前教育訓練及依據標準作業程序從事各項作業。在此管理原則下，公司通常會要求訂位組的員工穿著整齊的制服。女性員工應著淡妝，髮型梳理工整，配戴飾品不宜過於華麗；男性員工應每天修面，髮油不宜過量，指甲修飾整潔。於工作時，必須保持良好情緒，具備服務熱忱，不可因私人因素而影響服務品質。然而，對於負責散客訂位的電話班訂位人員來說，雖未與旅客面對面接觸，訂位過程皆藉由話機傳達，但爲確保公司團隊紀律與統一管理，工作人員仍必須恪遵下列規定：每日上班前，檢查電腦週邊設備是否確實連線，運作正常。電話班訂位人員必須注意耳機、話機裝配是否妥當，防止恐嚇電話的密錄機功能是否保持完善良好的備用狀態，訂位所需參考的資料，必須可以隨手取得，文具備妥，且清除不必要的雜物。

對於接聽電話的注意事項可分爲一般注意事項、接獲恐嚇電

話及旅客抱怨處理三種狀況：

一、一般注意事項

1. 訂位專線之使用，以訂位相關業務為主，私人電話宜儘量避免佔線，或應長話短說。員工之間不得以內線談論非關業務之事，且不論受話對象是誰，不應於電話中妄自評論公司政策、發牢騷，更不可以批評其他旅客。另外，回答旅客詢問應講求效率，表現禮貌，以塑造公司良好的形象。

2. 第一句話是攸關公司的商譽開場白，故必須多次練習，才不致慌亂。先報自己的單位名稱，再向對方問好：「XX航空，您好，敝姓X，很高興為您服務。」拿起電話時，聽筒的位置最好放置在下嘴唇和下顎之間，不可太高或太低，否則會造成說話大聲或讓對方聽到呼吸聲。拿起話筒講話前，先清一下自己的喉嚨，將音調調整至上午十點的聲音，以免剛睡醒的聲音跑進話筒內。

3. 一般情況電話鈴響，應以兩至三聲接聽最為適宜，太快或太慢接聽，會予人突兀或服務怠慢不耐久候的感覺，語氣應該親切柔婉，音調適中，且適時地運用「請」、「謝謝」及「對不起」。值得一提的是，在每年春節或連續假日之前的訂位尖峰時段，因交換機內已擁塞大量等候話線，訂位人員即應於電話鈴響時立刻接聽，勿使旅客久候。

4. 對旅客任何陳述均是代表公司門面，因此應先充分判斷旅客文化層次後適切措辭與應對，尤其避免使用艱難難懂的航空專業術語，對答時應特別留意語調平緩、內容中肯。

5. 回答旅客詢問，應當集中精神，口齒力求清晰，語氣委婉有禮，養成習慣在對話中稱呼旅客姓名及稱謂，藉以拉近

雙方距離，並以親切耐心的態度，給予旅客明確的答覆，使雙方洽談愉快。

6. 倘若旅客使用的語言或口音，接聽人員不太清楚或明瞭，應請同事們幫忙支援，避免耗時又誤事。

7. 對方想找的人恰好不在或正在忙碌時，煩請稍後再打，或是留下聯絡電話及姓名，以便予以回電，請在電話旁放一支筆與紙。對方留話時，若是牽涉到電話號碼或金錢數字，務必複誦一遍，以免造成誤聽。

8. 旅客來電詢問，必須查證資料才能答覆時，應先請其留下電話號碼，待查明資料後，馬上回電告知，避免旅客於線上久候。

9. 旅客詢問有關退票或辦理遺失等事宜，應當主動告知所需攜帶之物件與注意事項，以免旅客往返奔波，徒增抱怨。

10. 如遇旅客無禮要求或態度不良的情況，不應表現出不耐、口氣冷淡強硬，更該和言以對；倘若訂位人員無法處理時，可以轉接或請示主管，不可以直接與客人發生爭執。

11. 主動告知旅客至機場報到及劃位的時間，以「全方位服務」的心態，誠摯地讓旅客感受到尊重、優越與滿足，便是項高品質的服務表現。

12. 接聽訂位電話時，切忌與他人交談或邊吃東西邊交談。談話應該輕言交談，勿高聲喧嚷，以免影響鄰近同事訂位作業。結束時，誠懇地說聲「謝謝」、「再見」，須俟對方掛上聽筒後，才可以掛斷電話。

13. 若接到性騷擾電話，切莫花容失色或驚慌。正確的處理有幾個要點：(1)將電話交給男性員工；(2)向對方說抱歉我們不能解決您的問題，我們可以將您的問題傳達給有關方面；(3)告訴對方有電話錄音。

14.結束對談時應讓對方先掛電話，以便對方有時間陳述最後臨時想起的事情，並應同時傳達公司對旅客來電的感謝。

二、接獲恐嚇電話

1.如遇旅客出言不遜，有恐嚇威脅之言辭，應立即以密錄機進行錄音工作。

2.儘量沉著冷靜，拖延談話時間，以和緩的語氣溝通，並嘗試判斷來話者所在地點、背景（如機場、鐵路、KTV……等附近聲響，或是否為公用電話）。

3.除正確記錄通話時間，並立刻上報主管之外，必要時要盡其所能提供相關線索給警方從事辦案的參考。

三、旅客抱怨處理

1.切勿不予理會或隱瞞報怨。當旅客投訴報怨時，不可逃避或者隱瞞，個人也許可以迴避責任，但是公司還是逃避不了責難，而公司整體形象聲譽更受影響。

2.不要對抱怨予以激昂的反應，這樣會讓小事化大，致使公司財力與人力均需付出更高的代價。

3.旅客抱怨的發生，有些是旅客本身疏忽，有些是出於誤會，在接受抱怨之前，應先瞭解事實真相，並向旅客解釋清楚。不要因主觀意識影響判斷能力與應對技巧，應該以客觀立場，心平氣和地處理事件，期能建立公司與旅客間良好的關係。

第六節　機場售票

一、機票基本認識

　　航空公司之主要收益來源是發售機票，其推銷機票業務的方式，有直接的門市銷售、機場櫃檯出售、戶外推銷，甚至是時興的網路機票販售；間接的則有同業代售、代理代銷……等。而與航空公司關係最密切的則是旅行社，擔任代理推銷或開票的工作，航空公司則付予其一定的佣金。然而，什麼是「機票」呢？機票（ticket）是搭機乘客與航空公司之間的一種運送契約，亦即機票是當做航空公司與機票署名者間運送條款的「表見證據」，以白話來說，機票就是航空公司與機票署名者間的契約。機票與其他交通運輸工具的車票不同，它是由四聯構成，這麼多聯（coupon）主要是供旅行社、航空公司、稅賦機關、報到櫃檯及旅客自行留底與報帳之用。因此，每到一個單位他們就撕一聯做為憑據。就因為有這麼多聯，所以機票就被設計成一本。而機票的封面被設計具有航空公司圖案及象徵符號，因為機票屬於有價票券，所以機票封面的圖案及顏色也有防偽設計。

　　運務員不論是在機場售票或受理旅客報到劃位之前，都應該具備航空機票在四聯中的意義。機票各聯分別是：

　　1.審計存根聯（auditor's coupon）。
　　2.公司存根聯（agent's coupon）。
　　3.搭乘存根聯（flight's coupon）。
　　4.旅客存根聯（passenger's coupon）。

關於機票，使用要點如下：

1. 審計存根聯與公司存根聯應於購票處所填妥機票後，由處理人員撕下。若是旅行社開票，則在作報表時，以審計存根聯為根據，作成月報表（每十五日為一季）及支票一併繳送航空公司；公司存根聯則由填發機票公司歸檔，並將搭乘存根聯和旅客存根聯交給旅客使用。旅客在機場辦理登機手續時，應將搭乘存根聯和旅客存根聯一起交給航空公司，航空公司即將旅客搭乘其班機的票根撕下，並將剩下的搭乘存根聯和旅客存根聯發還給旅客。此時應特別注意是否航空公司在沒有注意的情況下，多撕一張票根，以免在第二站因欠少一張搭乘票根而無法登機繼續旅行。

2. 搭乘存根聯必須依照由出發地之順序使用，並且保存所有未經使用票根與旅客存根聯，旅客在機場辦理登機手續時，應將搭乘存根聯和旅客存根聯一併交給航空公司，否則航空公司有權拒載。

3. 機票不可轉讓他人使用，對於冒用所引發之死亡、受傷、行李遺失、損毀及延誤，或遭他人冒名退票等事，不管原持票人事先是否知悉，航空公司有權不負責。

4. 茲將旅客可能會被拒載的情況列舉於下：
    (1) 使用塗改過的機票。
    (2) 使用逾期的機票。
    (3) 使用遺失搭乘存根聯的機票。
    (4) 使用撕錯搭乘存根聯的機票（有可能會被航空公司運務員誤撕）。
    (5) 未辦理預約訂位，而飛機又在客滿的情形下。
    (6) 折扣優待票限制的情況下。

　　此外，機票封面通常會被印上流水號，以便票務處理人員有所憑藉，也藉此管制其流通。封底及封面裡則有運送條件及「運送條款」，告知旅客運送條件，例如報到時間限制、免費行李的重量條件。而運送條件則明白界定航空公司與旅客之間的權利義務。

二、機場售票

　　介紹完機票的基本認識後，我們在本節要討論的是機場售票。機場售票的工作雖然不像專責的票務部門有龐大的工作量，但畢竟機場是離境前的「前線」，機場售票常會碰上形形色色的問題，人員配置也不多，加上有時間的壓力，因此工作不見得會較票務部門輕鬆。然而，什麼是「機場售票」呢？航空公司於機場櫃檯設置專用櫃檯售票，接受現場旅客以現金或信用卡付款購票或預購機票，並於當日班機結束後結帳，此稱為「機場售票」。底下茲就機場售票於開櫃、關櫃的注意事項列舉之，並以流程圖（圖3-8）明晰讀者的觀念。

(一)開櫃注意事項

1.向值班督導（OIC）或會計領取零用金，並清點交接金額是否正確及檢查零用金是否足夠。
2.向值班督導（OIC）或會計領取空白機票（手開票及電腦票），並填寫「機票領退簿」（sales report）（立榮航空稱之為「領還票登記表」）。
3.開櫃前檢查刷卡機是否已結帳。
4.查看運務作業的電腦視窗，檢視有無上級交辦的注意事項或VIP/CIP等貴賓及訂位狀況，若有異常，應請督導（OIC）作應變的動作。

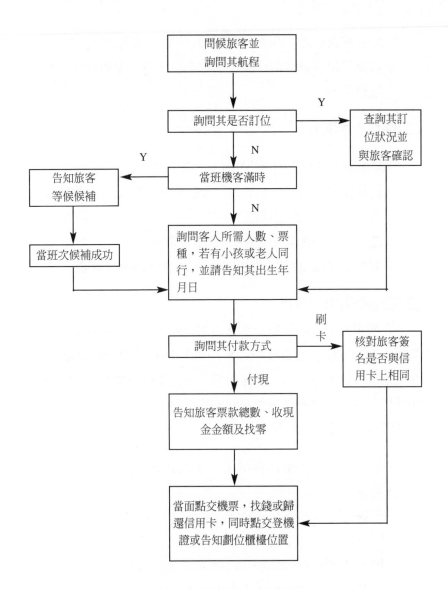

圖3-8 機場售票流程圖

5.如遇班機異常，協助旅客簽轉及依規定辦理退票手續。

6.售票並指引旅客前往劃位櫃檯劃位（註：業界稱為「櫃外服務）。

(二)關櫃注意事項

1.結帳時整理核對刷卡帳單並列印明細表。

2.結算並核對當日現金收入，並製作收款明細表，俟主管簽章後傳至公司的財務部門。

3.繳交當日應收現金並集中保存於保險櫃內。

4.繳交當日剩餘機票予督導或會計，並填寫「機票領退簿」。

(三)旅客問答應對技巧

在機場售票，除了售票本身的業務外，亦常必須接受旅客的詢問。對一位能幹的運務員來說，應該具備完整的商業知識（包含公司各航線機票票價、推銷票價、學生票的資格……）、公司相關作業程序、飛航班表所揭示的班機時刻資訊……等。而對旅客詢問時，相關問答應對技巧如下：

1.旅客詢問時，應面露微笑，眼光正視對話旅客，以示尊重。

2.明確表現旅客至上，對待旅客不因種族、性別、文化等不同而有差異。

3.縮短自己說話的時間，少說多聽，避免分心。

4.多觀察旅客的肢體語言及其陳述觀點，提供旅客最好的個人服務。

5.站在旅客立場，以同理心來看事情，以瞭解旅客所提出的問題及需求。

6.不可中途打斷旅客說話，應等旅客充分說明問題後再給予

<<<<<<<<<<<<<<<<<<<<<<<<<<<<<<<<<<<<<<<<<<<<<<<<<<<

回覆。

(四)其他注意事項

1. 旅客擁擠時，應注意動線的先後順序，並向旅客說聲：「對不起，請您稍後。」

2. 旅客所欲搭乘的班次如遇客滿，應婉言解釋，並建議前後班次以供參考。

3. 旅客每人一票，隨行的兒童及嬰兒仍須持有單獨的機票。

4. 旅客開票時，應主動詢問客人欲刷卡或付現，若為刷卡，應注意開票旅客與信用卡所有人是否一致。

5. 票號應順序開出，不可跳票。書寫手開票宜注意書寫力道，方能使機票每一聯都能清晰且工整。

6. 開錯任一欄位時，不可塗改，應將整本機票蓋上 "VOID" 作廢繳回，重新開發新票。

7. 更改機票上的班次、日期，應用浮貼（sticker），並於浮貼右下角簽名，標明新的電腦代號。

8. 機票票價依據公司印發之票價表或電腦自動開票系統的設定值收費報帳。

9. 出票單位應在機票右上角之出票日期、地點欄內加蓋鋼印及簽名（手開票才必須簽名，若電腦自動開票，則會自動在機票上列印出票運務員的序號）。

10. 機票每個欄位必須詳細填寫，不可以「同上」或「同右」代替。

11. 客票交付旅客前，應將審計存根聯（auditor's coupon）、公司存根聯（agent's coupon），或任何加蓋 "VOID" 作廢聯撕下，按規定處理，不可交予旅客，以免徒生困擾。

12. 客票審計存根聯為報帳依據，應妥善保管，不得遺失。如

遺失，則依據遺失機票程序處理（實務上，若遺失原因可歸責於運務員者，通常必須自掏腰包補差額銷帳）。

第七節　場站聯絡及通訊作業

一、電話

電話為場站間最方便的通聯方式。各場站除訂位電話及業務往來電話外，需保留一線以作為場站間通告飛航情報專線。

底下為航空公司地勤人員接聽電話之禮儀：

1. 無論內線或外線，接起電話時均應告知：「XX航空您好，敝姓X」。
2. 如果須轉給他人時，請先說「請稍後」之後，務必先按HOLD鍵。如電話無此功能時，則請摀住電話聽筒再轉接，勿讓對方聽到大聲喊叫之情況。
3. 如需請旅客等候稍久時，則請其留下姓名及電話號碼，再回電話。

二、傳真機

傳真機是各場站傳送緊急文件資料之工具。一般文件仍需以COMAIL作為傳遞方式（航空公司常利用來往於各航站的班機遞送公司內各部門及各外站之間交流的文件及包裹，稱為company's mail，簡稱COMAIL）。

<<<<<<<<<<<<<<<<<<<<<<<<<<<<<<<<<<<<<<<<<

三、SITA telex[2]

(一)基本介紹

　　在航空領域中，因航空公司除與公司內各部門從事協調、通知的事務非常繁瑣，每日發送與接受的電傳也相當頻繁。而航空公司與彼此週邊產業間的相關配合作業，也有賴於可以迅速傳遞資訊的電傳通訊。

　　所謂「電傳通訊」（telix）是航空從業人員於例行執行勤務時與相關部門通訊的方式之一。電傳通訊是一種經由事先申請裝設的電傳打字發報機（teletypewriter）作為相互通信的方式，因其具有便捷性、效率性、可靠性、安全性及較不拘形式的寫作要求，而逐漸取代傳統的商務書信往來。電傳通訊可以利用下列幾種不同的網路系統從事輸送：

1. 商用通訊網路（Private Telecommunication Network）：民間有許多私人企業營運的電傳網路公司，可提供專屬網路從事自家傳訊之用。

2. 國際航空電訊協會網路（SITA telix）：國際航空電訊協會（Societe Internationale De Telecommunications Aeronautiques, SITA）於一九四九年由十一家航空公司成立，提供會員處理電訊傳送事宜。SITA的服務對象包括航空公司、航太科技業、航空貨運業、旅運相關產業、流通業、航空快遞業、航空承攬業，甚至是政府組織。歷經五十餘年的努力，SITA已成為全球最大的私有國際航空通訊網路組織，它也網羅了國際民航組織（ICAO）主辦的「航空固定通訊網」（AFTN）的通訊業務。目前，使用SITA的通訊服務已在全球二百二十個國家中超過七百個會員組織，其產值在

>>>

一九九八年時，已超過美金一百二十億。有關SITA更詳細的介紹，讀者可逕赴其網站查詢[3]。

3.航空固定通訊網（AFTN）：「航空固定通訊網」（AFTN）是國際民航組織（ICAO）基於維護航空飛行安全所需的資訊查詢及傳遞，制訂相關的標準與建議成立的通訊組織。目前，航空公司的航務部門常利用AFTN的通訊便利來蒐集航機簽派、製作飛行計畫（flight plan）的相關資料。

對於航空運務工作來說，各個航空場站通常皆會設置專門收發SITA telix電報之電報機，並以專屬之SITA code為address來傳送電報作為通訊訊息之工具，且各場站均必須設置專人整理電報並予公告。航空公司租用SITA telix所需支付的電傳費用，除了基本固定支出的費用（包含發報機月租費、數據機費用、系統維護費、各地電信線路費、SITA telix卡片租用費）之外，還包含依實際傳遞輸送量計價之電訊傳輸費。由於傳輸量是以實際傳送的「字元」數計算（亦即每一個英文字母、數字符號、空白鍵及換行鍵，都被視為一個字元），因此航空從業人員傳遞電報時，其電報內容必須簡短易懂，儘量避免使用冗長繁瑣的詞句。為了規範SITA telix電報的撰寫格式能有一致性的標準，特別發展出其特殊的文體與規則。其主要原則包含：使用簡扼語及專業代碼、使用引述簡句以避免重述來文內容、使用來電文號、使用簡化英文字、使用簡化句型（避免使用冠詞、代名詞、介詞、連結詞、連綴動詞、助動詞……等）。有關SITA telix航空電報常用縮寫字及簡碼，援舉數例如下（詳細資料請查閱本書附錄之SITA telix航空電報代碼）：

1.AAA：Agent Assembly Area

2.AACT：Airport Association Council International

‹‹

3.ABT：About

4.ABV：Above

5.ACFT：Aircraft

6.BBG：Baggage

7.BZCL：Business Class

8.CAA：Civil Aviation Authority

9.CGO：Cargo

10.CRW：Crew

11.CTR：Counter

12.DEP：Depart(s), (ed), (ure)

13.DEPO：Deportee

14.EST：Estimate(d), (ing)

15.FRCL：First Class

16.GD：General Declaration

17.INTL：International

18.TDY：Today

(二)簡易編寫流程

有關SITA telix簡單的電文編寫流程如下[4]：

■收電人（address）

格式通常為「KHH XX YY」，KHH為地名，XX為收電人公司的內部部門代碼，YY為收電人航空公司代碼（依據IATA航空公司代碼為準）。例如「KHHODEF」（注意：地名、收電人公司的內部部門代碼、收電人航空公司代碼之間無須間隔）表示收電人為遠東航空公司高雄站的航務簽派部門。KHH是高雄的代碼，OD是遠航內部規範的簽派部門代碼，EF是遠航的IATA航空公司代碼。

■發電人（sender）

　　撰寫格式比照收電人，唯必須注意前面加一個句點（‧）。例如「‧TPEODCI」表示發電人爲中華航空公司中正機場站的航務簽派部門。TPE是中正國際機場的代碼，OD是華航內部規範的簽派部門代碼，CI是華航的IATA航空公司代碼。

■電文文號（reference indicator）

　　電文文號是發電人發文的日期及時間，由六個阿拉伯數字組成，稱爲「日期時間組」（date time group, DTG），放在發電人右側，其中以一個空白鍵區隔。所列的時間採取英國格林威治標準時間（Greenwich mean time），而非發電人所處場站的「當地時間」（local time）。例如，「‧TPEODCI 281930」表示中華航空公司中正機場站的航務簽派部門於當月二十八日的格林威治標準時間19：30發出的電報。

■特定發電人（from）

　　前述有關發電人的發文立場係以部門爲單位（如華航中正機場站航務簽派部門），若您希望除了部門名稱外，係以特定人爲發文單位時，則只要在電文文號（reference indicator）後面加上特定發電人的姓名或代碼。例如「‧TPEODCI 281930 Edward Yang」表示中華航空公司中正機場站的航務簽派部門的Edward Yang於當月二十八日的格林威治標準時間19：30發出的電報。

　　如受電人要回應上述Edward Yang的電文時，不必冗長地引述原電報內文，僅需引述電文文號即可指定回應電文的特定收電人。例如「YT 281930/Edward Yang」，YT表示「您的電傳」（your telix）。

■特定收電人（inside address）

　　所謂特定收電人是在電文開頭指定其特定收電對象，有如商用電傳之ATTENTION（ATTN），其SITA telix格式如同特定發電

人的撰寫格式，若受文者不只一位，可以CPY代替傳統商用電傳的「副本受文者」（如CC KHHODBR/John Ko）。例如，KHHODBR/John Ko為主要受電者，KHHODBR/Steven Wang為副本受電者，可寫為「KHHODBR/John Ko CPY Steven Wang」。CPY為copy之意，對於副本受電人無需回電，僅供參考。

此外，值得一提的是，若特定發電者或特定收電者是航空公司相當職位的部門最高主管，則通常有其專屬的SITA code，就不必再勞神寫上其姓名及職稱了。例如，TPEDYEF為遠東航空公司董事長、TPEPSEF為遠東航空公司總經理，TPESZEF為遠東航空業務處處長……

■電文主旨（subject of the telix）

電文主旨通常以「YTDTG」為代碼，YT是Your Telix；YT加上電文文號「日期時間組」就可以當主旨，如「YT281930」。必要的話，再加上一句簡單的事由即可。

■問候語及感謝詞

SITA telix的電文撰寫雖可直接以命令句陳述發電人的發文動機而不需繁文縟節地客套。但必要的話，仍可在電文結尾加上BEST RGRD、KIND REGARD等問候語或TKS感謝詞。

四、平面無線電（Walking Talky）

平面無線電是為了航空站協調聯絡緊要事項而配置，因此，通話原則是「簡潔」、「清晰」。航空公司的運務員時常利用平面無線電從事登機門與運務櫃檯、機坪勤務人員之間的協調與聯繫。運務員亦常透過平面無線電掌握機艙內之勤務人員完成清潔客艙的時間、VIP/CIP貴賓登機通知、聯絡安排獨行孩童或需要專人輪椅協助者的資源調派……等工作。

>>>

五、通話術語

(一)英文字母報讀法及數字報讀法

有關英文字母報讀法，請參閱**表3-3**。有關數字報讀法，請參閱**表3-4**。

(二)時間報讀法

運務員使用平面無線電從事相關單位的協調溝通時，對於時間報讀的方法應依照二十四小時制與數字報讀法從事報讀。例如12：15的英文唸法為one-two-one-five；中文唸法為「么兩么五」。

第八節　優待票作業

一般而言，優待票可分為「酬賓券」、「公關折扣票」、「

表3-3　英文字母報讀法

字母	發音	字母	發音
A	ALFA	N	NOVEMBER
B	BRAVO	O	OSCAR
C	CHARLIE	P	PAPA
D	DELTA	Q	QUEBEC
E	ECHO	R	ROMEO
F	FOXTROT	S	SIERRA
G	GOLF	T	TANGO
H	HOTEL	U	UNIFORM
I	INDIA	V	VICTOR
J	JULIET	W	WHISKEY
K	KILO	X	X-RAY
L	LIMA	Y	YANKEE
M	MIKE	Z	ZULU

表3-4　數字報讀法

數字	發音	中文讀法
0	zero	洞
1	one	么
2	two	兩
3	three	三
4	four	四
5	five	五
6	six	六
7	seven	拐
8	eight	八
9	nine	勾

例：遠航波音B757-200編號「B27001」的班機應唸成「B兩拐洞洞么」。

升等券」和「免費票及折扣票」，相關說明如下：

1. 酬賓券：通常適用於索賠旅客、公關、行銷活動……等。酬賓券為免費搭乘優待，分為商務艙酬賓券和經濟艙酬賓券兩種，每次使用僅以一張單程票為限，且限於開立優待票之航空公司票務櫃檯開票。

2. 公關折扣票：通常適用於索賠旅客、公關……等。此類優待票以全額成人票為限制使用票種。折價券依其面額分為五折折價券（50％off）及二五折折價券（75％off）兩種，每次使用以一張單程票為限，且限於開立優待票之航空公司票務櫃檯開票。

3. 升等券：通常適用於公關、公司行號套票購買方法、哩程累積優惠、航空公司與信用卡公司合作之認同卡……等。使用此類優待票必須限制「免費票」（Free of Charge, FOC）、「CHARTER FLT TKT」及「BARTER TKT」等不能使用，十二歲以下之INF、CHD需有大人陪同方可使用。

另外，此類優待票適用條件爲：「限空位搭乘」、「不得轉搭他航」及「不得折抵現金」等。

至於若干折扣票的對象，通常爲航空公司員工、眷屬、合作之主要旅行同業從業人員、其他航空公司同業人員、政府官員、民意代表、記者……等，因公務或私人旅行需要，得申請折扣機票或免費機票。諸如：

1. ID：Interline Discount（航空同業）。
2. AD：Travel Agent Discount（旅行同業）。
3. CG：Tour Conductor（團體領隊）。
4. DG：Government official Discount（政府官員、議員）。
5. DM：Passenger donation ticket or prize winner（特殊民衆或國際獎項持有者）。

運務作業處理程序如下：

1. 可訂位的旅客：因航空公司公務出差或持可訂位機票（如以票面價五折所購買的1/2 R1）者得於事前訂位。
2. 空位搭乘：
   (1)旅客持限空位搭乘機票者（如以票面價二五折所購買的1/4 R2、促銷期間內之學生優待票），需前往機場報到櫃檯辦理候補。於一般旅客報到時間內，不接受空位搭乘旅客。
   (2)若班機有空位時，空位搭乘旅客得辦理報到，其航程、目的地得與一般旅客相同。
   (3)空位搭乘旅客於班機有空位時，得於班機起飛前二十四小時將其預計之行程通知訂位人員，惟其訂位狀況需以候補表示。

第九節　二十一世紀的航空服務電子化變革

　　藉由網際網路（internet）與電腦資訊科技（information technology）技術的蓬勃發展，電子商務（electronic commerce）在媒體的報導及標竿企業的相繼投入下，一股新的經濟力量及媒體趨勢已經迅速地擴大，甚至美國前總統柯林頓先生也在一九九九年的「全球電子商務競爭架構報告」中強調企業電子化（e-business）與電子商務不僅僅是一個國家的政策，更是一個企業邁向全球化競爭策略中一個重要的步驟。在當下變化快速的數位時代，比爾蓋茲提出「數位神經系統」與「知識工作者」的概念後，諸多企業經理人除了普遍認識到速度決定企業的成敗之外，也是在二十一世紀裏企業對企業的競爭方式中移動最快且不得不選擇的策略。

　　電子商務是透過資訊管理系統、商業模組，藉由組織作業的流程改造，來達到減低組織營運的成本開支，提升作業效率，增加客戶滿意度的新興商業行為。有效地利用電子商務除了將可控制並節省通路、鋪貨成本、行銷成本、人事成本等營運成本外，並可藉由網路無國界、無時差的流通特性讓新商品可以即時鋪貨，透過電子郵件及視訊會議可立即產生決策，增加企業競爭力，將節省下的成本用來提高商品的功能、附加價值，並可以開發或改良更進階的商品或回饋給消費者。從經濟學的論點看來，整個交易過程產生了「加乘效果」，藉由大量成本的縮減及效率的提升，俾使企業體及消費者達到雙贏。面對日新月異的電子商務競爭趨勢，世界各大航空公司無不摩拳擦掌，積極研發電腦軟體系統、擴充硬體設備，利用電腦化將售票成本、飛航前後的作

業成本降到最低。目前的網際網路訂位、購票系統非僅是航空公司的基本配備，甚至經過美國西北航空公司電子商務部的估算指出，比較航空公司委託傳統旅行社和由網路售票所需負擔的成本，得到以下數據：透過旅行社開票的成本是二十六美元；透過旅行社網路販售是十九美元；經航空公司特約旅行社開票是十至十五美元；到航空業者合組的網路購票，成本是八至九美元；直接到航空公司網路訂票，成本只要六美元。相較之下，航空公司透過自己的網路賣票成本只有透過旅行社售票的四分之一，不但可以大幅降低營運成本，還可以減少收不到帳款、旅行社惡性倒閉的風險[5]。

　　一九九四年十一月首度應用電子商務技術於航空運輸營運之「電子機票」（e-ticket）的美國聯合航空公司（United Airlines），剛開始於美國西海岸的國內航線市場試辦良好，一九九五年四月起便陸續推展到芝加哥及其他主要的八大航線[6]。這項基於國際趨勢及符合環保需要的「電子機票」在短期內風行草偃，很快地席捲全球，各大航空公司紛紛跟進。電子機票的發展同時也免除旅客攜帶不便及機票遺失的風險，電子機票與實體機票功能相同，只是改將登載在機票上的資料儲存在航空公司的電腦資料內，旅客使用電子機票的好處為可直接透過電話以本人信用卡購票，或透經旅行社及逕至票務櫃檯付現或刷卡購買。電子機票開立後，旅客會收到電子機票收據以為憑證，至機場報到時，只要告知電子機票票號或出示收據即可取得登機證，而以電話購票者另應出示本人購票之信用卡。對於機場航空公司的櫃檯報到工作來說，若旅客聲明其使用電子機票時，運務員僅需請旅客提示付款信用卡和身分證明文件，資料與電腦記錄相符即可為其辦理報到劃位，並給予其登機證。但是，以國際航線來說，持用電子機票的旅客，仍然必須在班機開始辦理登機手續的前三至六小時辦

理，這段額外的報到劃位時間仍然必須計算於總旅行時間。

　　二十一世紀，時間就是金錢的概念更加強化，電子機票除了席捲航空售票的傳統通路外，航空業者的下一波重點將擺在「手機上網訂位」及「電子自動劃位報到」，期使傳統旅客必須提前一兩個小時到機場的搭機習慣產生變革。

　　首先介紹的是「手機上網訂位」的概念：「只要手中擁有一支行動電話，即可漫遊全世界」，目前行動電話已廣泛地在世界各地被使用。但是，隨著技術的進步，行動電話的機型日新月異，不斷地更新、進步與改革，透過網際網路與電子郵件，新一代的行動電話不再只是聯絡的工具而已，還可以傳遞與接收資料，最新的新聞與消息將會即時地傳達。航空公司期望能夠透過這項的改革，率先地利用這種新的技術來改善目前對旅客的服務，提升服務品質。商務旅客由於工作的緣故，時間對他們而言是非常寶貴且重要的，因此，藉由多功能、高品質的行動通訊讓商務旅客即時接收資訊，掌握最新的消息，爭取時間，是二十一世紀的發展商機。根據一九九九年五月的《航空商業雜誌》（*Airline Business*）的報導指出，IBM、Nokia已全力發展與生產具備上網功用的手機，以提供這些商務旅客即時的航班飛行資訊。目前所使用的技術稱之為WAP（Wireless Application Protocol，無線通訊協定），旅客利用WAP可透過行動電話以得知航班的班表是否有延滯或取消的情形，甚至可以直接在手機上訂位或取消。同時，提供航空旅運訂位服務的AMADEUS公司的GDS系統（Global Distribution System）已在一九九九年二月起和易利信（Erikson）合作，讓部分備有易利信行動電話的旅客，能夠利用手機透過網際網路進入AMADEUS系統來訂票。此外，航空公司亦透過電腦，將航班的飛行資訊，以簡短文字傳遞給其他的旅客，旅客只要透過現行的GSM系統，即能接收短文字訊息。因此，腦

>>>

筋動得快的航空業者亦準備透過這項新技術拓展其服務的品質，讓旅客能利用手機來訂位或得知航班的最新消息。目前旅客在搭機時不能使用行動電話，不過IBM預期，在科技發展突破機上禁用通訊器材的飛安疑慮後，未來旅客將可能在飛行旅途中使用手機上網、接收電子郵件與訊息，讓行動電話發揮最大的效用。IBM也一併預期未來的機場，旅客們將能透過手上的行動電話得知最新的航班消息，讓機場的服務水準大為提升。此外，不僅僅只有旅客能夠受惠於無線上網，飛機亦能夠透過無線上網，隨時地透過網路來偵測與檢查飛機是否故障、是否需要維修，讓飛機的維修技術再提升。因此，航空業應要為未來的改革多作準備，利用「無線上網」的技術來提升自己的服務品質，如此亦能帶來很大的利益與利潤。

接下來，我們所要介紹的是「電子自動劃位報到」的發展趨勢。根據Hensher（1974）對工作時間航空旅行成本的研究，國際航空旅行時間價值為工資率的30%，國內航空旅行時間價值為工資率的69%，而休閒時間價值為工資率的15%；除了時間轉換為貨幣成本的負效用外，P. B. Goodwin（1974）指出，旅行活動中旅客常在運輸過程中耗費身體精力。蕭銘雄（1996）認為旅客將節省下來的旅行時間從事其他活動所增加的效用，稱為活動的時間價值，而旅行本身會產生負效用，旅行時間的節省減少此負效用，稱為旅運的時間價值。在工商蓬勃發展、時間價值高漲的今天，人們為了縮短兩地往來的時間，在交通工具的選擇常趨向於速度快及準點度高的運具，航空運輸遂成為人們長途旅行的最佳選擇。但是，除了航空運輸有諸多自然或人為的不可控因素，可能導致班機產生誤點延滯甚至取消之外，在正常的情況下，旅客辦理報到劃位，國內線通常於起飛前六十分鐘開始，至起飛前十分鐘結束櫃檯作業，國際線則為起飛前兩小時開櫃，而於起飛前

〈〈〈

四十分鐘關櫃（註：開櫃及關櫃的時間各航不一，端視國情、經營航線差異與各航空公司政策、環境決定），航空公司藉以確定該班機乘客人數，對有訂位而未到（no show）之旅客應即除名，如有後補旅客應即遞補，然後製印旅客名單提供機場管理當局及空勤組員使用，並發給旅客登機證。雖然基於航空公司控制機位的營運理由，旅客必須依照航空公司運送契約所規範的時間提前到機場報到，然而這段額外的旅行時間將對旅客產生時間價值的負效用。

在強調知識管理的時代，知識需要行動才能創造價值，而行動則需要精湛的技術輔助，才能讓行動與知識的結合貫徹發揮。在電子機票有效地席捲航空售票的傳統通路後，追求服務品質及顧客滿意的航空業者正積極思索如何簡化旅客到機場運務櫃檯的報到劃位時間，以增加消費者的時間價值。以美國西北航空公司來說，他們希望透過「電子化服務」讓傳統提前一兩小時到機場的搭機習慣能夠出現劇烈轉變。該公司在其網站上宣稱，他們要讓到達機場的旅客在一分鐘，甚至是三十秒以內完成check in[7]。美國西北航空公司、瑞士航空公司已自一九九九年開始實驗「電子自動劃位報到」，讓持有電子機票的旅客在班機起飛前二十四小時到九十分鐘前的這段時間，可以在網際網路上辦理報到劃位。旅客進入指定網站的homepage後，依步驟指示輸入電子機票的購買代碼、姓名、信用卡號碼……等資料，即可由印表機印出登機證（亦即完成傳統的報到劃位手續），屆時攜帶登機證即可直奔機場，接受海關、移民局、檢疫單位的查驗後，到指定登機門前候機。若有託運行李，亦可直接到運務櫃檯前的「電子自動劃位報到」專屬電腦，自助式（DIY）地輸入登機證號碼，印表機就會自動列印託運行李條碼貼紙，只要黏在準備託運的行李上，交給運務員確認是否超重，沒問題的話就透過輸送帶送至航

機的貨艙，減少傳統排隊久候的困擾。我國的華信航空公司在此趨勢下，於二〇〇一年二月十三日首度在台北松山機場、高雄小港機場兩站引入DIY報到亭「旅客自動報到機」（KIOSK）（圖3-9），此DIY報到機係由旅客自行操作的登機前自動報到劃位系統[8]。所謂的DIY報到亭，原名為KIOSK（字典上的解釋為土耳其式涼亭、亭式書報攤、公共電話亭），也就是目前歐美、日本機場普遍使用的Auto-check-in Machine。凡是已完成網上購票或已電話購買電子機票的旅客，到機場搭機時只需將信用卡放入所搭乘航空公司運務櫃檯前的KIOSK中，並輸入身分證或護照號碼、選定座位後，旅客可直接透過KIOSK領取登機證，全程僅需三十秒。這套DIY報到亭讓旅客從購票、付款、取登機證皆可獨立完成，以達到完全資訊化、自動化的作業程序。然而，目前電子商務交易的最大問題仍在於付帳的方法，消費者懼怕輸入的信用卡號會被電腦駭客攔截，造成盜刷後遺症，令人防不勝防。

　　根據二〇〇〇年八月的《航空商業雜誌》（*Airline Business*）的報導指出，目前在航空業者與電腦網路科技公司的努力下，為

圖3-9　華信航空公司的KIOSK旅客自動報到機

資料來源：國立高雄餐旅學院黃華欣同學提供

了便利與簡化未來人們從事旅遊的方式，未來包含「電子自動劃位報到」的全面性搭機流程電子化的發展構想包含：

1.機位預約（reservation）

  (1)旅客可利用旅遊智慧卡，提供個人資料，透過個人電腦向航空公司預定機票。這個步驟可作爲初步的控制，就像是一種簽證、認可。

  (2)這張旅遊智慧卡並具備貯存旅客旅遊服務偏好及習慣的功能，俾便航空公司對飛行常客提供更貼心的服務。

  (3)可透過信用卡或銀行轉帳付款。

2.機場報到劃位（check-in terminal）

  (1)旅客在機場將智慧卡插入特定的自動報到讀卡機，並輸入航班編號，確認是否一致。

  (2)預定的紀錄載入，並確認登機的細節，例如座位、機門……等。

  (3)系統會列印出登機卡、行李收據，於此旅客就通過安全檢查，前往起程等候區（departure area）。

3.行李檢查（baggage check）

  (1)行李被放置在一個能記錄其件數及重量的自動化儀器上，並透過一個類似無線電頻率（RF）晶片的標籤，用來追蹤行李所在地。

  (2)此系統將會估算任何額外的行李收費，此收費會由信用卡自動扣款。

  (3)在旅客辦好報到劃位手續，在前往登機門候機的同時，行李也會在機場海關接受行李安全檢查。此時會再次以旅行智慧卡確認搭機者與行李的確在同一航班上。

4.離境管制檢查（departure control check）

(1)未來搭機旅客的身分檢查會逐漸融合為單一步驟完成，以免浪費旅客的寶貴時間。

(2)若旅客的身分有疑慮，將被請求其提供更多的資訊，該旅客將會被移送至一個隔離的空間，做更進一步的檢查。

(3)旅客在登機離境之前，電腦系統將會提供旅客與航班的詳細資料給目的地機場的管理機構。

5.登機（aircraft boarding）

(1)藉由插入這張旅行智慧卡與掃描器完成身分確認後，旅客將可進入內候機室休息或直接登上飛機。

(2)同時，旅客的託運行李也能在班機離境前確認的確與該名旅客一樣都在這班飛機上。

6.到達目的地（arrival at destination）

(1)抵達目的地後，旅客先在行李提領處拿回自己的行李，並前往專屬的電子閘門出口。

(2)智慧卡與掃描器再次確認旅客身分與託運行李的主人是否一致，當行李被確認無誤後，行李上的無線電頻率晶片將被收回。

(3)除非機場管理當局有特別的需求要接見此位旅客，不然入境大廳的顯示螢幕上會讓接機者看到該旅客通過電子閘門出口到達入境大廳。

(4)如果旅客本身希望得到海關認證，他可以在互動式的螢幕上提出要求。

(5)互動式的螢幕也可以用來提供進一步的訊息，像是如何安排地面接駁運輸之細節。

註釋

[1]法源依據：民用航空運輸業管理規則第三十四條：「民用航空運輸業對
　　其運輸中使用之下列文件，應自起飛之日起至少保存兩年，以備民航局
　　查核：1.乘客機票票根；2.乘客艙單；3.貨物提單、託運單、貨物艙單及
　　有關運務文件；4.包機合約。」

[2]請參閱高聰明著，《航空電訊用語》，長榮航空訓練中心叢書。

[3]其網站為http://www.sita.com。

[4]有關詳細的SITA telix內容介紹及撰寫編輯技巧，可以參見高聰明先生撰
　　寫的專書《航空電訊用語》（長榮航空訓練中心叢書）。

[5]其相關網站為www.nwa.com。

[6]其相關網站為www.usairways.com。

[7]其相關網站為www.nwa.com。

[8]其相關網站為www.hibird.com.tw

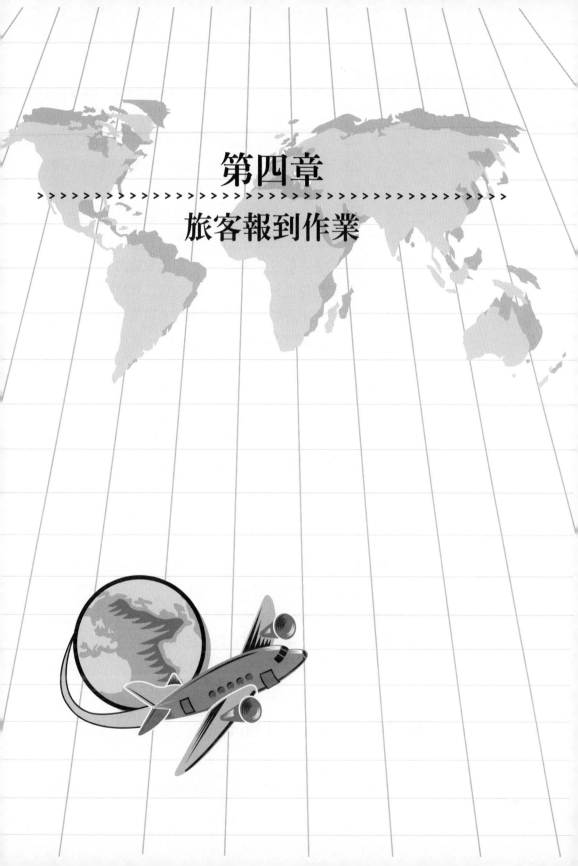

第四章

旅客報到作業

>>

在航空產業中有一個不會讓人感到意外的事實，那就是旅客對於航空公司服務的期望已遠高於實際上他們所真正需求的。航空公司提供適合的服務水準，但所謂的「服務水準」並不一定非得提供旅客金碧輝煌式的「奢華」，而是其服務程序讓大部分旅客的滿意程度。因此，一般旅客在展開各種不同旅次目的之空中旅行之際，甫至機場之航空公司櫃檯時，映入眼簾的一切劃位及運務服務，都可以傳達出一個航空公司的價值以及品牌訊息。因此，航空公司多會要求身居第一線的機場運務單位要重視「細節管理」，尤其是櫃檯劃位手續的效率、親和力、專業，期能使旅客有賓至如歸的滿足感。

旅客辦理報到劃位，國內線通常於起飛前六十分鐘開始，至起飛前十分鐘結束櫃檯作業，國際線則為起飛前兩小時開櫃，而於起飛前四十分鐘關櫃（註：開櫃及關櫃的時間各航不一，端視國情、經營航線差異與各航空公司政策、環境決定），藉以確定該班機乘客人數，對有訂位而未到（no show）之旅客應即除名，如有後補旅客應即遞補，然後印製旅客名單提供機場管理當局及空勤組員使用，並發給旅客登機證。

講究服務品質標準化的航空公司通常會要求職員在執勤機場的劃位手續時要依循標準作業程序（S.O.P.），如果櫃檯人員能夠依照作業程序，按部就班地完成作業，不但可使旅客減少久候劃位的不耐，也可減少作業的疏失，俾使旅客和公司都能雙贏。本章即針對旅客報告作業的內容，細分各節逐一闡述：

第一節　旅行文件簡介

一般而言，依照國際慣例，凡從事跨國觀光旅行者必須具備

＜＜＜＜＜＜＜＜＜＜＜＜＜＜＜＜＜＜＜＜＜＜＜＜＜＜＜＜＜＜＜＜＜

三種基本之旅行文件，即護照（passport）、簽證（visa）和預防接種證明（vaccination）。本節所介紹的旅行文件泛指旅客跨國之間旅行所需的相關證明文件：

一、護照或其相等性之文件

護照是指通過國境（機場、港口或邊界）的一種合法身分證件。一般是由本國的主管單位（外交部）所發給的文件，予以證明持有人的國籍與身分，並享有國家法律的保護，且准許通過其國境，而前往指定的一些國家。簡言之，護照是用以證明持照人屬該國公民，並得以持照返回護照發出國的文件。護照的種類包含：

1.外國護照：由發照國政府核發給國外定居者。

2.兒童身分證：核發給未成年者以代替護照。

3.外交或領事護照（diplomatic passport）：核發給現任在職之外交、領事及政府其他官員，且於國際慣例下賦予外交及領事人員的權利。

4.由聯合國核發的"international red cross passport"、"nansen passport"、「免驗證」等等。

5.合辦護照（家庭護照）：家庭成員共同旅行可持有合辦護照。

6.官方、特別或行政部門之護照：核發給政府單位或其他具有官方任務的人，此類護照必須經由有關單位之授權方可核發。

7.普通護照（ordinary passport）：指一般人民申請出國所發給之護照。其有效期限原為六年，但自二〇〇〇年五月二十一日起，已經由立法院三讀通過「護照條例修正案」而

延長爲十年。另外，過去役齡男子申請護照，需先向戶籍所在地區鎮公所報備提出申請的程序則予放寬，改由直接向領務局申請，唯護照上配合兵役政策，加蓋規範役男之護照效期及限制戳記，並規定十六歲以下未成年者之普通護照效期爲五年，十六歲以上未服役男子爲三年。十六歲到十八歲接近役齡男子出國，不再需要本人及其法定代理人填寫具結書，但仍受「不得以僑居身分加簽」的限制。

二、簽證或其相等性之文件

簽證（visa）是指本國政府發給持外國護照或旅行證件的人士，允許其合法進出本國境內的證件。各國政府基於國際間平等互助與互惠的原則，而給予兩國國民間相互往來的便利，並維護本國國家安全與公共秩序。因此，各國對於辦理簽證的規定不盡相同，有些國家給予特定的期限內免予簽證，即可進入該國；有些國家發給多次入境的優惠；也有些國家設有若干的規定，需具保證人擔保後，始發出允許入境的簽證。綜上可知，簽證係用以證明持證人已取得發證國之入境許可。某些國家對於特定國家可予以免簽證方式進入該國。簽證有獨立一本者，亦有蓋戳記或貼於護照上者。簽證有單位時間內被授權「單次」或「多次」入境該國之權利，一旦單次簽證已使用，即失去作用。我國外交部自一九八七年四月十日修訂相關規定，持外國護照或外國政府所發之旅行證件，擬申請進入我國之簽證區分爲下列數種：

(一)外交簽證（diplomatic visa）

適用於持外交護照或其他旅行證件的下列人士：

1.外國正、副元首，正、副總理，外交部長及其眷屬。
2.外國政府駐中華民國之外交使節、領事人員及其眷屬與隨

圖4-1　遠東航空台北松山機場運務櫃檯的旅客報到作業現場

資料來源：遠東航空公司王穎駿先生提供

從。

3.外國政府派遣來華執行短期外交任務之官員及其眷屬。

4.因公務前來中華民國所參與之政府國際組織之外籍正、副
　行政首長等高級職員及其眷屬。

5.外國政府所派之外交信差。

　　對於以上人士，得視實際需要，核發一年以下之一次或多次
之外交簽證。

(二)禮遇簽證（courtesy visa）

　　適用於持外交護照、公務護照、普通護照或其他旅行證件的
下列人士：

1.外國卸任之正、副元首，正、副總理，外交部長及其眷屬
　來華做短期停留者。

2.外國政府派遣來華執行公務之人員及其眷屬。

3.因公務前來中華民國所參與之政府國際組織之外籍職員及其眷屬。

4.應我政府邀請或對我國政府有具體貢獻之外籍社會人士及其家屬來華做短期停留者。

對於以上人士，得視實際需要，核發效期及停留期間各一年以下之一次或多次之禮遇簽證。

(三)停留簽證（stop-over visa）

適用於持六個月以上效期之外國護照或外國政府所發之旅行證件，擬在中華民國境內停留六個月以下，從事下列活動者：

1.過境。

2.觀光旅遊。

3.探親：需親屬關係證明，例如被探親屬之戶籍謄本或外僑居留證。

4.訪問：必須出具邀請函或相關證明文件。

5.研習語文或學習技術：被主管機關核准公文或經政府立案機構出具之證明文件。

6.洽辦工商業務：備國外廠商與國內廠商往來之函電。

7.技術指導：備國外廠商指派人員來華之證明。

8.就醫：備本國醫院出具之證明。

9.其他正當事務。

對於以上人士，應備離華機票或購票文件，若實際需要時，並備「外人來華保證書」兩份。有關「簽證效期」，對於互惠待遇之國家人民，依協議之規定辦理；其他國家人民，除另有規定外，其簽證效期為三個月。至於「停留期限」，有自十四天至六十天者。

(四)居留簽證（residence visa）

適用於持六個月以上效期之外國護照或外國政府所發之旅行證件，擬在中華民國境內停留六個月以下，從事下列活動者：

1. 依親：需親屬證明，例如出生證明、結婚證書、戶籍謄本或外僑居留證……等。
2. 來華留學或研習中文：教育部承認其學籍之大專以上學校所發之學生證，或在教育部核可之語言中心已就讀四個月，並另繳三個月學費之註冊或在學證明書。
3. 應聘：需主管機關核准公文。
4. 長期住院就醫：因病重需長期住院者，應提供中華民國醫學中心、準醫學中心或區域醫院出具之證明文件。
5. 投資設廠：需主管機關核准公文。
6. 傳教：需傳教學經歷證件、在華教會邀請函及其外籍教士名單。
7. 其他正當事務。

對於以上人士，若實際需要時，並備「外人來華保證書」兩份。有關「簽證效期」，對於互惠待遇之國家人民，依協議之規定辦理；其他國家人民，除另有規定外，其簽證效期為三個月。至於「居留期限」，依其所持外僑居留證所載之期限（註：持居留簽證進入中華民國境內者，須於入境後二十日內，逕向居留地之縣市警察局申請「外僑居留證」）。

三、健康證明

為了降低旅客前往海外旅行「萬一」感染傳染病，出入國境而引發病毒擴散肆虐的危險，世界各國均在國際機場、港口及邊界關卡設置檢疫單位（quarantine inspection）來執行對國際間入

出境的旅客、航機、船舶實施旅客前往疫區國時的接種疫苗規定。凡接種後，由該國檢疫單位簽發「國際預防接種證明書」（International Vaccination Certificate），由於其證明書為黃色的封面，故也稱為「黃皮書」。目前國際檢疫傳染病有：天花、黃熱病、霍亂、鼠疫、流行性腦脊髓膜炎、減量白喉及破傷風和其他各種疫苗的接種證明。

四、機票或適量之金錢

各國政府為了降低外籍人士入境後延滯不歸所帶來的社會問題及治安風險，通常會要求入境的外籍人士持有並證明其具有回程機票或續程航段的機票，抑或證明其具有足夠之金錢或能力足以返回其原出發地或其他國家，否則將保留其入境該國的權利。

綜合前述幾項旅行文件的介紹，值得一提的是航空公司雖有權要求旅客出示其旅行文件，但航空公司對於旅客旅行文件之適用性並不需要負擔法律責任。雖然航空公司在運務作業上會要求旅客出示其旅行文件的程序，係根據旅遊目的國政府之要求，且大部分國家之政府多以罰款要求航空公司遵守其規範，但是持有不堪適用之旅行文件者係屬個人行為，旅客應對其旅遊文件之適法性負有責任，航空公司並非入境國移民局，並無法知悉旅客是否可以順利進入該國。以長榮航空公司之機票運送條款規定為例，該公司強調旅客應持用有效的旅行文件，並且符合旅遊目的國所有法條、規定、命令及要求。依據該公司的政策，審核旅客之旅行文件乃是為了使其順利完成整段的行程，而得以保有拒絕搭載為持有有效護照及簽證旅客的權利。當核發機票或行前預訂，旅客會被告知有關護照、簽證、健康狀況及疫苗接種等各項證明，其目的亦是為了使旅客能完成整段的行程，免遭旅遊目的

圖4-2　國際機場海關行李安全檢查現場

資料來源：楊政樺攝於香港赤鱲角國際機場

圖4-3　機場移民局旅行文件查驗現場

資料來源：楊政樺攝於北京首都國際機場

國當地拘留或遭返的困擾。

第二節　入出境物品規定

　　我國政府規定，國際線旅客入境中華民國於通關時必須填寫
「入境旅客申報單」（Immigration Forms）。然而，為了節省旅
客驗關時間，旅客在所搭乘的班機上可由空服員供應的表單事先
填妥，俟飛抵目的地時，將可直接接受檢驗。原則上，旅客必須
就攜帶入境的貨幣、個人所有物（非商業用途）、黃金、白銀
……等向海關申報。而為了防止境外移入植物病蟲害，對入境時
所攜帶的水果或食品種類也會有限制。除此之外，禁止攜入中華
民國國境的物品還包括武器、爆裂物、麻醉劑、賭具和色情書
刊。禁止攜帶出境的物品包括毒品、槍械、彈藥、保育類野生動
物及其製品。有關我國海關對入出境旅客所攜帶的違禁及管制品
詳細規範如下：

一、禁止攜帶入境之物品

　　禁止攜帶入境之物品包括：

1. 偽造之貨幣、證券、銀行鈔券及印製偽幣印模。
2. 賭具及外國發行之獎券、彩票或其他類似之票券。
3. 有傷風化之書刊、畫片及淫穢物品。
4. 宣傳共產主義之書刊及物品。
5. 合於大陸土產限量表以外之大陸地區生產、製造、加工、
　 發行或製作等之物品（外籍旅客及華僑攜帶上開物品入境
　 者，須將該類物品事先分開包裝，在入境旅客申報單上列

明，並得免費寄存於民用航空局倉庫內，直到離境時再行
攜帶出境，其保管期限為四十五日）。

6.槍械（包括獵槍、空氣槍、魚槍）、彈藥、毒氣、刀械、
子彈、炸藥以及其他兵器。

7.鴉片、罌粟種子、大麻、高根、化學合成麻醉藥物等及其
製劑，暨其他危險藥物。

8.所有非醫師處方或非醫療性之管制物品及藥物（包括大麻
煙）。

9.槍型玩具及用品。

10.侵害專利權、圖案權、商標權及著作權之物品。

11.其他法律規定之違禁品，例如土壤、未經檢疫或從疫區進
口之動植物及其產品等。

12.保育類野生動物及其製產品者，未經中央主管機關之許
可，不得進口。

二、禁止攜帶出境之物品

禁止攜帶出境之物品包括：

1.未經合法授權之翻印書籍（不包括本人自用者在內）、翻
印書籍之底版。

2.未經合法授權之翻製唱片（不包括本人自用者在內）、翻
製唱片之母模及裝用翻製唱片之圓標暨封套。

3.未經合法授權之翻製錄音帶及錄影帶影（音）光碟片及電
腦軟體（不包括本人自用者在內）。

4.古董、古幣、古書等；槍械（包括獵槍、空氣槍、魚槍
）、子彈、炸藥、毒氣、刀械及其他兵器。

5.宣傳共產主義或其他違反國策之書籍、圖片、文件及其他

物品。

6.僞造或變造之各種幣券、有價證券、郵票、印花稅票及其他稅務單照憑證。

7.鴉片類（包括罌粟種子）、大麻類、高根類、化學合成麻醉藥品類，及以上各種物品之各種製劑。

8.依其他法律禁止出口之物品（如：僞禁藥、動物標本、果樹苗等）。

9.保育類野生動物、珍貴稀有植物及製產品者，未經中央主管機關之許可，不得出口。

原則上，如果旅客對某一項物品應否申報無法確定時，應在申報單上報明，如無填報能力者，可在檢查開始之前以口頭申報，以免因觸犯法令規定而受罰。旅客行李之品目、數量及價值，除應絕對合理，且合乎自用家用範圍外，亦不得出售圖利，或受酬替人帶貨。攜帶錄音帶、錄影帶、唱片、八釐米影片、書刊文件等入境者，每人每一著作以一份爲限，超量部分將被有關當局依法查扣。毒品、槍械、彈藥、保育類野生動物及其製產品，禁止攜帶入出境，違反規定經查獲者，我國海關除依「海關緝私條例」規定處罰外，將另依「肅清煙毒條例」、「槍砲彈藥刀械管制條例」、「野生動物保育法」等相關規定移送司法機關懲處，入出境旅客應特別注意，俾維護自身的權益。以尼泊爾的加德滿都國際機場海關爲例，行李檢查處分爲紅、綠兩線，旅客的行李若沒有需要申報的東西，便可以走綠線快速通關。值得注意的是，因爲尼泊爾是文化古國，政府對超過百年以上的古文物會嚴格限制出口，若旅客欲由該國購買古文物，必須向該國政府的「考古部」（The Department of Archaeology）申請，取得未滿百年的證明後才可攜帶出境。此外，到中國大陸旅遊也有類似規

定：中國政府對於旅客帶出境的古文物需有「京文檢」標記的許
可方能順利帶出海關，中共對於一七九五年以前的文物是不准帶
出境的，一七九五到一九四九年的文物在保險情況下，可以帶著
物品與收據到友誼商店文物局辦公室加蓋火漆方能出境。

三、結匯及貨幣

(一)貨幣限制

攜入外幣請先在海關申報領取兌換水單，出境時可憑兌換水
單攜出。旅客出境每人准攜帶外幣限額為五千美元或其他等值外
幣，新台幣四萬元及各式硬幣二十枚。

(二)結匯及旅行支票

我國是外匯管制國家，不能隨便在市面上交易兌換外幣。如
果要換外幣，必須到中央銀行指定的外匯銀行申請結匯（包括中
國國際商業銀行、交通銀行、中國農民銀行、台灣銀行、第一銀
行、彰化銀行、華南銀行、世華銀行、台灣中小企業銀行、上海
商銀、華僑銀行、中國信託商業銀行、美商花旗銀行……等）。
所謂「結匯」，就是將新台幣兌換成外幣，或將外幣兌換成新台
幣。我國中央銀行規定每人每年可結匯五百萬美金，但每次不得
超過一百萬美金。

因現鈔兌換具有兌換及交易便利的優點，是民眾常用的外匯
交易方式。但是現金不宜兌換太多，以免旅遊途中遺失或遭歹徒
覬覦。觀光旅遊以購買旅行支票最為方便，旅行支票面額分美金
十元、二十元、五十元、一百元、五百元、一千元六種。購得旅
行支票後，應立即在支票指定處（左上角或正面）簽名，下款空
白處在使用時再簽。切記不可將上下款同時簽妥，因旅行支票上
下款一經簽名即視同現金，如一旦遺失就無法掛失，為了預防旅

行支票的遺失或被扒竊，事先最好能把支票號碼存根另外存放。遺失或被竊，應立即向各地支票發票的銀行提出申報掛失並要求補發。旅行支票目前有美商花旗銀行、美商運通銀行……等發行的幾種，流通性幾乎與現金無異，但部分落後國家或商店並不接受旅行支票，甚至有些地方還要收手續費，這是無法和現金相比的地方。

(三)關稅

對入境旅客而言，入境時應填寫「入境旅客申報單」，向海關申報，每人填寫一份，下列事項均應於申報單中報明：

1.所攜隨身行李有應稅物品、新品、貨樣、機器零件、原料物料、儀器工具者。
2.另有不隨身行李隨後運入者。
3.另有不擬攜帶入境之隨身行李者（可暫存關棧，俟出境時攜帶出境）。
4.攜帶有金銀與外幣、新台幣者。
5.攜帶有武器、槍械（包括獵槍、空氣槍、魚槍）、彈藥及其他違禁物品者。
6.攜帶有放射性物質或X光機者。
7.攜帶有藥品者。
8.攜帶有大陸物品者。

但是，除了禁止或管制進口物品之外，旅客攜帶行李物品如係自用或家用者，得以免稅。其免稅物品範圍如下：

1.雪茄二十五支，或捲菸兩百支，或菸絲一磅及酒一瓶（限一公升以下）或小樣品酒十瓶（限每瓶0.1公升以下），但限滿二十歲之成年人始得適用。

2.少量罐頭及食品、水果（限由非疫區進口，水果限兩公斤）。

3.上列兩項以外已使用過之行李物品，其單件或一組之完稅價格在新台幣一萬元以下者。

4.上列三項以外之物品，其完稅價格總值在新台幣兩萬元以下者，但未成年人減半計算。

5.貨樣，其完稅價格在新台幣一萬兩千元以下者。

然而，旅客攜帶進口隨身及不隨身行李物品合計如已超出免稅物品之範圍及數量者，均應課徵稅捐，其每一項目，並以不超過旅客自用及家用所需合理數量。

（四）金銀、外幣及新台幣

■金銀

旅客攜帶金銀進口不予限制，但不論數量多寡，均必須向海關申報，如所攜金銀總值超過美金一萬元者，應向經濟部國際貿易局申請輸入許可證，並辦理報關驗放手續。

■外幣

旅客攜帶外幣入境者不予限制，但應於入境時向海關申報，如攜帶超過美金五千元或等值外幣，於入境時未經申報者，其超過部分應予沒入。

■新台幣

入境旅客攜帶新台幣入境以四萬元為限，如所帶之新台幣超過該項限額時，應在入境前先向中央銀行申請核准，持憑查驗放行。

(五)藥品

1.旅客日用藥品准予攜帶入境者，六種為限，其種類及限量

如下：

(1)人參0.6公斤、鹿茸0.6公斤、萬金油3大瓶或12小瓶、八卦丹12小盒、龍角散6小盒、白鳳丸6粒、牛黃丸6粒、海狗丸1盒（0.6公斤/盒）、六神丸3小瓶、保心安膏12小瓶、仁丹6小瓶、朝日萬金膏6盒（5片/盒）。

(2)魚肝油（450cc/瓶）、魚肝油丸（500粒/瓶）、保濟丸（10小瓶/盒）、姑嫂丸110小瓶/盒、紅花油、保心安油、驅風油、補腎丸（10小瓶/盒）、中將湯（12小包/盒）、中將湯丸（紅150粒/瓶或白220粒/瓶）、薩隆帕斯（40片/盒）、健腎丸（10小瓶/盒）、硫克肝（120粒/瓶）、命之母（225粒/盒）、正露丸（120粒/瓶）、胃藥（120粒/瓶）、面速力達母藥膏、辣椒膏（24片/盒）、合利他命（120粒/瓶）、欲不老（100粒/瓶）等，每種以2瓶/盒為限。

(3)未列舉之藥物，除麻醉藥品應依法處理外，其他自用治療藥物，須憑醫院、診所之證明，每種以2瓶/盒為限。

2.大陸中藥材及中藥成藥合計十二種（中藥材每種0.6公斤，中藥成藥每種2瓶/盒），其完稅價格合計不得超過新台幣一萬元。

3.旅客攜帶藥品超過上述限量，經向海關申報者，責令退運，未申報者，依法沒入。如該未申報之藥品列屬禁藥，並應依法移送法辦。

四、其他注意事項

可攜式電子產品的操作頻率從數十千赫（KHZ）的AM收音機到133MHZ的手提電腦，在考量到共振（harmonics）時，它們所輻射出來的頻率幾乎涵蓋了整個飛航所用的通訊及導航頻段。

為防止航電系統受到干擾，所有可能干擾飛機內無線電訊號的個人電子用品都應該被禁止使用。二○○○年四月五日修訂頒布的民用航空法第四十三條第二項明訂：「航空人員、航空器上工作人員及乘客不得私帶前項物品進入航空器或在航空器上使用干擾飛航通訊之器材。」為落實「乘客搭乘飛機禁止攜帶危害飛航安全之物品」之規定，民航局已要求航空公司於受理旅客劃位報到時，應主動詢問旅客是否攜帶民航法所禁止危害飛航安全的物品。另外，航警局於安檢線入口處亦張貼宣導圖片，明確告知旅客禁止攜帶登機之物品。而在「搭機旅客禁用大哥大及個人電子用品規定」方面，民航局要求各航空公司空服員於飛機起飛前廣播：「依民航局規定，旅客在飛機上全程禁止使用大哥大及所有個人電子用品，請立即關機，並將其置於座位上方行李架內（小型航機無行李架者可置於個人隨身行李內，僅攜帶大哥大而無隨身行李者，應將電池拆下）。」如發現違規使用者時，空服員必須直接舉發（同時請鄰座乘客協助舉發），並告知機長，由機長與航管單位聯絡目的地航空站或航空公司航務單位，轉知航警單位依法處理。

　　根據中華民國民用航空法第四十三條第二項及第一○二條相關規定，航空人員、航空器上工作人員及乘客不得私帶前項物品進入航空器，或在航空器上使用干擾飛航通訊之器材，違者將處五年以下有期徒刑、拘役或新臺幣十五萬元以下罰金。因而致人於死者，處無期徒刑或七年以上有期徒刑；致重傷者，處三年以上、十年以下有期徒刑。因此，入出境台灣的旅客從登機至下機期間所應遵守的規定如下：

1.航空器內全程禁用具遙控性質之電子裝備，如行動電話、無線電遙控玩具、無線電收發報機或對講機、具顯像功能

之攝影機、具遙控功能之雷射唱盤或隨身聽⋯⋯等可能干擾飛機無線電導航系統之裝備。以上電子裝備應於登機前將電源關閉。

2.登機至起飛期間的十五分鐘及降落階段（繫緊安全帶警示燈號亮起，空服員廣播開始下降高度至安全帶燈號熄滅這段期間）禁用之電子裝備包含：手提電腦、打字機、手提錄音機、雷射唱盤或隨身聽、計算機、電動遊樂器⋯⋯等。

3.使用助聽器及心律調整器之旅客，搭機全程皆不受影響。

除了上述針對入出境台灣的飛安顧慮所做的限制外，為了嚴格控管電子通訊儀器對飛安的影響，海峽對岸的中華人民共和國民用航空法第七章第二節第八十七條也做了類似規定：「任何可能影響飛行安全的活動，應當依法獲得批准，並採取確保飛行安全的必要措施，方可進行。」第八十八規定：「國務院民用航空主管部門應當依法對民用航空無線電台和分配給民用航空系統使用的專用頻率實施管理。」「任何單位或者個人使用的無線電台和其他儀器、裝置，不得妨礙民用航空無線電專用頻率的正常使用。對民用航空無線電專用頻率造成有害干擾的，有關單位或個人應當迅速排除干擾；未排除干擾前，應當停止使用該無線電台或者其他儀器、裝置。」

第三節 旅客報到作業

一、執勤前的準備工作

　　機場運務櫃檯是航空公司的門面，值勤的運務員必須儀容端莊，穿著公司制服，並時時注意保持制服的清潔及平整，值勤前要檢視制服鈕釦是否有脫落、名牌及公司徽章是否正確置於左胸口袋上易於辨識處，所有口袋保持平整，機場管制區的通行證應按機場管理當局相關規定配掛，除此之外，禁止穿著便鞋、涼鞋。女性運務員應視個人需要將頭髮挽起，並著淡妝（至少必須塗抹口紅），配戴飾品應適度，不宜過度華麗。男性運務員頭髮宜梳洗整潔並繫領帶，皮鞋應保持清潔。在值勤前應將櫃檯及電腦保持整潔，提供旅客索取之班機時刻表應時時注意補齊；旅客至櫃檯詢問或購票時應抬頭微笑，主動招呼客人；做為第一線的服務人員，每天應保持精神抖擻，口香齒皓。

　　負責辦理旅客報到劃位工作的運務員於開櫃執勤之前，為了俾便稍後的作業順遂及讓辦理check-in的旅客感到滿意、有效率，於任務交接或開櫃前應確認下列事項：

1.運務員應注意所負責航線的各個班次於辦理旅客劃位之前，應詳閱站上公佈欄或電腦是否有自己負責班次的特殊動態及上級交辦事項。

2.國內線班機起飛前七十分鐘應先查詢電腦，並列印訂位名單，以確定該班次之旅客訂位名單及人數（註：國內航線班機起飛前七十分鐘內，電腦系統即設定該班機於唯讀狀

態，不能接受旅客訂位及修改）。國際線則因爲旅客到達機場時大多已辦理「預約之再確認」（reconfirmation），因此no show的比率遠較國內航線爲低，運務員可在班機起飛前兩小時開櫃辦理旅客報到之前，將訂位名單列印出來；在訂位旅客應報到時間結束後，隨即除去no show者的名單，接受候補旅客（註：有關前述之「再確認」係指搭乘國際航線的旅客，在行程中的任何據點，若停留時間在七十二小時以上，雖於購票時已辦妥預約手續，仍必須辦理再確認手續。如停留在七十二小時以內時，即可不必作此手續。若旅客未辦理再確認手續，航空公司得自動取消該班次的預約，並通知續程站的航空公司取消其已定妥之機位）。

3.查閱訂位艙單及公佈欄中有無貴賓、團體旅遊及特殊乘客等。

4.填寫各航班例行性的「派遣表」：依據公司航務部門所制定之「派遣表」，內容包括航程、機型、時間、日期、執勤組員名單，將正確之資料填於旅客載運艙單，並記錄飛機淨重、本航班飛機所帶燃油的重量，並予簽署已示負責。

5.確認所負責航班的登機門號碼，並製作登機證。

6.填寫所負責航班的旅客訂位艙單、座位表（依排定之機型選擇適當之座位表）、旅客實際載運艙單、運務作業紀錄表，俾便各相關單位所需。

7.調整報到櫃檯上之班次、時間、機型、「訂位客滿」或「尚有空位」之標示牌，或利用電腦顯示看板提供所負責航班的相關資訊。

<<<<<<<<<<<<<<<<<<<<<<<<<<<<<<<<<<<<<<<<<<<<<<<<

二、旅客座位限制的認識

　　飛機座位安排計畫（seat plan或seat allocation）乃是機場櫃檯作業的重要工作。利用空中運輸從事其旅次目的之旅客選擇飛機這種運具所關心的焦點，除了飛航安全之外，就屬班機的準點性和舒適的座位。航空公司在班機座位容許及載重平衡的考量下，儘量提供旅客舒適的座位及良好的服務，以減低旅客的不滿和抱怨，在當前重視服務品質管理的民航產業趨勢下，為落實「顧客至上」的原則，更是在細節上主動為消費者設想。

　　俗語說「一種米養百樣人」，雖然直觀上「座位安排」似頗為簡單，但實務上面對消費者千般萬化的習慣及偏好，要做到讓多數旅客滿意卻深具技巧、經驗及藝術。實務上，航空公司為了避免無法滿足旅客的要求，或因機型變動而無法兌現旅客預約的座位，因而通常會在運送契約上規定：「航空公司雖然盡力試圖符合旅客座位的要求和選擇，但即使接受旅客預約座位並經確認，並不表示保證。航空公司仍可因作業所需而變動其座位。」即便白紙黑字的運送契約規定如此，實務上基於服務品質及消費者滿意的考量，航空公司仍會儘量滿足旅客的要求。基於這樣的原則，線上運務人員受理旅客劃位之前，必須先對旅客座位的限制掌握適當的認識，方能確保飛航安全及提供旅客舒適的搭機環境。除了因旅客所付費用不同而提供不同之座位之外，旅客座位之數量乃是依據以下之情況受到限制：

　　1.該航班的航機座位數。
　　2.航機逃生門數量及位置。
　　3.航機客艙上的氧氣面罩數量。
　　4.航機客艙上的救生衣數量。

5.無自救能力之旅客人數或無效用之逃生門。

6.因安全或舒適因素所必須有的限制。

除了上述座位的限制之外，尚有以下數種座位區別及旅客座位之限制：

1.空服員座椅及飛航組員休息座椅：「空服員座椅」（flight attendant's seats）為提供給空服員當飛機起飛及降落時使用之座位，通常位於逃生門前；「飛航組員休息座椅」（crew rest seats）則為提供給長程國際航線飛行時前後艙組員（含機師、飛航工程師及空服員）休息使用，依各機種之不同而有所不同。

2.緊急逃生門前之座位：依據我國「航空器固定翼航空器管理規則」的規範，緊急逃生門的設計是為了飛機發生危難時，使旅客在九十秒內能夠順利逃出，故在緊急逃生門前之座位安排有所限制，下列人員不得被安排於此座位：

(1)兒童或嬰兒。

(2)行動不便之旅客。

(3)年長者或虛弱旅客。

(4)被遞解出境者或有人押送之囚犯。

(5)過於肥胖之旅客。

(6)長程國際航線攜帶寵物（活生動物）於客艙之旅客。

(7)購買「額外座位」（extra seat）或攜帶客艙大件行李之旅客。

(8)有酒意或精神異常者。

(9)不能瞭解、看不懂緊急出口說明書的人。

【案例研討】

　　一九九八年八月二十日，某國籍航空公司從台北到花蓮的班機上，經空服座艙長發現緊急逃生門（二十一排）的旅客係為無法以英文及中文溝通的日籍乘客。後經該座艙長於公司例行性之飛安會議提出質疑，認為雖運務手冊並未規定外籍旅客不得乘坐於逃生出口處，但可以援用「不能瞭解、看不懂緊急出口說明書的人」的規定，請運務員不要給予鄰近緊急出口的座位，以確保飛航安全（除非能確定該外籍旅客能瞭解、看得懂緊急出口說明書）。

　　除此之外，運務員應儘量安排身強體壯且看得懂逃生門使用方法的旅客、軍警人員、救火員、航空公司人員於緊急逃生門前之座位。實務上，以瑞士航空和澳洲航空為例，對需要特別照顧或注意者（如兒童或嬰兒、行動不便之旅客、年長者……）的座位安排必須由訂位人員事先予以安排，以符合安全和舒適的要求。再舉長榮航空的規定為例："seat assignment must be located most suitably to the passenger's need but ensure not to seat incapacitated passenger where they can impede emergency exits or cabin activities"，即可窺見一斑。

3.坐於上艙（upper deck passenger）：基於上艙之旅客必須費力地爬上狹小的樓梯；因而以下之旅客儘量不要安排此處座位：

　(1)行動不便之旅客。

(2)年長者、身體虛弱、需支杖無法行動者，除非前述特性無礙於其行動能力，仍可如一般人步行者。

(3)攜帶嬰兒者：除非旅客已被告知上艙並無法提供嬰兒睡籃及更換尿布之所。

4.若盲人攜帶導盲犬辦理報到劃位，應將旅客安排在逃生門前、後排靠窗座位，原則上導盲犬不佔座位且須立於視障旅客座位之兩腳間，但若在未客滿的情況下，應儘量保留靠走道位置，使導盲犬及旅客更舒適，並注意不得安排於逃生門座位旁。

5.無行動能力旅客之座位安排：儘量安排無行動能力旅客坐於扶手可舉起之座位，若有剩餘空位時儘量保留其臨座空位勿售出。

6.獨行孩童（unaccompanied minor, UM）：儘量將獨行孩童的座椅安排在客艙廚房或空服員能就近照顧的區位，且其鄰座儘量為婦女型的女性乘客（因通常婦女相較於男士會對好動的孩童較有耐心及包容）。有關UM的運務作業將於後續章節詳述。

7.嬰兒座位之安排：除了安排同行旅客坐於攜帶嬰兒旅客左右，以避免吵到其他旅客的原則之外，嬰兒的座位通常安排於備有嬰兒睡籃及額外之氧氣面罩之座位。當班機訂位不滿時，儘量將嬰兒鄰近的座位保留起來。若為多航段班機而座位未滿時，應保留嬰兒座位供下一站使用。

8.若該航班的航空器並無艙等分別，則依慣例，各機型客艙前排為貴賓座，非公差之航空公司員工及眷屬不得使用，作業結束若有空位應劃給一般旅客補滿。

9.運務員應在辦理報到劃位前先確認該航班上的團體訂位資料。旅行團或家族旅行團，座位應視機型差異儘量安排在

同個區域內。

10.吸引力較低之座位：如看不到電影、靠艙壁卻無窗戶之座位，此類座位應保留至最後方可售出。

三、劃位程序

　　運務員於報到櫃檯從事旅客的劃位工作時，其操作流程與基本check in手續的觀念大致如下：

(一)機票及旅行文件查驗

1.優待票的查驗：所謂「優待票」係指針對某特定族群予以普通票價作為基數而打折扣的票。運務員必須核對持用各類優待票旅客之相關身分證明文件。以國內航線優待票的種類來說，較常見的除了航空公司職員的優待票air industry discount（即ID票）之外，尚且提供一般民眾老人票、兒童票、嬰兒票、學生票及殘障票。線上運務員必須注意其資格認定，諸如：老人票年滿六十五歲（含）以上享全額票價之二分之一；兒童票須出示戶口名簿影本或健保卡，年滿兩歲且未滿十二歲者享全額票價之二分之一；嬰兒票須出示戶口名簿影本或健保手冊，未滿兩歲者票價為全額票價之十分之一；學生票適用年齡為十二（含）至二十三歲（含），適用票價依各航空公司規定而有所不同。除此之外，殘障優待票及身心殘障陪同者優待票，由殘障者出示殘障手冊，票價均為全額票價的二分之一。

2.機票是否為偽造機票或在黑名單內（如：旅客遺失、遭竊的機票）？機票是否在有效期限內？（註：運務員應特別注意旅客所持機票為有效票，否則該機票日後無法被公司財務部門票審核認，實務上各航空公司為確保帳目會計相

符，運務員往往必須吸收因自身疏失的無效票票款差額）

3. 旅客所持機票的開票地點是否加蓋鋼印？否則可能為無效票或偽票，運務員應特別注意。旅客所持機票的票價、艙等是否完整，有無塗改？若機票被塗改，則屬於無效票。

4. 配合國際趨勢及符合環保需要，同時也免除旅客攜帶不便及機票遺失的風險，電子機票與實體機票功能相同，只是改將登載在機票上的資料儲存在航空公司的電腦資料內，旅客使用電子機票的好處為可直接透過電話以本人信用卡購票，或透經旅行社及逕至票務櫃檯付現或刷卡購買。電子機票開立後，旅客會收到電子機票收據以為憑證，至機場報到時，只要告知電子機票票號或出示收據即可取得登機證，而以電話購票者另應出示本人購票之信用卡。對於運務員的櫃檯報到工作來說，若旅客聲明其使用電子機票時，請旅客提示付款信用卡和身分證明文件，資料與電腦記錄相符即可為其辦理報到劃位，並給予其登機證（註：對持用電子機票搭乘國際航線者，需在班機開始辦理登機手續的前三至六小時辦理）。

5. 廣義而言，舉凡交易雙方均以電腦透過網路進行交易都可謂之為「電子商務」。對於應用網路訂位的旅客來說，只要連上與航空公司有契約關係的旅遊訂位網站，購買全票價旅客者的開放訂位日期為訂位日起推算第一至六十天，購買「網上預售折扣票者」，開放訂位日期為訂位日起推算第五至六十天之機位。該項訂位程序於完成網上訂位與付款購票後，就無法更改旅客姓名且限本人搭乘，旅客應謹慎輸入有效的姓名。除此之外，購買全票價機票者（價格較高），可享有可換班次、可退票之服務，惟辦理退票時需扣除一定比例的退票手續費；購買網上預售折扣票者（價格

較低），限搭乘原訂之當日當班次機位，如未能搭乘原定班機，在原搭機日前一天，可上網辦理退票，惟需扣一固定比例之手續費。自搭機日凌晨00：00起，即不得上網辦理退票，如未搭乘，通常依照網路訂票契約會將此案例視爲旅客個人因素而不得退款。對於運務員的作業來說，並不需要執行繁複的網路處理，僅需視該航班之已訂位旅客是否有來報到，而在「離境管制系統」（DCS；容後詳述）上分別註記，有報到者註記爲on board（O/B），已訂位未辦理報到者註記爲no show（N/S），當日改搭其他班次的旅客註記爲change on board（change O/B），班機結束時，經督導確認，彙整回傳回公司的訂位中心。在搭機日該航線「末班機」結束櫃檯作業後，確認該名購買「全票價機票」之no show的旅客於訂位的班次未出現，且於當日始終沒來報到，則由負責網路訂位的晚班員工製作「退款結報」回傳給公司的財務部門，俾便該名旅客日後辦理更改班次或退票的依據。此外，對於購買「網上預售折扣票」而no show者，由於該票屬性僅限當日當班有效，因此該票已失效（註：但亦有少數航空公司或網路售票公司同意補足全額票價差後，同意給予更換班次使用）。運務員僅需將公司爲其預先準備好的機票搭乘聯彙整後，連同所填具之「網路折扣票未搭機資料明細表」回傳給公司的財務部門即可。

6.我國的華信航空爲落實電子機票的自主化，在國籍航空公司中首度引入DIY報到亭「旅客自動報到機」（KIOSK）。凡是已完成網上購票或已電話購買電子機票的旅客，到機場搭機時只需將信用卡放入所搭乘航空公司運務櫃檯前的KIOSK中，並輸入身分證或護照號碼，選定座位後（註：只能選靠窗或靠走道），旅客可直接透過KIOSK領取登機

圖4-4　航空公司的網路訂位專屬櫃檯

資料來源：楊政樺攝於台北松山機場立榮航空公司網路訂位櫃檯

證。這套DIY報到亭讓旅客從購票、付款、取登機證皆可獨
立完成，以達到完全資訊化、自動化的作業程序，在電子
商務蔚為風尚的大勢所趨下，預期將陸續有其他業者跟
進。

7.美國西北航空在「電子自動劃位報到」運轉成功的基礎
下，馬上緊鑼密鼓地又在明尼蘇達州的明尼亞波利斯之聖
保羅機場開始推行另一項個別旅客報到手續的電子化服
務，稱為「移動式工作站」（portable agent workstation,
PAWs），期能進一步挑戰在三十秒內為旅客完成check in。
PAWs是由十幾位頭戴無線電耳機、手拿掌上型電腦、腰繫
印表機的運務員，在機場運務報到櫃檯前，為攜帶簡便行
李的旅客服務。運務員在詢問完旅客的姓名、乘坐的航班
資料後，即用光筆在其掌上型電腦上完成輸入，並直接由

其腰上所繫的印表機直接列印出旅客所需的登機證、行李
託運條……等登機文件。西北航空希望透過這樣的方式，
將傳統的運務櫃檯人力，移作爲只對團體旅客、特殊旅客
（如輪椅旅客、UM……）、攜帶寵物或大件行李的旅客辦
理登機手續，俾使人力資源的配置能經濟有效。

(二)艙單的填寫

艙單（manifest）係爲飛機飛航時所應具備之基本文件，其內
容包括班機所經路線、機型、機號、日期、時間、班次、機艙及
客艙之組員、旅客名單以及貨運清單、裝載重量等資料。依功能
屬性可再細分爲「組員艙單」（general declaration form, GD）、
「旅客艙單」（passenger manifest）、「貨運艙單」（cargo
manifest）。這些文件資料必須由起程站填寫分送（離）到站相關
單位備用，艙單係機密文件，不可隨意交給未經授權之外人查
閱，本項文件保留期限至少兩年。對於運務員來說，艙單的填寫
必須注意：

1.依旅客所持身分證件或機票填寫旅客載運艙單。
2.班機客滿時應查詢旅客是否有訂位代碼，或查詢電腦資料
　中有無訂位紀錄。
3.各類優待票、孩童票及嬰兒票應於艙單票別欄內註明以資
　識別。

(三)撕客票聯

1.依旅客報到之次序，將號碼依序填於正確航段之客票聯
　上。
2.將正確航段客票聯撕下。
3.取登機證：依載運艙單號碼取出同號之登機證。

(四)人工劃位及電腦劃位

有關機場運務櫃檯的劃位工作可以分爲「人工劃位」及「電腦劃位」兩種，茲介紹如下：

首先，「人工劃位」顧名思義就是運務員於電腦故障（尤其是Y2K的千禧年時序問題）或年節及連續假日前的高尖峰交通需求時期（考慮到電腦作業的處理速度比人工塡寫爲慢），由運務員以手寫的方式依旅客登機證號碼正確清晰塡入座位表內，並依座位表之座號，將背貼式座位號碼摘下，黏貼至登機證正面座位號碼欄內，將登機證夾在機票內，證件放在機票正面交與旅客，並說聲「謝謝」，提醒旅客大件行李託運位置及登機門方向。

另外，在介紹「電腦劃位」之前，我們有必要先認識所謂的「離境管制系統」（Departure Control System, DCS）。當班機訂位告一段落之後，將相關資料傳送到機場；機場必須準備相關之資料供旅客之報到及航機之操作所使用，並發送各相關搭載資料予各場站。爲了協助各場站完成上述之程序所發展出來的一套電腦軟體稱之爲「離境管制系統」（Departure Control System, DCS）。雖然各航空公司所使用的DCS軟體系統不一定相同，但習慣上至少在功能上應該包含兩種模式，分別是UA mode及UC mode，有關其功能說明如下：

1.UA mode：專用於供旅客報到使用，並提供選位及查詢功能。

2.UC mode：用於機型選項、人數控管、貨載計算、平衡計算、班機離境相關資料發送……等功能。

雖然DCS的功能不僅只有劃位，還牽涉到航務部門對班機載重平衡及航務簽派的繁複運算，但單就機場運務的「電腦劃位」作業來說，亦即利用這套DCS辦理旅客劃位的工作。電腦依所設

定機型自動選位，自靠窗位選起，由前至後，由兩旁向中間選擇。DCS這項自動選位的設計原理係考量到旅客於座椅區位的舒適程度，儘量在機位有空間的狀況下，不要讓旅客「擠沙丁魚」、「夾三明治」。另外，劃位人員可依旅客需求，在考慮平衡安全之原則下同意更換座位。有關這套劃位流程的程序詳如圖4-5。

繼而，不管是人工劃位或電腦劃位完成後，若是國內線，則在班機起飛前若干時間清點未到之人數（遠東航空、復興航空為起飛前二十分鐘；立榮航空為起飛前三十分鐘），統計已報到人數，並接受候補。候補時的順位依序為：1.公司的公差員工；2.VIP及CIP；3.艙單漏列之已訂位完成的OK票旅客；4.排隊候補的旅客。俟關櫃後，將該航班旅客確實人數及託運貨物行李件數量告知航務部門的簽派員，並填寫載運艙單及運務作業記錄。將此艙單與登機門收登機證的運務員確實核對登機人數是否相符。若兩者相符，則將載運艙單送交該航班的空服員，並請其在運務作業記錄的「關艙時間」欄位上簽署，班機即可通知放飛。

第四節　旅客報到突發狀況之處理

一、超額訂位或訂位機票漏列

航空公司於飛機起飛前的若干時間，就會開放其訂位系統供旅客訂位。然而，由於事先訂位的旅客並不需支付任何金錢成本，因此，往往會有旅客臨時取消訂位，或於登機前沒有至航空公司櫃檯報到，也沒有取消訂位（即所謂的no-show passenger），且旅客無需為這些行為支付任何金錢上的賠償。簡言之，對旅客而言，事先訂位並不需擔負任何金錢上的成本，然而站在航空公

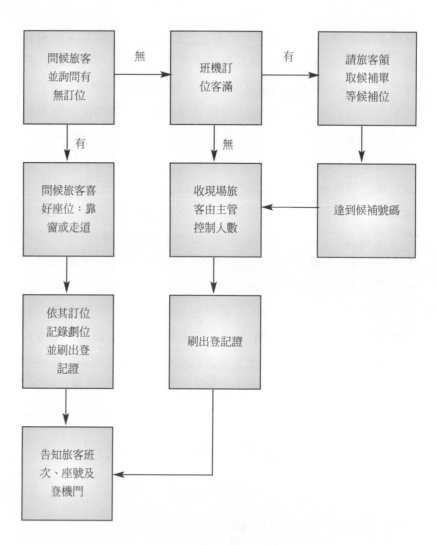

圖4-5　機場劃位流程

司的立場而言，若航空公司僅接受該航班座位容量的訂位數，則該航班於起飛時，可能會因為這些no show的個案，而發生飛機空位起飛的情形，並使航班的承載率與航空公司的收益均會減少。為此，航空公司通常會接受比座位容量更多的訂位要求，以期與

取消訂位或起飛時未報到的旅客數目相抵，而能提高營收與利潤，減少起飛時的空位數目，即所謂的「超額訂位」（over booking）。然而，當航空公司採用超額訂位策略時，仍可能會在某幾個航班上發生旅客報到率高於預期，且超過該航班的座位容量。此時，某些已訂位確認之旅客可能無法順利搭上其所欲搭乘之班機。

　　通常航空公司實施超額訂位會擔心實際到機場報到的「已確認機位」旅客人數超過可接受的座位數，而導致旅客抱怨及公司形象的受損。因此，航空公司通常會根據過去淡、旺季的營業經驗，合理精算其訂位數量的上限值，以避免上述情形發生。為有效處理超額訂位的問題，目前已有許多國內外的學者紛紛從事這方面的研究，但仍未找出能同時滿足航空公司與旅客的方法，而目前航空公司在實務上的作法是利用現場補位或是為「已確認機位」的旅客簽轉其他航空公司等方式來解決這種複雜的訂位問題

圖4-6　服務業重視顧客滿意，切忌在劃位櫃檯和旅客起爭執

資料來源：楊政樺攝於高雄小港機場立榮航空公司國內線運務櫃檯

。

　　除了超額訂位的問題，運務報到櫃檯也常碰到旅客已訂位確認機票發生漏列的糗事。航空公司機場運務工作雖然井井有序，但或多或少總有一些讓人啼笑皆非的烏龍事件。實務上有時會發現旅客明明持著公司各售票單位或旅行社代售單位開出之OK票（表示訂位已完成機位確認），但實際上在作業上因某個環節疏失而予漏列。逢此案例，機場櫃檯運務員應先查詢電腦資料與訂位中心核對，除了瞭解實況以供爾後改進處理之參考外，並應視當時售票情形予以適當之處理。如本案例在不太擁擠之情況下，應優先予以劃位；如客滿擁濟情況或有團體時，應婉言向旅客致歉，並等報到作業結束前優先予以遞補。若遭逢年節或連續假日前高尖峰交通需求的「一位難求」的尷尬場面，報到作業結束仍無法遞補時，工作同仁必須以和藹誠懇之態度向旅客說明或協助改搭其他班次或簽轉其他航空公司的班機，期能減少旅客之抱怨。若旅客因情緒不滿而起衝突，為避免在大庭廣眾下讓公司商譽受損，切忌在劃位櫃檯和旅客起爭執，若有紛爭應儘量將旅客請至站上辦公室，由主管進行溝通協調，尋求解決之道。

二、報到櫃檯登機證短少時

　　若報到櫃檯發現有登機證短少的狀況，依據經驗的可能因素有：登機證之次序誤排、客票聯之編號重複、相關號碼之登機證誤發給旅客。若屬運務員點收的誤失，應該再詳細檢查。若是登機證誤發，應即時廣播請旅客更換。倘若短少之號碼仍無法尋獲時，應以空白登機證以人工書寫正確號碼暫時代用，並通知登機門前收登機證的同仁注意核對。

第五節　機坪作業

　　機坪作業協調人員（ramp coordinator, RC）為櫃檯作業之延續。RC以「平面無線電」（walking talky）與櫃檯保持聯繫，以便隨時處理機坪、登機門與運務櫃檯之間的相關問題（RC這個英文縮寫，在運務上是表示ramp coordinator，但在訂位上是表示reservation center）。

　　有關機坪作業協調人員的工作執掌，茲介紹於後：

一、掌控各相關單位作業時間

(一)空勤組員方面

　　RC應確實掌握前後艙空勤組員的登機時間，並記錄前艙組員完成飛行前檢查（crew preflight check）的時間。

(二)餐勤方面

　　RC必須記錄負責供應本公司各班次航機上客艙膳食侍應品的空廚公司餐勤車抵達機邊的開始作業及完成補給的時間。若該班次有加餐的通知，則必須另行記錄餐勤車將加餐送到的時間。

(三)勤務方面

　　飛機停妥後，由航空站地勤業（地勤公司）負責機坪作業各項整備工作。諸如：提供停靠空橋、旅客扶梯、推／拖飛機、地面電源車（ground power unit, GPU）、空調車（air conditioning unit, A/C）、加油車、飲水車（potable water trucks）、裝載機上餐飲（catering）、客艙清潔、裝卸貨物……等。這些工作雖然不

屬於航空公司運務員的直接任務,但RC仍必須擔任協調及記錄工作,確實記錄地勤公司於機坪內從事航空器拖曳、導引、行李、貨物、餐點裝卸、機艙清潔的完成時間。班機放行後,並注意其航班後推(push back)的時間。

(四)機務方面

確實注意燃油公司的油罐車抵達時間、加油所需時間;機務部門的機務工程人員完成例行性飛航前檢視的時間,最後並記錄班機確實起飛的時間(注意:為確保安全,航機加油時勿通知旅客登機)。

(五)運務櫃檯方面

注意所負責航班的關櫃時間及該班次的特殊旅客、VIP/CIP登機時間。

(六)內候機室方面

俟各相關單位完成起飛前例行性的工作,RC應協調通知登機門前的運務員廣播登機時間。當班機因機場停機坪不足而停於外側機坪時,必須通知旅客搭乘接駁車至外側機坪。於此同時,RC應確實記錄航空站地勤業(地勤公司)派遣接駁車的發車時間。

有關航空公司的內候機室之操作程序如下:

■內候機室準備工作

1.執勤前應詳閱公佈欄有無主管提示交辦事項。

2.依當日的班機派遣表瞭解班機動態及停機位置。

3.與運務櫃檯check in人員瞭解旅客狀況。

4.應隨時就位於登機門前,服務旅客查詢。

圖4-7　國際機場的登機門

資料來源：楊政樺攝於中正國際機場二期航站

圖4-8　國際機場的登機門多設有登機證讀卡機。

資料來源：楊政樺攝於中正國際機場二期航站長榮航空登機門

■內候機室作業程序

1.當各相關單位完成起飛前的相關準備，接獲放行人員及機長的正面回應後，運務人員立即返回內候機室，向候機旅客做登機廣播。操作程序為：

(1)旅客登機的優先次序依優先權大致為：輪椅乘客、老弱婦孺（含UM）、攜帶導盲犬的盲人旅客、頭等艙及具有商務艙會員卡旅客、商務艙旅客、經濟艙後段旅客、經濟艙中段旅客、所有旅客。依據該航班旅客人數多寡，廣播旅客分前後門登機，以確保動線順暢及登機效率。

(2)運務員根據班機最新動態訊息輸入班次目的地登機顯示器，俾便旅客查詢。

(3)依據航機停放位置（登機門號碼或外側機坪）指引旅客登機。

(4)檢視內候機室是否留有登機旅客所遺忘的物品，若有，則交給空服員於客艙內廣播，歸還於失主。

2.作業人員注意事項：若所負責航班的班機停放位置是利用空橋的登機門，則收登機證運務人員應站在空橋前方入口處依序向旅客收證（利用讀卡機收取登記證者，則立於讀卡機後方目視查驗）；若班機停放於外側機坪的話，必須立於航廈扶梯口前導引旅客至接駁車前往登機，並注意下列事項：

(1)接獲清艙人員通知可登機時，即將班機編號、目的地、起飛時間及登機門等資料輸入內候機室看板，並依標準廣播用詞廣播（可視時間急迫性選擇人工廣播或利用電腦語音廣播），指示旅客登機，並依機邊回報之人數協尋未登機人員。

(2)協助婦孺老弱或行動不便者先行登機，並應注意孩童安全。

(3)獲准旅客登機時，於開啓班機動態資訊顯示器之後，應站立於內候機室門口，請旅客出示登機證及注意吸菸的旅客婉告熄滅以策安全。

(4)應確實核對登機證上之班次及航程，避免旅客上錯飛機，導致班機滑回的糗事發生。

(5)注意孩童及嬰兒是否有登機證，嚴防無登機證者登機。

(6)旅客開始登機後，如有人員因公必須登機時，應於所有旅客登機完畢後才能登機。因公獲准登機人員應洽公完畢後，立即下機，不可無謂停留，以免影響班機正常起飛。

(7)若有VIP或CIP貴賓搭機時，應於旅客登至半數後，請運務櫃檯人員至機場貴賓室通知其適時登機，並由專人引導之。

(8)使用接駁車接駁旅客，必須有運務員隨車以便照顧旅客（因爲對於委託地勤公司從事旅客接駁的航空公司而言，接駁車內僅有地勤公司的司機，基於服務顧客的考量，必須有公司的隨車人員）。

(9)運務員應引導旅客，避免穿越機翼下方及由加油區通過，以避免旅客發生意外事件（因航空器機翼或機身上有突起之天線或探針，且因飛機油箱位於機翼內部，燃油公司添加燃油時多由機翼下方輸入，旅客穿越機翼下方通行很容易發生不可預期的危險，如圖4-9所示）。

(10)旅客登機後應在內候機室門口待命，以便催請晚到旅客登機。

(11)若有病患或憲警人員押解囚犯等欲先行登機時，必須

>>

圖4-9　航空器添加燃油時多由機翼下方輸入，旅客穿越機翼下方
通行很容易發生不可預期的危險

資料來源：楊政樺攝於台北松山機場停機坪

徵得機長的同意始能讓其登機。

二、點餐

RC應事先查明所負責航班上的訂位人數及訂餐數，並注意上級是否有通知該航班必須帶來回餐。於空廚公司餐勤人員上餐後，清點機上侍應膳食餐數，並回報運務櫃檯。基於不排除有關櫃前臨時報到的旅客，RC應主動與運務櫃檯確認是否需要加餐及數量。

三、通報特殊事項

RC應確認所負責航班上是否有VIP及CIP的貴賓旅客（本書稍後章節會詳細介紹VIP/CIP的運務作業），其姓名、職銜及座位為何。另外，安排特殊旅客（本書稍後章節會詳細介紹）登機。若接獲空服員或地勤公司勤務員於清潔客艙時拾獲之物品，應回報櫃檯，方便失主認領。

<<<<<<<<<<<<<<<<<<<<<<<<<<<<<<<<<<<<<<<<<<<<

四、掌控旅客登機

在各相關單位作業完畢後，RC應徵詢機務部門的機務工程人員及值勤該航班的機長是否可開放旅客登機後，當獲得確認後，即可至內候機室廣播登機。於旅客登機時，運務員必須於登機門門口或機邊以人工或讀卡機收取小截之登機證，並留意是否有旅客攜帶大件行李，最後並核對旅客是否到齊。倘若已到達起飛時間，而有旅客尚未掌握時，且經廣播該旅客仍未出現時，則應通知運務櫃檯offload旅客，由地勤公司派遣勤務員至飛機貨艙拉下該旅客的託運行李，並送回運務櫃檯，並於送機文件上修正為正確人數，且通知空服員後將飛機放飛。

五、航機簽放

當某一航班關櫃後，RC必須負責與航務部門簽派員協調，將填寫完成的該航班裝載艙單交給簽派員，內容應包括：旅客人數、航空器載重後總重量、最大可起飛重量限制、重心限制、航空器載重後實際重量等等。簽派員獲得前述資料後，利用電腦製作載重平衡表（weight balance）及飛行計畫（flight plan）提供給該航班的機長，以為飛航決策參考。俟載重平衡表及飛行計畫完成後，簽派員會即時親自上機，進入駕駛艙交給機長。此張平衡表內容包含：

1.各艙等旅客搭乘分佈人數圖（瞭解機艙內各區重量）。

2.飛機起飛重量（可評估飛機滑行多久應以多少推力升空）。

3.飛機零燃油重量（瞭解油料重量）。

4.飛機重心位置（充分掌握飛機狀況）。

5.燃油數量（任務用油及備用油是否足夠飛抵目的地）。

6.旅客行李數目與重量（瞭解裝載重量）。

7.載運貨物重量（瞭解裝載重量）。

8.貨艙有無託運活生動物（貨艙溫度一般在飛行中保持 45°F，若有運送活生動物，則溫度要保持在65°F）。

這份平衡表共一式兩聯，且必須由機長簽收。機長確認無誤後會給簽派員一張簽收單副本，這表示機長確認已收到獲得飛航的必要資料。相對地，機長簽名亦表示他（她）本身身體狀況適合飛行，願意為此趟飛航任務負完全責任。

第六節　內候機室作業

一般而言，內候機室作業主要可分為「護照查驗」、「陪檢」、「班機異常時之處置」、「廣播登機及尋找旅客」、「處理拾獲遺失物品」、「送新聞錄影帶至客艙」、「估算載運通報」……等工作項目，茲分述如下：

一、護照查驗

近年來，組織性逐漸龐大的「人蛇」集團（所謂人蛇亦即偷渡客）常利用偽造證件操控各國人蛇偷渡歐洲及美、加等國，造成這些國家在治安及管理上的諸多困擾。歐洲及美、加等國為了防止「人蛇」非法入境，多會要求飛往該國的航空公司從嚴審查旅客的旅行相關文件，尤其是護照的查驗，若有查獲航空公司載送至該國的旅客中有證件不齊者，將對該航空公司處以罰鍰。以美國為例，該國政府對於搭載每一名無適當旅遊文件旅客之航空公司罰鍰三千美元；而英國政府對於搭載每一名無適當旅遊文件

旅客之航空公司罰鍰二千英鎊。航空公司爲了避免經濟上的損失，也避免旅客因爲護照、簽證、健康狀況及疫苗接種等各項證明不齊或無效而遭到旅遊國當地拘留或遣返的困擾，因此於部分航線安排運務員於登機前一小時抵達登機門外，檢查旅客的登機證與護照姓名是否相同，相片、年齡、簽證等是否爲旅客本人，必要時，可配合紫光燈、放大鏡詳細查驗，但執行此項工作的運務員應該善用E.Q.情緒管理及圓融的溝通技巧，以避免引起旅客抱怨。

二、陪檢

陪檢工作並非每個機場都必須從事這項作業，端視該場站的特性而定，班機開櫃後爲了有效掌控旅客通關的情形，通常會安排運務員於機場安全檢查處勾序號。當旅客依規定持身分證明文件及登機證經機場安全檢查處的航警檢查無誤後，運務員則同時將其登機證序號登錄於表單上，俾便掌握旅客的通關情形。

三、班機異常時之處置

班機異常時，依班機異常作業流程處理。於候機室內協助簽轉旅客或發放餐盒飲料，並廣播原因及預計起飛時間。

四、廣播登機及尋找旅客

接獲RC通知可登機時，即將班機編號、目的地、起飛時間及登機門等資料輸入候機室看板，並依標準廣播用詞廣播，指示旅客登機，並依機邊回報之人數協助尋找尚未登機的旅客。

五、處理拾獲遺失物品

1.爲維護公司誠信商譽及落實民法第八○三條（遺失物拾得

人之揭示報告義務）：「拾得遺失物者，應通知其所有
人。不知所有人或所有人所在不明者，應為招領之揭示，
或報告警署或自治機關，報告時，應將其物一併交存。」
舉凡航空公司的運務員，無論在內、外候機室或飛機客艙
等地，接獲旅客遺失物品時，應先繳交予公司的主管。若
為空服員拾獲旅客的遺失物，因任務在身不得下機時，則
可交由各站運務員代為轉交公司的主管後，填具「旅客遺
失物品登記表」及發給拾獲人收據乙紙，由各當地運務單
位從事公開招領之揭示，以備遺失旅客的尋找。如遇特殊
情況拾獲鉅款現金或貴重財務時，必須由運務主管（督導
以上）親自登機交接請點，並由該主管再行指派專人繳交
於相關警察單位招領。

2.為建立員工拾金不昧、廉潔不苟的觀念，進而培養員工守
法重紀、愛護公司榮譽與誠實不欺的精神，多數航空公司
會針對拾獲遺失物品者視情節呈報總公司人事部門予以獎
勵。如在保管期間內失主前來認領物品時（包含由警察單
位協助保管及追查失主），經查證無誤由失主領回後，慣
例上並通知拾獲人知照。

3.拾獲旅客之物品，經警察機關招領公告後逾期無人認領
時，依據民法第八○七條（逾期未認領之遺失物之歸
屬）：「遺失物拾得後六個月內，所有人未認領者，警署
或自治機關，應將其物或其拍賣所得之價金，交與拾得
人，歸其所有。」由拾獲人自行前往相關警察單位依法令
規定洽領拾獲物。

六、送新聞錄影帶至客艙

部分國籍航空公司下午五點以後的班機為提供機上旅客觀看

‹‹

當日新聞的便利，會與特定電視台簽約提供當日即時新聞的錄影帶，於內候機室值勤的運務員必須確實將電視台送來的新聞錄影帶交給該班機的空服員，俾便旅客於空中旅行時觀看。

七、估算載運通報

負責晚班值勤內候機室的運務員必須於當天末班次的航機到站後，預估隔天的入境旅客數及轉機人數，並將估算好的載運通報交給值班督導簽署後，繳交於機場安檢單位、入出境移民局相關單位、海關、機場中央控制室，俾便從事適當的準備。

第七節　內候機室突發狀況之處理

一、獲知登機人數不符時

若運務員於結束旅客登機作業後發現登機人數不符，為避免班機延遲起飛，應立即廣播催請旅客登機，並檢視內候機室旅客所持登機證之顏色來判斷是否仍有旅客尚未登機。同時，持平面對講機與運務櫃檯人員聯絡是否有旅客仍在辦理託運行李或等待友人。與運務櫃檯聯繫後，迅速排出更新後的缺號登機證，並再與櫃檯人員核對缺號的旅客姓名，再廣播尋找客人。若旅客仍未登機，則通知勤務人員至飛機貨艙卸下其託運行李，並讓飛機放行。

二、班機發生延誤時

航空運輸事業因較其他運輸業面臨較多的不確定因素，延誤的情形時常可見。在當下的強勢經濟下，空中交通已達到幾乎飽

和的地步。在旅遊旺季時，任何取消或延遲的班機都讓其他航空班次備感壓力。如何降低延誤的發生，或因應延誤的策略，便是航空業者在營運上一項重要的課題。

　　班機延誤的原因，根據民航局一九九九年出版的「民用航空統計」顯示，班機發生延誤的因素可類分為天候因素、機械故障、來機晚到、班機調度、航管因素及其他因素。而各類延誤事件發生的次數，乃由各航空站塔台人員記錄，並判斷班機延誤之主要原因。根據民航局對班機準點率的定義為「班機在特定時間內，依據班表時間準時起飛與起飛總班次之比值」，其中「特定時間」的定義為「國內航線誤差十五分鐘，國際線誤差三十分鐘」。平均來看，一九九九年我國各因素造成班機延誤的比例，分別為天候因素13.5%，機械故障2.5%，來機晚到56.3%，班機調度5.8%，航管因素12.6%，其他因素為6.1%。但事件的分類及責任歸屬往往判定準則不一，且延誤的發生常常並非單一事件所致，可能為航空公司本身或其他航空公司作業疏失、航管因素、天候因素、班機調度、機械故障等因素，甚至是軍方演習相互影響所造成，因此仍有責任歸屬上的爭議與模糊地帶。對於運務實作而言，基本上若遭遇班機延誤，應與班機前一出發站、航務部門等單位查明延誤原因，並迅即通報值日主管，同時在內候機室廣播說明延誤原因及預計起飛時間，並通知運務櫃檯張貼公告，若達預計起飛時間卻仍又必須繼續延誤時，應予更換公告內容及廣播。必要時，可經主管指示，備妥公用電話卡或硬幣以供旅客使用。另外，通知勤務人員準備點心或飲料致送旅客並婉言道歉。若有旅客要求退票，則應陪同協助辦理。倘若有霸機或旅客糾紛的情事發生，其處理較為複雜，留待後續章節研討。

三、班機臨時合併時

　　由於飛機的營運成本相當昂貴，在飛航時間表確定後，如何有效利用最少架飛機巡航所有航線乃節省成本之重要課題。此外，飛機臨時事故的發生是無法預知的，可能發生於任何時點，發生臨時事故致使飛航時間表受擾動時，如何以較少的飛機巡航於既定之各航段，而使旅客之總延滯時間最少，亦是航空公司在不得已而為之下的權衡期望。

　　然而，飛航時間表受擾動對航空業者的經濟效益及運輸服務的品質兩方面均有不利的影響。當飛機因技術理由而無法執行勤務時，航空業者通常採取下列四種策略：1.加飛班機；2.變動既定的時間表，以較少架飛機巡航於既定的各航段；3.取消該計畫班次，但不影響其他航段的班次；4.取消該計畫班次，且使得其他航段的班次受延滯。

　　對運務實作來說，當運務主管得悉上級的機隊調度指令後，必須通知運務員有關班機臨時合併的正確航機及合併班次號碼，並婉言對旅客說明合併班次的原因。於此同時，因班機臨時合併時，登機門前往往人潮雜沓，加上旅客久候不耐的情緒與混亂的秩序，甚至會產生「兵荒馬亂」的失序情境，運務員除了要親切和藹、善用情緒管理（E.Q.）安撫旅客外，於開放旅客進登機門時也應注意旅客所持登機證顏色、航線別、班次別是否正確，以免問題更趨複雜。若班機延誤或故障預計將達三十分鐘以上時，由各航站運務主管依時段安排點心或用膳。點心宜採用機上膳食侍應品，若超過用餐（午、晚餐）時間則以供應餐盒為原則。如有特殊情況則通常航空公司的總公司會授權給各分公司最高主管（如機場經理、站長）酌情處理，相關費用支出在事後檢據報銷並附該班次艙單。

>>

圖4-10　內候機室常有突發狀況發生，運務員應視情況妥善處理

資料來源：楊政樺攝於北京首都國際機場中國民航登機門

四、班機臨時取消時

若班機確定臨時取消時，應向旅客廣播取消原因，除婉言安撫旅客情緒外，並應注意該班次有無貴賓或特殊身分人員（若有，則通報值日主管）。繼而，引導旅客返回報到櫃檯辦理退票，並通知勤務人員將旅客託運行李發還旅客。

五、班機回航時

雖然相較於其他交通工具，航空器的安全性及穩定性較高，但有時即便班機放行、起飛之後，仍有可能在尚未飛抵目的地時便會中途折返原出發站。其原因很多，諸如：組員失能、機件故障（如發動機異常、自動油門出現電子假訊號……）、旅客因素（如旅客需要醫療急救、旅客客艙暴力行為、已被控制的劫機事

<<<<<<<<<<<<<<<<<<<<<<<<<<<<<<<<<<<<<<<<<<<<<<<<

件……）、駕客艙起火……等等，甚至於飛機已經抵達目的地航空站的上空，卻因天候因素（如：側風過大）或機場能見度不高，在班機盤旋該機場上空若干時間後仍未見困難因素排除，機長除了根據班機所帶備用燃油多寡及班機後續調度策略，會考慮轉降其他機場，甚至回返原出發地。有關類似情事，我們稱為「班機回航」。

當班機回航後，旅客的抱怨及無奈是難以避免的。運務員仍應秉持高度的服務業熱忱及情緒管理的技巧，向旅客廣播及張貼公告說明回航原因及預計再起飛的時間。同時，在主管的指示下，備妥公用電話卡以供旅客使用。運務員並必須注意該班機有無貴賓或特殊身分人員並通報值日主管。若班機無法立即再度起飛，應請勤務人員準備點心或飲料，並送至旅客手中。如有旅客要求退票，應陪同協助辦理及通知勤務人員取出託運行李發還旅客。

若構成班機回航的原因排除，獲得重新出發的放行許可後，為避免無登機證者或其他航線旅客不慎誤登飛機，運務員應重新於登機門入口驗證旅客身分及收取回航時發給每位旅客的臨時登機證。

六、旅客登機時突感身體不適

雖然病患旅客辦理劃位登機時，航空公司基於旅客搭機安全及避免班機因突發狀況被迫返航或轉降其他航空站，會要求旅客出具醫師的診斷證明書及適航證明，但實務上仍有部分旅客雖順利辦理登機手續，卻於登機前突感身體不適。遇此情況，運務員應即通報值日主管，瞭解其病情及突發狀況並判斷是否准予登機。若該旅客不能登機時，應通知勤務人員將其行李清出，並辦理退票。若有必要，則由運務員協助其聯絡救護車。

第八節　清艙作業

　　當班機結束一趟旅程順利於機坪停妥，旅客離機後，勤務人員也同時以自動履帶車來接行李，打開行李艙，將行李從自動履帶上卸下，再載運到行李轉盤，以便旅客取回其託運的行李。當前一航段的旅客下機之後，緊接著而來的是為該航機下一趟的飛行做準備。舉個例來說，負責國際航線班機維護的機務人員必須在飛機表定起飛時間前五十至六十分鐘到達此航段飛機停放之機坪做三百六十度巡查。從引擎、機輪、起落架、機翼、表面蒙皮、機窗、附屬儀器、燈號……等等，都作一番目視與初步檢查。機長在登梯上機前，也必須先行巡視飛機機體外圍一周（walk around），仔細觀察飛機外觀，察看是否有異常機械現象，例如螺絲鬆脫、飛機蒙皮破損、油壓管漏油等，此時檢查若有任何瑕疵或疑問，一定要立即補救，防範於未然。勤務人員除了必須將續程站旅客所託運的行李開始送至客機貨艙，也必須登機補充客艙內的餐點、報章雜誌、救生用品等。至於空服員的客艙準備工作早在勤務人員進入客艙前，他們已登機多時。空服員在旅客未登機前，需做飛行前的各項緊急裝備、設備及程序檢查和服務事項準備。其中包括：

　　1.客艙乘客區安全檢查。
　　2.與飛航過程的相關文件簽收。
　　3.膳食侍應品及飲料數量是否正確。
　　4.緊急裝備功能是否正常。
　　5.客艙環境是否清潔舒適。

6.旅客使用設施功能是否正常。

客艙各區準備若就緒，每一艙等（頭等艙、商務艙、經濟艙）的組長要向座艙長回報本身責任區內的狀況。若有乘客於訂位時預約的事項（如醫療用機上氧氣、嬰兒睡床、特別餐）裝載不足，或乘客使用的設備故障，則必須在旅客登機前儘速從事補救，以免因服務不週，造成旅客抱怨。

航機在每一個航段的停頓轉折時間，皆必須重新整理及資源補充，方能以全新的姿態上路，使續程班機的旅客登機後，享有全新的體貼感。凡結束前一航段的作業到開放下一航段的續程班機旅客登機的這段客艙整理與資源補充所從事的行為，稱之為「清艙作業」。

在本章第五節「機坪作業」中，我們曾經介紹到運務部門的機坪作業協調人員為了能讓班機順利準時飛行，必須負責與諸多相關配合單位從事聯繫與協調的工作。茲於後簡述運務員於清艙作業所需從事的工作：

一、清艙作業準備工作

1.依派遣表確實瞭解班機動態。
2.當班次艙單乙份（內容包含航空公司名稱、發航日期、班次或性質、航空器型式、機號、預計起飛時間、飛往地點、機組員名單……）。如係加班機應依交通部民用航空局航空站「民航機飛航（到，離站）申請書」範例確實填寫。
3.航空器放行證明單乙份。
4.協調機場管理當局或航警之聯檢清艙人員相關作業。

二、清艙作業程序

1. 當旅客下機離開且旅客行李貨物均卸下後，視各航空公司國內線或國際線等不同屬性之規定，於班機起飛前若干時間開始清艙。
2. 在空橋入口旁以電腦顯示看板展示目的地、班次號碼或在機坪上懸掛客梯目的地標示牌，俾便旅客查詢參考。
3. 核對機型、機號、班次、空勤組員（含前、後艙組員）、到達站站名。
4. 清艙人員確定無安全顧慮後，運務員應請機務人員簽發班機維修記錄，並聯絡確認航務簽派員已將該航班的載重平衡表送至機上。
5. 當勤務人員在機坪上以標準手勢或平面對講機通知內候機室的運務員可以開始指引旅客登機時，運務員必須在內候機室以廣播方式宣告旅客登機，並將相關資訊輸入電腦顯示器看板，顯示該班次的班次、航程、登機時間、登機門號碼。

三、清艙作業注意事項

運務員必須注意，在前一航段的班機清艙手續尚未完成之前，嚴禁接受旅客私人請託先行登機。清艙手續完成後，即便是公司的相關人員，在尚未經由清艙人員之許可之前，亦不得登機。若有病患、憲警人員押解囚犯或行動不便者必須先行登機，除必須經由清艙人員之許可外，尚必須先通知空服人員。於此同時，若清艙時發現空勤組員未到齊時，應速與公司航務部門核對該航班值勤組員名單，必要時得由備用組員接替其任務。組員名單若有異動，運務員並應立即以平面對講機聯絡運務櫃檯，通知

組員名單更動事宜，俟更換人員到達後即依清艙手續清艙。

第九節　航空器放行作業

　　當各項地面的託運貨物裝艙、燃油添加、艙內的各項資源補給、客艙整理⋯⋯等告了一個段落之後，旅客登機完畢，關閉機門，準備離開停機坪前，班機副駕駛必須向機場控制塔台報告「準備滑行」（ready to taxi），就等著將航空器後推（push back），離開本機場的機坪，以便經由滑行道到跑道，展開下一個航段的旅程了。在地面支援的各項工作完成後，運務部門的機坪作業協調人員在詳實核對完各項起飛前的準備工作均已完備，則將填寫完畢的相關書面資料送至機場（航空站）管理當局的航務組辦理班機放行手續。俟航務組的「放行許可」（clearance delivery）同意後，班機即可放行。

　　有關運務部門的機坪作業協調人員就航空器放行作業的操作程序如下：

一、放行準備工作

1. 依班機派遣表或電腦上的航機動態資訊確實瞭解班機動態。
2. 詳實核對清艙後之資料：
   (1)艙單上款各項資料是否正確。
   (2)飛機維修記錄表（機務工程人員、該航班的機長是否有簽署）。
   (3)放行證明單（所填內容是否正確，機場管理當局的聯檢清艙人員是否簽署）。

二、放行作業程序

　　將核對後各項資料（包含載運艙單、放行證明單、班機維修記錄表）送到機場（航空站）管理當局的航務組辦理班機放行手續，並將足夠數量的「組員艙單」（general declaration form, GD）、「旅客艙單」（passenger manifest）、「貨運艙單」（cargo manifest）及其他必要之相關文件裝於「機上文件袋」（flight pouch）中交給該航班的座艙長（事務長）。關艙門後，負責飛機放行作業的運務員應待班機確實起飛後才可離開工作崗位，從事其他後續工作。

第十節　離境班機後續處理作業

　　對於接送機的運務員來說，「送往迎來」是例行的工作。對於班機離開本機場停機坪，尚必須從事若干後續事宜：離境班機可分為「多航段班機」和「單航段班機」，不論是何種型式之離境班機，當其確定班機上搭載之人數、貨物、行李之後，運務員必須把相關資料以電報發送，告知續程站及其他外站準備迎接離境班機。除此之外，尚必須發送機位銷售資料給總公司相關單位參考，裨便製作「班機載運通報」，以為決策參考。

　　有關運務人員處理離境班機之SITA telix電報資料，下列術語為先驗常識：

1.MVT（movement）：指班機運動狀態，MVT能使航空公司各相關單位確定飛機目前之狀況，並提供離境班機抵達續程站之時間。MVT主要可以分為MVD及MVA兩種型式：

(1)MVD（MVT for departure flight）：航機在離場後將發送此項資料，其內容包含：

　·班機編號（aircraft region number and flight number）。

　·出場移動第一時間（off-block time）。

　·飛機離地時間（airborne time）。

　·預計抵達目的地時間（estimated time of arrival, ETA）。

　·班機上之總人數（total passenger including infant）。

　·補充欄（service information, SI）。

(2)MVA（MVT for arrival flight）：航機在降落停妥後，將發送此項資料，其內容包含：

　·班機編號。

　·落地時間（touch-down time）。

　·靜止時間（on block time）。

　·補充欄。

2.LDM（load message）：指班機裝載狀況資料，LDM能使航空公司各相關單位確定飛機之裝載狀況，包含旅客人數、旅客行李，以及貨物之裝載。主要可以包含：

(1)各艙等之旅客人數。

(2)以性別及年紀區隔之人數，M/F/C/I以利計算飛機飛行途中之平衡表製作（M：male；F：female；C：child；I：infant）。

(3)前後艙組員之人數。

(4)各貨物隔艙之重量。

(5)起飛重量、滑行重量、降落重量……等以利續程站參考。除了續程站所需外，總公司亦需要此項數據以利營收之參考。

3.PSM（passenger service message）：指旅客服務資料。提供續程站各項旅客服務之參考，其內容包羅萬象，諸如：WCHR、WCHC、MAAS（meet and assist）、YP（young person）、UM、MEDA CASE。

4.PTM（passenger transfer message）：指轉機旅客資料。旅客到達續程站後，有繼續旅行之行程，為利續程站預作轉機行程之準備，起程站必須發送PTM通知續程站，其內容包含：

(1)轉機之班次。

(2)轉機日期。

(3)轉機班次之目的地。

(4)轉機班次之艙等。

(5)旅客於轉機班機之訂位狀況（訂位完成？仍在候補？）
。

5.TPM（teletype passenger menifest）：指搭機之旅客名單。此為一電報型式的旅客名單，僅提供旅客姓名以利查詢作業。

6.CPM（container/pallet distribution message）：其內容為貨艙內各式貨品及行李放置的位置。

7.IDM（industry discount mass）：用以告知續段場站班機上持公司折扣機票之旅客人數，以利機位超賣時得以將旅客拉下，並可利於統計銷售狀況。

8.SOM（seat occupid msg）：作為續程航站班機空位之參考，以利下站報到之所需。

第十一節　接機作業

一、國際航線接機

　　前面兩節我們剛剛介紹完班機離開本地機場的「放行作業」及「離境班機後續處理」後，本節我們要討論的是機場運務單位要如何爲來自其他機場即將飛抵本地機場的航機從事相關的準備，稱爲「接機作業」。國際航線之續程站（終點站）接收到前一站所發出之相關電報，即可準備相關接機事項，並依SITA telix

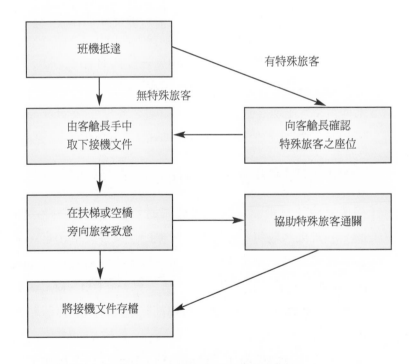

圖4-11　航空器到站作業流程

電報內容聯絡相關單位，準備接機。國際航線航機一般於抵達航站前三十分鐘將以無線電通知進場準備。有關飛機到站的工作基本流程大致如圖4-11所示。

運務員的接機作業程序必須依照即將抵達本地航空站之前一出發站所發出之SITA telix電報內容來聯絡相關單位。根據經驗，準備的事項大致包含下列數項：

1.輪椅需求：告知該航班需要輪椅者的需求輛數、班機號碼、抵達時間及停機坪號碼，旅客為入境或當日轉機。

2.獨行孩童（UM）：依相關電報內容，聯絡其接機親友，告知班機抵達時間，約定見面地點。

3.需特別照料之旅客（meet and assist, MAAS）：如語言障礙旅客、首次旅行之旅客……等。依相關電報要求，製作大字報，準備於接機空橋門外尋找旅客，提供相關協助。

4.外站要求協尋旅客：如票務問題旅客及其他需要協助之旅客，先於辦公室製作大字報以利尋找旅客。

5.其他需特殊處理之旅客：如使用擔架之旅客（stretcher case, STCR）、需要醫療澄清之旅客（medical case, MEDA）等。

當班機即將抵達以及到達後，負責接機者有下列處理原則：

1.接機者應注意飛航電報或班機派遣表上所揭示的降落時間，於班機落地前十分鐘抵達登機門（或接駁車預定停駐點）準備接機，要前往登機門前先察看起程站所發的SITA telix電報，察看該班機的正確人數、是否有UM、MAAS、MEDA、STCR……等，並與航務部門確認來機的停機坪號碼。

2.接機者應注意空橋操作人員或地勤公司的扶梯車操作人員

是否已在現場待命。

3.依來機起程站的電報或電話通知確認是否有輪椅、擔架旅客需要協助，空廚公司的餐勤車、燃油公司的油灌車是否準備好。

4.開啓飛機的艙門，並與座艙長（事務長）交接「特殊事件報告」（special case）與機上文件，並確認有無需要特別處理的旅客問題。

5.將機內座艙長（事務長）所交之安全限制品交還旅客並取回收據（目前所有之安全限制品，正常情況應裝於安全限制品用盒內，置於散艙並於班機抵達後於行李提領處領出）。

6.將隨機文件交予相關需求單位。

7.由運務員陪同「獨行孩童」（UM）或「需特別照料之旅客」（MAAS）通關，並將獨行孩童送交其接機親友，俟點交文件簽收清楚後，將收據攜回存檔。

8.等機上前、後艙組員全部離機後，將班機的艙門關上。

二、國內航線接機

至於國內航線之接機作業則較爲單純，處理原則如下：

(一)接機作業準備工作

1.依班機全日派遣表瞭解班機動態。

2.主動與航務部門負責航行監守（flight watch）的簽派員查詢班機到達時間，並與航務部門協調，瞭解班機到達後之停機位置。

3.詳閱公佈欄或電腦上是否有上級特殊交辦事項。

4.通知空橋人員或地勤公司的接駁車準備。

5.若該航班有行動不便需協助者，應事先聯絡勤務人員待命。

6.天雨時必須通知勤務人員備妥雨具，以免旅客受淋。

(二)接機作業程序

1.運務員於確定班機降落時間後，應於班機降落前廣播到達班機，並會同機務工程人員及勤務人員在停機位置待命。

2.班機停妥後，運務員必須登機向空服人員接取載運艙單，並詢問有無重要物品或文件。

3.重要（機密）文件或貴重物品，應與空服人員當面點交清楚並簽收。

4.指引旅客前往出口方向的動線，避免旅客於機坪逗留，以免發生危險。

5.將到達艙單一份送交運務櫃檯備查，餘送各有關單位。

6.班機到達後，將到達艙單分送下列各有關單位：(1)民航局空運組；(2)航空站管理當局航務組；(3)航空警察局；(4)航空公司分公司營業部門；(5)航空公司詢問服務櫃檯。

(三)接機突發狀況之處理

■到達班機有突發病患時

當接獲航空站管理當局航務組或公司的航務部門得悉即將抵達本航站的班機上有緊急病患時，應即通報值日主管，並依病患狀況電請航空站救護車支援。若無法洽請航空站之救護車時，應速洽民間醫院急救中心，並儘速為救護車辦妥航空站場內通行證。

■外站班機轉降或緊急迫降本地航空站時

若原計劃降落其他機場的班機因組員失能、機件故障、旅客

因素、駕客艙起火、天候因素……等臨時事件而必須改降或緊急迫降本地航空站時，運務員接獲並受理本案後，應主動向航空站管理當局之航務中心查明降落本站的原因及預計降落時間。若降落本地航站有危險因素存在（如航空器起落架無法正常放下，可能必須以機腹著地；或者剛起飛不久的飛機，若遇緊急情況要立即回航或轉降其他機場的話，在飛機降落前，必須先行放油至飛機能安全降落的存量範圍內，如果飛機不放油降落，降落時的瞬間飛機重量，會達到飛機起飛全重量的三倍，這對飛機會產生結構受損和機輪爆胎，甚至有墜毀的危險），則應聯絡航空站依緊急迫降程序派遣救護車、消防車待命，必要時則另需由航空站管理當局協調安排清理降落跑道，並噴上消防泡沫，以免航機落地時摩擦係數過大，容易引發危險。

若降落本站的原因無危險因素存在，則備妥臨時登機證準備接機（臨時登機證核發的目的是為了區隔旅客再度登機時的身分辨認）。俟改降本站的班機停妥後，請空服人員於客艙廣播改降原因後，引導旅客下機，每人發給一張臨時登機證（含嬰兒），並在內候機室等候。班機經確定起飛時間後，若有空位可視需要加補旅客。

對班機安全轉降後的處理原則大致如下：

1.通報相關單位並與當地有關單位協調停機位等相關事宜。

2.與燃油公司聯繫，執行補油任務並隨時與該航班機長保持聯繫。

3.詢問相關資訊，隨時告知旅客最新動態，並提供必要的膳食、飲料招待與必要性的協助。

4.若班機轉降因素短期內無法排除，且公司無法從事機隊調度支援時，原則上先以其他航空公司的班機運送旅客。如

有必要以特約巴士送旅客至目的地,由航空公司各場站事先與當地遊覽公司簽訂合約之特定合法車輛運送旅客,不得利用非公司契約的遊覽公司從事運送,否則航空公司投保之保險公司將不予承認。

5.如因長時間停留,旅客自願改由其他交通工具前往目的地,則可津貼除嬰兒之外的旅客車資(車資多寡各航空公司標準不一),此筆費用由航空公司各外站之週轉金支付。旅客領取車資之同時,運送合約即終止。

6.如因末班機當日無法再起飛時,若客人要求安排住宿,則需代為安排,所產生之費用由公司支付(僅限於班機異常原因可歸責於公司者或經公司主管特殊裁量指示者)。

7.旅客因行程延誤而取消前往目的地時,同意在轉降站開出免費機票,安排搭飛機返回出發站,並退還原劃位機票。

8.如旅客對處理方式有不同意見時,由地區最高主管依公司規定視情況彈性處理,所產生之費用由公司支付。

9.轉降班機,與旅客有關之各項作業,如是否安排旅客下機休息、確定再度起飛時間……等,宜由各站運務人員負責聯繫、安排、決定,並知會空服員後告知旅客,俾便班機整體調度運作。

第十二節　貴賓離、到站作業

顧客滿意度,就如同藝術和科學般,需要永無止境的努力與探索,在顧客滿意越來越被重視的航空產業中,「服務」可以傳達出一個航空公司的價值以及品牌訊息。世界航空娛樂協會(WAEA)在《航空商業雜誌》(*Airlines Business*)指出,全球各

大航空公司在服務設施所挹注的資金，從一九九二年的平均四百
萬美元，成長到二○○○年的兩億美元。以目前最新的客艙服務
設備來說，荷蘭航空公司（KLM）和加拿大航空公司（Air
Canada）等業者在服務差異化的市場區隔策略下，引進機上的網
路設施與E-mail的收發系統。德國的漢莎航空公司（Lufthansa）
在二○○一年更提出「創造服務差異化」的市場行銷策略，航空
產業改變的步伐是如此的快速，並且產品的生命週期越來越短，
全球各大航空公司莫不致力追趕高倍速時代的市場競爭。

　　在地面服務方面，航空公司爲了提供具有特殊身分之VIP、
CIP旅客，頭等艙或商務艙的旅客，精明的飛行常客……等航空
公司特別重視的旅客，於登機前或過境轉機時，能有一個可以休
息、繼續執行工作、查詢股匯市資訊的處所，會在各大國際線、
國內線的主要機場設置貴賓室，而貴賓室的規劃尚可依據空間容
量區分爲商務艙區和頭等艙區。通常機場貴賓室裡有諸多體貼旅
客的貼心設備，諸如美學設計的藝術空間、溫馨柔和的燈光與音
樂、自助式的點心吧、隔間小會議室、書報閱覽區、寬頻電腦網
路、影片欣賞、淋浴小間、即時的股匯市資訊……等。貴賓室尚
且安排專人提醒旅客登機時間及處理旅客之查詢、訂位、再確認
等服務事項。現在已有許多商務人士利用貴賓室所提供便利的通
訊設施、網際網路，處理公務或金融投資等相關事宜，也可食用
精緻的茶點，打發候機的時間。

　　而在空中的客艙服務方面，以香港的國泰航空公司自一九九
二年設置迄今的頭等艙爲例，寧靜豪華的頭等艙包括寬敞的臥
椅、專職的資深空服員、私人的電視、隨叫隨製的美食、空中文
娛系統；而以高品質服務爲訴求的新加坡航空公司來說，除前述
國泰的客艙服務項目外，尚在一九九七年投入鉅資爲全機座位裝
設個人專屬衛星電話，「銀刃世界」（KRISWORLD）之二十二

個影視頻道、十個任天堂遊戲頻道，頭等艙尚且裝設可使乘客在機上如同在家中般將影片暫停、快速向前或倒回的WISEMAN系統及每週更新菜單的航空餐飲……除國泰及新航的例子外，英國的維珍航空尚且在頭等艙設置具有八種浪漫燈光的小酒吧。爾後，隨著科技進步，是否會引入空中賭場、養生SPA、空中免稅商店，我們且拭目以待。

然而，在這些頭等艙或商務艙旅客於地面上的離、到站作業，機場運務員應該如何給予特別的優質地面服務呢？我們討論如下：

一、離站作業

(一)劃位櫃檯

1. 頭等艙或商務艙旅客託運行李需加掛特別之行李識別掛牌（中華航空的頭等艙、華夏客艙；長榮航空的超級頭等艙、超級商務艙；遠東航空的銀心商務艙），以利勤務作業人員識別。
2. 劃位人員必須於登機證旅客持有聯之英文字boarding pass上覆蓋貼上「頭等艙」或「商務艙」貼紙，以資區別。
3. 航空公司具有貴賓室的場站於劃位完畢時，應給予「貴賓室邀請卡」，並邀請旅客進入貴賓室休息，提供貴賓更寧靜、舒適的休閒候機空間；無貴賓室的場站則視當地航站餐飲設施發予旅客咖啡券及餐飲券以服務旅客。

(二)登機作業

做登機廣播時，必須邀請「頭等艙」及「商務艙」旅客先行登機，待這些旅客登機完畢後，再邀請其他旅客登機。

<<<<<<<<<<<<<<<<<<<<<<<<<<<<<<<<<<<<<<<<<<<

二、到站作業

　　請「頭等艙」及「商務艙」旅客先行下機後，再請其他旅客下機。若有號稱「貴賓中的貴賓」之VIP及CIP旅客，機場運務單位應視上級單位的指示，有必要時，督導以上人員必須至機邊接機，由運務員協助貴賓提領手提及託運行李。若停機坪過遠，應以專車接送，遇特別重要之貴賓或民意代表時，安排走公務門並送至迎賓大廳。最後，並依貴賓需求安排座車等交通工具。

三、貴賓禮遇作業

　　除了前述以票價為區隔的頭等艙或商務艙旅客之外，航空公司的貴賓禮遇作業尚且包含以旅客特殊身分為區隔的VIP及CIP。VIP是very important person的縮寫，航空公司提供一些職位顯著者最大的禮遇，一般而言，VIP大多是針對政府高級官員。航空公司對VIP可再細分為Top VIP和Special VIP，其接受條件為：

圖4-12　遠東航空公司波音B757-200客機的商務客艙
資料來源：美商奇異飛機引擎公司林青松協理提供

1.Top VIP：高階政府官員及國際組織官員：政治領導員、總統府要員、中央政府機關之五院／八部首長（行政／立法／司法／考試／監察等院；外交／交通／教育／財政／經濟／內政／審計／銓敘等部）、領導國際組織的高級官員，以及相當於以上所述職等者。

2.Special VIP：其他非常著名之政府官員：民意代表（立法委員／縣、市議員）、市政府官員、縣市長，以及相當於以上所述職等者。

　　航空公司所提供的特別服務項目包括：座位之安排、劃位之協助、在特定的櫃檯劃位、優先升等、使用貴賓室。

　　至於CIP則是commercial important person的縮寫，航空公司對一些影響該公司營收或事務推動有影響的人士予以特別禮遇。如同VIP的分類，航空公司對CIP可再細分為Top CIP和Special CIP，其接受條件為：

1.Top CIP：大抵包含經濟、商業事務的領導者，如友航之總裁或董事長、全國性或聞名組織的領導者。

2.Special CIP：往來關係密切之旅客、經常旅行者及有社會地位者，如較大公司／組織之主管，國家運動員代表團的領隊或教練或媒體新聞記者，有名之藝術家、演藝人員，有名之電影及電視工作者。

　　如同對VIP的服務，航空公司對CIP所提供的特別服務項目，一樣包括座位之安排、劃位之協助、在特定的櫃檯劃位、優先升等、使用貴賓室。

<<<<<<<<<<<<<<<<<<<<<<<<<<<<<<<<<<<<<<<<<<<<

四、貴賓室服務人員應注意事項

　　介紹完貴賓離、到站作業及機場貴賓室的功能後，於本節的結尾要介紹擔任貴賓室服務的運務員所應注意的事項。

　　講究服務業管理的航空公司對機場貴賓室的服務系統設計牽涉數項議題，包括貴賓室位置、設備的規劃、動線的安排、服務提供者的服務程序、顧客參與的程度、設備的選擇，以及適當的服務能量。服務形象是來自於顧客的親身體驗，而顧客對於服務的感受，是在與服務提供者接觸的瞬間所形成的。雖然只是短短的時刻，卻是顧客評價服務品質及組織獲得好名聲的重要關鍵。在服務接觸中，負責貴賓室接待服務的運務員必須親切有禮地引導貴賓入座，並提供簡單扼要的貴賓室使用說明。

1. 要隨時注意咖啡機裡的儲水箱是否保持滿水量，以避免咖啡機無法正常運作。
2. 空廚公司送至貴賓室的餐點應隨時注意將其排列整齊，以增進貴賓經由視覺引發的味覺滿足。
3. 要隨時注意熱食的溫度及易腐品的新鮮度。
4. 餐點及飲料不足時要迅速補足，讓貴賓有備受尊榮之感。
5. 每天早上要拿早報下午拿晚報，並將報紙裝訂起來，置於報架櫃，雜誌書籍應隨時置放整齊。
6. 補充消耗性物品，諸如紙杯、杯墊、牙線棒、吸管、奶精、糖包……等物品。
7. 隨時察看冰桶內是否缺少冰塊、冰水壺是否有足夠的冰水。
8. 運務員應於下班前確實將貴賓室內各項乾貨、消耗性物品……等依檢查表逐一計算總消耗量，俾便任務交接於下一

班的接續同仁。

9.吧檯應隨時保持清潔,避免留有飲水及咖啡的痕跡。

10.每週固定更換旅客於貴賓室使用的毛毯。

第十三節　運務廣播用語

本節綜合各國籍航空公司國內線之常用運務廣播用語,依各項實務上常見到的個案,分別介紹如後:

一、正常登機廣播

正常登機廣播用語舉例如下:

各位旅客您好:

圖4-13　運務廣播詞可透過可程式電腦發音,也可透過人力發音

資料來源:楊政樺攝於高雄小港機場國內線內候機室

> 搭乘餐旅航空公司XX點XX分KHC-XXX次班機往XX的旅客，請由X號登機門登機。登機時請出示您的登機證及身分證件以備查驗，謝謝您的合作。首先，我們邀請商務艙旅客、年長旅客及攜帶幼童的旅客先行登機。謝謝您的合作，並祝您旅途愉快！

Good morning (afternoon, evening), ladies and gentlemen:

> Passengers on KHC Airlines flight XX departing for XX at XX:XX now start boarding through gate No. X. When boarding, please show your boarding pass and ID card or passport for identification check. Thank you. Business class passengers, elder passengers and passengers traveling with young children are invited for boarding first. KHC Airlines thanks for your fly and have a nice trip.

二、正常延誤廣播

當班機發生異常時，適時宣布正確情報是非常重要的。如果疏忽將會招致旅客不滿及不安，甚至導致不良的後果。因此，無論班機遭遇正常延誤或延誤超過三十分鐘以上時，運務員應簡潔且充分地說明狀況。若旅客問及有些在廣播詞內沒有詳盡告知的情形時，應注意適當地向旅客說明實情，以免引起不必要的恐慌。若班機異常狀況需要很細心且技巧說明時，應向值班主管請益，必要時由主管出面親自向旅客解釋。當班機發生「正常延誤」時的廣播詞分別如下：

> 各位旅客您好：
> 餐旅航空公司XX點XX分往XX的旅客，因（1.班機延遲抵達；2.班機調度；3.天候因素；4.流量管制；5.跑道關閉；

6.機件檢修）的關係，預計延誤XX分鐘起飛，起飛時間改爲XX點XX分，不便之處敬請原諒，謝謝您的合作。

Good morning (afternoon, evening), ladies and gentlemen:

　　May I have your attention, please. KHC Airlines flight XX for XX will be delayed XX minutes due to (1.late arrival of aircraft; 2.operations; 3.weather condition; 4.air traffic control; 5.runway closure; 6.maintenance check) reason. New departure time will be XX:XX. Thank you for your patience and cooperation.

實務上，若干航空公司因國內線的班次輪轉時間匆促，有時遭遇用餐時間，因前後艙組員用餐或休息而造成班機延誤的話，大多會引起旅客抱怨及誤解，因此應避免以「組員用餐或休息」作爲延誤理由。運務員於廣播時可以「飛機調度」、「組員調度」或「來機晚到」爲由從事廣播。

三、班機延誤三十分鐘以上廣播詞

班機延誤三十分鐘以上時的廣播詞舉例如下：

各位旅客您好：

　　餐旅航空公司第XX班次，原定XX點XX分往XX的旅客，因（1.班機延遲抵達；2.班機調度；3.天候因素；4.流量管制；5.跑道關閉；6.機件檢修）的關係，將延遲起飛，起飛時間容後播報。本公司於候機室第XX號登機門櫃檯前備有（1.飲料；2.餐點；3.茶點），敬請取用。不便之處，餐旅航空公司深感抱歉，謝謝您的諒解。

Good morning (afternoon, evening), ladies and gentlemen:

May I have your attention, please. All passenger on KHC Airlines flight XX for XX will be delayed due to (1.late arrival of aircraft; 2.operations; 3.weather condition; 4.air traffic control; 5.runway closure; 6.maintenance check) reason. The new departure time will be announced later. Meanwhile, passengers are invited to the XXth gate counter where (1.soft drinks; 2.meals; 3.refreshments) will be served. We apologize for the inconvenience and thank you for your understanding！

四、登機門更改廣播

更改登機門時的廣播用語如下：

各位旅客您好：

餐旅航空公司XX點XX分往XX的旅客，現在改至X號登機門。請各位旅客改至X號登機門候機，謝謝您的合作。

Good morning (afternoon, evening), ladies and gentlemen:

May I have your attention, please. The boarding gate for KHC Airlines flight XX for XX is now changed to gate X. All passengers on this flight please proceed to Gate X for boarding. Thank you.

五、催請登機廣播詞

催請旅客登機時的廣播用語如下：

各位旅客請注意，搭乘餐旅航空公司第XX班次XX點XX分飛往XX的旅客，請儘速由第X號登機門登機，謝謝您的合作。

Ladies and gentlemen，May I have your attention please. This is the final call for KHC Airlines flight XX for XX. All passengers on this flight please immediately to gate X for boarding. Thank you.

六、請搭乘接駁車廣播

請旅客搭乘接駁車時的廣播用語如下：

各位旅客您好：

　　餐旅航空公司XX點XX分KHC－XX次往XX班機，因班機調度關係，現在請各位旅客至X號登機門旁下樓梯，並搭乘接駁車登機，下樓梯時請出示您的身分證或護照以備查驗，謝謝您的合作。

Good morning (afternoon, evening), ladies and gentlemen:

　　Passengers on KHC Airlines flight XX departing for XX at XX:XX, please proceed to gate XX and go down stairs to take shuttle bus to remote bay for boarding. When going down stairs please show your boarding pass and ID card or passport for identification check. Thank you.

七、班機取消之廣播

宣布班機取消之廣播用語如下：

　　各位旅客請注意，餐旅航空公司第XX班次XX點XX分飛往XX的第XX班次班機（由於XXXX的緣故）將取消，請各位旅客到餐旅航空公司櫃檯辦理手續。

　　Attention please. KHC Airlines flight XXX for XX (due to

XXXX) is now cancelled. All passengers please come to KHC
Airlines counter.

八、尋找旅客之廣播

尋找旅客之廣播用語如下：

XXX先生（女士），請至餐旅航空公司櫃檯，謝謝。

Mr. (MRS) XXX，Please come to KHC Airlines Counter, Thank
you

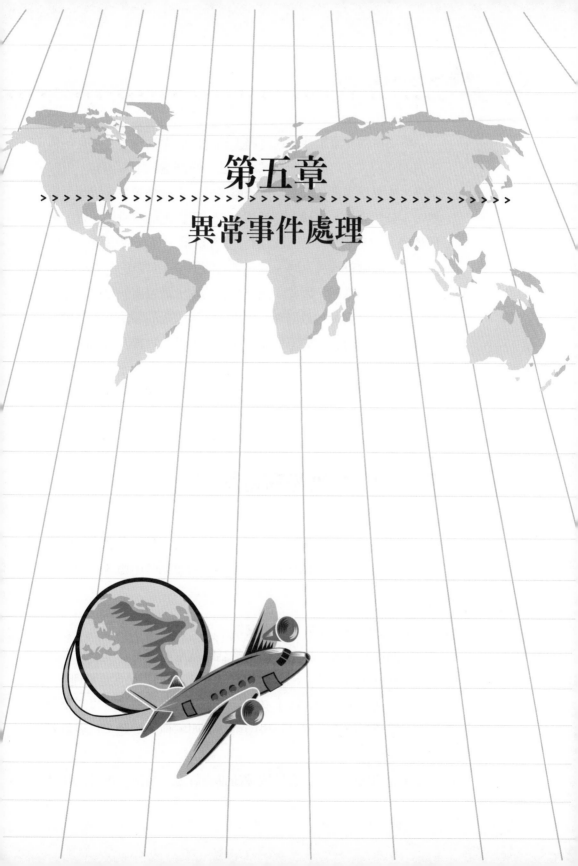

第五章

>>

異常事件處理

>>

　　所謂班機異常事件，在實務上涵蓋的範圍甚廣，且時有各種不同的狀況，不可能將所有處理方法一一詳述於本章內容。但較常發生的異常事件包含：接獲恐嚇電話、接獲爆破飛機情報、班機預定延誤到達、班機預定延誤起飛、班機返航、班機超賣、班機轉降、班機合併、班機取消、旅客霸機、運務櫃檯電腦當機……等等。當班機異常時，旅客們常因對情報資訊的欠缺或不確定的判斷造成抱怨。因此，運務員於應對上最重要的是確實把握旅客意圖及動向，並以同理心提供「如親人般的關懷」，在值班主管的指示下將旅客的不便儘可能減到最低，以提升公司的高品質服務形象。

　　本章將討論航空公司機場運務部門對於此類事件的作業程序及補償措施。

第一節　接獲恐嚇電話

　　機場訂位人員、電話班人員、訂位中心人員、各航空站服務櫃檯總機人員於執行勤務時，對接獲恐嚇電話時所應注意的事項如下：

1.凡於航空公司專業從事某項業務，必須以接聽公司電話為例行業務者，於平常接聽電話時就應該保持高度警覺，凡發現發話人語氣異常、威脅恐嚇，應視同恐嚇電話處理。

2.接到恐嚇電話的員工必須保持冷靜，切莫驚慌，以平常接話語氣應對，不可以掛斷電話或叫喚他人接聽，以免電話中斷。

3.立即啟動電話錄音裝置按鈕進行錄音（目前台灣各國籍航

空公司的機場運務、訂位中心多裝設有密錄機），使對方
發話內容得以完整錄下，以便警方追蹤處理。

4.設法以「你的聲音太小」、「我聽不清楚」等口氣藉故拖延
時間，並留心辨識發話者的性別、口音特徵、語氣態度、
音量大小，且嘗試辨識發話者的背景環境（如航空站、車
站、碼頭、電影院、KTV……）。

5.要把握發話重點，技巧性詢問恐嚇重點，如爆裂物的形狀
或裝置、放在什麼地方、那條航線、第幾個班次、何時引
爆……等重要訊息。

6.迅速將電話內容依照「人、事、時、地、物」五大原則通
報下列各有關人員，並依照「恐嚇電話記錄報告表」作成
記錄後依各級指示處理：

　(1)所轄單位的值日主管。

　(2)總公司安全管理部門、所轄航空站或分公司的安全管理
　　人員。

　(3)公司航務部門。

　(4)航空站（機場）管理當局的聯檢中心。

　(5)航空警察局或相關治安單位。

第二節　接獲爆破飛機情報

當機場訂位人員、電話班人員、訂位中心人員、各航空站服
務櫃檯總機人員於執行勤務時，接獲恐嚇電話指稱飛機上裝設炸
彈，而若被歹徒指稱放置爆裂物的班機尚未起飛時，速由該機場
的運務員將狀況通報機長，並請登機門前的運務員立即停止登機
作業，並協同空服員引導已登機旅客下機，必要時可申請車輛支

援，將旅客運送至安全位置休息，另依權責單位指示，由機務人員將飛機拖至指定的停機坪，再按下列作業程序辦理：

1. 行李：由勤務人員卸下客貨艙行李，並放置指定位置，由安檢人員實施清點與檢查，或由旅客分批認領後再行檢查。
2. 貨物：由勤務人員卸下貨艙全部貨物及郵件，經安檢人員清查無虞後再裝艙。
3. 飛機：由政府安檢人員實施清艙檢查，如政府安檢人員要求指派航空公司機務、空服或安管相關人員協助，應予支援。
4. 可疑物品：若發現無主行李或可疑物品時，切勿妄動，保持原狀，立即協調刑事警察局防爆科派員鑑別並處理。

若航機經安檢及防爆專業人員檢查無安全顧慮後，方可重新辦理放行及登機作業。

如果機場訂位人員、電話班人員、訂位中心人員、各航空站服務櫃檯總機人員……等員工接獲恐嚇電話，指稱飛機上裝設炸彈，而歹徒宣稱放置爆裂物的班機已起飛時，經公司高層決策暨政府有關單位視嚴重性決定飛機需回航時，運務員應事先協調預定停機位置，並在確定飛機獲得安全速度與高度後通知機長回航。於班機尚未抵達本站時，運務員應聯絡機場塔台，通知消防車、救護車至跑道頭待命救援。俟班機安全降落後，引導旅客下機，並儘速以專車運至內候機室，向旅客說明原因並妥予照顧。而航空器經過政府聯檢單位及防爆檢查人員同意後，可派勤務人員迅速將行李及貨物卸下至指定地區以便重新檢查，俟檢查確認無安全顧慮後始可再辦理清艙登機手續。飛機經檢查確無安全顧慮後，始可重新拖入正常停機位置，以便旅客登機及裝載行李貨

【案例研討】

　　二〇〇〇年十一月二十六日上午十一點半，華信航空AE-831班機正準備從高雄飛往菲律賓佬沃時，高雄航警局勤務指揮中心突然接獲不明男子打電話自稱：「我已在班機上放置兩顆炸彈，將於十一時四十五分爆炸！」說完即掛上電話。航空警察局高雄分局歷經近一個月鍥而不捨地追查，而在台北市逮捕嫌犯顏姓男子，並依違反民用航空法第一百零五條規定移送高雄地檢署偵辦，依法可處三年以下有期徒刑或新台幣一百萬元以下罰鍰，航空公司並可提出損害求償。

物。除此之外，爲避免大量貨物檢查費時，而延誤飛航班次時間過久，除旅客隨身或託運行李及具有時效性之郵件、貨品（如血漿、限時文件、易腐品……等）之外，其他一般貨物可酌情留至下一班次載運。

第三節　劫機事件處理

　　對航空公司營運危機來說，除財務運作的資金融通外，單就「運輸」本身的危險因素而言包含下列數項：

1.航空器失事：依據國際民航組織及東方航空公司協會（Oriental Airline Association, OAA）對於航空器失事之分類，包括飛行失事（accident）、意外事故（incident）、特殊飛安事件三大類。簡單來說，飛行失事的特徵爲飛機重

損或人員死亡；意外事故則爲飛機輕損或人員受傷；而所謂特殊事件則包括危險事件（hazardous events）、鳥擊（bird strike）、空中接近（air miss）、放棄起飛（abort take off）、空中關車（engine shutdown）、地面受損（ground damage）、爆胎（tire bursts）、遭遇亂流（turbulence）、航管違規（ATC violations）等項。

2. 航機被劫：劫機行爲（hijacking）乃國際共識的「萬國公罪」，國際間爲謀有效制止起見，曾先後成立三種公約，一九六三年在東京成立「航空器上所犯罪行及若干其他行爲公約」，一九七〇年在海牙成立「制止非法劫持航空器公約」，一九七一年在蒙特婁成立「制止危害民航安全之非法行爲公約」。該三公約我國均已簽署（該三公約爲我國退出聯合國之前所簽署，台灣目前不是任何國際航空組織的會員）。這些國際公約制訂的主要目的均係建立跨國性的刑事管轄權建制，以國際立法追蹤及嚴懲犯人，以增進飛航安全。

3. 破壞威脅（炸彈威脅）：在某些政局不穩或民族宗教主義偏執的區域，時傳有暴徒以破壞威脅航空器爲手段，而犧牲國際公共運輸安全者。在民主先進國家，有時亦會偶有暴徒利用破壞威脅航空器爲手段來劫持航空器遂行其個人意志的案例。

4. 其他災害：颱風、地震、沙塵風暴……等。

一九九九年七月二十三日自東京羽田機場飛往北海道千歲機場的全日空班機第六十一號航班發生了一個日本前所未聞的劫機事件。五十一歲的機長長島直之被一名名叫西澤的失業男子持刀闖入前艙，要求飛機飛往位於西東京的美國空軍橫田基地。長島

＜＜＜＜＜＜＜＜＜＜＜＜＜＜＜＜＜＜＜＜＜＜＜＜＜＜＜＜＜＜＜＜＜

機長在企圖制服劫機犯的過程中中刀身亡，幸好旅客制服了這名
歹徒，全機在副機長駕駛下安全降落，全機五百一十七名旅客倖
免於難，這是日本第一次在劫機事件中發生死亡的事件。劫機行
為是航空公司及旅客雙方都視為毒蛇猛獸的行徑，也是受全球各
國譴責的萬國公罪。以我國來說，有關歷年來海峽兩岸的劫機事
件頻仍，茲簡述相關案例如**表5-1**及**表5-2**。

　　國際社會對劫持事件的立場一直是深痛惡絕；各國政府、民
航業者對若干以劫持手段達成政治上或財物上的勒索目的劫機暴
行亦視為洪水猛獸。反制劫機若處置不當，往往會造成無辜第三
者生命的傷亡及鉅額財物損失（地面飛機及設施的破壞）。例如
一九九○年十月二日廈門航空公司波音七三七被劫，在降落廣州
白雲機場前，暴徒引爆炸藥，造成一百三十一人死亡，飛機全毀

表5-1　台灣航機被劫往大陸之統計

時間	事實陳述	備註
1978.03.09	華航機械士施明振於高雄飛香港的華航波音737客機上，以鐵槌和剪刀劫機，宣稱要前往大陸。	施嫌遭機上安全人員開槍射擊身亡，劫機未成。
1985.04.26	現役軍人雷耀華於台北飛高雄的華航波音737客機上，以假硫酸欲劫機至香港。	劫機人遭機員、乘客制伏，受軍法審判。
1986.05.03	華航波音747曼谷飛香港的貨機遭機長王錫爵劫持至廣州。	飛機被劫至廣州，劫機人為司法單位通緝中。
1988.02.22	民眾簡渠淵於台北飛高雄的華航波音737客機上以假手榴彈欲劫機至北京。	劫機人被機員、乘客制伏，判有期徒刑七年。
1996.01.06	民眾王晉銘於台北飛台南的復興航空客機上，假稱持有爆裂物，欲劫機至福建。	因該航空器燃油不足而作罷，劫機人後因證明其罹患精神喪失症，獲判不起訴。
1997.03.10	民眾劉善忠於高雄飛台北的遠東航空波音757客機上，以打火機及汽油，欲劫機至廈門。	飛機降落廈門機場，乘客原機回航。劉嫌遭當地公安審訊後遣返台灣服刑監禁。

表5-2　大陸航機被劫來台灣之統計

時間	事實陳述	備註
1983.05.05	卓長仁、高東萍等劫持中國國際航空公司三叉戟二E型客機自瀋陽劫持至韓國，迫降於漢城春田基地。	韓國政府判卓長仁五年，姜洪軍、王豔大五年，安建偉、吳雲龍、高東萍四年，後獲特赦，遣返台北。
1984.03.22	香港商人梁偉強劫持英國航空製三叉戟客機迫降桃園中正機場。	梁嫌被我法院判決一年六月，緩刑三年。
1988.05.12	張國慶、韓貴雲手持玩具手槍及假炸藥，劫持中國民航廈門航空公司編號2510波音737客機，飛抵台中清泉崗空軍基地。	張國慶、韓貴雲經審判處有期徒刑三年六個月確定。
1989.04.24	大陸青年梁奧眞以雷管劫持在寧波機場起飛的東方航空公司客機，欲飛來台灣。	梁嫌引爆雷管身亡，飛機安全在福州降落。
1989.12.16	張振海協同妻兒等三人搭乘中國國際航空公司波音747客機，於北京飛往紐約途中，迫令轉飛台灣失敗，飛機降落在日本福岡。	原機返還大陸，張某被遣返大陸判刑八年。
1990.10.02	蔣曉峰搭乘廈門航空公司波音737客機持炸藥劫機，意向不明，駕駛將飛機迫降廣州白雲機場。	蔣嫌引爆炸彈造成該機爆炸墜毀，一百三十一人死亡。
1993.04.06	黃樹剛、劉保才以防暴槍及收音機偽充爲炸藥，劫持中國南方航空公司B2811客機飛抵桃園中正機場。	黃樹剛、劉保才經法院均各判處有期徒刑七年確定。
1993.06.24	張文龍以匕首劫持廈門航空公司B2501客機飛抵桃園中正機場。	經檢察官提起公訴，法院判處張文龍九年。
1993.08.10	師月坡以洗髮精偽充硫酸，劫持中國國際航空公司客機飛抵桃園中正機場。	經檢察官提起訴，法院判處師月坡九年。
1993.09.30	楊明德、韓鳳英與其子楊洋以匕首及假爆裂物劫持四川航空公司編號E2625號客機飛抵桃園中正機場。	經檢察官提起公訴，楊嫌判處九年，韓嫌六年。
1993.11.05	張海以水果刀二把劫持廈門航空公司B2592波音737型客機飛抵桃園中正機場。	法院判處張海有期徒刑九年。

（續）表5-2　大陸航機被劫來台灣之統計

時間	事實陳述	備註
1993.11.08	王志華以報紙包肥皂外露電線僞充炸藥，劫持浙江航空公司客機抵桃園中正機場。	法院判處有期徒刑十年。
1993.11.12	李向譽、韓書學以手術刀及裝有疑似爆裂物之手提箱，劫持北方航空公司編號2138號客機飛抵桃園中正機場。	李向譽判處十三年，韓書學判處十一年。
1993.12.08	高軍偕女友姜淑梅以手術刀劫持大陸「北方航空公司」客機飛抵桃園中正機場。	高軍判處十年，其女友姜淑梅隨機遣返。
1993.12.12	祁大全以左手插於褲帶內僞充引爆器，劫持廈門航空公司編號B2516之波音737客機飛抵桃園中正機場。	判處十二年。
1993.12.28	羅昌華、王玉英攜子羅玉寰持維他命玻璃瓶一個、雷管兩支、乾電池等物，僞作炸藥劫持福建航空公司編號E3447號客機，飛抵桃園中正機場。	羅昌華判九年，王玉英判七年，羅玉寰隨機遣返。
1997.06.03	鄒維強以美工刀和僞裝成炸藥的手電筒，劫持南方航空公司編號B2542號波音737客機，飛抵桃園中正機場。	鄒維強被判處十二年。
1998.10.28	中國國際航空公司正駕駛袁斌自大陸劫持其所駕CA905之B2949北京飛往緬甸仰光之波音B737型民航班機來台，機上共有機組人員十名、乘客八十六人；同行劫機的還有其妻徐梅，以購買經濟艙機票搭機起飛後，即坐在駕駛艙袁斌座位後面，並將機門反鎖，直至當天上午十一時十七分降落桃園中正機場，完成劫機行為。	法院審理中。

三架（包含地面兩架）。

海峽兩岸在七〇年代以前，因敏感的政治意識所衍生出來的對峙關係，在統戰策略下，雙方政府皆鼓勵對方空軍飛行員「駕機投奔」，甚至以極為優渥的酬勞及升官發財等誘因讓對岸的「義士」來「投奔」。但是一九八六年台灣解嚴後，兩岸關係和緩，慢慢地演變到和平談判的狀態，對於以前所謂的「駕機投奔」甚覺棘手，並逐漸將此行為視為「犯罪事件」，劫機者自然鋃鐺入獄。隨著政治生態的改變，我國自一九九二年三月起取消了「空安員隨機作業」，中共方面亦自一九九三年四月起，決定以「安全第一」終止了反制劫機政策。自一九九八年十一月起，台灣方面開放大陸探親，宣洩了部分情緒性的劫機動機。隨著兩岸政府對直接通航的需求殷切，咸信劫機事件應會逐漸消弭。

【案例研究】

一九九七年三月十日，編號B27001的遠東航空公司波音757-200第128班機於14:13由高雄起飛，目的地台北松山，14:25時被民眾劉善忠劫持，15:36降落廈門高崎機場，劉嫌被當地治安單位扣置。原機於18:50由廈門高崎機場起飛，20:03返降松山。詳細過程摘錄如下：

14:13　遠航128次班機，機號波音757，B27001，自高雄起飛，目的地台北松山。

14:25　128班機機長通報航務中心，客機被劫持，劫機犯已將汽油潑灑在地板上準備點火，要求飛往大陸任一機場。

14:26　遠航立即成立危急事件小組，由李總經理雲寧先生

親自主持（目前李雲寧先生已轉任中華航空公司董事長）。

14:30 被劫持班機在台中、新竹間上空，劫機者又將汽油潑在自己身上，手持打火機準備點火，經辨認劫機犯為劉善忠。

14:31 128班機報知台北管制中心（TACC），同意飛機轉向馬公，航向金門，準備降落廈門。

14:33 遠航通報航警台北分局勤務中心。

14:34 遠航通報聯合作戰指揮中心（JCC）、民航局台北航務組。

14:35 遠航總經理指示一切以飛機及乘客安全為第一，儘量安撫劫機犯。

14:45 遠航通報海基會，在稍後於15:00將乘客及組員名單電傳該會。

14:50 遠航總經理聯絡廈門機場王總經理個儻先生，請求協助。

14:52 遠航總經理通知該公司馬公及金門站同仁待命。

14:54 128班機組員報告機上剩油一萬五千六百磅，已通過馬公上空，航向金門。照耗油率計算，飛往廈門油量無問題。

15:00 JCC告知已派軍機空中掩護，金門提升備戰。預計15:15通過海峽中心線。

15:10 128班機飛行組員報告劫機犯再次警告，若不飛往大陸立即點火焚身（汽油已灑地板，飛機必被燃）。

15:14 128班機組員報告脫離TACC管制，與香港聯絡，預

計廈門落地時間15:30。

15:17　遠航總經理再次電洽廈門王總經理，請其全力協助（事後據悉，廈門方面已接北京民航總局指示全力配合）。

15:21　128班機組員報告通過金門。

15:40　TACC告知，128班機已於15:36降落廈門高崎機場。劫機犯被當地公安人員帶走。

16:15　遠航聯絡廈門王總經理，請其為飛機加油，為乘客補充餐飲等。

16:21　民航局通知返航時必須繞道香港管制區，避免造成直航假象。

1705　遠航航務處已完成飛航計畫，電傳廈門機場王總經理請求轉交128班機機長。

17:25　128班機組員已完成大陸當局詢問及電視訪談。乘客留在機上，由王總經理提供大哥大八具供乘客與台北家屬聯絡。預計18:30可離廈門返台。

18:00　128班機機長辦妥各項手續，飛機燃油、餐飲補充完成，乘客每人獲廈門航空各贈紀念品一份。劫機犯被留置。

18:30　128班機滑出。

18:50　128班機自廈門高崎機場起飛。

19:18　接近香港管區報告點ELATO，經許可直接航向馬公。

19:41　128班機通過澎湖馬公上空。

20:03　被劫班機降落台北松山機場，人機平安。

<<<<<<<<<<<<<<<<<<<<<<<<<<<<<<<<<<<<<<

圖5-1　1997年3月10日，彩繪「職棒大聯盟」之編號B27001的遠
　　　航波音757-200班機被劫持至廈門高崎機場

資料來源：遠東航空公司王穎駿先生提供

　　對運務作業而言，當獲知公司之航機遭受劫機，當地場站必
須立即採取下列步驟：

1.通知場站當地相關安全當局，使期能適切循其管道通知其
　他部門。

2.立即通知總公司相關部門。

3.場站最高主管為緊急應變指揮部與受劫持航空器所屬公司
　的聯絡人。

4.設法獲得下列有關班機的資料：

　(1)旅客及該航班空勤組員名單（含前、後艙）。

　(2)航空器載重平衡表。

　(3)預計航空器目前所剩油量。

　(4)機上可供應之餐飲量。

(5)場站可提供機上餐飲補給品數量。

5. 蒐集此班機被劫持時之飛航資料、機型及相關地點。

6. 與相關單位保持聯繫,並隨時通報目前狀況。

7. 每位場站員工不得洩漏與運作需求上無相關的資料,除公司負責人與發言人之外,任何員工不得擅自對媒體發言(在航空業界,員工對外擅自發言或轉寄公司內部公告於外界為一大禁忌)。

第四節　班機延誤、取消旅客權益糾紛處理

由於工商業蓬勃發展,人們基於商務或觀光旅運的運輸需求,為了縮短兩地往來的時間,在交通工具的選擇上,也就趨向於速度快及準點度高的運具。航空運輸有速度快的特性,因此成為人們長途旅行的最佳選擇,然而航空運輸仍有諸多自然或人為的不可控制因素,可能導致班機產生誤點延滯甚至取消。

班機發生誤點延滯將會使旅客增加旅行時間,產生額外的時間價值成本,航空公司則會因班機誤點延滯,使得機組人員超時工作,進而增加機組人員超時工作之薪資成本,誤點過長甚至影響後續班機無法順利調度等。班機誤點延滯除了上述影響外,另外會影響到需要轉機的旅客,因任意兩機場間並非皆有航班飛行,航空公司通常會安排旅客經由軸輻機場,透過轉機的方式運送旅客抵達目的地,另一方面航空公司也為了營運上有規模經濟的效果,在軸輻機場作旅客或貨物的轉運,因此轉機過程的順利與否將會影響整個航空旅行時間。若因班機誤點延滯造成旅客或貨物無法順利轉機,進而影響旅客或貨物到達目的地的時間,對旅客或貨物的貨主而言都會產生重大的損失,故班機可靠度非常

<<<<<<<<<<<<<<<<<<<<<<<<<<<<<<<<<<<<<<<<<<<

重要。

　　當旅客依照飛航班表抵達機場後，有時會發現班機產生誤點延滯或取消之情形，依據汪進財及盧清泉（1996）之「臨時飛航事件班機調度因應策略之研究」所述，班機遭逢「臨時飛航事件」，導致班機無法依既定班表運行，大致可歸納爲以下八類：1.天候因素：暴風雪、颱風；2.機件故障：可分爲地面發生機件故障和空中發生機件故障；3.機場相關因素：機場跑道、航廈容量不足；4.額外需求因素：加班機、包機；5.人員相關因素：相關人員遲到、缺席；6.維修排程之調整：維修工作延遲；7.需求之變動：旅客或貨物過多，需更替其他機型飛機；8.其他因素：戰爭、機場作業人員罷工……本章限於篇幅限制，單以「天候因素」略做說明：每年夏季時因西南氣流旺盛，以台北松山機場來說，每天午後通常會有雷陣雨，有時機場會暫時關閉，停止飛機起降，而且一關就是好幾個鐘頭，這種狀況不僅造成台北站的飛機無法起飛，從外站來的飛機在台北盆地附近的上空盤旋待命，無法飛下來。若短期內機場沒有重新開放的可能，由於機上油量不足，他們可能還必須飛回原出發地或轉降至備降站等待。待天氣好轉，所有飛機急著起飛，而外頭的飛機也急著要飛下來，一時之間可能造成空中塞機，整個機場擠得猶如沙丁魚罐頭。除了延遲所產生機隊調度的困難，現場運務員也必須疲於奔命地安撫氣急敗壞的旅客。針對上述八種飛航事件，通常使得班機無法按照航空公司既定的飛航班表運行，因而引發班機誤點延滯。誤點延滯情形，輕者讓乘客額外增加旅行時間及旅行成本，嚴重者影響後續其他班機的起降時間，甚至會造成此一架誤點飛機之接續班次取消之情形，使得班機調度產生問題。臨時飛航事件對於需要轉機的旅客或貨物而言也會產生相當大的不便，轉機旅客及貨主會因爲班機誤點延滯而無法順利地完成轉機，造成更大的損失。

實務上，通常班機誤點延滯的原因可分為下面三種：

1. 自發性誤點延滯：如前述的八類飛航事件。

2. 推擠性誤點延滯：就機場航廈的登機門而言，由於前一班班機發生誤點延滯，使得機門使用的時間也相對的延後，此舉卻影響到使用此機門的續程班機，續程班機需等候前一班班機完成上下客離開後，才能使用登機門，使得下一班無法按照既定的班表運行。推擠性誤點延滯通常是因機場跑道數或登機門數量不足，又同一時段內班機過於密集所產生之誤點延滯。

3. 關連性誤點延滯：航空公司營運中，為了讓班機資源充分利用，飛機抵達迄點航站，且尚不需要維修時，通常會立即再安排下一班次讓飛機繼續上線營運，因此若班機在前一班次發生誤點延遲，而此架飛機尚仍須擔負下一個班次上線營運時，則下一個班次就會因前一班次的誤點延滯而被迫也發生誤點延滯，進而產生誤點延滯擴散；在貨運方面也有類似情形，航空公司的貨運班機班表通常為了達到規模經濟的效果會在某些軸幅機場有上載或卸下貨物的動作，所以會因另一架貨運班機發生誤點延滯，而無法取得要載運的貨物，此時貨機必須等候那些貨物才出發，因而產生誤點延滯，此時就有班機誤點延滯擴散的情形。有些航空公司，旅客必須要在軸幅機場轉機方能抵達目的地，因此有時航空公司會要求班機須等候前一班載有轉機旅客的班機上機之後才起飛，這時班機就會發生誤點延滯，也產生了誤點延滯擴散。

當班機發生臨時飛航事件時，航空公司必須即時做判斷，瞭解此一臨時飛航事件是否會影響其他班次，造成推擠性誤點延滯

或關連性誤點延滯，若有推擠性誤點延滯或關連性誤點延滯產生，即會有誤點延滯擴散情形之發生，若欲避免誤點延滯擴散情形，則航空公司必須藉由調整登機門的使用或飛機的調度等，以減少此一臨時飛航事件對後續其他班機的影響，因此航空公司必須對誤點延滯擴散的範圍作分析，並從中找出影響誤點延滯擴散的關鍵因素。從長期來看，在既定班表中，某些班次經常發生臨時飛航事件，因而產生誤點延滯，甚至造成經常性誤點延滯擴散，使得後續班機的準點度降低，影響服務品質，航空公司此時則必須重新檢視其班表，適度地調整此一常發生誤點之班機與前後其他班機間之班距，以避免誤點延滯擴散經常性發生。

在相關的學術研究中，大多為探討臨時飛航事件發生後，可採行的因應策略。其策略包含：1.不取消班機，讓誤點延滯擴散至其他班次；2.取消部分班次，讓誤點延滯不影響到其他架次；3.取消部分架次，但是仍延誤其他班機；4.加飛班機。再根據上述四種情況，依成本損失最小、總旅客誤點延滯最小、取消架次最少及最短恢復正常運作時間為目標從事因應策略。

而在實務操作上，我國國籍航空公司在面對「國內航線」旅客權益糾紛時，各站主管應斟酌場站實際狀況，在**表5-3**的處理原則範圍下迅速處理。由**表5-3**可知，對國內航線的班機延誤，機場經理或值班督導的處理權限如下：

1.決定簽轉，並吸收票價之差額。
2.延誤三小時以內，除涵蓋用餐時間可提供餐飲外，亦可提供折價券以為致意。
3.延誤三小時以上，除涵蓋用餐時間可提供餐飲外，若因延誤而錯過其接駁之交通工具，或已無其他航班可安排時，則依當時狀況安排住宿，此費用商務艙旅客每人最多為新

表5-3 國內航線班機延誤處理範圍一覽表

延誤時間	延誤原因	賠（補）償標準	備註	授權層級
30-60分	A、B	提供飲料		督導
1-2小時	A、B	1.若為非用餐時間，提供飲料、點心。 2.若為用餐時間，提供便餐、飲料。	用餐時間 11:30-12:30 17:30-18:30	1.督導 2.副站長
2小時以上	A	提供便餐、飲料		副站長以上
	B	該航段機票一張	1/2票 或 FOC	
末班機取消	A、B	1.若旅客願住宿，提供住宿、早餐、交通費。 2.若旅客不願住宿，該航段機票一張或新台幣1,000元內車資。	住宿以新台幣800元為原則；宵夜及早餐各以新台幣100元為主。	副站長以上

註：以上表列標準乃綜合各國籍航空公司「運務手冊」規範，實際狀況以各航空公司最新規定為主。

說明：

1.延誤原因「A」表示非本公司造成因素，其中包含天候不良及場站影響。

2.延誤原因「B」表示由本公司造成因素，其中包含機械故障及班機調度。

3.本處理標準僅為參考，實際狀況端視各航空公司最新規定。

4.依業界會計處理習慣，本案結束後之相關費用乃係檢據報支，並附該班次艙單。

臺幣兩千元，經濟艙旅客每人最多為新臺幣一千元。若旅客選擇不住宿，則除提供上述金額外，另可附贈折價券以為致意。

接下來，若國際航線遭遇班機異常事件的處理原則如下：

以中華航空公司對延誤的界定標準而言，係根據國際慣例，以公告班機時間表為準，班機離站時間超過三十分鐘以上者為誤點。而對班機延誤時之補救措施與補償規定來說，根據該公司運

送契約第十條「班機離到時間及班機取消」規定：「若非華航所能控制的情勢造成班機取消、遲延，致無法提供已確認的機位或不能降落在旅客的中途停留點或終點，或導致旅客錯過其所訂妥的轉接班機，華航將利用華航其他有空位的定期班機載運上述旅客，或利用華航定期班機、他航飛機、陸上交通工具將旅客運送至其機票所載之終點。若此安排之機票款、超重行李費及其他費用高於機票退票金額，華航將不收取增加的費用，若是低於退票金額，華航將退還其差額」；或根據第十一條中之規定辦理退票。除此之外，華航對班機延誤本身，該公司並不賠償；對因班機延誤所引起的損害，該公司將視個案情況之不同予以適當處理。在第十一條中則提到，若航空公司取消班機，不能照表訂時刻正常載運旅客到旅行之終點站，或中途停留點，不能提供已確認的機位或造成旅客無法轉接已訂妥機位的班機，即旅客因非自願之因素而要求退票時，可要求全額退票或扣除已使用服務或折扣後部分退票。而對長榮航空公司於班機延誤之界定來說，是和華航一樣根據國際航空運輸協會（IATA）的延誤定義，但並未說明界定延誤之時間標準。該公司在延誤發生時，將採行四種可能措施來進行補救：1.以長榮航空其他有機位之班機載運旅客；2.以長榮航空或其他公司之替代交通工具，將旅客送達目的地，所需之服務費用超過原票價者，不補收差價；不足則退還差額；3.依據該公司運送條文第十一條辦理退票。4.如運送契約適用民用航空法第九十一條第二項及「民用航空乘客與航空器運送人運送糾紛調處程序」（依民用航空法第四十七條第三項所訂定）之規定時，將依規定履行運送人對於運送遲延之責任。

　　在此值得一提的，無論是國內航線或國際航線的班機延誤，如果延誤的原因是因為天候因素、航管因素、機場因素、警察介入、公司員工以外的罷工事件、民眾暴亂或騷動、政府扣留或取

締、軍方演習、戰爭或敵對行為……等不可歸責於航空公司者，則航空公司除非基於人道立場給予弱勢團體（如孕婦、傷患、獨行孩童……）等必要的協助及服務之外，原則上並不需要負擔任何責任。

至於對機場運務員的現場處理作業程序來說，則有下列原則：

1. 加派運務員陪伴於旅客身邊以提供即時協助或諮詢：依人類行為，當旅客面對非預期性的班機異常狀況發生時，除了經常旅行的旅客之外，多會感到徬徨無助，且會有許多問題需要航空公司給予解決。因此，一個講究服務品質的航空公司應規劃適當的人力陪伴旅客，以解決問題。

2. 提供旅客聯絡其親友的管道：

   (1) 提供delay information card給旅客，由旅客填寫完畢後，由該場站運務人員發送電報至相關場站代為聯絡。

   (2) 提供電話卡給需要的旅客，此項無需公開說明，若有旅客提出要求，可單一帶至其他地區提供，以避免人員無法掌控，同時可節省公司成本。

   (3) 若旅客安排至機場旅館，則可告知旅館提供三分鐘的國際電話，此項無需公開說明，俟旅客提出要求後即可提供。

   (4) 若某些旅客提出索賠的要求時，航空公司除了主管之外，任何人無權答應任何索賠的條件，但可以婉轉地告訴旅客：「目前我們最重要的是先安排您儘速抵達您的目的地，其他相關的問題，可以在返回居留地後向本公司當地辦事處提出詢問。」若旅客仍無法滿意，則報告值班督導呈請上級出面處理。處理時群眾儘量區隔處理，以避免人多口雜，不好處理。

◁◁

(5)任何移動旅客的情況均需考慮其時間性與適當性，且需注意全程陪同客人，勿讓旅客有無所適從的感覺。

(6)對於VIP、CIP、頭等艙及商務艙的旅客應適時提供更高級的服務，如飯店的種類、貴賓室的提供、旅客移動時間的安排及休息用餐之場所均需加以考量。

(7)處理班機異常事件，需特別注意旅客的心理狀況及多方面的考量，切勿自作主張，此狀況實為現場作業最困難的部分，需特別注意研討。

(8)若班機遭遇重大延誤或取消時，必須把所有訊息儘快通知UM的家屬，包括班機的更改、住宿飯店名稱和電話號碼。

交通部民用航空局曾於「航空乘客運送遲延賠償與消費爭議之研究」（1998）中，針對航空乘客運送延誤賠償的問題加以探討，文中整理統計歷年之班機霸機事件之原因、處理過程與結果，然後參酌相關法令規定進行延誤責任之探討，以釐清民航業者應負之責任，最後結論為能否訂定具體之金額賠償標準尚有爭議。主要原因為航空公司認為航空器的營運受運具特性、週邊支援、天候因素、航管因素……等複雜變因的影響，其責任歸屬與執行賠償的標準有實務上之困難，雖消費者保護團體基於保障旅運者權益之立場，至今仍未放鬆對訂定統一之金錢賠償標準之要求，但在雙方立場尚未擬具成共識前，現階段僅能以個案處理延誤事件之補償方式與金額。目前對於空中運輸延誤的補償也只有信用卡公司及保險業有較具體的賠償標準。近年來，部分國內外信用卡業者針對信用卡使用者使用該公司信用卡刷卡支付公共運輸費用達一定比例時，搭乘公共運輸工具產生延誤之損失以保險方式加以補償。在班機延誤險方面，匯豐銀行、美國運通等外籍

銀行，對於班機延誤至少四小時之最高補償金額為美金兩百五十元，渣打銀行則以新台幣七千元為限；國內目前則有中國信託、富邦銀行、台新銀行、聯邦銀行以及慶豐銀行等業者提供新台幣六千八百元到一萬元不等之補償；在旅行不便險方面，目前則有花旗銀行、AIG友邦集團所提供之美金兩百五十元補償。值得注意的是，目前信用卡業者所提供之延誤補償，僅適用於出國搭乘公共運輸工具或航空運具時，以該業者之信用卡刷卡支付一定比例費用方予以理賠，並未包含國內運具，唯未來是否擴充適用範圍至國內公共運輸工具，則尚待觀察。

第五節　國際航線對機位超賣的補償給付

　　航空公司相較於其他運輸產業，其中最特殊之機能是其預約訂位的機制。旅客在購買機票後，在規定的期限內，隨時都可以向航空公司訂位，也隨時可以取消（cancellation），甚至不取消訂位、不登機，機票照樣有效。然而，機位為一易腐敗的產品，當一架飛機起飛後，未被使用的機位便不能為航空公司賺取任何收益，因此航空公司必須絞盡腦汁，充分使用機位以賺取最大利潤。在淡季時，航空公司運用促銷票價或結合旅行社的套裝行程吸引旅客以填滿機位容量；在旺季時，由於需求大於供給，有些旅客反而不能買到想要的機位。無論是淡季或旺季，航空公司皆須面對旅客取消訂位或訂位未報到（no show）的情形。因此，航空公司為了保障其利益，不得不有「超額訂位」（over booking）之措施，以免浪費掉部分機位。

　　至於超額之多少則視飛行之淡旺季、航網特性、費率結構、旅客種類，乃至於平日和旅行社相處情形及經驗來估算，大致來

說約在10％至15％左右。在實務上，有時卻會發生人算不如天算的尷尬場面：當已完成訂位確認的旅客手持機票及相關證件來運務櫃檯辦理報到劃位，而糗的是這個航班因超額訂位估算不精而機位超賣，沒有座位提供給該旅客，除了現場必須疲於奔命處理旅客抱怨，也賠上了公司的商譽。實務上，航空公司對類似案例研擬的賠償方案就是所謂的「機位超賣的補償給付」（denied boarding compensation）。在此值得一提的是，當班機機位超賣時，機場運務人員絕不能把獨行兒童（UM）或青少年當成考慮優先取消機位的對象，否則將把問題更複雜化。

　　所謂「機位超賣的補償給付」係指航空公司因機位超賣而對被拒載之持有確認機位與機票之普通旅客，在符合一定條件下，航空公司將負擔該旅客因可歸責於航空公司的過失所產生滯留於當地期間內所產生之食宿、交通、餐飲、電話費及替代班機或其他交通工具的費用。依滯留當地之政府法令、民航同業協議或航空公司政策規定，給予該旅客特定金額的補償，以我國經營國際航線業務之國籍航空公司之實務操作而言，係以「遠東航協」（Orient Airline Association, OAA）之相關規範為操作準則，因機位超賣而被拒絕承載旅客之賠償標準如**表5-4**所示。

表5-4　遠東航協之「機位超賣的補償給付」

機位超賣班機之原訂目的地	重新訂位後之抵達時間	賠償金額
美國／加拿大／歐洲／非洲／中東／紐西蘭／澳洲	超過六小時	新台幣五千元為上限
其他地區	超過四小時	新台幣兩千元為上限

　　雖然超額訂位是航空公司不得不選擇的保護權益措施，但與消費者權益相比較之下，彼此具有經濟學上的「抵換關係」（trade-off relation）。然而，對於越來越重視服務品質管理的航空業來說，為了避免因機位超賣所造成的成本損失、消費者忠誠度

轉移及公司商譽傷害，紛紛透過幕僚單位研究如何在對旅客的影響最小的狀況下，以最佳邊界的控制方式從事客艙機位資源的彈性管理，以決定最佳的機位分配與訂位上限，俾便公司能兼顧收益與服務的均衡。

第六節　旅客霸機事件處理

對人類行為而言，霸機是旅客針對航空公司於運輸過程中的不當處理或雙方認知的差距，在事件發生的當下，因溝通無法取得共識所產生的一種群眾性、反撲性的顧客不滿（customer dissatisfaction）。當班機異常時，旅客歷經久候不耐的煎熬下，如果航空公司人員的態度倨傲，甚至對於旅客膳飲、住宿安排、補償措施沒有圓融處理，旅客與航空公司間的衝突似乎不可避免。然而，在這種幾乎是「雙輸」局面造成前的情況反轉，正是考驗一個企業體在顧客服務上的用心。航空業是一種服務業，顧客滿意度是最重要的營運指標，也是建立顧客口碑的不二法門，解決班機延誤所導致的顧客不滿，抒解顧客的怨懟，以降低對公司商譽的殺傷度是重要的課題。

台灣旅客在過去幾年因飛機延誤而以霸機的激烈手段抗爭而揚名於國際航空界，旅客以霸機的方式向航空公司抗議不合理待遇求償的事件，不但在全世界可說是少見，更說是台灣的另一項「奇蹟」。就連以前民航局前往美國就「中美天空開放」航權談判之際，美國聯邦航空總署（FAA）還特別將這個霸機問題搬上檯面，並希望我國民航局能適時解決。面對層出不窮的霸機事件，民航局已意識到嚴重性，為了保護當事消費者及維護其他搭機者權益，並不致影響機場正常營運，民航局多次邀集各航空公

司、消費者團體及學術界研討後，已於一九九七年五月二十六日初擬「民用航空旅客權益糾紛緊急處理程序」，一九九九年五月十二日由民用航空局企法（88）第14868號函訂定「民用航空乘客與航空器運送人運送糾紛調處程序」以維繫航空運輸供需雙方的權利，並避免業者因此霸機歪風在國際市場中喪失競爭力。

　　一九九九年五月十二日頒佈之「民用航空乘客與航空器運送人運送糾紛調處程序」內容大致如下：

1. 本程序依民用航空法（以下簡稱本法）第四十七條第三項規定訂定之（民用航空法第四十七條：乘客於運送中或於運送完成後，與航空器運送人發生糾紛者，民航局應協助調處之。乘客於調處時，經受退去之要求而仍留滯於航空器中者，航空器運送人經民航局同意，得請求航空警察局勸導或強制乘客離開航空器。第一項之調處程序，由民航局定之）。

2. 為維持機場運作並維護國家形象，交通部民用航空局（以下簡稱民航局）對民用航空乘客（以下簡稱乘客）與航空器運送人（以下簡稱運送人）間之運送糾紛應協助調處之。

3. 運送人於確定航空器無法依表定時間啟程，致國內航線遲延十五分鐘以上、國際航線遲延三十分鐘以上者或變更航線、起降地點時，應即向乘客詳實說明原因及處理方式。

4. 運送人因運送遲延或變更航線或起降地點，致影響乘客權益者，應視實際情況並斟酌乘客需要，適時免費提供下列服務：
   (1)必要之通訊。
   (2)必要之飲食或膳宿。
   (3)必要之禦寒或醫藥急救之物品。
   (4)必要之轉機或其他交通工具。

運送人應合理照顧乘客權益，如受限於當地實際情況，無法提共前項服務時，應即向乘客詳實說明原因並妥善處理。

5.運送人於運送中或運送完成後與乘客發生糾紛，且未能妥善處理或違反第三點或第四點之規定者，民航局得依民用航空法第五十七條規定處理（民用航空法第五十七條：民航局為促進民航事業發展，維護飛航安全或公共利益之需要，得派員檢查民用航空運輸業各項人員、設備，並督導其業務，民用航空運輸業者不得拒絕、規避或妨礙，如有缺失應通知民用航空運輸業者限期改善。民用航空運輸業逾期未改善，或拒絕、規避、妨礙檢查者，民航局得報請交通部核准後，採取限航、停航或暫停其經營航線之一部或全部等必要措施）。

6.運送人遇有乘客拒絕即時離機者，得通知民航局所屬航空站（以下簡稱航空站）公務主管人員及航空警察局人員到場協助處理。乘客得推派代表填具「民用航空乘客離機協議見證表」（如**表5-5**）後下機，以維持機場正常運作。前項人員現場協助調處下列事項：

(1)勸導及安排乘客離機，協助糾紛解決。

(2)維護航空站公共秩序。

(3)維持後續航班安排，維護乘客權益。

乘客於調處時，經受退去之要求而仍留滯於航空器中者，運送人經航空站公務主管人員同意，得請求航空警察勸導或強制乘客離開航空器。航空警察局強制乘客離開航空器時，航空站及運送人應配合採取必要措施。

7.乘客離機後所推派代表與運送人協商賠償或補償事宜，得由航空站公務主管人員見證簽名。乘客有個人意見時得填具個人乘客申訴書（如**表5-6**）交運送人儘速妥善處理，運

表5-5　民用航空乘客離機協議見證表

一、本班機（班次：XXXX起迄地：XXXX）乘客或其推派之代表同意儘速離機，前往航空站提供之場所繼續協商，以維後續乘客權益。
二、航空器運送人或其代表於航空站提供之場所繼續協商，妥善處理。
三、航空器運送人或其代表未於航空站提供之場所繼續協商、妥善處理時，由見證人報請民用航空局依民用航空法第五十七條規定處理。

乘客或其推派之代表：XXX（簽署）
航空器運送人或其代表：XXX（簽署）
見證人：XXX（簽署）
中華民國XX年XX月XX日

資料來源：交通部民用航空局

送人應將處理結果呈報航空站。

8.運送人對因可歸責於自己之事由遲延，致損害乘客權益者，應負賠償或補償責任。

9.乘客或其所推派代表與運送人或其代表對拒絕離機事由尚有爭議時得成立調處委員會，該會設置要點由民航局另定之。

10.本程序自核定日實施。

　　依據上述「民用航空乘客與航空器運送人運送糾紛調處程序」的說明原則，如果遭遇班機異常事件，民航業者應基於公平、合理之方式對待旅客。若遇有旅客拒絕及時離機者，得通知航空站公務主管人員及航警局人員到場協助處理，並得由旅客推派代表填具「民用航空乘客離機協議見證表」（**表5-5**）後下機，以維持航班安排及機場正常運作。若旅客仍然拒絕離機的話，得由航站公務主管人員督導當地航空警察依相關法令處理。所謂相關法令係包含考慮航空器所載旅客入境後，拒不下機以便辦理通關檢查手續，似已違反相關之入境通關作業規定（如國安法第一項第一款海關緝私條例等）。

表5-6　個人乘客申訴書

姓名（Name）：Last Name/Given Name _____		
□Mr.先生　□Mrs.女士　□Ms.小姐		
出生日期（Date of Birth） 　年/　　月/　　日（D/M/Y）	職業（Occupation）	國籍（Nationality）
地址（Address）		
住宅電話（Home Tel）	辦公室電話（Office Tel）	傳眞（Fax No）

預定時間（Planned Schedule）	起飛Departure年/ 月/日/時 T/D/M/Y	到達Arrival年/月/ 日/時 T/D/M/Y	轉機Transit年/月/ 日/時T/D/M/Y
實際時間（Actual time）			
地點（Place）			
機位號碼及機艙別 （Seat No. And Class）			
航空公司及飛機編號 （Airline & Flight No.）			

旅程目的（Main Purpose）□公司業務Company Business □就學Education □出席會議Attend Trade Show/Convention □移民Migration of This Trip □渡假 Holiday □其他 Others □探親Visiting Friends/Relative
旅行社名稱（Travel Agency）_____　電話（Tel No.）_____
申訴事項（Nature of Dissatisfaction）

資料來源：交通部民用航空局

　　再者，旅客霸機行為，不僅已逾民法第一百五十二條、第一百五十三條自助行為之合法要件，且使航空器無法移動，等於間接非法佔住機場位置，其他飛機無法起落使用，影響飛安秩序甚鉅。如在小機場一機佔位，其他飛機無法降落停機，只能在空中盤旋等候，對飛航安全威脅甚大，而航空警察依據「內政部警政署航空警察局組織條例」第二條第一項第二款規定，負有「機場區域之犯罪偵防、安全秩序維護及管制事項」之職權，本此權似

可對霸機行爲爲必要適度處理，若有強暴、脅迫，應可追訴其刑
責。

第七節　更換艙等

在航空競爭市場激烈下，業者爲吸引客源，常以價格策略從
事營運。但是，航空運輸畢竟是高成本的運輸行業，長期來看，
過度的價格行銷容易導致嚴重虧損，因此它並不是明智的運作方
式。當下航空公司時興的營運策略是強調服務業管理，諸如：色
香味俱全的機上餐飲、舒適的機艙座椅及空中娛樂設備、新式的
機型設備、良好的飛安形象、親切的人員服務等等。根據段良
雄，呂錦隆（1999）在「航空公司認同卡對航空旅客選擇行爲之
影響研究」的研究中指出，這些服務品質對航空旅客乃有一定的
影響效果。爲吸引潛在旅客，並保有既定旅客，提升既定旅客再
搭機之意願，航空公司常會採用一些積極的行銷策略。這些促銷
策略包括：1.票價優惠措施，例如，櫃檯購票刷卡折價；2.常乘（
frequently flyer）優惠，例如，累積搭機次數達一定數目即可兌換
折價券，或是免費升等商務艙等；而此種策略對旅客之選擇決策
將產生一定程度之影響。

除此之外，各航空公司也紛紛推出認同卡策略，結合前述之
票價優惠、常乘優惠等，以提升認同卡對航空旅客之附加價值，
來激勵旅客之搭乘傾向。這些優惠策略包括：可免費使用航站外
停車場，或是享有租車折扣，甚至可參加抽獎活動等。累積搭機
次數達一定數目即可兌換折價券，或是免費升等商務艙等，而此
策略對旅客之選擇決策將產生一定程度之影響。從航空運務實作
的觀點來看，當關櫃前若干時間，若經濟艙未客滿且商務艙尚有

空位時，除持酬賓升等券及自願付差額至商務艙之旅客之外，站上主管得視情況授權將訂位經濟艙之公司貴賓及持貴賓卡之旅客升等至商務艙。升等之優先順序為：

1.購買經濟艙的VIP、CIP貴賓。
2.自願付差額升等的旅客。
3.持酬賓升等券的旅客。
4.持貴賓卡之旅客。
5.公司長期客戶（可根據旅客持有之本人的航空公司認同卡、里程累積卡來判定）。

對上述五項優先升等的程序稱為「自願更換艙等」，其處理程序為：

1.在適當的情況下向旅客解釋，音量不宜過高（避免發生不必要的困擾）。
2.為旅客更換正確艙等之登機證。
3.加註各航空公司自訂之更換艙等註記於撕下之旅客搭乘聯上。
4.加註「自願更換艙等」代碼於電腦資料內，便於艙單上列印出。

基於頭等艙或商務艙較高層次的服務品質控制，下列旅客不得作為升等時之考量：

1.團體旅客。
2.帶嬰兒、幼童的旅客。
3.行動不方便的旅客。
4.儀態與衣著不佳的旅客。

但線上作業時，常會碰到讓人尷尬的「非自願更換艙等」問題。一般而言，頭等艙及商務艙不做超賣，但因故臨時更換機型

<<<<<<<<<<<<<<<<<<<<<<<<<<<<<<<<<<<<<<<<<

或取消時，若購買商務艙機票之已訂位確認之旅客辦理報到劃位，而頭等艙及商務艙已無座位，但經濟艙仍有座位時，運務作業處理方式依優先順序簡述如下：

1. 態度婉轉，禮貌地向該名旅客解釋及道歉。

2. 優先簽轉友航相同航線的頭等艙及商務艙。

3. 若旅客同意搭乘原班機的經濟艙，則其購買全額頭等艙或商務艙票價者，則換發為經濟艙的機票，並退還旅客頭等艙或商務艙與經濟艙票面差額；如遇切票者（亦即旅客所持的機票是向旅行社購買的），則以折價券或升券卷方式補償之。

4. 若旅客同意搭乘原班機的經濟艙，則儘量安排至較前面之座位（對於無艙等區別的客機來說，慣例上以較前面的座位為貴賓席）。

5. 對旅客以口頭或書面告知時，勿以「降等」術語稱呼，應以「更換艙等」禮貌性用語稱呼。

6. 由機場經理或站長等高級主管出面向旅客致意，並由登機門的運務員聯絡該航班的空服座艙長（事務長）於機上給予其特別的禮遇。

7. 填寫「異常事件處理報告」送回相關部門，俾便公司事後檢討，以謀求更圓滿的顧客服務。

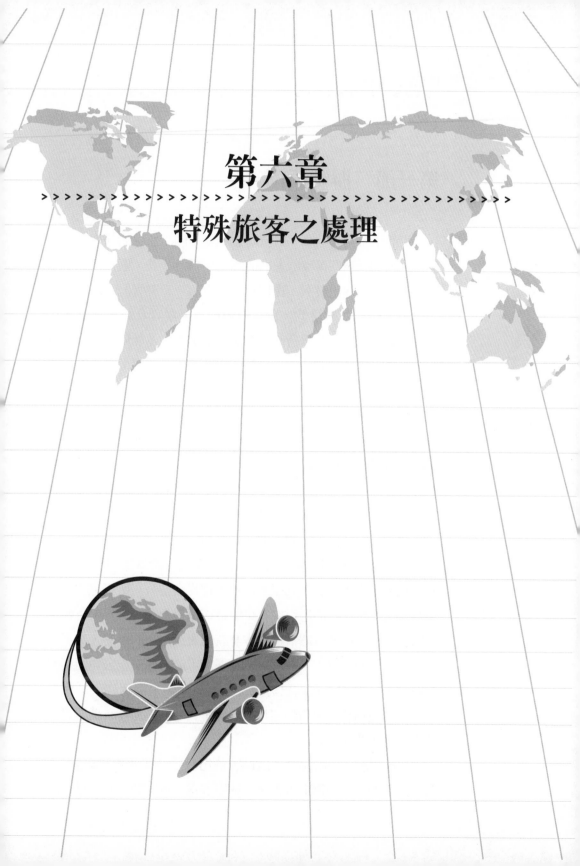

第六章

特殊旅客之處理

第一節　摒載原則

　　生活中有喜怒病痛，搭機時也難免。國際航線的飛機由地面
爬升到大約三、四萬英呎左右的高空中飛行（註：國內航線由北
飛往南約兩萬四千英呎，由南飛北約兩萬三千英呎），由於在高
空中壓力較地面來得低，會造成氣脹、減壓以及缺氧等不適症
狀，所以飛機在高空飛行時，客艙必須加壓，才能使壓力維持在
適合人體正常活動的狀態。但是，由於客艙內的壓力終究不可能
維持和我們在地面上時的一樣，通常是維持在六千英呎高度左右
的壓力狀態，在這樣低壓缺氧的情況下，會造成人體血紅素氧氣
濃度減低3%至9%。身體健康者尚不致感覺到明顯的不適，但對
某些病患乘客或初生嬰兒而言，客艙內的這種壓力不排除造成其
健康威脅的可能。因此，航空公司對於接受病患搭機與否，會要
求其提出適航證明。而初生嬰兒在四十八小時內，由於肺泡尚未
完全擴張，因此大多數的航空公司會婉拒這麼小的孩子上機。除
此之外，對於嚴重病患、即將臨盆的孕婦、神智不清者、酗酒
者、藥品中毒者、行為乖張者、拒絕遵從航空公司所規定的載運
規章者……等在搭機過程中有可能造成班機延遲、班機緊急轉降
或回航、此次搭機會讓搭機者本身有健康或生命的疑慮，甚至會
讓機上其他旅客感到不舒服……等任何可能造成航空公司困擾的
潛在因素，航空公司均已訂定一套摒載原則來篩選客人（作者
按：航空運輸有其特殊的運具屬性考量，並非任何持有機票者，
航空公司都願意承載）。
　　在國際航空運輸協會（IATA）的第七○○條決議案規定：「
航空公司如有下列情形得拒絕其國際運送：旅客如因其行為、狀

況、身心狀態，由航空公司的判斷，無法協助其逃生（如嚴重的行動障礙、嚴重的視聽障礙等），則除了有隨行監護人員外，得拒絕其搭載。」從上述得知，病患和行動不便旅客的作業程序，係依照IATA的決議案，由各航空公司自行制訂其標準作業程序。其作業是利用制式表格，獲取旅客有關其身心狀況的資料，以便決定是否符合搭機的要求和標準。通常航空公司可經由不同的管道得知這些訊息，例如：

1.旅客本身的陳述。
2.旅客家屬的告知。
3.醫療機構的通知。
4.航空公司人員或旅行社相關人員發覺旅客的特殊症狀而通報獲知。

本章將針對各類特殊旅客的運務處理原則及作業程序在各節中逐一討論研析。除此之外，大多數的航空公司基於安全及法律上的理由，並非持有機票者均受理其辦理報到劃位。旅客如有下列情況者，航空公司「通常」會「婉拒」其搭乘：

1.罹患接觸性傳染病、肺部傳染病及傳染性肝炎者。
2.嚴重病患未獲有合格醫師簽署之適合搭機證明書者。
3.吸食迷幻藥或吸食強力膠、神智不清者。
4.行動上有干擾到其他旅客或傷害他人的可能性或具有自殺傾向的精神障礙者。
5.酗酒者（intoxicated person）、藥品中毒者或行為乖張者。
6.患有癡呆症或癲癇症而無人陪同者。
7.拒絕遵從航空公司所規定的載運規章者。
8.有明顯疾病癥候、體發惡臭、嚴重缺陷或其他特殊而令人

厭惡之特徵而招致其他旅客不快者。

9.非專案申請之嚴重病患須使用擔架搭機而無法坐立者。

10.孕婦妊娠期滿三十二週以上之旅客,及出生未滿十四天之正常嬰兒。

11.有相當程度身體疾病可能會造成死亡的旅客。

12.在出發前無法查出是否為無行動能力的旅客(incapacitated passenger)。

若有下列癥候,除非為挽救生命,經運務主管評估航機裝載設備及空間認為可行者之外,航空公司通常「不接受」搭機:

1.危急且嚴重之心臟病者:嚴重之心肌梗塞而造成冠狀動脈阻塞的旅客。

2.最近曾有突發性氣胸或曾進行腦部攝影之神經系統患者。

3.罹患嚴重的中耳炎並導致歐式管阻塞者。

4.嚴重咯血、吐血、呻吟或嘔吐現象者。

5.手術後傷口尚未癒合者。

6.罹患灰白髓炎且發病尚未超過一個月者。

7.縱膈腫瘍、非常嚴重之疝氣、腸阻塞、頭顱內部疾病與頭蓋骨骨折、因下顎骨骨折以金屬線接合之患者。

第二節　病患

雖然有部分航空公司會在執勤航班上,派遣部分具有護理師資格的空服員以因應病患在機上的突發狀況(註:部分國籍航空公司的空服員甄選尚有將具備護理師資格的應徵者單獨列為「護理組」而招考)。甚至新加坡航空公司也在一九九九年間於其機

<<<<<<<<<<<<<<<<<<<<<<<<<<<<<<<<<<<<<<<<<

隊的客艙上配置心臟復甦器（簡稱AED），並於同年九月二十八日完成其資深空服員之使用訓練，課程包含：分辨突發性心臟休克的症狀、即時治療的急迫性、心臟復甦器的使用方式……等。但是，畢竟空服組員不是「全職」的醫護人員，為了避免嚴重病患搭機過程可能產生的諸多困擾及病患本身的生命健康風險，甚至造成班機必須被迫轉降或回航的時間遲延，在這些旅客搭機前，就必須由第一線的地勤人員從事過濾。

　　航空運務作業對「重症病患」的定義為：「在不需使用醫療設備之情況下，需立即搭機轉診以爭取時效者（非緊急因素者不適用此項規定）。」重症病患搭機時，需具備下列條件：

1.醫師證明：
　　(1)需由航空醫學中心的醫師或有執照之合格醫師開立之診斷證明書（內含適合飛行字樣）。
　　(2)依證明記載內容決定接受與否。
2.切結書：需由欲搭機旅客本人簽字，旅客本人無法簽字時，應請其隨行之直系親屬代簽。
3.隨行的監護人：
　　(1)病情較重者，除其直系親屬或親友陪同外，還必須有合格執照護士或醫師隨行。
　　(2)病情較輕者，必須有其直系親屬或親友隨行。

　　運務員對於重症病患旅客於其報到時或登機後應特別給予必要的協助，若其醫療狀況明顯惡化，航空公司基於維護機上其他大部分旅客的權益及班機準點率，必須拒絕其搭機，並維護旅客安全。有關此類旅客於各航班的限制人數應洽詢航空公司訂位中心或各機場辦事處。

　　普通病患搭機時，運務主管可權宜決定是否需要監護人員：

1.病情並不嚴重者。

2.健康情形良好，僅係身體之缺陷而行動不便者。

3.醫師證明可以搭乘飛機，同時有能力照顧自己者。

第三節　囚犯

在各類交通運輸中，有時會有法院地檢署向警方或監獄借調羈押中的囚犯協助辦案，或憲兵單位押送逃兵至軍事法庭等運輸需求，對於機場運務處理類似案件的說明如下：

一、載運條件

載運犯人的航空公司必須要有相關憲警當局的保證信函。

二、押解條件

1.押解作業不應將行程事先公開。

2.若押解單位認為該旅客於航行途中無危險顧慮時，最少應有一名憲警人員隨行戒護押解運送，且一班正常班機只限兩人（詳細作業端視各航空公司之「運務手冊」為準）。

3.若押解單位認為該旅客於航行途中有危險顧慮時，最少應有兩人隨行戒護押解運送，且一班正常班機只限一人。

4.負責押解之人員，應全程監護負責其安全。

三、押解注意事項

對於空服員來說，若於服勤班機上有囚犯押解的案例時，應注意依據美國聯邦航空法FAR 108.21及FAR 121.575規定，在機上不可對囚犯及執法人員供應酒類飲料，供應膳食侍應品時也必須

先請示押解的憲警是否可提供給被押者，即便是獲得憲警同意，亦應避免提供有刀叉的餐具給被押者，以維飛安。然而，對於地勤人員來說，受理囚犯押解作業時必須注意：

1. 機場運務人員應確實掌握被押解者之相關訊息，如其身分、案情等，並確定該旅客本身及其行李在登機前已做過安全檢查，確認航機抵達目的地後，在將該旅客移交前不會有任何手續上的困擾情事發生。

2. 執法隨行人員之隨身武器必須依照規定辦理託運（後續章節將深入研討）。

3. 清艙時應通知空服座艙長（事務長），空服員於機上供餐前，應徵得押解人員同意，並不得供應被押解者及押解人員任何酒精性飲料，並將可能之危險物品（如刀叉）收起。

4. 為顧及一般乘客的負面心理反應，囚犯搭機時，應先登機後下機，亦即所謂的「FILO」原則（first in last out）。

5. 執法隨行人員及被押解者的座次安排不得靠近緊急出口，而且被押解者的行動必須受到憲警人員的監控及管制。

6. 押解者與被押解者，其座位應儘量安排在最後一排，並儘可能與其他旅客遠離。

7. 若憲警人員僅為一人押送時，則被押解者之座位應靠窗；若兩位憲警人員押送時，被押解者之座位應坐中間。

8. 被押解者在客艙上不得任意行動，包含如廁、用餐等均必須有憲警人員隨身戒護，以避免不必要的潛在風險。

第四節　孕婦搭機

　　根據IATA對孕婦（expectant mother）的定義，並非屬於「殘障或疾病患者」的類別，但孕婦在飛機上有早產或流產的潛在危險，依照IATA 1700(a)議案，孕婦如有下列情況，必須有醫生在搭機前七天內開具之證明，表示該孕婦可以搭機，運務人員才能受理訂位：

　　1.旅行在預產期前四星期以內者。
　　2.無法確定預產期、曾有多胞胎的生產、有難產的可能性。

　　IATA並建議航空公司不要受理在預產期前七天以內或生產後七天之內的孕婦搭機。這樣的限制主要是為了考量孕婦旅客在搭乘飛機時，可能因空中氣壓之改變而造成流產（尤其是越靠近臨盆期越危險）。現今大部分航空公司均依照IATA的建議案，制訂其孕婦受理訂位的程序，例如新加坡的航空公司規定不受理預產期前十六週的孕婦、美國的航空公司不受理預產期前八週的孕婦搭機。有關孕婦搭機的相關運務作業，運務員必須注意：

　　1.懷孕八個月（三十二週）以上之孕婦應具備下列文件方可接受登機：
　　　(1)適航證明：應在班機預定起飛前七十二小時，由航空醫學中心的醫師或其他民間醫院合格醫生簽字者方屬有效，其內容須包括下列項目：預產期、註明孕婦適於空中旅行、搭機日期及時段、其他應注意項目。
　　　(2)具結書：一式兩份，由孕婦或其配偶簽字後，第一份由

<<<<<<<<<<<<<<<<<<<<<<<<<<<<<<<<<<<<<<<<<<<<<<

啓程站保留，第二份隨機攜帶至到達站收執。

2. 孕婦若從外表視之，已明顯超過三十二週懷孕期，卻未備上述文件，直接至機場報到搭機，運務員應加以婉言解釋勸阻；若旅客堅持未超過八個月（三十二週），運務員亦無法獲悉旅客之真正懷孕週數或其他困難時，運務主管可按照孕婦之健康、精神狀態權宜決定接受與否。

3. 孕婦於分娩後七天內不接受搭機。

4. 懷孕雖未滿三十二週，但孕婦本身有流產、多胞胎及難產記錄等不正常狀況時，需以MEDA case處理。

第五節　需要輪椅的旅客

根據國際航空運輸協會（IATA）的規定，對於搭機過程中無法以自由意志行動而需要他人協助者，稱為「無自主性的旅客」（self-reliant）。如果「無自主性的旅客」搭機時，沒有隨行監護旅客，航空公司得拒絕其搭機。IATA把行動力受限的旅客劃分為WCHR、WCHS及WCHC三類，茲說明如下：

一、定義

針對病患或行動不便者之「無自主性的旅客」搭機時，航空公司運務員或地勤公司勤務人員需要協助他們搭機過程的「支援程度」，依嚴重性及協助程度分別定義為WCHR、WCHS及WCHC三類。說明如下：

1. WCHR：R是指機坪（ramp），旅客需要運務員或勤務員協助其從劃位櫃檯到機邊的輪椅服務，但旅客可以自己上下

>>>

圖6-1 航空公司免費提供病患或行動不便者專人的輪椅服務

資料來源：楊政樺攝於台北松山機場停機坪

樓梯且走到客艙座位上。WCHR的特徵是指旅客雖然可上
下樓梯，並做短距離步行，但像上下飛機等長距離時則必
須以輪椅代步。有關WCHR的接受條件包含：

(1)NON-MEDA CASE：包含癱瘓、斷腿或腳部永久僵硬或
　　殘廢、弱智、低智。

(2)MEDA CASE：

　　a.至少有一名醫師或護士陪同。

　　b.旅客若由家屬陪同，必須有醫生許可證明。

　　c.必須將陪同者位置排在該旅客之旁邊。

　　d.必須於七十二小時前訂位。

2.WCHS：S是指樓梯（stair），旅客需要運務員或勤務員協
　　助其從劃位櫃檯到登機門，且需要人員協助上下樓梯，但
　　可以自己在客艙內走動。WCHS的特徵是指旅客雖然無法

上下樓梯，需要他人協助，但其可在客艙內做短距離步
行。另外，其上下飛機等長距離時仍必須以輪椅代步。

3. WCHC：C是指機艙（cabin），完全不能行動的客人，除
了需要運務員或勤務員以輪椅協助其送至機邊，且必須依
靠人員協助上下樓梯，並必須由專人幫忙抱著或背著他至
客艙座位上。WCHC的特徵爲需要輪椅的旅客所需專人協
助的程度最高者，其本身非但無法步行，上下樓梯或在客
艙內步行均需他人協助。

有關上述三類IATA對行動力受限旅客的三種分類方法，普遍
被各航空公司所採用，作爲是否要有隨行監護的旅客才能接受搭
機的參考。另外，美國聯邦航空總署（FAA）把行動力受限的旅
客劃分爲四種類型，分別是：

1. ambulatory：可以自行短程行走的旅客，相當於WCHR和
WCHS的旅客。

2. non-ambulatory：旅客不能行走，相當於WCHC的旅客。

3. self-reliant passenger：旅客在飛行中能夠照顧自己，可以自
行進食，亦可藉助小輪椅使用洗手間，甚至緊急逃生時，
可自行爬行到逃生門，不需像嚴重殘障人士需要特別的照
顧。

4. non-self-reliant passenger：在飛行中不能照顧自己，包括進
食和使用洗手間。

上面的分類亦有其獨到之處，譬如以WCHC的旅客來說，可
能是self-reliant passenger，也可能是non-self-reliant passenger。如
果採取大部分航空公司採用的IATA規定，則WCHC的旅客因無法
行走（即使可以爬行），應視爲有安全顧慮（如在緊急逃生時），

>>

而要求有隨行監護的旅客，才能受理上機。在運送約款裏的規定亦有提到，旅客如有身心障礙使得其飛行會影響到自身和別人的安全或危險時，航空公司得拒絕搭載。然而，一九九九年的IATA運送約款裏規定，有關殘障人士的受理，則加了註解，即「有殘疾的人士，如於購票時即告知其情形和所需協助，而被受理訂位，則在搭機時，不會因其殘疾的情形和所需的協助而遭受拒絕搭機」（Passengers with disabilities who have advised us of the disability and any special requirements they may have at the time of ticketing, and been accepted by us, shall not subsequently be refused carriage on the basis of such disability on special requirement.）。

二、機場處理流程

1. 旅客報到劃位時，需詢問看似需要輪椅之客人是否自備輪椅或有同行者。
2. 必須先知會運務員或空服員輪椅旅客人數及座位，俾便安排。
3. 需要告知旅客下一航段續程站以利作業。

第六節　盲人及耳聾之旅客

一、盲人（blind）

在航空運輸對盲人的界定係指其本身是一種殘障，屬於永久性之殘障，而非因疾病導致的短暫視力障礙；如果是因為疾病而導致眼睛失明者，可視為MEDA case辦理。盲人如有正常成人隨行陪同，則「理論上」每一班機上的盲人搭機人數並無限制。唯

每一成年可監護兩位盲人。獨行的盲人，因無隨行者，在緊急逃生時會造成逃生動線的延滯，如果人數太多，可能造成機內逃生時的慌亂，因此，對於獨行盲人，在每一班機上有人數限制的必要。然而，爲顧及殘障保護法的法律精神和規定，有些航空公司並未作人數上的限制。

搭乘國際航線的盲人如攜帶導盲犬，則可視爲「非獨行盲者」，但犬類在客艙有其數目上的限制。導盲犬並非一般寵物，而是有專門訓練而成爲導盲犬（guide dog、seeing-eye dog）。若導盲犬因有其特殊用途而被航空公司允許不需放置於籠內（實際規定端視各航規定），其體積重量也往往不需受限於客艙寵物的嚴格規定，但導盲犬必須繫有牽帶、戴有口罩（但有些國家規定不能戴口罩），並需注意下列事項：

1.國內航線決定收受導盲犬的先決條件是必須持有該犬之「使用者證」或「結訓證書」。國際航線除需具備前述證書外，另需按照一般寵物進出口規定辦理「進出口證明」及「檢疫證明書」。

2.若盲人旅客事先訂位，應提醒旅客搭機時所需準備的證明文件，並於備註欄加註「導盲犬」、guide dog或seeing-eye dog字樣，俾便運務現場人員事先安排座位。

3.若盲人攜帶導盲犬辦理報到劃位，應將旅客安排在逃生門前、後排靠窗座位，原則上導盲犬不佔座位且需立於視障旅客座位之兩腳間，但若在未客滿的情況下，應儘量保留靠走道位置，讓導盲犬及旅客更舒適，並注意不得安排於逃生門座位旁。

4.盲人若有人陪同，機場則需注意將其陪同之人的座位保留在旅客身旁，若無人陪同需注意保留離出口較近的座位，

>>>

圖6-2 攜帶導盲犬的旅客至運務櫃檯辦理報到劃位

資料來源：楊政樺攝於高雄小港機場立榮航空櫃檯

以便運務員的護送。

5. 航空運輸係將導盲犬視為盲人身體的一部分，因此不以活生動物託運的計費標準收費，這個項目是免費的。

6. 除非得到主人的允許，否則值勤的運務員或勤務員不得逗弄或觸摸導盲犬。有必要由公司派員為盲人指引方向時，必須立於盲人右邊（導盲犬的位置在左邊），讓盲人的手搭在服務人員的肩上或左腕上，口頭指引方向時，用的是時針進行方向，例如正前方為十二點鐘方向。

7. 導盲犬不能在客艙上遊走，需坐臥於主人腳邊、不能放置於椅子上。

8. 在客艙不能餵食導盲犬（但可飲水）。

9. 在長途飛行的班機，導盲犬最好放置於籠內，並置放於貨艙。

10. 不要讓導盲犬在航廈電動走道上行走，以免腳趾夾住，徒

生困擾。

11.在客艙必須備有鎮靜劑，以備導盲犬焦躁不安而吠叫時使用。

12.在客艙必須出具合格訓練機構完訓之引導犬證明，以備空服員查詢。

13.在客艙必須備有地毯類吸濕性強的物品讓導盲犬坐臥。

14.原則上，導盲犬需戴妥口罩，繫妥狗鏈，以維安全。

最後，若在運務櫃檯受理沒有成人陪伴或攜帶導盲犬的盲人旅客時，則必須符合下列情況才可接受其報到劃位（實際作業狀況端視各航運務規定）：

1.盲人可以自己走動，且登機時不需特別注意，並可照料自己。

2.盲人出發點及目的地都需有人接送。

3.盲人必須於七十二小時前訂位並於訂位前與公司各機場辦事處聯絡所需證明及相關規定。

二、耳聾旅客（deaf）

所謂「耳聾旅客」是指旅客聽覺完全受損，運務作業上可視為無行動能力的旅客。運務員於櫃檯若受理耳聾旅客報到劃位時，應知會登機門的運務員在其登機時務必提醒該旅客，並引導其登機。而該航班的空服員也必須被告知機上有耳聾旅客，以便在緊急狀況時，能夠給予「特別的注意」，讓其瞭解狀況，以配合機上服務人員的指示與要求。值得一提的是，部分航空公司會要求耳聾旅客於七十二小時前訂位，另搭機所需證明及相關規定應事先洽詢該航空公司訂位中心或各機場辦事處。

圖6-3　雖然航站大廈內的電動走道便捷舒適，但攜帶導盲犬的旅客應避免讓導盲犬在電動走道上行走，以免腳趾夾住而徒生困擾

資料來源：楊政樺攝於關島國際機場航站大廈內候機室

第七節　要求特殊協助的旅客

一、需要使用氧氣的旅客

　　以一架波音B757-200的噴射客機來說，它是由二十至四十萬個零件所組成，要維持完全無故障的狀況是非常困難的任務。現代的飛機設計多高於美國聯邦航空法FAR 25對飛機安全飛行的最低需求下限規定，以此邏輯來說，若部分飛機設備故障時，如果仍符合FAR 25的規定，則理論上屬於適航且安全的。除此之外，

有些航線並不需要一些特殊的設備（如東南亞航線因該地區氣候
溫和，就不需雪地飛行的機翼除冰器），當其故障時，若加以適
當的操作限制，則仍可視爲適當且安全的。這是廣爲ICAO及FAA
（美國聯邦航空總署）所接受的觀點，簡言之就是帶故障飛行制
度的《最低裝備需求手冊》（Minimum Equipment List, MEL）的
主要意涵。此MEL經民航局規範後，被登錄於各航空器的「航務
手冊」（Flight Operation Manual, F.O.M.），以備機長在航空器某
一儀表裝備或系統失效時，可供機長從事應否接受飛航或中途降
落後繼續其飛航的決定。

　　民航局依據MEL於機上裝備的規範中，對於飛行時可能遇到
緊急狀況的氧氣瓶需求也有所要求。簡言之，機上配置的氧氣瓶
應以飛航中緊急情況時使用爲原則，航空公司組員不得擅自挪作
他用。若旅客有需要於飛行途中使用醫療用氧氣者，除非旅客能
備有經美國聯邦航空總署（FAA）認證之特殊機上醫療用氧氣
瓶，否則旅客不得自備氧氣，而必須於訂位時就事先聲明需要使
用氧氣，由航空公司事先準備醫療用的氧氣瓶。除非是機上臨時
發生緊急狀況，否則依據MEL所規定配置的氧氣瓶是不輕易使用
的。

　　若旅客需要醫療用的氧氣瓶，至少要在班機起飛前七十二小
時提出，否則航空公司不予受理。旅客開票時要一併繳交氧氣瓶
使用費給航空公司，假設旅客有訂氧氣瓶但行程結束時並未如預
期使用到，則航空公司可以「雜費支付書」（The Miscellaneous
Charge Order, MCO）退費給旅客。對航空公司而言，任何非機上
核可之任何氣瓶一律禁止於機上使用，甚至旅客託運的氣瓶也必
須事先將之洩氣（壓力）後，並將調節閥開關放至全開後，始可
置於下貨艙。若航機於地面或滑行中始發現乘客攜帶私人的氣瓶
上機，航機也將停止起飛滑回處理。若於飛航中始發現前項所述

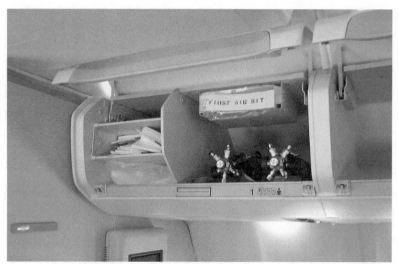

圖6-4　民航局依據MEL對於機上裝備的規範，要求航空公司於客
　　　　艙上裝設因應緊急狀況所需的氧氣瓶

資料來源：楊政樺攝於遠東航空公司波音B757-200客艙

情形，空服員應立即通報機長，並視同危險物品，以毛毯或厚物
包裹後，置於後方機門的餐車內（以遠離駕駛艙爲原則）。爲何
航空公司除了不受理旅客自備氧氣瓶外，還那麼愼重地看待氧氣
瓶，好像它是什麼洪水猛獸？事實上這是基於安全考量，過去國
外曾經發生過幾起重大空難都與客、貨艙起火有關，氧氣具有易
燃性，容易引發爆炸，航空公司不能不愼重處理。即便是飛機上
的氧氣瓶或滅火瓶，也都與市面上的同類產品不同，機上的這些
氣瓶都已經經過高空中的壓力處理及檢查核可。

　　最後，運務員於實務操作時，對於在訂位時或登機前即要求
使用機上氧氣瓶之旅客，未依作業規定，不具備必要條件者，在
地面劃位時便應婉拒。

二、使用擔架之旅客（stretcher）

因於在機上安裝及拆卸擔架工程約需耗費各兩小時（一人作業所需工時），故某些國籍航空公司基於國內航線turn around的時間僅約半小時的情況下，原則上以地面停留時間短促、無充裕之時間裝置擔架之理由，不提供此項服務。而對國際航線來說，通常基於擔架旅客上下機艙及其他旅客心理舒適等因素考量，通常是將擔架統一安裝於客艙右側之最後三排座位上，連同擔架本身共計使用九個座位。因此實務上航空公司會希望不管去程或回程使用擔架，都必須在公司的機位數許可時才接受此類旅客。

因為處理擔架旅客，航空公司各線上作業單位需要準備時間，因此旅客至少需於出發前五天向公司訂位，於出發前三天取得醫生證明、適航證明等，且必須支付所使用座位數的成人單程全額票（包含連同病患旅客及一名陪同人員及擔架置放區位，經驗上約使用九個座位），而關於該旅客的免費託運行李額度則端視旅客所購買的機位數而定（例如支付九個機位的票價，則給予九名旅客的免費託運行李額度）。

三、需要救護車之旅客（ambulance）

1. 如果是由旅客自行安排的救護車，則需協助辦理其通行證。
2. 如果是因飛行途中發生意外導致需要救護車，則由公司代為安排航空站或就近醫院之救護車。處理情形需立即以異常事件報告回報總公司。
3. 就一般情況而言，航空站之外的救護車必須由旅客自行安排、付費。

四、獨行孩童（UM）

「獨行孩童」是指兒童單獨旅行，並無大人隨行。航空公司在接受獨行孩童時，必須承擔極大的風險。因為獨行兒童如無隨行人員照顧，旅途中可能會發生不能預料的事故。為了防範此種潛在的風險，航空公司必須制訂完善的作業程序，以免發生差錯。

獨行孩童在搭機途中，雖有其風險和作業的難度，航空公司仍然樂於受理並給予殷切的照顧。航空公司如能妥善照顧這種獨行孩童，可顯示航空公司的服務水準，並提高公司形象。有關實務上對機場的運務操作程序如下：

(一)定義

雖然IATA將兒童（child）的年齡界定為兩歲以上、十二歲以下，但對於獨行孩童搭機的年齡限制因考慮到承擔風險的不確定因素，通常視各航空公司規定而有較嚴格的調整，茲分述如下：

1. 雖然在航空客運對「兒童」的年齡界定是從兩歲到十二歲，但航空公司考慮年齡太小的孩子獨自搭機的不可控制因素較大，因而有航空公司將UM界定於五歲以上、十二歲（含）以下之兒童，搭機時無成人陪同者。但亦有航空公司將UM定義為四歲以上、十二歲（含）以下之兒童，搭機時無成人陪同。有關UM年齡的界定標準應端視於各航空公司「運務手冊」的規範。

2. 對十二歲以上、十五歲以下之單獨搭機或陪同者未超過十五歲者而言，雖已超過IATA對兒童年齡的界定標準，但如其家長有特別要求，可在購買成人票的前提下，運務作業仍可權宜依UM方式操作。

3. 凡有下列情形之一者，亦視該兒童為單獨旅行者：陪同者

之年齡低於十二歲者；陪同者與兒童所登機或下機之地點不一者；陪同者艙等不相同者。

(二)接受範圍

1.一般而言，航空公司僅接受滿五足歲以上、十二歲（含）以下之兒童，五足歲以下之兒童必須有成人陪同方可登機。

2.兒童若患有法定疾病則需持有適航證明，證明其健康狀況適於空中旅行，並註明其未感染任何傳染病。

3.國內航線每班次至多只接受四位單獨旅行兒童，國際洲際航線不得超過三十名，且UM人數超過十人，需加派服勤人員專責照顧。

4.旅客至少需於出發前四十小時完成訂位。

5.原則上，機場不接受go-show UM（未經訂位而直接到機場櫃檯劃位者稱為go-show）。

(三)機場運務處理程序

對於UM的機場運務處理程序簡述如下：

1.兒童之父母或合法監護人必須陪伴兒童至機場，直到其班機起飛為止，以防異常狀況之發生，且需在班機抵達時有人接送。

2.運務部門於接受該兒童報到時，應先檢視UM信封內之各項文件是否齊全，將UM的標幟牌配掛於兒童之胸前，並於其手提及託運行李上加掛「UM行李牌」，以利作業人員識別；完成報到手續後，應指派專人協助通關、優先登機並與客艙長交接、簽收UM信封等各項相關資料，待班機起飛後發電報或電話告知轉機站或目的地站接機、通關。

3.兒童之父母或合法監護人必須在「獨行孩童委託具結書」填寫資料並簽名，及詳告運務員此孩童到目的地後由何人來接機。

4.運務承辦人員不得安排UM位於緊臨逃生門之座位，應安排靠近洗手間或廚房附近等空服員便於就近看顧之前排區域座位，並儘量不要安排位於男性乘客之鄰座。

5.抵達目的地時，運務人員欲將獨行孩童送交其家長或監護人，必核對其證件，如迎接者未帶任何證件，則需看其孩童之反應是否為熟悉之人，或試問電話號碼或其他資料等，需確認後，方可將孩童交予迎接者。

6.如班機抵達目的地時無人來帶領此獨行孩童，則抵達站應需確認後，方可聯絡迎接孩童之人，如無法聯絡此人，則立即通知載送孩童上飛機之監護人負擔孩童於等待期間內所發生的一切費用，並告知孩童應如何處置，如決定將孩童送回起程站時，則與起程站地勤人員聯絡。

另外，在此值得特別一提的是，前述航空公司要求UM之父母或合法監護人必須簽署的「獨行孩童委託具結書」，本身只能算是「同意書」（declaration），而非「免責書」（consent and release）。有些航空公司係用「免責書」，以條文內記載若干免除運送期間任何航空公司的法律責任（agree to release the carrier from any and all liabilities），其實是不合法而無效的契約條文。除此之外，基於風險管理的考量，若此獨行孩童的行程有中途轉機時，某些航空公司（例如英國航空和長榮航空），對轉機的停留時間設有門檻值的限制，以免轉機時間太長而發生無法預料的意外事故，譬如：

1.當日轉機，停留不超過四小時。

2.轉機時間如超過四小時，或轉機需改由不同機場搭機，或
搭機班機在隔日而需過夜時，其父母或監護人必須安排專
人接送（註：若有專人接送，就不屬於獨行孩童的討論範
圍了），否則不接受訂位。

五、嬰兒及孩童同行的家庭

(一)定義

1.嬰兒（INF）：小於二歲且有大人陪伴，並考量剛出生的嬰
兒因肺泡尚未成熟，存在搭機時的健康風險，因此航空公
司不接受剛出生十四天以內的正常嬰兒搭機。

2.兒童（CHD）：二歲以上十二歲以下稱之為兒童，且需有
大人陪同負責照顧。

(二)條件

1.有些航空公司基於因安全上的顧慮，規定一個成人至多只
能帶一個嬰兒；有些航空公司則規定一個成人最多只能帶
兩個未滿兩歲的嬰兒，但其中一個必須大於六個月，且只
有一個嬰兒可享有10%成人的票價（無任何免費託運行
李），另一嬰兒則需買一個CHD的座位，即國際線67.7%
或國內線50%的全額票價（可享一般之免費託運行李）。

2.嬰兒及兒童的機票皆需註明出生年月日。

3.一個成人最多只能帶三個兒童，且皆必須大於兩歲，其中
一位必須大於五歲。

4.嬰兒的座位通常安排於備有嬰兒睡籃及額外之氧氣面罩之
座位，原則如下：

(1)盡量保留搖籃給攜帶嬰兒之旅客。

(2)當班機訂位不滿時，儘量將嬰兒鄰近的座位保留起來。

(3)若為多航段班機而座位未滿時，應保留嬰兒座位供下一站使用。

(4)儘量安排同行旅客坐於攜帶嬰兒旅客左右，以避免吵到其他旅客。

(5)若是國內航線，則由於飛行時間太短，故大部分國籍航空公司多無供應搖籃、尿布等服務。

六、transit/transfer passengers（過境／轉機旅客）

(一)過境／轉機旅客界定

國際航線之旅客於行程中因無直飛班機（或該班機於中途點停留）必須於某航點作一短暫停留後再繼續其行程，此種旅客稱之為「轉機旅客」，機場櫃檯運務員於處理過境旅客之劃位工作時，應儘量安排於同座位區塊。除此之外，轉機旅客因其班機編號之變更與否又區分為「原機過境旅客」（transit passengers）和「過境旅客」（transfer passengers），界定如下：

■原機過境旅客

同一班機編號之班機，因某些需要（如加油、裝卸客貨）而必須於某點停留一段時間後繼續其行程謂之。

■「過境旅客」

旅客因行程需要必須於中途點作一短暫停留，爾後搭乘「另一班機編號」之班機繼續其行程，不論飛機是否更換，如旅客由台北搭機到曼谷，再轉搭另一航班到加德滿都。

(二)過境卡及監護卡

機場櫃檯運務員於處理過境旅客之劃位工作時，應儘量安排於同座位區塊。除此之外，國際航線運務作業對於轉機或過境旅

客，較常使用下列兩種卡：

■transit card（過境卡）

　　過境卡原先之使用目的爲多航段之過境班機於中途營運點停留時，發給下機休息之旅客使用。旅客可於中途點離開同一班機編號之航機，下機休息，並於一段時間之後，返回原班機編號之航機，繼續未完成之行程。

　　【例】BR061　　TPE → BKK → VIE → PAR

　　　　　BR061之班機於BKK及VIE兩個中途點，旅客可下機休息，並換取過境卡；再度登機時，可以此卡直接登機。

　　過境卡一般使用於航機短暫停留時，旅客需下機，但不需通過移民局時使用。諸如：

1.過境班機。

2.班機回航（班機短暫停留，且不需出關）。

3.班機轉降本站（班機短暫停留，且不需出關）。

4.班機延誤，旅客必須下機等候（班機短暫停留，且不需出關）。

　　並非每一個國家過境旅客均不需再次經過安全檢查，需視該國法令及航站設計而定。原則上，我國中正國際機場持用transit card之旅客不需再次通過安全檢查，可直接登機。

■escort card（監護卡）

　　監護卡使用於班機因特殊狀況被迫延長時間停留本站時，旅客需通過移民局前往其他地點停留或休息，俟事件處理完畢後，旅客仍將搭乘同一班機編號之班機繼續旅行時使用。其主要目的作爲旅客護照託管於航空公司之一種憑證，並藉以通過移民局及安全檢查線。

監護卡一般使用於航機長時間停留時，旅客需下機，且需通過移民局時使用。諸如：

1.班機回航（旅客需通關）。
2.班機轉降本站（旅客需通關）。
3.班機延誤，旅客必須下機等候（旅客需通關）。
4.其餘之各種班機異常狀況。

因本地法令規定，站外監護旅客其護照必須交由航空公司人員代為保管，故使用escort card時必須一式兩份（必須寫上相同流水號），一份交旅客留存，另一份由航空公司人員置於代管護照內；俟旅客返回機場後，收回旅客留存部分，將旅客護照交還旅客。

七、年長之旅客

航空公司基於班機準點率及整體服務品質考量，通常會期望搭機的老人需要有良好的健康狀況，否則應有人陪同。如果旅客僅因年紀大無法步行太快而需要輪椅或要求特別注意（無任何疾病者），亦可於訂位時告知訂位人員事先從事安排，俟該旅客報到劃位時，將由勤務人員提供專人的輪椅服務。

八、身心障礙之旅客

基於對人權的尊重，世界各國的國際機場在設計時多有考慮提供身心障礙之旅客無障礙的交通環境，包括導盲磚、斜坡道、輔助性欄杆、引導扶手、專用停車場、專用電梯與電話、專用廁所盥洗室……等。甚至有部分機型（如波音747-400），客艙內還設置殘障人士專用，空間加大，設有扶手、隔簾、可按鈕調整高度的盥洗室。

<<<<<<<<<<<<<<<<<<<<<<<<<<<<<<<<<<<<<<<<<<<<<<<<

　　各航空公司基於飛安的整體考量，對於身心障礙者搭乘民航機，會依據其機型、座位數、逃生門數量及空服員人數，遵照FAA、ICAO及民航局在九十秒內完成緊急撤離之規定而有所限制。若航空公司對於旅客身心狀況有疑慮者，亦可要求其出示合格醫師簽署之適航證明及簽署切結書，以做為判定是否接受其搭機的依據。若干國籍航空公司基於人道考量，在check in後會安排專人推送輪椅協助其登機，且持有殘障手冊者尚可享有半價優惠，班機客滿時，候補登機以殘障旅客為第一優先。甚至部分美國國籍的航空公司還提供陪同殘障旅客者一張免費機票或相同享有半價優惠，以給予其適當的協助。

　　然而，對於需要監護人或需有人陪伴搭機之身心障礙者而言，為確保飛安，不論旅客是否持殘障手冊搭機，凡無法自行登機及坐立、下肢肢障、智障，與無正常人陪同之盲障旅客及依靠

表6-1　國內線各航空公司各機型接受無自主行動能力者搭機人數

航空公司	機型	每班機平均總座位數	逃生門數	空服員人數	接受有必要陪伴者之無自主行動能力者搭機人數
遠東	MD-82/83	150	4	4	4
	B-757	200	6	6	6
復興	ATR-72	72	2	2	1
	A-320	162	4	4	4
	A-321	194	8	4	4
立榮	MD-90	155	5	4	4
	DASH-8-300	56	3	2	2
	DASH-8-200	37	4	1	1
華信	B-737-800	158	6	4	4
	FO-100	109	6	3	3
	FO-50	56/50	4	2	2
	SAAB-340	36	4	1	1
	DO-228	19	2	0	0

資料來源：台北市航空運輸商業同業公會

輪椅行動之病傷患旅客，其總人數應不超過空服組員人數，其目的為緊急逃生時可予適當之協助。目前國內線各航空公司各機型接受無自主行動能力者搭機人數如**表**6-1。

九、酒醉之旅客

　　在空中服務過程常見的「旅客情緒失控」個案比例最高的就是「酒醉之旅客」了。從人類文明史的發展來看，酒與人類似乎具有某種程度的高度關聯。究其原因，酒可能在人類的生活文化及生活習俗裡代表著敬意、謝意、祝福及歉意。在宗教信仰上是祭品；在醫療上是藥劑；在社交上是贈品；在休閒或賞物時是舒情劑，因此酒在獨自一人時會喝，在多人聚會時會喝，但喝多了就容易出事。從醫學角度而言，酒精性飲料中的乙醇會經消化器官直接浸透於血液中麻痺神經，導致失去自身行為控制。

　　從陸運的角度而言，在道路交通事故中因喝酒駕駛汽車失控而導致死傷事故的案例層出不窮，我國道路交通管理處罰條例第三十五條明文規定，汽車駕駛人因酒精濃度過量而肇事致人受傷者，吊扣其駕駛執照一年；致人重傷或死亡者，吊銷其駕駛執照，並不得再核發。

　　而從空運的角度來說，眾所周知，隨著飛行高度的增加，酒精所產生的影響也會隨著增加。除了高空中對酒精影響的關係外，伴隨飛行時的焦慮、狹隘座艙空間的不適、時差、客艙中較低的氧氣濃度以及酒精所造成的脫水，常會造成旅客情緒失控，讓空服人員疲於奔命。除了旅客外，負責飛航任務的前、後艙組員也被要求值勤前不得飲酒。美國聯邦航空法規FAR 91.17規定任何人喝了含有酒精成分的飲料在八個鐘頭以內，或血液中酒精濃度等於或超過0.04％，禁止駕駛民航飛機。我國的民用航空運輸業固定翼航空器飛航作業管理程序第七十五條也規定：「民用航空

局得以定期或不定期方式對航空器所屬相關飛航作業人員（包括
駕駛員、空服員、簽派員及線上維修人員）實施麻醉藥物及酒精
檢測，檢測不合格者，不得從事相關飛航作業。前項之檢測標準
如下：1.麻醉藥物檢測：尿液樣本反應需呈陰性；2.酒精濃度檢
測：血液中酒精濃度不得超過0.04％。」而除了以尿液、血液測
試之外，目前航空公司多以吹嘴式微電腦酒精測試吹管從事抽
測，而抽測記錄依民航局規定，至少應保存十二個月以備查驗。
根據民航局的規定：「飛航組員酒精含量呼吸檢測（E.B.T.）超
過0.2毫克／公升者，不得擔任當日飛行任務。」是故，目前若干
國籍航空公司組員手冊空勤組員生活行動須知多有規定：「任務
組員於任務前二十四小時以內不得飲酒。」

　　然而，除了基於公共安全對航空公司飛航組員所從事的飲酒
限制外，較讓航空公司頭痛的仍是某些酒醉旅客在機上的空中暴
力事件。對於此類事件，雖事後法律制裁可收部分嚇阻效果，但
有鑑於這些暴力事件發生之地點已不限於座艙中，而發生之次數
與頻率愈來愈高，且事件傷害亦日趨嚴重，因此釜底抽薪的做法
是在報到劃位時就婉拒這些有潛在危險性的酒醉客人登機，以維
公共安全。茲於後簡述機場運務實務角度的處理程序：對於航空
運務作業來說，如果旅客受到酒精、藥物或其他麻醉性物品影
響，而明顯造成旅客不舒服或不方便時，基於飛航安全及其他旅
客旅途舒適性的考量，將不接受其搭乘。然而，酗酒旅客的界定
標準為何？運務員應該如何判定？通常，喝醉酒的旅客若出現下
列明顯之舉動時，將不允許搭乘本公司之班機：

　　1.酒氣衝天、語無倫次，無故喊叫或影響其他旅客。

　　2.容易與旁人發生爭吵。

　　3.需由航空公司人員特別協助，如攙扶或接送時。

　　雖然公司的原則是不受理酗酒旅客搭機，但運務員處理時一定以E.Q.情緒管理掌握以下兩個原則，方能降低進一步的困擾：

1.面帶笑容，以禮貌及正面態度對待被拒絕之旅客。
2.如發生此類拒絕載運之情形時，航空公司主管必須在事情確認後才採取告知之行動，應謹慎及有技巧地告知旅客或同行者此種決定。

第八節　MEDA CASE

　　因旅客之本質或身體健康因素，在搭載運送時（包括機場地面服務、登機、下機、飛行旅程中及急難時疏散），航空公司職員必須較一般旅客給予更多之注意或特別服務的特殊旅客，以「無行為能力旅客」居多。所謂「無行為能力旅客」（incapacitated passenger）的處理，通常是指：

1.身心狀況或健康情形不佳，需要特別個人照顧的旅客。
2.永久性傷殘的殘障旅客，如關節炎者、耳聾者、失明者、中風或部分中風者，及暫時無行動能力者，比方說剛剛動過手術者、骨折者、剛生病者……等，均稱為「無行為能力旅客」。

　　由於航空公司的員工並非專業的醫務人員，對於某些特殊狀況必須依賴具有專門醫務能力的醫師來判斷是否合適於空中旅行，以避免損及旅客本人之健康及對其他旅客產生影響。亦即，對於此類牽涉到醫療考量的運送案例，必須從事「醫療上的澄清」（medical clearance）。

有關「醫療上的澄清」之旅客，其判斷標準如下：

1.可能影響到旅客本人健康之狀況。

2.可能影響到其他旅客或組員之健康狀態。

3.可能影響到其他旅客之觀感或有異味之產生。

實務上，此類操作必須由督導以上的主管授權處理。然而，何謂MEDA case？（註：MEDA case為medical case之航空電報常用語）

一、視爲MEDA CASE之情況

需要具備醫師證明者。即生理疾病病情重大或是永久性殘障，甚至無法移動的旅客，諸如：

1.旅客患傳染性之疾病，如天花、德國麻疹、麻疹、腮腺炎、猩紅熱。

2.旅客有不尋常的行爲或其身體狀況可能會對其他旅客或組員產生不好的影響。

3.旅客可能會造成班機隱藏性的危險，如造成班機轉降或非表定時間之降落。

4.飛航途中，旅客必須仰賴特殊醫療器材或醫護者，或必須注射藥物、使用氧氣瓶等。

5.無法使用豎直之椅背，如使用擔架之旅客（STCR）。

6.本次搭機可能造成醫療情況惡化者。

7.WCHC case在航程中旅客無法自我照應，必須仰賴他人協助者。

8.具預產期四至八週，持有醫師適航證明文件之孕婦。

二、MEDA CASE之接受條件

(一)MEDIF FORM

　　請其醫師填寫旅客之相關徵狀、目前之狀況及其他相關之資料，兩個月內之MEDIF Form皆屬有效，但必須於班機起飛前三天提出。有關MEDIF Form的範例如**表6-2**及**表6-3**。

　　為了讓航醫中心及各公私立醫院的醫師們於受理病患旅客申請適航診斷書時有判斷準則，航空公司通常給予主治醫師於開立相關證明的指南如下：

1. 請醫師留意下列四項機艙內之環境，以為診斷病患是否適合飛行旅行時之參考資料：(1)氧氣較地面稀薄；(2)艙內氣壓較地面為低；(3)會輕度搖動或振動；(4)病患周圍有其他乘客。

2. 通常，病患有下述情況將不適合飛行旅行：(1)嚴重心臟病，如嚴重心臟衰竭、致發紺的心臟病或心肌梗塞（通常心臟病發作六週內不適合飛行旅行）；(2)出生十四天內之嬰兒；(3)距預產期四到八週之孕婦（需由醫師於三天內簽署的適航證明始可搭機）；(4)血紅素低於正常值50％（8g/dl）以下貧血患者；(5)嚴重中耳炎併耳咽管阻塞者；(6)曾患自發性氣胸或最近接受充氣腦室攝影檢查者；(7)縱膈腔腫瘤、巨大赫尼亞、腸阻塞、頭部受傷併腦壓上升或顎骨骨折接受上下顎間固定手術者；(8)對他人或自己有傷害之虞之精神異常、酒精或藥物中毒者；(9)手術或生產尚未完全康復者；(10)患脊髓灰質炎未滿三十天或患延髓部灰質炎者；(11)感染或懷疑感染下列疾病：霍亂、傷寒、副傷寒、班疹傷寒、痢疾、天花、猩紅熱、白喉、鼠疫、流行

表6-2　MEDIF Form的範例（英文）

餐旅航空公司
NKHC Airlines
Medical Information Sheet
MEDIF

To Physician

Having read the statements and the guiding principles described in this form, I diagnose that this passenger is medically fit to undertake the intended journey by airs non-infectious and has no malady which might cause distress, inconvenience or embarrassment to other passengers.

Address：
Physician's Name：
Telephone：
Date：

表6-3　MEDIF Form的範例（中文）

餐旅航空公司
NKHC Airlines
Medical Information Sheet
MEDIF

主治醫師適航診斷書

本人依照此診斷書內容所記載事項及參考資料診斷，證明該旅客可搭乘所訂班機而無礙其行程，並且該症狀無傳染性和對其他旅客不會構成不便或困擾或危害等情形。

醫院全銜名稱：
醫師簽名：
醫院地址：
醫院電話：
日期：

性腦膜炎、日本腦炎、開放性結核病及其他流行病；(12)患有傳染性或會引起他人不愉快之皮膚病患者；(13)嚴重之喀血、吐血、血便、嘔吐或因病呻吟者。

(二)需有陪同者

MEDA case 必須有一位陪同者，其資格限制如下：

1.陪同者必須為行動方便者。

2.必須在緊急情況下，有能力幫助此旅客者。

3.陪同者在整個行程中，都必須在此旅客身邊照料。

4.陪同者必須瞭解旅客之身體狀況，並提供協助。

5.陪同者必須沒有其他的任務，如照顧小孩等。

(三)MEDA CASE之機場處理程序

1.機場之運務員必須確定旅客是否具備MEDIF Form，MEDIF Form兩個月內開立的皆可接受，且必須於班機起飛前三日提出，但如旅客有明顯惡化之現象，在班機起飛前，場站主管有權利要求旅客重新開立。

2.請旅客或其陪同者填寫具結書。

3.MEDA case至少需於三天前訂位，機場不接受臨時報到之旅客。

4.必須知會客艙長MEDA case旅客之人數及狀況。

(四)NON-MEDA CASE之情況

不需要醫師證明者。一般性輕微的生理疾病或殘障患者，在飛行途中可自行照顧自己的旅客（例如可走動的旅客、具有獨立照顧自己能力的旅客）。

1.屬於永久性之殘障，但可照顧自己者：如盲人或耳聾者、

‹‹‹‹‹‹‹‹‹‹‹‹‹‹‹‹‹‹‹‹‹‹‹‹‹‹‹‹‹‹‹‹‹‹‹‹‹‹‹

語言障礙者、小兒麻痺者、下半身癱瘓、四肢萎縮不全、弱智。

2.輕度骨折，遇緊急情況時可自行至逃生門。

3.持有醫師適航證明文件之孕婦，離預產期尚有四週以上，且健康情況良好。

4.健康老年人。

5.本次搭機不會造成情況惡化，如關節炎、義肢或氣喘。

6.持有效之FREMEC（frequent travelers medical card）。

(五)需有陪同者之情況

在飛行途中無人協助及無法照料自己之無行為能力旅客，則需有專業人員陪同，如協助上廁所或用餐事宜。

一般情況之MEDA case皆需有人陪同，除非具備醫生證明其不需協注意可自行照料（包括上廁所或用餐）。下列所述情況原則上皆需有專業人員陪同：

1.擔架旅客。

2.無法自行於機艙內走動之輪椅旅客。

3.智能障礙之旅客。

4.精神病患者。

5.MEDA case。

(六)限制人數

為了飛航安全、技術及作業需要，每航班之無自主行為能力的旅客均需視機型、空服組員人數，而有對載運此類旅客的人數限制（可參考表6-1）。

第九節　STPC旅客（passenger expense en-route）

　　有時旅客所欲從甲地到乙地的旅程無直航班機，而必須先由起程站甲地到轉機站丙地，再透過丙地轉機到目的站乙地。如果旅客透過丙地的轉機行為不是旅客主觀上的願意，只是因為他所選搭的這家航空公司在甲地到乙地之間並無直航班機，因此不得已而為之，我們稱為「非自願轉機」。但實際上，部分非自願轉機的案例常發生轉機時間很長的窘境，甚至會產生過夜的情形，或早上到卻轉晚上的班機，而中間又沒有其他可轉的班機。航空公司除了優待這些願意接受此種不便利轉機的旅客之外，為了爭取與其他有直飛甲地到乙地的其他航空公司競爭的機會，通常會吸收旅客於丙地轉機所發生的飯店餐飲休憩費用，對於這種針對非自願轉機旅客的運務處理我們稱為STPC。

　　所謂STPC為stopover on company's account、layover at carrier's cost或passenger expense en-route之意，亦即非自願轉機旅客之費用招待。STPC的其前提為stopover或layover，在意義上與一般的轉機旅客因其班機編號之變更與否又區分為「原機過境旅客」和「過境旅客」是不同的。舉個例來說，某位旅客搭乘長榮航空公司班機從LAX - HKG，其中途必須於TPE轉機，該名旅客有兩個選擇：

1. 搭LAX － TPE（早上05:00到達）轉TPE（早上07:00起飛）－ HKG：在這種情況下，因轉機時間只有兩小時，就沒有STPC之產生。
2. 搭LAX － TPE（晚上21:00到達）轉TPE（早上07:00起飛）

＜＜＜＜＜＜＜＜＜＜＜＜＜＜＜＜＜＜＜＜＜＜＜＜＜＜＜＜＜＜＜＜＜＜＜＜＜

－HKG：在這種情況下，如果旅客爲非自願過夜轉機，便產生STPC。當然，如旅客是故意的，但航空公司人員不知情，便會以STPC方式招待之。

　　再舉個例子：某位旅客由舊金山欲至菲律賓馬尼拉，全程皆搭長榮航空公司的班機，但他必須至台北轉機。若轉機時間允許，則可於抵達台北之後立即轉搭當日之班機至馬尼拉。此時，航空公司就不必負擔所謂STPC費用。但是，因爲航空公司航點眾多，因此轉機旅客並非均可當日轉至其目的地航點。此時，若轉機乘客必須於轉機點停留時，則必須由航空公司安排住宿膳食等，此時即有STPC費用發生。爲了避免STPC的發生案例頻仍，造成航空公司成本負擔，因此航空公司於安排班表時均會考慮到相關轉機之方便性。因此，讀者可以參考華航或長榮於台北之班表，美國線抵達台北之時間大部分爲早上，往東南亞起飛時間亦爲早上，如此由美國欲往東南亞之乘客均可於當日轉機，不僅可減少STPC費用之發生，亦相對提升自己於美國市場之競爭力，反向班表亦然。目前長榮與華航之STPC費用大都發生在美國或歐洲，主要原因爲乘客欲飛往該兩家公司直飛航點之其他城市，如乘客欲往東岸水牛城大多必須於紐約轉機，但因長榮或華航抵達紐約之時間已很晚，故已無班機可轉接，此時即必須安排乘客住宿，此即爲STPC。在此值得一提的是，理論上STPC乃由航空公司主導且於旅客訂位時即會告知旅客，並不是由旅客依自己意願來決定是否使用，且STPC之票價計算採取一段式計費（若旅客由台北到美國水牛城於紐約的轉機係非自願轉機，則票價採取比較便宜的「台北至水牛城」的一段式票價），但若乘客同樣欲從台北到水牛城，但主觀上要先在紐約停留一日（自願轉機），此時不僅沒有免費住宿及膳食招待等STPC優惠，其票價亦要採取比較

昂貴的兩段式計費,亦即「台北-紐約」加上「紐約-水牛城」計算,請讀者應釐清這個觀念。

一、STPC的主要特徵

1. 航空公司提供給航段連續訂位而旅客非自願停留於一點時的某些特定項目招待。
2. 必須使用航空公司所指定的飯店、餐廳及運輸工具,而且飯店住宿需依艙等不同及簽證需求而有所區別。用膳提供需依各地情況於用餐時間提供。
3. 有關飯店與機場間的接駁交通工具必須依據航空公司安排的交通車。
4. 由航空公司負擔旅客的過境稅。
5. 若有機場必須對STPC再入境旅客課徵機場規費(如機場稅),除非旅客提出,否則不主動提供。以我國的機場而言,STPC旅客視同未入境,不需再繳機場稅。

二、STPC的運務處理原則

(一)條件

旅客行程中必須搭乘本家轉本家,或本家轉外家之情況方可提供。

(二)費用分攤方式

有關本家與外家航空公司的STPC費用支出分攤方式,為免爭議,IATA(國際航空運輸協會)規範如下:

1. 國際線之轉機旅客於轉機點上,其STPC費用由運抵轉機點之航空公司負責。

2.關於飯店與機場間的介面運輸問題，前段航空公司負責機場到飯店的費用；而飯店回機場的費用由續程航空公司負擔。

飯店住宿、用餐及介面運輸費用，其航段分攤方式主要可分為下列三點：

1.區際國際線（長程）與區內國際線（短程）為非同一家航空公司之共同運輸，則長程線負擔75％，短程線負擔25％。

2.兩段皆為洲際航線或皆為洲內航線時，一律由前段航空公司負責。

3.國際線轉接國內線一律由國際線航空公司負擔。

(三)STPC CARD（隔夜轉機卡）的使用說明

對於非自願轉機的STPC旅客，有些航空公司會安排經濟艙的旅客住進機場的過境旅館，商務艙或頭等艙旅客安排住進機場附近較高級的五星級飯店。無論旅客居住在那個飯店，我國STPC之施行方式較特別，旅客人已入境，但其護照會押在移民局內，故旅客仍視同未入境，不需再繳機場稅，但一切行動必須配合航空公司及移民局的規定。航空公司與移民局、海關所訂的制約甚至規定旅客不能離開STPC旅館。當然，這項制約實際上並無嚴格的限制。

對於進入STPC飯店的旅客，航空公司會發給他們隔夜轉機卡，這張卡係使用於旅客必須於我國停留超過六小時以上時使用，且旅客之續程航段班機編號非原先抵達時之編號。隔夜轉機卡一般使用於隔夜轉機或當日長時間轉機之旅客，旅客下機後需通關前往飯店休息，並於次日或當日轉搭其他班次之航班。其餘

使用之機會如下：

1.班機回航（旅客改搭他班航機）。

2.班機轉降本站（旅客改搭他班航機）。

3.班機延誤（旅客改搭他班航機）。

4.其餘之各種班機異常狀況（旅客改搭他班航機）。

此外，因我國法令規定，站外過夜旅客其護照必須交由航空公司人員代爲保管，故使用STPC card時必須一式兩份（必須寫上相同流水號），一份交旅客留存，另一份由航空公司人員置於代管護照內；俟旅客返回機場後，收回旅客留存部分，將旅客護照交還旅客。

最後，值得一提的是STPC的立意雖優，但如果STPC牽涉到跨越其他航空公司，則問題較爲複雜，有賴於旅客能事先確定行程間各航段的航空公司之間都已有STPC的協定。否則，基於日常生活中層出不窮的「莫非定律」烏龍事件發生，若旅客續程站接手的這家航空公司不承認前段航空公司的STPC，甚至該旅遊國的移民局因未事先獲得STPC轉機旅客的臨時赴過境機場飯店休息的申請核可而拒絕其入境，那麼，在人生地不熟的異國寒冷的過境室待上一整夜（尤其是冰天雪地的國家），甚至第二天之續程班機又碰上延誤的話，乘興而來的旅客們可就「啞巴吃黃連」了。

【實務研討】

長榮航空公司的STPC政策及內部規定

一、STPC使用之規定

1. 旅客必須事先訂好STPC（班機異常狀況除外）。

2. 旅客必須有確認之訂位（不論機票是否具備）或旅客持有確認座位之機票，且：

   (1) 旅客之續程班機於二十四小時內離境，即旅客可訂二十四小時內所有的任一班機，唯長榮航空僅支付其STPC費用至該航有空位之第一班班機為止（係指訂位時同一艙等同一目的地）。

   (2) 若旅客續程在二十四小時內無適合之班機，則長榮航空可吸收STPC費用至同一航空公司同一艙等有空位之班機（班機異常狀況時）。

   (3) 原訂位時，於轉機點上轉機時間最短且有空位之班機。

   (4) 不論旅客是否長榮轉長榮，或長榮轉外家，只要搭乘長榮之一段為洲際航線，則長榮可吸收STPC的費用。

   (5) 當前段為長榮航空班機，續程為外家時，若旅客搭乘長榮航空部分，全額價超過NUC500時，可提供STPC。

   (6) 當旅客兩段皆為長榮，且兩段票價皆低於NUC500時，只要旅客兩段總票價超過NUC600時，亦可提供STPC。

   (7) 長榮航空對STPC費用之吸收僅限於有提供STPC的各站。

>>>

(8)STPC的區域限制：

a.TC1與TC3間之旅行。

b.TC2與TC1間之旅行。

c.旅客僅旅行於TC1內或TC3內，其單程票價高於
NUC500時，亦能提供STPC。

二、STPC不予提供之情況

(一)各種優待票

1.individual inclusive tour fares：遊程票價。

2.group inclusive tour fares：團體旅遊票。

3.group apex fares：團體優待票。

4.family fares：旅行同業票。

5.seaman fares：海員優待票。

6.student fares：學生優待票。

7.teacher fares：教師優待票。

(二)各種折扣票

1.ID00/75：公司員工或同業票。

2.RG00/50：地區代理員工。

3.DG00/50：政府官員。

4.FFP discount TKT：常程優惠方案折扣票。

5.CG00/50：領隊折扣票。

資料來源：《長榮航空公司運務作業手冊》

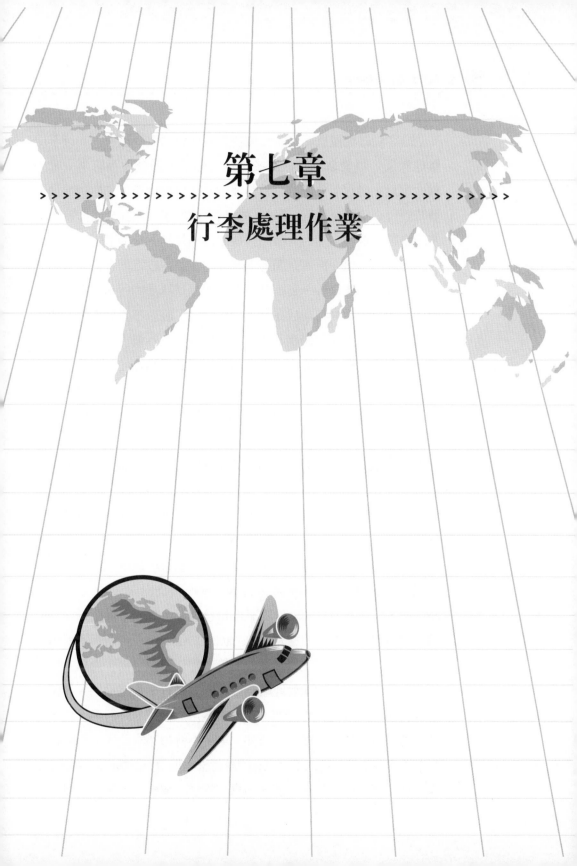

第七章

>>>

行李處理作業

>>

　　旅客到機場櫃檯報到時，會很習慣地將過重或體積大的行李辦理託運，以便拿到登機證後可以悠閒地逛逛免稅商店再上飛機。但是，仍有部分旅客認為託運行李在班機抵達目的地時還得費時到行李提領處取回，是一件頗為麻煩的事，因此會偏好將行李隨身帶上飛機。然而，雖然有些旅行箱是針對飛機上的行李櫃規格而設計，但在原本空間就不寬敞的客艙置放行李會讓人有侷促的感覺。除此之外，另一個潛在的問題是隨身的行李通常都不過磅，如果超重的行李放在行李櫃內，除了載重平衡估算的可能偏誤外，仍有可能在遇到亂流時掉落而發生意外傷害，致使航空公司必須擔負機票後面的運送契約之相關賠償的責任。因此，就航空公司的立場而言，會希望旅客將超重、體積大的行李辦理託運。本章即針對旅客於辦理報到登機時的行李處理問題從事一系列的探討。

　　一般而言，旅客隨身行李可細分為「無託運行李」（unchecked baggage）和「託運行李」（checked baggage）。無託運行李所指為旅客自行攜帶上機且自行保管的行李，包含「免費攜帶物品」（free carry on item）及「座艙行李」（cabin baggage）。以我國的長榮航空公司運務作業為例，其客艙行李規定：每位乘客可以攜帶上機的行李以能放入飛機座椅底下為原則（9×22×14吋；23×55×35公分），件數不得超過兩件，重量不得超過四十磅。這些限制的規範根據是來自於ICAO Annex 6及中華民國民用航空運輸業固定翼航空器飛航作業管理程序第十一條十六項。而以荷蘭航空公司和美國西北航空公司的客艙行李規定為例，為使乘客和組員在飛行中更舒適，每位乘客可以攜帶一件行李上機，其規格不得大於25×55×35公分，重量不得超過十公斤（指手提行李重量限制）。可以不打包在隨身行李內攜帶上飛機的隨身物品還包括外套（風衣）、毛毯、雨傘、拐杖、皮包（手袋）、免稅

店購物袋、適量的讀物、筆記型電腦、小型照像機、望遠鏡、供途中消費的嬰兒食品、可摺疊的嬰兒推車等。商務艙的乘客可多帶一個西裝袋，但其摺疊後的最大厚度不得超過二十公分，重量不得超過八公斤，或是可以攜帶一個厚度不超過二十公分、重量不超過八公斤的手提箱。此外，對於搭乘荷航班機飛航各地旅行的「託運行李」免費額度（美、加，以及墨西哥除外）限制如下：商務艙旅客三十公斤，經濟艙旅客二十公斤。以泰國航空公司來說，每位旅客免費託運的重量為：頭等艙四十公斤，商務艙三十公斤，經濟艙二十公斤（註：但泰航蘭花銀卡會員，除基本額度的免費託運限制外，尚可享有額外十公斤超重行李；金卡會員可享有額外二十公斤超重行李的優惠）。

　　然而，對於我國國籍航空公司的運務作業而言，有些旅客可能因其攜帶一些有價品或易碎品而希望將之置於客艙內，此時航空公司可事先安排收費（購買額外座位），並保留旅客隔壁的座位供其置放此類行李。但其限制條件為：

　　1.每個座椅放置重量不得超過七十五公斤。
　　2.每件不得超過五十公斤。
　　3.行李高度斜躺不得超過椅背高度。
　　4.不可阻擋到逃生路線。
　　5.某些行李是不允許放在客艙的。

　　至於「託運行李」的免費額度，如採用論重制度，一般而言，國際航線旅客頭等艙四十公斤，商務艙三十公斤，經濟艙二十公斤。半票的免費行李重量同於全票。有關各航空公司的「託運行李」的免費額度政策不盡相同，因此各航間存在若干小小的差異，旅客旅行前應洽問清楚。以長榮航空公司為例，免費行李的額度如下：

>>

圖7-1　立榮航空公司台北站運務櫃檯的行李託運處

資料來源：楊政樺攝於台北松山機場

圖7-2　高雄小港機場國內線各航空公司的行李託運一律統一委
　　　　由獨立於運務櫃檯之專屬窗口辦理

資料來源：楊政樺攝於高雄小港機場

1.成人：

　(1)超級頭等艙：四十公斤（八十八磅）。

　(2)超級商務艙：三十公斤（六十磅）。

　(3)商務艙：三十公斤（六十六磅）。

　(4)長榮客艙：二十五公斤（四十四磅）。

2.兒童：與成人相同。

3.嬰兒：持十分之一票之嬰兒，照理而言是沒有免費行李的額度，但因嬰兒在飛行途中有一些需要使用的物品，如旅客之嬰兒車、嬰兒食品……等則可攜帶（從理論而言，嬰兒規定不得享受免費行李）。

　　至於美國、加拿大、美加屬地或某些中南美洲的「論件制度」，原則上頭等艙旅客託運行李限兩件，每件總尺寸不得超過六十二吋，手提行李一件或數件，總尺寸不得超過四十五吋。經濟艙旅客託運行李限兩件，總尺寸不得超過一百零六吋，其中任何一件不得超過六十二吋，手提行李一件或數件，總尺寸不得超過四十五吋。那麼，如果旅客行李超過免費數量的部分便應依據「過重行李」的方式辦理。對於過重行李的數量，如採用論重制度，其超過部分無論機票等級，每公斤一律按單程經濟艙全票1.5%計收逾重行李費（例外狀況：歐洲境內航班的過重行李費，每公斤為經濟艙成人票全額票面的1.35%）。如採用論件制度，則超限行李費的計算方法為：行李尺寸超限，但未超過八十吋時，徵收一個計價單位。行李超帶一件，但尺寸未超限時，徵收一個計價單位。行李超帶一件，又超過六十二吋，但未超過八十吋時，徵收二個計價單位。任何一件行李尺寸超過八十吋，或重量超過三十五公斤，按該件行李重量計費，四十五公斤以下徵收三個計價單位，每增加十公斤，加收一個計費單位。

圖7-3　手提行李以能放入飛機座椅底下為原則

資料來源：楊政樺攝於遠東航空公司波音757-200航空器客艙

最後，值得一提的是，各國法律對託運人交付運送之運送物多要求有封裝完好義務。託運人（旅客）應備置約定或相當慣行之包裝。瑞士債務法第四四二條規定，若託運人未將運送物封裝完好，則運送人（航空公司）得拒絕受領，或請求修改包裝。我國民法第六三五條規定：「運送物因包皮有易見之瑕疵，而喪失毀損時，運送人如於接收該物時不為保留者，應負責任。」換言之，運送人（航空公司）對於有瑕疵的包裝，既得免除其責任，對於有易見之瑕疵者，亦得為之保留，因此託運人對於託運物有包裝完好之義務。

<<<<<<<<<<<<<<<<<<<<<<<<<<<<<<<<<<<<<<<<<<<

第一節　託運行李

　　所謂「託運行李」的定義是旅客交予航空公司置放於航空器貨艙託運之行李。一般而言，是較大、較重、不便於攜帶之行李。我國國內線的商務艙免費行李限額為二十公斤，經濟艙為十公斤，單件行李最多不可超過二十公斤。而國際線的行李問題較為複雜，依飛行地區不同，託運行李重量之限制可分為「論重制度」及「論件制度」兩種：以「論重制度」來說，頭等艙免費行李限額為四十公斤，商務艙為三十公斤，經濟艙為二十公斤，單件行李最多不可超過三十二公斤。至於美國、加拿大、美加屬地或某些中南美洲的「論件制度」，原則上頭等艙旅客託運行李限兩件，每件總尺寸不得超過六十二吋，手提行李一件或數件，總尺寸不得超過四十五吋。經濟艙旅客託運行李限兩件，總尺寸不得超過一百零六吋，其中任何一件不得超過六十二吋，手提行李一件或數件，總尺寸不得超過四十五吋（註：泰航飛美、加、美加屬地或某些中南美洲的「論件制度」，頭等艙及商務艙旅客，每位可帶兩件行李，每件長寬高總和不能超過一五八公分或三十二公斤；經濟艙旅客每位可帶兩件行李，單件長寬高總和不能超過一五八公分或三十二公斤，兩件總合不能超過二百七十三公分）。

　　且不論國內線或國際線，超過免費託運額度就必須徵收超重行李費。除此之外，託運行李的長＋寬＋高不得超過一五八公分。若旅客託運之行李有包裝不完整或易破碎、易損害等，航空公司有權拒絕載運該行李。對於易燃物品類、高壓縮罐、腐蝕性物品、磁性物質、毒性物料及其他影響飛航安全之物品，禁止手提或託運上機，有關託運行李及手提行李大小及重量之規定因航

空公司而異，旅客於行前應先洽詢各航空公司。而旅客必須注意，若託運之行李中，有錢幣、珠寶、銀器、可轉讓之有價證券、公債、股票、貴重物品、樣品或商業文件等，上項物品如於運送途中遭致遺失或毀損，航空公司除了依據相關民航運送法規給予適當的賠償外，得不負遺失或毀損物品實際損害的任何賠償責任。

旅客於行前應該瞭解，對於若干物品如髮膠、定型液、醫用含酒精之液態瓶裝物、防蚊液、烈酒類、噴霧器、各式刀械、工具棍棒及各類彈藥武器等，原則上不得手提上機，需以託運方式處理，詳情請事先向航空公司查詢。而對於易燃品類（如汽油、去漬油、煤油、罐裝瓦斯、噴漆、油漆、大量塑膠製簡易打火機、火柴、工業用溶劑及其他於常溫下易燃之物品等）、高壓縮罐（殺蟲劑、潤滑劑、瓦斯罐等高壓裝填之瓶罐類）、腐蝕性物品（王水、強酸、強鹼、水銀、氟化物及其他具腐蝕作用之物品）、磁性物質（永久磁鐵等會產生高磁場之物質）、毒性物料（各類具毒性之化學原料、毒氣、氰化物、除草劑、農藥及活性濾過性病毒等）、爆裂性化學藥品、強氧化劑（漂白水、漂白粉、濕電池、工業用雙氧水等易產生劇烈氧化作用物質）、放射性物質（如鈾、碘、銫、鈷、氚等本身具備游離輻射能量之物質）、具防盜警鈴裝置之公事包及其他影響飛航安全之物品是，均禁止手提或託運上機。

除此之外，對於下列「特殊物品」的託運，可以不依照長寬高總和不能超過一百五十八公分的規定，但仍需顧及行李櫃是否可放入為原則：

1.睡袋、舖蓋。
2.背包（登山背包）。

3.滑雪用具一套（雪橇、滑雪桿、鞋）。

4.高爾夫球具。

5.帆布袋（軍用帆布袋）。

6.腳踏車（手把需側放，踏板拆掉）。

7.滑水板。

8.釣具一套（最多兩支釣竿，捲釣魚線，手網一套）。

9.運動用槍砲（來福槍、散彈槍、手槍等運動用途槍械，請參照武器託運規定）。

10.樂器一件，但長度不能超過一百公分。

一、託運行李作業準備工作

(一)事前準備

依據經驗，負責託運行李作業的值班運務員於值勤前必須準備下列物品：旅客託運行李艙單、各航程行李牌、易碎品標籤、旅客切結書、通知機長小型武器載運資料表、繩索及膠帶、美工刀、簽字筆、收據或統一發票……

(二)填寫表格

填妥託運行李艙單一式二份（可視需要增加），包含下列項目：

1.託運行李起運站。

2.託運行李到達站。

3.載運航空器班次。

4.載運日期。

5.載運航空器機號。

二、託運行李作業程序

1. 請旅客把行李箱袋打開，依序接受機場管理當局的聯檢人員檢查。

2. 機場管理當局的聯檢人員檢查完後，協助旅客把行李封口或包裝綑紮，同時磅重量；如果超出免費重量時，辦理超重行李收費。

3. 請旅客出示登機證，並詢問託運件數。

4. 依旅客的登機證航程，拿出所需要的行李牌。

5. 把行李牌掛在行李上。

6. 在託運行李艙單上登記有關資料：

    (1)旅客姓名（填登機證號碼）。

    (2)行李牌號碼。

    (3)件數。

    (4)重量（公斤）。

7. 將行李吊牌最下面一聯撕下交給旅客。

8. 請機場聯檢人員在行李上的吊牌蓋章。

9. 將行李移放在輸送帶上或收入櫃檯內待送。

10. 依公司規定之班機起飛前適當時間結束當班次作業，迅速統計件數及重量，並報予運務櫃檯工作人員，並請經手運務員簽字。

11. 將行李艙單第一張留交地勤公司的勤務作業人員，並將第二張存檔備查。

三、託運行李作業注意事項

(一)免費託運行李

1. 國內航線或國際航線的免費託運行李額度視各航標準爲限。我國國內線的商務艙免費行李限額爲二十公斤，經濟艙爲十公斤，單件行李最多不可超過二十公斤。而「論重制度」的國際線頭等艙免費行李限額爲四十公斤，商務艙爲三十公斤，經濟艙爲二十公斤，單件行李最多不可超過三十二公斤。

2. 嬰兒票無免費行李，但嬰兒票可帶一部嬰兒車，長寬高總和不能超過一百一十五公分。

3. 最大的託運行李不能超過每班班機之貨艙門的大小。

4. 超出重量，請旅客辦理超重行李手續。

(二)託運行李的包裝

託運人交付運送之運送物，應備置約定或相當慣行之包裝。瑞士債務法第四四二條規定，若託運人未將運送物封裝完好，則運送人得拒絕受領，或請求修改包裝。我國民法第六三五條規定：「運送物因包皮有易見之瑕疵，而喪失毀損時，運送人如於接收該物時不爲保留者，應負責任。」換言之，運送人（航空公司）對於有瑕疵的包裝，既得免除其責任，對於有易見之瑕疵者，亦得爲之保留，因此託運人對於託運物有包裝完好之義務。因此，機場運務員若發現旅客託運之行李如有包裝欠妥者，應協助其重新包裝，以免受損。

(三)受理項目限制

1. 旅客託運行李中，請勿放入可能洩出之液體、易碎（腐）物品、錢幣、珠寶、銀器、可轉讓之有價證券、公債、股票、物品、樣品或商業文件等，上項物品如在運送途中不慎遺失或毀損，國內線除依民航局頒佈之「航空客貨損害賠償辦法」、國際線依據華沙公約處理外，不負其他任何賠償責任。

2. 對我國的國內航線來說，損害賠償的法源依據是根據二〇〇〇年四月五日由行政院號令發布施行（華總一義字第八九〇〇〇、八九二五〇號令公布）的母法「民用航空法」及民航局一九九九年四月一日函頒實施的「航空客貨損害賠償辦法」第四條。

3. 有關該條文對貨物損害的賠償辦法，作了如下之規定：「航空器使用人或運送人對於載運貨物或行李之損害賠償，其賠償額之標準如下：(1)貨物及登記行李：按實際損害計算，但每公斤最高不得超過新台幣一千元。(2)隨身行李：按實際損害計算，但每一乘客最高不得超過新台幣二萬元。」

4. 以國際航線（包括接駁的國內班機）來說，依據華沙公約規定，除運送人之作為或不作為是有意造成損害或預知其會發生損害，運送人對於託運行李損失的責任以每公斤美金二十元為限，而對於手提行李，則以每人美金四百元為限，但如法律另有規定，將以適用之法律規定為依據。

5. 易碎品請旅客自行攜帶保管，或國內線付全票價款開統一發票（註明行李運費），國際線開「雜費支付書」（或稱「雜項交換券」）（The Miscellaneous Charge Order, MCO），並

予座位一個。

6.易碎品之體積過大，無法手提，受理託運時，請旅客填寫切結書一式二份，並於易碎品之正反面各黏貼易碎品「FRAGILE」標籤，同時在標籤上簽名。

7.行李牌：每一班次使用之行李吊牌，應採用連號者，以便管理、尋找。

(四)行李檢查

航空公司爲了避免觸犯機場當地的法律規章及維護飛航安全，通常會嚴禁公司內的工作人員及代理商代人關說，以便走公務門或其他途徑，企圖免受機場安檢單位從事行李檢查。而航空公司也會要求值勤的前後艙組員不得受託來路不明行李，以免受人利用。

四、輸送帶作業程序

1.負責辦理行李託運的運務員應於適當的時機開啓輸送帶的電源，將旅客託運的行李「後送」至後台工作區，交予勤務人員處理。

2.嚴禁無聯檢查驗章之行李進入機坪。

3.爲了防止歹徒在飛機上裝設爆裂物或危險物品的飛安風險，如果發現未經查驗之託運行李時，需立即與運務櫃檯的行李託運處聯絡，並將行李退出。

4.嚴禁私人由輸送帶託帶物品，以策安全。

5.爲維繫公司服務品質及顧及旅客便利，不得漏裝及誤裝當班次之行李。

五、轉機旅客的行李直掛處理

若旅客的行程計畫並無適當的直航班機，必須經由第三地到達迄點時，貼心的航空公司可以讓旅客在出發地只需辦理一次check in，即可完成兩段航線的行李託運、劃位及登機證手續（一次給兩段行程的登機證），託運行李可直掛到目的地。舉個例來說，因為復興航空公司和上海航空公司已簽有協議，對於台灣旅客想到中國上海旅行者，可由台北或高雄搭乘復興航空公司的班機到澳門再轉機到上海。旅客在台北或高雄的復興航空機場運務櫃檯辦理check in時，可隨即透過該公司的訂位系統直接一併check in上海航空公司從澳門飛往上海的航班。換言之，旅客從台灣出發時，除了可以直接拿到「台北或高雄到澳門」的復興航空登機證，也能同時拿到「澳門到上海」的上海航空登機證。讓旅客感到便利的是旅客將其行李直接在台北或高雄交給復興航空的運務櫃檯行李託運處，到了澳門轉機期間，他不需再領出沈重的行李重新到上海航空辦理第二段航程的託運，可以輕鬆地逛逛機場免稅店，或到候機室的coffee shop喝杯咖啡，等班機抵達上海後再行提領。

第二節　手提行李

所謂「手提行李」的定義是旅客沒有交由航空公司置放於航空器貨艙託運，而由旅客自行攜帶上機保管之行李。

我國國內線航空公司的手提行李運務規定係以每位旅客不超過兩件，合計不超過十八公斤，大小以23×35×55公分為原則，超過手提行李限制者，則應以託運為準。而對國際線來說，各家

公司的手提行李規定不盡相同。我國的長榮航空公司規定每位乘客可以攜帶上機的行李以能放入飛機座椅底下爲原則（9×22×14吋；23×55×35公分），件數不得超過兩件，重量不得超過四十磅。外籍民航業者的國泰航空公司允許所有國泰乘客均可攜帶一件手提行李及任何免稅貨品。搭乘頭等艙或商務艙之旅客，可額外攜帶一個手提袋或衣物袋（必須少於二十公分或八吋，而重量不超過五公斤或八磅）或一部手提電腦。除手提行李外，旅客另可攜帶下列物品：一個小手袋或錢包、外套、雨傘、拐杖、小型相機或望遠鏡及於機上食用的嬰兒食品。嬰兒手推車及輪椅須作寄艙託運行李處理。以泰國航空來說，旅客的手提行李不能超過七公斤，長寬高不能超過一百一十五公分，並且不能攜帶危險性物品如下：水果刀、剪刀、鐵鏈或所有造型類似槍型的玩具、工具箱（許多泰勞回國時攜帶此物品）、電池（進出韓國漢城的特殊規定）、打火機、噴霧式定型整髮液。荷蘭航空和美國西北航空對旅客的手提行李限制爲：每位乘客可以攜帶一件行李上機，其規格不得大於55×35×25公分，重量不得超過十公斤。可以不打包在隨身行李內攜帶上飛機的隨身物品還包括外套（風衣）、毛毯、雨傘、拐杖、皮包（手袋）、免稅店購物袋、適量的讀物、筆記型電腦、小型照像機、望遠鏡、供途中消費的嬰兒食品、可摺疊的嬰兒推車等。商務艙的乘客可多帶一個西裝袋，但其摺疊後的最大厚度不得超過二十公分、重量不得超過八公斤，或是可以攜帶一個厚度不超過二十公分、重量不超過八公斤的手提箱。除此之外，對於兩到十二歲使用兒童減價票的兒童行李限制而言，他們可以像大人一樣擁有自己的座位，並攜帶等量的行李上機。不過，年齡在兩歲以下、僅付全票價錢一成的嬰兒，則必須由父母或監護人抱著，或是被安置在航空器客艙專用的臥床中。若嬰兒的父母或監護人自備有可攜帶式臥床，或是其他必須用品，就可

以不受手提行李額度的這項限制。

　　對於時常輕車簡從往來世界各地的商務旅客來說，如果除了手提行李外，並沒有其他行李，那麼這些旅客可以考慮直接在機場運務櫃檯中之「僅有手提行李」櫃檯處辦理報到手續。無論其目的地是那裡，在這兒辦報到手續，可是迅速得多了。

一、手提行李作業程序

　　當旅客魚貫經過機場海關的檢查台，手提行李經過機場管理當局的聯檢人員檢查後，運務員應協助復原，並放置於檢查台尾端待領。為了拉近與旅客的距離，中正機場二期航廈對旅客手提行李的聯檢甚至已經不再使用集體通關檢查，改採各航空公司的「登機門安檢」，讓旅客不必再擠在安檢通關台前大排長龍，預估整個通關時間，可由平常的二十分鐘縮短到十二分鐘。若運務員發現檢查台前，如有旅客攜帶大件行李或不能隨身攜帶之刀、劍等危險性物品時，則婉言請其辦理託運，請旅客出示登機證，依照其航程懸掛行李牌，請聯檢人員蓋檢查章後，登記於該班機的託運行李艙單（一式兩份），把行李牌最下面一聯撕下交給旅客，並將掛牌之行李送入機坪交給裝卸的勤務作業人員。

二、手提行李作業注意事項

1.手提行李以能放入飛機座椅底下為原則（9×14×22吋或23×35×55公分）。
2.超出容積的手提行李，宜婉言告訴旅客，請旅客辦理託運。
3.託運易碎品加貼「易碎品標籤」，並請旅客填寫切結書。
4.貴重物品請旅客自行攜帶，如必須交運時應由旅客填寫切結書。

5.發現檢查台有遺留物品時，迅速協調運務員請其代爲在候機室或客艙上招領，如無人認領則交給行李處理中心。

第三節　超重行李及客艙大件行李

一、超重行李

　　所謂「超重行李」，簡言之就是指超過航空公司各艙等免費行李重量額度以外之託運行李稱之。其超重行李作業收費標準是根據一般貨運之運價表，按實際超出之公斤數爲計算標準。對於超重行李的數量，如採用論重制度，其超過部分無論機票等級，每公斤一律按單程經濟艙全票1.5％計收逾重行李費（例外狀況：歐洲境內航班的過重行李費，每公斤爲經濟艙成人票全額票面的1.35％）。如採用論件制度，則超限行李費的計算方法爲：行李尺寸超限，但未超過八十吋時，徵收一個計價單位。行李超帶一件，但尺寸未超限時，徵收一個計價單位。行李超帶一件，又超過六十二吋，但未超過八十吋時，徵收兩個計價單位。任何一件行李尺寸超過八十吋，或重量超過三十五公斤，按該件行李重量計費，四十五公斤以下徵收三個計價單位，每增加十公斤，加收一個計費單位。

　　有關運務員對超重行李的處理程序如下：

1.當旅客於運務櫃檯託運行李，於過磅時發現超過其艙等的免費重量時，必須婉言向旅客說明超重行李的收費規定。
2.請旅客出示身分證明文件、登機證、機票。
3.國內線行李依超重部分價款開立統一發票（註明行李運

費），國際線開「雜費支付書」（或稱「雜項交換券」），註明超重行李費用。

4.行李檢查後，加掛行李牌，並透過動力輸送帶把作業櫃檯的行李或貨物直接送到機坪作業區。

5.運務員對超重行李應特別注意勿讓旅客攜帶超大或超重之行李上客艙，避免影響其他旅客及飛安。

二、客艙大件行李

所謂「客艙大件行李」係指旅客於報到劃位時，告知運務員想多買一個座位以放置行李，或因旅客攜帶大件行李，且拒絕交付託運，由航空公司強制其購買一個座位放置行李，其尺寸限制

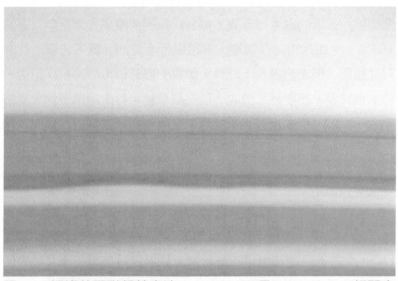

圖7-4 根據美國聯邦航空法FAR 121.585及FAR 121.589相關客艙行李規定，客艙大件行李不得妨礙後座旅客目視警示燈的視線

資料來源：楊政樺攝於遠東航空公司MD-82航空器客艙

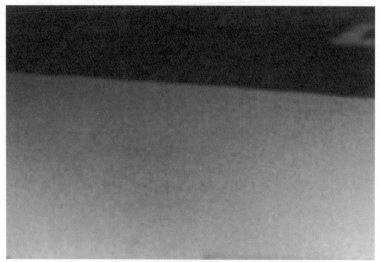

圖7-5 旅客行李提領處的循環行李輸送帶

資料來源：楊政樺攝於台北松山機場

如下：

1. 根據美國聯邦航空法FAR 121.585 "Exit Seating" 及FAR 121.589 "Carry-on Baggage" 相關客艙行李規定：為不妨礙後座旅客可以看到客艙上方警示燈（如緊扣安全帶、禁止吸煙警示）及旅客進出方便性之考量，攜帶大件行李旅客及其行李應安排在該艙等最後一排。

2. 基於飛安考量，所有大件行李均需以安全帶繫緊（必要時得使用延長安全帶），若大件行李不易以安全帶繫緊，需要求旅客在行李外表設把手或扣環，足以使安全帶穿越並固定。

3. 為了顧及航空公司作業標準化及一致性，減少不必要困擾，設定尺寸限制如下：

(1) 若屬細長型需放置地板上者，可接受長、寬、高為

　　　　150×40×20公分。

　　(2)若屬寬厚物品需放置椅子上者，可接受長、寬、高為
　　　　105×40×40公分。

　　(3)行李重量單件不得超過四十五公斤，兩件不得超過七十
　　　　五公斤。

4.客艙大件行李訂位程序：旅客必須於訂位前告知大件行
　李，訂位人員將旅客大件行李之種類、尺寸、重量輸入電
　腦，裨便機場人員作業前事先安排座位。若旅客並無訂
　位，場站作業人員得彈性視班機之艙等最後一排是否有空
　位，決定收取與否。

5.收費標準：如在尺寸標準內，則請旅客為其大件行李購買
　一張該艙等全額之票價（亦有航空公司的收費標準為要求
　旅客為其大件行李購買商務艙票價之一半）。

第四節　武器託運作業

一、託運對象

　　對於航空運務的「武器託運作業」來說，所謂的武器是泛指
具有攻擊性、能夠造成航空公司人員或旅客傷害的物品，如槍
械、子彈、警棍、刀等。以現行我國民航運務作業而言，武器託
運對象是受到限制的。依據中華民國民用航空法第五章第四十三
條，「航空器，除經民航局核准外，不得裝載武器、彈藥、爆炸
物品、毒氣、放射性物料或其他危害飛航安全之物品。」國家元
首、政府各部會首長、一般外國貴賓、軍方上將或主管、情治單
位首長……等之隨從人員及軍、警、情治人員因公攜帶槍彈在國

內航線搭機及中華民國射擊協會比賽時需使用之槍枝……等得依法核准外，其餘均不接受代管運送。此外，海峽對岸的中共民航業務亦有類似規定，中華人民共和國民用航空法第八章第一百零一條亦有類似規範：「公共航空運輸企業運輸危險品，應當遵守國家有關規定」、「禁止以非危險品品名託運危險品」、「禁止旅客隨身攜帶危險品乘坐民用航空器，除因執行公務並按照國家規定經過批准外，禁止旅客攜帶槍枝、管制刀具乘坐民用航空器。禁止違反國務院民用航空主管部門的規定將危險品作為行李託運」。目前我國國籍各主要航空公司的武器託運作業普遍遵循的相關法令規定彙整如下：

(一)因公攜帶槍彈搭機出勤特殊任務之軍警人員、首長隨從人員

　　依據我國「台灣地區民航機場安全檢查作業規定」第十五條（槍彈代管）規定：「政府各部會首長、一般外國貴賓、軍方上將級主管、情治單位首長之隨從人員及軍、警、情治人員，因公攜帶槍彈在國內搭機，可依規定辦理託運，隨從人員先向機場航空警察單位辦理登記。軍警情治人員由所屬單位主管（上校或薦任八職等或警察分局長以上身分人員）出具證明文件，向機場航空警察單位辦理查驗。」原則上，凡在旅途中執行勤務人員所攜帶之武器必須託運，不可隨身攜帶。

　　但是，基於若干特殊任務的考量，是可以經事先申請核可而允許相關軍、警、情治人員隨身攜帶槍械登機，其法源依據為「台灣地區民航機安全檢查作業規定」第十五條第六款規範：「下列禮遇對象之隨從人員，事先通報航警單位者，其警衛槍彈得准予自行攜帶登機：1.本國部分：總統、副總統〈含其家屬〉、五院院長、副院長。總統、副總統候選人在大選期間，也比照辦理。

2.外國部分：經我國邀請來訪問之各國總統、副總統〈均含其家屬〉及經外交部報請行政院院長核准之特殊對象。3.經外交部報請行政院院長核准之特殊禮遇對象，請外交部通知我駐外有關單位轉知欲搭乘班機之航空公司負責人。」

(二)經政府核可之特定民間社團

依據我國一九九七年十一月二十四日以總統華統（一）義字第8600250990號令修正「槍砲彈藥刀械管制條例」第四條對槍砲、彈藥、刀械定義如下：「一、槍砲：指火砲、肩射武器、機關槍、衝鋒槍、卡柄槍、自動步槍、普通步槍、馬槍、手槍、鋼筆槍、瓦斯槍、麻醉槍、獵槍、空氣槍、魚槍、改造模型槍及其他可發射金屬或子彈具有殺傷力之各式槍砲。二、彈藥：指前款各式槍砲所使用之砲彈、子彈及其他具有殺傷力或破壞性之各類炸彈、爆裂物。三、刀械：指武士刀、手杖刀、鴛鴦刀、手指虎、鋼（鐵）鞭、扁鑽、匕首及其他經中央主管機關公告查禁，非供正當使用具有殺傷力之刀械。前項第一款、第二款槍砲、彈藥，包括其主要組成零件。但無法供組成槍砲、彈藥之用者，不在此限。槍砲、彈藥主要組成零件種類，由中央主管機關公告之。」而第二十四條對手槍、空氣槍、飛靶槍及其他槍砲、彈藥專供射擊運動使用之管理規定為：「手槍、空氣槍、飛靶槍及其他槍砲、彈藥專供射擊運動使用者，其管理辦法由中央目的事業主管機關會同中央主管機關於本條例修正公布後六個月內定之。」目前若有民間社團欲從事武器託運，必須事先已函請航警局同意，經航警局核准後辦理查驗後，航空公司始能載運之。

除了上述兩項因特殊狀況而法令允許航空公司代其從事武器託運之外。實務上，航空公司在一般狀況下為了確保人機的安全，會有如下規定：凡具有攻擊性且能夠造成傷害的物品，如警

棍、子彈、警棍、刀……等。不論何種式樣的武器，亦不論拆散、分解與否，均不可攜帶上機或置放於行李箱中。

二、武器託運作業程序

我國國籍各主要航空公司在其「運務手冊」中對「武器託運作業」的作業程序相關規定如下：

(一)出發站

1.槍彈之接受託運及歸還均由運務督導以上主管人員處理。

2.接獲槍彈託運時，應按下列程序處理：

(1)將武器託運保管箱（鉛製）、密封簽條兩張（同號碼）、槍彈代管收據一式四份等備妥。

(2)將上列備妥物品帶至機場航警局安檢隊託運小組。

(3)託運人必須先辦妥登機手續，並持有登機證。

(4)會同交運人及安檢人員清點項目及數量，確實無誤後再裝入保管箱內。槍械必須退出彈匣並清槍，裝於彈匣內之子彈應予退出，以便清點，立即加「密封簽條」二張，將保管箱封妥。

(5)填妥槍彈代管收據，第一聯由交運人保管，第二聯交起程站安檢單位，第三聯交座艙長（事務長）簽收後交航空公司起程站收存，收據由地勤運務人員簽字負責，第四聯交由座艙長（事務長）簽收保管，並由各艙長確實告知機長轉交到達站。

(6)槍彈保管箱不再置於駕艙內，而由地勤人員依機型放置於貨艙，以B737-200機型及MD-82/83機型而言，應放置前艙，B757-200機型放置後艙，確認貨艙門關妥及班機後推方可離開（各機型端視各公司規定作業）。

>>

(7)各航空站之「槍彈領取人」應為運送航空公司之站長（
副站長）、督導或站長指定人。

(8)國內線以電話、國際線透過SITA telix通知該航班續程站
或到達站，告知主管某班次有槍彈，必須派員領取，並
登錄受話人姓名及時間備查。

(二)續程站或到達站

續程站或到達站的運務員接獲槍彈通知時，應按下列程序處
理：

1.班機到達後，承辦交運武器作業人員至客艙向座艙長（事
務長）領取槍彈代管收據第四聯及貨艙門提領武器託運保
管箱。

2.將武器託運保管箱攜至隱密安全處，並請交運人出示槍彈
代管收據第一聯。

3.會同交運人當面剪開「密封籤條」，請交運人清點項目並
確認項目數量無誤後，請其在槍彈代管收據第一聯簽署。

4.武器託運領取、清點武器時，避免閒雜人員在場。

三、武器託運作業注意事項

1.除經「台灣地區民航機安全檢查作業規定」第十五條第六
款相關規定由航空警察局專案核准的少數個案之外，在旅
途中因公執行勤務人員所攜帶之武器必須託運，不可隨身
攜帶。

2.託運槍枝彈匣內不得裝填子彈。

3.必須裝入航警局武器託運的危險品專用袋內。

4.如託運武器的體積較大，無法裝入航警局武器託運的危險
品專用袋，必須包裝及遮蔽良好，以免歹徒覬覦，徒增運

圖7-6　旅客行李提領處的顯示看板

資料來源：楊政樺攝於香港赤　角國際機場

送過程的風險。

第五節　到站行李作業

一、到站行李提領作業

　　班機到達後，運務員應確認、協調地勤公司的勤務人員立即將行李送到旅客出口行李提領處，並將所使用的行李轉盤號碼輸入機場顯示看板，俾便旅客查詢。旅客於行李轉盤取回行李時，應請旅客交出行李牌，對照行李無誤後，將掛在行李上的行李牌撕下，行李交還旅客。各班次的行李牌保管至當天末班機結束後以碎紙機處理。

二、旅客遺失行李牌時

　　旅客遺失行李牌時，應請旅客出示機票，經查證旅客艙單及行李託運艙單無誤後，可將行李交還旅客。同時，請旅客於行李牌第二聯上簽名，證明已領取。

三、行李異常狀況處理

　　若有旅客抱怨其行李遺失、破損或遭受污染，應請其至行李處理中心，由勤務人員與值日主管負責處理旅客遺失、破損、污染行李的查詢、賠償事宜。有關旅客遺失行李查詢作業程序如下：

1. 獲知旅客行李遺失時，詢問並以行李意外報表登記遺落地點、件數、內容、包裝、行李牌號碼等有關資料。
2. 清查該航班行李艙有無遺漏。
3. 根據線索與相關站聯絡，查詢有無誤送他站或遺留原站未及時隨機運出之情事。
4. 清查團體旅客有無多領。
5. 若於短時間內將行李找回，應即請乘客點清歸還並致歉。而若於短時間內無法找到，應委婉向乘客說明致歉，並至機場行李處理中心填寫書面的「行李意外報告表」（Property Irregularity Report, PIR），內容包括飛行航線、旅客艙等、機票號碼、旅客所攜帶的行李數，並拿各式行李的樣本圖片供旅客辨認，繼而將相關資訊輸入電腦，透過國際性協尋組織尋找遺失行李，以便進一步追查處理。有關「行李意外報告表」的格式請參照圖7-7。
6. 領取遺失的隨身行李時，請旅客填寫「拾獲物品簽收單」

<<<<<<<<<<<<<<<<<<<<<<<<<<<<<<<<<<<<<<<<<<<<<<<

行李意外報告表 PROPERTY IRREGULARITY REPORT (PIR)

Originator – please cross out boxes not applicable

EVA AIR 長榮航空

| AHL | PILFERED | DAMAGED | 僅適用托運行李 For checked baggage only | ☐ COURTESY REPORT only |

REASON:

| Airport | Carrier | Number of file |

1 NM ▶ Passenger – Surname　　Passenger Name　　Passenger Name ☐ M ☐ M

2 IT ▶ Passenger Initials　旅客中文名字

3 TN ▶ Carrier – bag tag number　Carrier – bag tag number　Carrier – bag tag number

3 TN ▶ Carrier – bag tag number　Carrier – bag tag number

TAG(S) ATTACHED

4 TC ▶ Color Type Description　Color Type Description　Color Type Description

4 TC ▶ Color Type Description　Color Type Description

5 RT ▶ Routing and/or locations to be traced

6 FD ▶ Carrier Flight number　Date　Carrier Flight number　Date　Carrier Flight number　Date

6 FD ▶ Carrier Flight number　Date　Carrier Flight number　Date　Carrier Flight number　Date

7 BI ▶ Brand name of bag　Distinctive outside identification (1) Name and/or initials on bag　Description　Hotel stickers on bag

7 BI ▶ Brand name of bag　Distinctive outside identification (2) Name and/or initials on bag　Description　Hotel stickers on bag

7 BI ▶ Brand name of bag　Distinctive outside identification (3) Name and/or initials on bag　Description　Hotel stickers on bag

8 CN ▶ Contents (no more than 4 distinctive items) (1)

8 CN ▶ Contents (no more than 4 distinctive items) (2)

8 CN ▶ Contents (no more than 4 distinctive items) (3)

9 FI ▶ Forwarding Instructions

Damaged Information
Please indicate damage on these drawings or Sketch damage on baggage type on reverse page

side 1　side 2　end 1　end 2　bottom

Description of Damage:
☐ Handle ☐ Torn ☐ Stained ☐ Minor ☐ Major ☐ Complete
☐ Lock(s) ☐ Dented ☐ Scratched When/Where Noticed/Other Remarks:
☐ Wheels(s) ☐ Cracked ☐ Missing
Used Condition or Depreciation _____ %

| 附加說明 SUPPLEMENTARY INFORMATION | | 行李意外發生原因 Cause of irregularity |

機票號碼 Ticket number	旅客艙等 Class F C Y	旅客之永久地址及電話號碼 Passenger's permanent address/Telephone number
托運行李總件數／重量 Total pieces/weight of checked bags　pcs/w　kg(s)	如有投保請填入保險公司名稱 Name of insurance company if any	
已到托運行李／重量 Pieces/weight of checked bags received　pcs/w　kg(s)	行李鑰匙 Baggage key ☐Attached ☐Not attached	預付款項及金額 Cash in advance	旅客連絡地址－電話號碼及居留期間 Passenger's local contact address/telephone number/duration of stay
遺失或受損行李件數／重量 Piece/weight of missing/damaged bags　pcs/w　kg(s)	行李遞交旅客方式 Local forwarding instructions	
承攬人簽名 Agent's full name	行李查詢電話 Telephone No. of lost & found office	旅客簽名 Passenger's signature

圖7-7　長榮航空公司行李意外報告表

資料來源：長榮航空公司中正國際機場行李組提供

>>

拾獲物品簽收單 Found Property Record

編號(Ref): 000965

物品名稱 Article	數量 Amount	物品內容 Content
班機/日期 Flight/Date		拾獲位置 Where found
拾獲人 Finder		
姓名 Name		部門 Department

上述物品交接點收無誤, The above items are well received,

◆ 出入境組簽收人 Gate agent : _____

◆ 行李組簽收人 Baggage service agent : _____

物品存放位置 Storage place : _____ (保存三個月 Keep for 3 months)

處理方式 Action taken	給簽人員/日期 Staff/Date
☐ 旅客領取 Passenger pick up ☐ 寄送旅客 Deliver to passenger ☐ 航警 Report to the airport police ☐ 存關 Report to the airport customs ☐ 銷毀 Disposal under station manager's approval	

拾獲物品旅客簽收聯 Receipt

茲於_____年_____月_____日在_____機場收到長榮航空拾獲之本人(委託人)之物品,

物品內容_____，上述物品經點收確實無誤。

I, THE UNDERSIGNED, hereby acknowledge receipt of the found items, content_____,

from EVA Airways on_____/_____/_____ at _____ Airport.
          (Day)   (Month)   (Year)

姓名 Name : _____

國籍 Nationality : _____

證件號碼 ID/Passport No. : _____

住址 Address : _____

電話 Telphone : _____

見證人簽名   旅客簽名
Witness Signature _____   Passenger Signature _____

1st copy: Finder Dept   2nd copy: Station KP Office   3rd copy: Station LL Office   TC-3603

圖7-8　長榮航空公司拾獲物品簽收單

資料來源：長榮航空公司中正國際機場行李組提供

（Found Property Record），證明無誤，如圖7-8所示。

四、賠償標準

　　通常在民法上的違法行為而言，係以債務不履行與侵權行為為主。就航空運輸於旅客行李上的責任來說，應屬於侵權行為（民事違法行為）。而侵權行為在民法上又可分為「一般侵權行為」和「特殊侵權行為」兩大類。一般侵權行為之成立，係採過失責任；特殊侵權行為所以別於一般侵權行為者，在於其係採取介於過失責任與無過失責任之中間責任。所謂中間責任係指責任人所負責任的標準，在過失責任之上，無過失責任之下之意。蓋「責任人如能證明其於損害之防止已盡相當注意，或縱加以相當注意，仍不免發生損害者，不負賠償責任」（民法第一八七條第二項、一八八條第一條但書、第一九〇條第一項但書、第一九一條第一項但書）。我國民用航空法對於賠償責任之構成，內容較為複雜，每因多種情況而不同。若侵權的原因是由於「航空器失事所致之損害」或「自航空器上投擲物品所致之損害」，則根據民用航空法第八十九條規定：「航空器失事致人死傷，或毀損他人財務時，不論故意或過失，航空器所有人應負損害賠償責任；其因不可抗力所生之損害，亦應負責。自航空器上落下或投下物品，致生損害時，亦同。」可知，若侵權原因係為上述兩項者，凡遇損害發生，不論是出於何種原因，概行負責。但若侵權的原因並非航空器失事所致之乘客傷亡或財物損害，則採「相對責任主義」。對非航空器失事所致之乘客傷亡，由民用航空法第九十一條「乘客於航空器中或於上下航空器時，因意外事故致死亡或傷害者，航空器使用人或運送人應負賠償之責。但因可歸責於乘客之事由，或因乘客有過失而發生者，得免除或減輕賠償」從事判定；若侵權行為並非航空器失事所致之財物損害時，根據民用

航空法第九十三條規定：「乘客及載運貨物，或航空器上工作人員之損害賠償額，有特別契約者，依其契約；特別契約中有不利於中華民國國民之差別待遇者，依特別契約中最有利之約定。無特別契約者，由交通部依照本法有關規定並參照國際間賠償額之標準訂定辦法，報請行政院核定公告之。前項特別契約，應以書面為之。第一項所定損害賠償標準，不影響被害人以訴訟請求之權利。」簡言之，法律對侵權行為的制裁效果是填補損害，亦即損害賠償，以恢復原狀為原則。

對於航空公司於旅客行李之責任來說，旅客行李有交託於旅客運送人者，也有未交託而自行攜帶者，兩者責任輕重不同，我國民法於下列兩條分別規定之。第六五七條：「運送人對於旅客所交託之行李，縱不另收運費，其權利義務，除本款另有規定外，適用關於物品運送之規定。」第六五八條：「運送人對於旅客所未交託之行李，如因自己或其僱用人之過失，致有喪失或毀損者，仍負責任。」可見航空公司對於旅客託運行李所負之責任，不得因未收運費，即得免除物品運送人之責任。至於旅客自行保管的手提行李，如有喪失毀損情事，除非可歸責於航空公司或其地勤代理商之過失所致者，始負賠償責任，且旅客據以請求賠償時，需由旅客自負舉證之責。此外，旅客因行李喪失或毀損所生之賠償請求權，屬於「短期時效」，根據華沙公約規定，行李的損害必須於三天內向航空公司申訴，行李的遲延必須在十四天內申訴，若旅客未在時效內申訴，則喪失求償權利。若航空公司經查屬實，受理旅客的理賠時，根據我國「航空客貨損害賠償辦法」第七條之規定，航空器使用人或運送人對於乘客及載運貨物或行李之損害賠償，應自接獲申請賠償之日起三個月內支付之。但因涉訟或有其他正當原因致不能於三個月內支付者，不在此限。

接下來談到的是賠償金額的範圍，若是國內線的損害賠償，係依據民航局「航空客貨損害賠償辦法」第四條爲法源依據。該條文規定：「航空器使用人或運送人對於載運貨物或行李之損害賠償，其賠償額之標準如下：1.貨物及登記行李：按實際損害計算。但每公斤最高不得超過新台幣一千元。2.隨身行李：按實際損害計算。但每一乘客最高不得超過新台幣二萬元。」對於國際航線（包括接駁的國內班機）來說，依據華沙公約規定，除運送人之作爲或不作爲是有意造成損害或預知其會發生損害，運送人對於託運行李損失的責任以每公斤美金二十元爲限，而對於手提行李則以每人美金四百元爲限，但如法律另有規定，將以適用之法律規定爲依據。但若旅客的託運及隨身手提行李，非可歸責航空公司疏忽所造成之損害，概不負賠償責任。有關處理旅客相關賠償作業的程序如下：

1. 行李處理中心於各項搜尋遺失行李失效及證實行李在運送途中造成損害或污染時，由到達站辦理賠償。
2. 由承辦人員填寫「行李意外報告表」、「旅客行李賠償建議報告表」。
3. 附旅客艙單一份，按正常行文程序呈報總公司營運部門及貨運部門。
4. 如旅客的行李係修理或清洗賠付，加附收據。
5. 總公司營運部門及貨運部門對以上資料予以審查，經呈核可後，再將賠償額通知原呈報單位辦理賠付，原呈報申請賠付單位，依相關部門通知之賠償額，如數支付旅客，並取得旅客簽字之和解書。
6. 總公司營運部門及貨運部門將和解書送財務部門。由財務部門將前項資料連同索賠申請單經核可後，送保險公司索

EVA　№ 009558

申請書　年　月　日

茲有本公司第（　）班機運來下列行李敬請准予暫存貴關棧爲荷

件數　件

(1)直接過境
(3)先到行李
(3)後到行李
(4)無主行李
(5)誤運及其他

行李牌號：

關棧號碼：

備　考：

此致

海關機場辦事處

長榮航空公司　啓

存關者簽名：

圖7-9　長榮航空公司暫存海關關棧申請書格式

資料來源：長榮航空公司中正國際機場行李組提供

賠。

最後，若該班機結束相關作業，行李轉盤處仍有無人認領之掛牌行李時，其處理原則如下：

掛本站行李牌的行李部分：

1.將該項行李交給「行李處理中心」，由「行李處理中心」負責登記、保管、公布及通知詢問運務櫃檯。
2.聯絡該航班之原出發站，確認有無短缺行李。
3.依行李託運艙單追查旅客資料，設法聯絡發還。
4.如當天無人認領，則向海關填具申請書（如圖7-9），存入海關關棧待領。

掛其他航空站行李牌的行李部分：

1.將該項行李交給「行李處理中心」，由「行李處理中心」聯絡相關航空站，查證是否短少行李。

‹‹‹

2.負責將行李以快遞寄到旅客所在地站或留本站待領。若拾
　獲物品送還旅客，應請失主填具「拾獲物品簽收單」，俾
　便結案，如圖7-8所示。

3.如該項行李無人提領，則予以登記，申請存入海關關棧待
　領。

第六節　活生動物的託運

　　活生動物泛指有生命之飛禽、走獸、爬蟲等陸上動物、兩棲
動物及水中動物，如鴿子、鸚鵡、雞、鴨、貓、狗、猴、兔……
等。航空公司「原則上」不同意攜帶活生動物隨乘客搭乘飛機。
如欲攜帶寵物同行，必須事先安排，而各航空公司的規定不盡相
同，但通常有些航空公司會允許客艙內有一隻寵物同行（註：國
內航線一律不得將活生動物置於客艙，但亦有經營長程國際航線
之航空公司同意將活生動物置於客艙）。對於這些航空公司而
言，只要乘客攜帶寵物的手續齊備，允許乘客將寵物置於適當的
籠子內，放在座椅底下，視同手提行李。但無論以「手提行李」
或「託運行李」的方式運送，寵物及裝載的容器均不能算是免費
行李，必須依航空公司規定另外付費。有些航空公司更規定寵物
上機前要注射鎮靜劑或戴口罩。

　　值得注意的是，對於欲將心愛的寵物從事國際空運者應該瞭
解，部分狂犬病非疫區國家（如澳洲）規定自台灣攜帶貓或犬進
入該國，必須符合該國之動物檢疫規定，亦即須要停留檢疫至少
三十日始可輸入。且動物必須在台灣已居住六個月以上，或自出
生以來至少已居住六個月以上，並且已植入晶片（Avid、Destron
或Trovan系統之晶片）。動物於輸入該國前，必須事先取得該國

政府動物檢疫站之同意，動物必須隨伴其有效輸入許可書（有效期限通常為二個月）方能入境。簡言之，凡欲辦理寵物申請入境該國者，應該先向該國動物檢疫站索取貓犬輸入檢疫資料申請書〔Application to Import Quarantine Material（Cats and Dogs）〕，並儘早提出申請，俾利該檢疫站保留檢疫動物之居住空間。若該國檢疫檢驗局同意後，會寄給您輸入同意許可書，並隨附動物輸出前之健康及檢疫規定。當您接到輸入許可書後，應洽合格之獸醫院安排注射疫苗、檢查或治療事宜。這些事宜應在動物輸出前完成，以確保動物符合該國之動物健康規定。同時務必事先聯絡航空公司安排動物之運送事宜。動物抵達該國時會有該國檢疫檢驗局官員在場，動物將直接被運送至動物檢疫站。動物在檢疫站將停留至少三十日。於此停留期間內，動物將被安排至特定的居住環境，並受到該國檢疫檢驗局官員之照顧。動物抵達該國七日後，動物主人可每周探視動物一次。探視規定可能因動物檢疫站不同而有所差異，詳情應洽詢各國的動物檢疫站。

一、攜帶動物入境規定

以我國為例，欲攜帶犬貓入境我國者，依據行政院農業委員會動植物防疫檢疫局對輸出入動物檢疫的相關規定，可以分為「自狂犬病疫區輸入犬貓檢疫規定」和「自狂犬病非疫區輸入犬貓檢疫規定」兩類。茲分述如下：

(一)自狂犬病疫區輸入犬貓檢疫規定

1.犬貓欲輸入台灣地區前，應於犬貓輸出三週前向輸入地港口、機場之動植物防疫檢疫局所屬分局或機場檢疫站申請核發「進口同意文件」，並經安排隔離檢疫廄位後，始得輸入。

2.申請時應檢附下列證明文件：

　　(1)犬貓隻健康證明書，需註明下列事項：a.犬貓之品種、
　　　性別、年齡或出生年月日、毛色、特徵及輸出國之獸醫
　　　師簽字。b.狂犬病預防注射日期（有效期限期爲疫苗注
　　　射後超過三十日至一年以內）及使用疫苗種類。

　　(2)犬貓隻全身彩色照片（4×6吋）一式四張。

　　(3)申請人身分證或護照影本。

　　(4)申請人自行書寫申請書乙份（請註明輸入時間、地點、
　　　台灣 代理人姓名、聯絡電話、地址）。

3.申請動植物防疫檢疫局進口同意文件的地點：

　　(1)若由中正國際機場進口者，請向動植物防疫檢疫局新竹
　　　分局機場檢疫站申請[1]。

　　(2)由高雄國際機場進口者，請向動植物防疫檢疫局高雄分
　　　局機場檢疫站申請[2]。

4.請依動植物防疫檢疫局核發「進口同意文件」之規定辦
　理。

5.犬貓到達海港或航空站時，應檢附「進口同意文件」、輸
　出國政府動物檢疫機構簽發之動物檢疫證明書正本及航運
　公司提單（B/L），依法申報檢疫（旅客攜帶入境者向入境
　室動植物檢疫櫃檯申辦），經現場查驗動物檢疫證明書內
　容相符，狂犬病預防注射有效，並診查畜體健康情形良好
　後，押運至動植物防疫檢疫局指定隔離檢疫場執行隔離檢
　疫二十一天，但必要時得予延長檢疫隔離期間。

6.輸入之犬貓裝運設備，應以清潔並經政府認定之消毒藥品
　消毒，運輸途中不得經由狂犬病疫區國家機場或港口轉
　運。

7.隔離檢疫期滿後放行後，需須配合飼養所在地之縣市家畜

疾病防治所或院轄市之家畜衛生檢驗所繼續追蹤檢疫六個月。

(二)自狂犬病非疫區輸入犬貓檢疫規定

1.犬貓欲輸入台灣地區前，應於犬貓輸出三週前向輸入地港口機場之動植物防疫檢疫局所屬分局或機場辦事處申請核發進口同意文件後，始得輸入。

2.申請時應檢附下列證明文件：

(1)輸入犬貓之健康證明書，需註明下列事項：a.犬貓之品種、性別、年齡或出生年月日、毛色、特徵及輸出國之獸醫師簽字。b.狂犬病預防注射日期（有效期限期為疫苗注射後超過三十日至一年以內）及使用疫苗種類。

(2)犬貓隻全身彩色照片（4×6吋）一式四張。

(3)申請人身分證或護照影本。申請人自行書寫申請書乙份（請註明輸入時間、地點、台灣代理人姓名、聯絡電話、地址）。

3.申請動植物防疫檢疫局進口同意文件的地點：

(1)若由中正國際機場進口，向動植物防疫檢疫局新竹分局機場檢疫站申請。

(2)由高雄國際機場進口，請向動植物防疫檢疫局高雄分局機場檢疫站申請。

4.請依動植物防疫檢疫局核發「進口同意文件」之規定辦理。

5.犬貓運達海港或航空站時，應檢附「進口同意文件」、輸出國政府動物檢疫機構簽發之動物檢疫證明書正本及航運公司提單（B/L），依法申報檢疫（旅客攜帶入境者向入境室動植物檢疫櫃檯申辦），經現場查驗輸出國動物檢疫證

明書內容相符，且診查畜體健康情形良好者，即予放行，
但如臨床檢查或文件審核發現可疑者，應予留檢或送指定
隔離檢疫場留檢，由檢疫機關派員押送犬貓運至指定隔離
檢疫場，並由申請人負擔相關運送費用。

6.輸入之犬貓裝運設備，應以清潔並經政府認定之消毒藥品
消毒，運輸途中不得經由狂犬病疫區國家機場或港口轉
運。

7.自非狂犬病疫區輸入之犬貓如經由狂犬病疫區國家機場或
港口轉運者，視同狂犬病疫區輸入。

8.隔離檢疫期滿放行後，需配合飼養所在地之縣市家畜疾病
防治所或院轄市之家畜衛生檢驗所繼續追蹤檢疫六個月。

攜帶犬貓等活生動物入境者，應檢附「進口同意文件」、輸
出國政府動物檢疫機構簽發之動物檢疫證明書正本及航運公司提
單，依法申報檢疫，這些文件是缺一不可的，若有缺乏證件或沒
有加蓋關防者，就無法接著辦理後續的停留檢疫。無法順利通關
的活生動物會先暫存於海關區內的檢疫局鐵籠內，待所有手續齊
備後始可辦理為期二十一日的停留檢疫。二十一日後，若確認活
生動物無檢疫相關疑慮，始可輸入我國。我國對活生動物的檢疫
檢測單位是由檢疫局委託台中市的國立中興大學獸醫學系辦理，
中興大學附設獸醫醫院對活生動物的受理檢疫時間是由早上九點
至下午三點，活生動物運抵中興大學停留檢疫二十一日後，檢疫
局始能予以放行。然而，對航空運務員來說，考慮到海關區屬於
管制區，一般旅客無法進入，運務員只需協助旅客申請臨時出入
證，俾便其辦理相關手續即可。

二、航空公司託運作業

(一)相關條件

　　然而，航空公司有權決定是否願意接受活生動物運送的申請、是否可將寵物帶上客艙與主人在一起，還是必須放置貨艙託運。實務上，如果要將活生動物置於客艙運送，僅有鳥、狗、貓可以被接受，惟其注意事項如下：

1.寵物必須是健康無害、乾淨沒有異味、不吵鬧。
2.雌性動物不得懷孕，帶幼兒或騷動不安者不得載運。
3.必須放置於防漏、防逃脫、防抓的容器或籠子內。
4.出生未滿十週不得運送。
5.這些動物必須攜有適用於起程地、目的地及轉機地之文件（如運送文件、健康及檢疫證明）。
6.在廣體客艙上每一航段每一艙等僅能接受一隻狗或一隻貓。
7.小鳥的籠子必須以布罩住。
8.若寵物於客艙內不停吵鬧時，機長有權於下一停留點要求將動物放入貨艙。
9.飛行途中不得將動物取出籠外。
10.寵物盡量勿放置於逃生門邊，儘量選擇於客艙隔板前一排的座位。
11.具有視力障礙或聽力障礙困擾的旅客所攜帶的導盲犬或助聽犬可不用關在籠內，但不得使用座位坐於其上。

　　若將託運的活生動物與主人分開運送，則這些活生動物將被置於貨艙。多數貨艙內有溫度及氣壓調整設備，可附載活生動

物。對於準備將寵物以託運方式運送者，要考慮轉機站不可帶其出來活動，應於行前於籠內準備足夠的飲水及食物，並附上詳細的餵食方法。對於裝載活生動物的籠子應注意下列事項：

1. 在運送過程中，國際航線的活生動物運輸必須置放於堅固、具有防止動物口鼻、腳爪及舌伸出之籠具中，並由台灣動物檢疫官員或官方獸醫師貼上封條。國內航線運輸則由地勤公司或航空公司勤務部門處理，惟需特別強調裝置動物的牢籠必須防漏、防脫逃、防爪子伸出籠子外。

2. 利用空運方式者，籠具必須符合國際航空運輸協會活生動物規定（Live Animal Regulations），並必須被列為裝載之貨物。建議利用直飛方式以減少動物所受之壓迫及避免時間上拖延。

3. 籠子必須夠堅固，且無內載動物逃脫或傷害到動物本身及其他裝載的風險。

4. 符合運送處理的要求（餵食、給水、清潔）且無危害到經手職員安全的考量。

5. 有一面以上的通風口。

6. 裝載動物的容器必須是易於辨識為動物牢籠，外包裝上應當標明照料和運輸的注意事項。

7. 下層墊有易吸水之物（避免以稻草鋪於下層吸水，以免觸及某些國家農業規定及限制）。

8. 同種的小動物可以裝在一起。

9. 貓狗必須分籠，除非牠們習慣居住一起。

10. 不同種的狗在一起亦需防止互咬及相互干擾，特別是其中一隻比另一隻強壯時，較弱的一隻可能會急躁不安。

11. 儘可能避免打開籠子，如有其必要時，務必在密閉的空間

內，防止寵物逃脫。

12.纖維製的籠子不適合裝載狗及貓。

13.兩隻相同大小的動物，最大的沒有超過十四公斤且習慣相處在一起，則可放在同一籠子，但如果超重，則必須分開。

14.如動物小於六個月，且為一胎所生的動物，最多可以三隻裝在同一籠子，每隻不可超過十公斤，且必須要習慣在一起。

15.有特殊要求的活體動物運輸，託運人應當向承運人說明注意事項或在現場指導作業。

然而，這些被置於貨艙的活生動物會安份嗎？由於噴射飛機的發明，動物的運送問題變得更為棘手。動物必須以「託運行李」的方式置於貨艙內，會引發一些重要的考量，包括：

1.動物的種類、數量和體重。

2.運送中動物自由活動的空間。

3.二氧化碳的密度。

4.地面滯留的時間。

5.季節因素。

6.地面四周的溫度與濕度。

7.運送時的條板設備。

8.飛航的高度和時間。

9.使用何段貨艙。

10.廢棄物的收拾。

(二)注意事項

在運送動物之前，為了能順利完成託運旅客的交託及兼顧寵

＜＜＜＜＜＜＜＜＜＜＜＜＜＜＜＜＜＜＜＜＜＜＜＜＜＜＜＜＜＜＜＜＜＜＜＜＜＜

物運輸過程的舒適程度，並不至於會對航空公司的人員或設備產
生負面的影響，通常應注意的事項有三，分別是飛航前的準備、
載運時動物的上下飛機及最大的承運量。

■飛航前的準備

　　裝運動物的容具一定要具有防逃、防漏[3]與容積大小適中而
通風良好的特性。此外，各項容具應該適當地標示所運動物的種
類與目的地。

　　人類相對地已逐漸習慣於飛行，但是動物則不然，因而需要
特殊的考慮，諸如動物不能長時間暴露於噴射機的噪音中以及需
要充足的食物與水。在飛航前，這些動物應留置於乾燥、通風良
好、溫度適中的地區，不要受到陽光的直曬以及避免強烈的侵
襲。在這部分，有五個環境因素必須加以考慮，分別是溫度、
通風、濕度、艙壓及噪音程度，茲討論如下：

1.溫度：在很多飛機上，組員是無法控制貨艙內的溫度的，
　　因此艙內溫度務必在飛航前予以確定，並考慮動物本身散
　　發的熱量、飛機的空速（影響機身表面的溫度）以及機艙
　　與外界空氣的溫度。適中的機艙溫度對活生動物的運送是
　　非常重要的，尤其是溫度過高可能會增加動物的緊張，嚴
　　重的甚至於可能構成致命。

2.通風：貨艙通風程度是決定載運動物能力的一項重要考
　　量。二氧化碳是動物新陳代謝過程中持續不斷產生的現
　　象，而二氧化碳的產量會因動物的不適狀況，如緊張、
　　熱度、溫度而增加。因此，一項成功的動物空運作業一定
　　要保持極佳的通風率。部分的波音噴射客機的貨艙有空氣
　　通風設備，如B707、B747、B767均有空氣迴轉調節系統。
　　B727、B757僅在主艙才有該項設備。

3.濕度：活生動物的出汗與呼吸均會增加貨艙內的濕度。不過，只要艙內溫度適中，較高的溫度是需要的！不過應該注意溫度與濕度的相對關係（若溫度高，會促增動物體溫而增加二氧化碳的排放，將會產生不良的惡性循環）。

4.艙壓：飛機貨艙內的艙壓是與客艙一樣的，這樣的艙壓對一般動物都挺合適的。不過，對於那些獅鼻型的犬類，如拳獅狗、北京狗及獅子狗，會感到呼吸略為困難，尤其是在飛航中艙壓降低時更具影響。

5.噪音程度：動物無法適應過高的噪音，在運送過程中應盡量避免將牠們暴露在引擎、輔助電源或其他噪音較大的機器附近。總之，最合理的原則就是不要將牠們置於人類也需要戴耳罩的噪音環境中。

■載運時動物的上下飛機

　　飛機在裝卸時，動物應該是最後登機，最先下機，因為可以降低其受傷的機會，同時還可以將牠們暴露在不習慣環境的時間減到最低的程度。另外，裝運動物的容器應予牢固地繫緊，以免在飛航途中與其他貨物發生碰撞；在到達目的地或中途停站時，應即開啟艙門，便利通風，並視察動物的狀況。

　　動物抵達目的地後，應立即將之引導下飛機至航站的有氣溫調節設備的待領區，由收貨人或託運人來領取，千萬不可利用貨物滑送槽（cargo chute）來交遞活生動物（以免獸腳被機器夾傷）。

■最大的承運量

　　飛機運送貨物的最大承運量，運送人應考慮所運動物的種類、體積以及機艙內的溫度、濕度與二氧化碳含量等條件，而作適當的決定。

(三)航空公司活生動物處理原則

航空公司活生動物處理原則如下：

1. 如旅客未攜帶行李，亦不可當作免費行李處理。
2. 貨運站收受之活生動物按一般貨運以十公斤起運，並按其實際重量或籠箱之體積重量，以一般貨物運價之雙倍收費。
3. 搭機旅客攜帶之活生動物按一般貨運以十公斤起運，並按其實際重量或籠箱之體積重量，以一般貨物運價之雙倍收費。
4. 國內航線必須將活生動物裝入貨艙，旅客不可隨身攜帶。
5. 活生動物處理注意事項如下：
   (1) 活生動物需裝入附有托盤之籠箱，欄門必須牢固加鎖，以防污染貨艙或發生意外事故。
   (2) 具有危險性之活生動物應婉拒受理。
   (3) 各類活生動物限置放於貨艙並防擠壓。
   (4) 航空公司各站接收活生動物時，需由貨主或旅客填寫切結書一式兩份，一份自存，一份隨貨運通知單送到達站。
   (5) 需知會擬運送班次機長活生動物所在位置，以便調節溫度不致凍死。

活生動物的託運在實務操作上發生事故的案例屢見不鮮，諸如死亡、受傷、遺失或因證件不齊而被到達站之機場檢疫單位「銷毀」。寵物常被其主人視為家族的一分子，若遭逢意外，常會使其主人悲痛欲絕。因此機場作業單位必須謹慎處理。雖然根據契約，活生動物若因自然死亡、自身行為導致的受傷，或是容器

的缺陷導致的事故，航空公司並無賠償的責任。但是，如果動物在運送過程死亡的原因可歸責於航空公司者，而必須擔負賠償責任時，因行李賠償有其上限（以國際航線爲例，每公斤的行李賠償金最高爲二十美金），其賠償額是有限的，甚至某些無法用價格衡量的寵物死亡所獲得的賠償額與主人的期望落差頗大，引發旅客不滿，亦易引起訴訟事件。因此，航空公司對於活生動物運送的處理格外謹慎，並對若干具有潛在危險的動物託運保留拒絕運送的權利。

第七節　報值行李作業

　　儘管法律及國際公約已針對航空公司（承運人）在運送行爲時可能碰到的侵權狀況做了保護旅客的賠償規範，航空公司（承運人）也完全知道他們的職責，並據以安排保險，旅客們雖也能明白地從機票後面的運送條款知道遇有傷害或損失時可以期望獲得什麼賠償，然而，有些旅客可能會認爲這些賠償的額度不夠，他們可以選擇另外購買保險或在運務櫃檯報到劃位時，要求航空公司以「報值」的方式來處理他們的託運行李，冀求若發生損害時可以獲得更多的賠償。在航空運輸對「報值行李」的認定中，與傳統「保險」的意義不同，航空公司對於行李報值費用的收取亦非隸屬保險費用的名目，其意義僅只是旅客認爲其攜帶之託運行李價值超過航空公司依據現行法規規定所訂之最高賠償金額，主觀上爲了降低其行李之旅行風險（如遺失、損毀等），而向航空公司申請「報值」，航空公司則於承載責任範圍內提供限定金額內之服務項目。

一、報值行李接受範圍

1. 為了避免操作上的複雜性及風險控制，報值行李的相關作業僅限機票填發單位之航空公司飛行的航線適用，旅客行程若牽涉外家航空公司則不接受（如轉機）。

2. 國際線接受之報值金額最高不得超過兩千五百美元；國內線接受之報值金額最高不得超過新台幣六萬元。若旅客認定其行李價值超過航空公司所訂定的額度，則請旅客向保險公司投保產物險。

3. 僅接受個人旅遊之旅客申請「託運行李」報值（手提行李不接受報值申請），但不限一件或多件託運行李同時申請報值。

4. 航空公司不接受下述行李之託運行李報值：金錢、珠寶、貴重礦石、流通票據、有價證券、商業文件、樣品、書、古董、加工製品、手稿、不能再修補之絕版書或出版品、其他貴重物品……等。

二、報值行李計費規定

1. 航空公司對託運行李所負之責任，「國內線」依據「航空客貨損害賠償辦法」第四條之規定，每公斤賠償額為新台幣一千元，故最高法定賠償額為 NTD1,000×10公斤＝NTD10,000；「國際線」則依據「華沙公約」及「海牙議定書」之規定，每公斤賠償額為二十美元，故最高法定賠償額為 USD20×20公斤＝USD 400。

2. 國際線每報值100美元，收取0.5美元之服務費；國內線每報值新台幣三千元，收取新台幣二十元之服務費。

3. 若涉及當地貨幣與美金之換算，則以當地銀行買入美金價

>>

格計算。

【案例探討一】

　　國內線旅客一件十公斤託運行李，申請報值新台幣八萬元。

申請報值金額→　　　　NTD 80,000

最高法定賠償金額→　　NTD 1,000×10 公斤＝NTD 10,000

超過之報值金額→　　　NTD 70,000（80,000－10,000＝70,000）

報值行李服務費收取→　NTD 70,000÷3,000×20＝NTD 466.6元≒467元

【案例探討二】

　　國際線旅客一件二十公斤託運行李，申請報值美金兩千八百元。

申請報值金額→　　　　USD 2,800

最高法定賠償金額→　　USD 20×20 公斤＝USD 400

超過之報值金額→　　　USD 2,400（2,800－400＝2,400）

報值行李服務費收取→　USD 2,400÷100×0.5＝USD 12

<<<<<<<<<<<<<<<<<<<<<<<<<<<<<<<<<<<<<<<<<<<

三、場站處理要領

(一)起程站

1. 航空公司承辦人員於收取行李報值費後，應立即對該報值行李單獨開立一張「行李超重票」（excess baggage ticket或miscellaneous charge order, MCO）給旅客。若以「行李超重票」開立，不得與其他超重行李合併計算或共同使用一張行李超重票，行李超重票副本交由旅客收執，並應將行李掛牌之號碼填於票上。

2. 航空公司承辦人員務必要求旅客打開該報值行李並檢視其內容有無金錢、珠寶、貴重礦石、流通票據、有價證券、商業文件、樣品、書、古董、加工製品、手稿、不能再修補之絕版書或出版品、其他貴重物品……等限制品，若有發現則應立即要求旅客將該限制品取出並改為手提行李項目。

3. 為了避免旅客飛抵目的地站後對行李內容物的完整性質疑或其他不可預期的困擾，航空公司承辦人員務必當面與旅客確認報值行李內容無誤後，方可將其行李押運至行李艙內，以防遺失或損毀，且必須通過當地機場海關、安檢的檢驗及相關查核。

4. 若旅客於辦理報值手續後因故沒有確實在該航班登機時出現，則航空公司依據慣例必須將行李取出，並退還其所支付之報值行李費，旅客應憑機票辦理退費手續並繳回收據。

5. 當載送報值行李的班機放行後，運務員必須將該報值行李的相關資料，諸如旅客姓名、行李牌號碼、行李特色、行

李置放處、報值金額……等，透過電話或SITA telix電報告知目的地站，以確保報值行李於到達目的地站後得以順利遞還旅客。

(二)目的地站

若目的地站的運務員由SITA telix電報或其他通報管道得知由出發站飛抵本站的旅客中有申報行李報值者，應通知行李處理中心的運務員或地勤公司的勤務人員，當班機抵達時必須特別取出該行李，當面交給旅客點收無誤後索回行李掛牌，並通知原出發站該行李已安全交還旅客始結案。而為了稽核之便，結案後最少必須將相關資料存檔三個月。

第八節　遺體託運

科學家告訴我們，整個宇宙只不過是變化、活動和過程而已。無常是宇宙運行的常態：四季的更迭、葉脈上的露珠、指天為誓的山盟海誓、信守不渝的信念，甚至是我們的容貌、年齡……無一不可找到「無常」的鏡子。我們肉體的存活依靠肌肉、體液、體熱、呼吸和身體氣色維持運作，但誠如釋證嚴法師所言，「人類對於身體只有使用權，而無所有權」，對於大多數的人來說，雖然明知這個世界的運行，有生就有死，死亡是不能規避的，也不是個人可依個人意志主觀決定的過程，甚至不容許自己想到死亡這件事。談到死亡，多數人的反應是恐懼與忌諱，然而無論恐懼與否，每個人卻必定會死，只是時間、地點、死亡方式的差異。

對中國人來說，雖然死亡難以避免，但「壽終正寢」卻是對

死亡方式的最佳妥協。然而，人生無常，世事詭譎如棋，對於客死異鄉的人來說，家人莫不希望將其遺體送回故鄉安葬，以入土為安。然而，若客死異鄉的遺體離其家鄉甚遠，甚至是關山萬里、遠隔重洋，透過航空運輸這種快捷、有效的運輸方式，往往是託運遺體時所考慮的管道。然而，對於航空運務作業來說，遺體託運有那些必須注意事項？

雖然人類的生命及身體是不能用價值衡量的，基於對人類生命的尊重，也不能當作「貨物」看待。但是，在運輸實務操作上，遺體的託運在民航業界是屬於「特種貨物」，廣義的特種貨物包含急件、生物製品、植物和植物產品、活體動物、骨灰、靈柩、危險物品、鮮活易腐物品、貴重物品、槍械、彈藥、押運貨物……等。對於託運的遺體，可以分為已經過火化的骨灰及屍體，其託運注意事項如下：

在骨灰託運方面：

1.託運人應當將骨灰裝在封閉的塑料袋或其他密封容器內，外加木盒，最外層用布包裝。
2.託運人應預先訂妥運送的航班及日期。

在屍體（或稱靈柩）託運方面，有關航空運務對靈柩託運的規定如下：

1.託運人應當憑醫院出具的死亡證明、殯葬管理部門出具的入殮證明及有關部門（航警局、衛生檢疫等）出具的准運證明辦理靈柩託運手續，並預先訂妥航班、日期。
2.屍體應無傳染性。
3.屍體應經過防腐處理，並在防腐期限以內。
4.屍體應以鐵質棺材或木製棺材為內包裝，外加鐵皮箱和便

>>

　　於裝卸的環扣。

5.棺內舖設木屑或木炭等吸附材料，棺材應當釘牢、銲封，
　使其無漏縫，確保氣味及液體不致外漏。

　　而我國對於遺體託運的入出境檢疫相關法律規範係依據「國
際港埠檢疫規則」第二十四條「船舶、航空器載運屍體，應持有
合格醫師簽發之死亡證明書，並載明死因及死亡日期」的規定，
入出境屍體的託運人或代理人必須向檢疫機關申報，經審查後放
行及發給出境許可證，不檢查屍體，僅作證件審查。相關程序如
下：

1.屍體入境檢疫：憑合格醫師簽發之死亡證明書及有效之防
　腐證明書放行。

2.屍體出境檢疫需攜帶下面證明文件之正本辦理：

　(1)死亡證明書（需載明死因）。

　(2)有效之防腐證明書（若正本另有用途，可先行影印一份
　　　與正本一起帶來，經核對後，正本歸還）。

　(3)確定託運班機日期及航次。

3.申請規費：新台幣兩百元。

　　除此之外，骨灰經高溫火化，無染疫之虞，其入出境不需辦
檢疫手續，可逕向機場或港口之海關單位辦理報關即可。

註釋

[1]其聯絡地址及電話：桃園縣大園鄉（337）中正國際機場航勤北路二十五號；TEL：03-3982663；FAX：03-3982313。

[2]其聯絡地址及電話：高雄市小港區（812）飛機路630號航空貨運站二樓；TEL：07-8057790；FAX：07-8068427。

[3]因為動物的排洩物會導致機身的腐蝕。有關排洩物處理的原則可參閱IATA Animal Regulations。

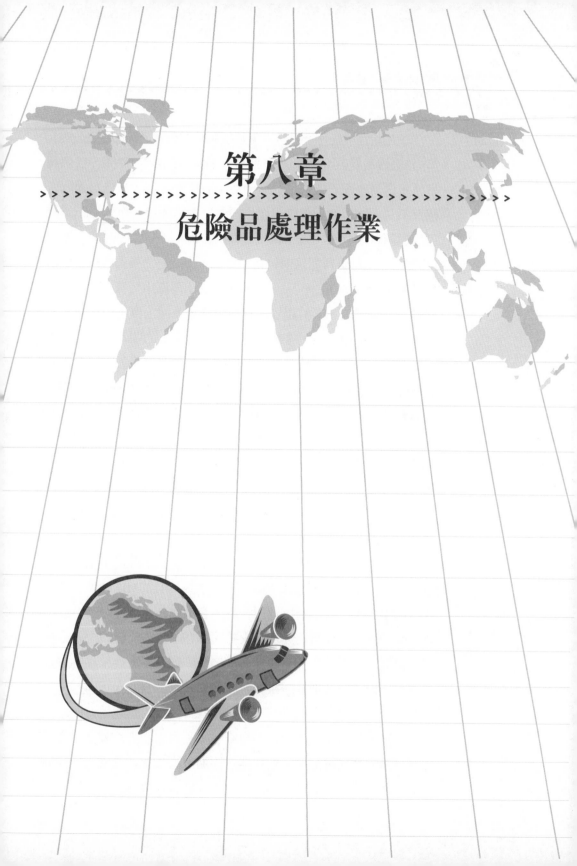

第八章
危險品處理作業

>>

　　一九九六年五月十一日，美國超值航空公司（ValuJet Airlines）第592班機載有五名組員及一百零五名乘客的DC-9客機，自佛羅里達州邁阿密國際機場飛往喬治亞州亞特蘭大市，飛機自邁阿密起飛不久，機長就因駕駛艙產生煙霧而要求返航，航管指示該機返回邁阿密，就在下降中高度到達7,207呎、速度260海浬、航向210度時，飛行資料記錄器停止了作用，十五秒之後飛機機頭向下墜毀在機場西北方二十五公里Everglades沼澤區中，機上乘員全數罹難。調查發現，火勢起於前貨艙中段，並向上竄燒至客艙第五及第六排左半邊座位，客艙中傳出了「失火」的叫喊聲，隨後機上電力系統故障，導致飛航資料與座艙通話記錄訊號中斷。經國家運輸安全委員會（National Transportation Safety Board, NTSB）的調查結果研判，火勢來源可能是置放在前貨艙貨架上一百四十四只的氧氣瓶。承攬超值航空公司的地勤代理商SabreTech公司在託運該班機貨物之前缺乏對貨物適當的準備、包裝、標示及確認，且沒對這些尚未用完的化學氧氣裝備做追蹤，導致氧氣瓶因不明原因在空中點燃。目前超值航空公司已經改名為AirTran，繼續飛航美國東南部一帶。

　　此外，我國立榮航空在一九九九年八月二十四日中午十二時三十六分台北飛往花蓮第873航班，編號B-7912的MD-90型客機在花蓮機場二十一號跑道落地滑行時，客艙內部左側前段突然發出爆炸聲，隨即冒煙起火燃燒，火勢隨即在下午十三時四十五分撲滅，但機身上半部全毀，廿餘名乘客受到輕重傷，後來乘客古金池傷重不治。花蓮地檢署根據蒐證資料，將調查方向指向前十項運動國手古金水，全案於二○○一年四月三日由花蓮地方法院宣判，合議庭以古金水違反民用航空法，利用未滿十八歲之人私帶危害飛航安全之物品進入航空器，因而致人於死，判處十年徒刑。

立榮航空事後感謝飛安會還給該公司清白，證明這起飛安事件與該航空公司的飛航操作及服務品質無關。有關此次爆炸起火燒機事件，根據行政院航空器飛航安全委員會所公布的調查報告顯示：「失事班機上有易燃品（汽油）被裝入漂白水及柔軟精瓶內，以矽膠封住瓶口，擺進行李袋裡帶上飛機，放在置物箱中，自瓶中逸漏的汽油，揮發散佈置物箱空間，與空氣混合成油氣，因飛機落地時的震動，導致接在蓄電池上的電線短路而引爆油氣燃燒。」這次意外導致一名乘客死亡，二十七名乘客輕重傷，當時引起社會各界矚目。飛安委員會並建議政府相關部門應就危險物品管理明確劃分權責，航警局應更新機場安全檢查設備，使其具備偵測瓶、罐類容器內裝液體性質的能力，並全面評估各航站的安檢能量。

由以上兩則因危險品處理作業管理疏失所導致的飛安事件顯示，除仰賴航警安檢對旅客行李的把關之外，航空公司因機型貨艙防火限制及安全考量所規定的危險物品管理規則，應由該公司全體員工明白遵守且認知，且地勤公司的勤務人員應對危險品認定確實掌握及嚴格把關，多一分情境察覺就多一道防線，就能更進一步防止遺憾的發生。

飛航中最易引起危險者，即是危險品之裝載。民用航空器以運送客貨郵件為其經常業務，如夾帶危險品，每足引起生命財產的損失，故各國法律條例均有嚴格的規定。二○○○年四月五日修訂頒佈的中華民國民用航空法第四十三條規定：「航空器，除經民航局核准外，不得裝載武器、彈藥、爆炸物品、毒氣、放射性物料或其他危害飛航安全之物品。航空人員、航空器上工作人員及乘客不得私帶前項物品進入航空器或在航空器上使用干擾飛航通訊之器材。」另外，第十章一百零二條規定：「違反第四十三條規定者，處五年以下有期徒刑、拘役或新台幣十五萬元以下

罰金。因而致人於死者，處無期徒刑或七年以上有期徒刑；致重傷者，處三年以上十年以下有期徒刑。」

　　然而，什麼叫做「危險品」？對航空運輸來說，所謂危險品是指該物品或物質以航空器載運時，可能明顯地危害人體的健康、安全或對財產造成損害的物品。危險品由於具有易爆、易燃、有毒、腐蝕和放射等特殊性質，在儲存、裝卸和運輸過程中，稍有不慎，對人身安全、船舶運輸和社會環境會造成極大的危害。世界各國對這類物品的進出口都有嚴格的規定，特別是美國，管理更嚴，要求更高，該國自一九九一年起公布了實施危險貨物進出口運輸規則的新規定，如違反規定會被處以一萬美元的罰款。一般看似正常之貨物行李卻具有潛在之危險性，因此危險物品不但包括明顯的危險性的物質，例如酸、鹼、放射線物質、毒物和易爆物等等，同時也包括了一般常見的東西，例如磁鐵、輪椅（裝有溼式電池）、含壓縮氧氣瓶的呼吸器、以乾冰保存的疫苗、家用物品（油漆、噴霧劑、漂白劑）等等。大體來說，航空公司不接受載運任何可能危害人體健康及飛行安全之貨物行李，但基於人道救援或特殊因素，得報請核可後，以個案依據國際航空運輸協會（IATA）編製的「危險物品規則」（Dangerous Goods Regulations, DGR）處理，並保留隨時修改危險品處理規則的權利。

　　目前我國行政部門之交通部與勞委會分別將危險物品分為九大類，但都採自中央標準局中華民國國家標準（CNS 6864 Z5071，中央標準局分九大類），所以差別不大。環境保護署則將毒性化學物質分為四大類，而中華民國國家標準乃循據聯合國標準。至於美國交通部將危險品分為六大類，美國火災預防協會依危險物品四大特性及五等級傷害程度分類。以航空運輸領域的使用慣例來說，目前全球多數航空公司決定是否受理乘客託運之

>>

貨物行李的標準，多係依循國際航空運輸協會（IATA）編製的「危險物品規則」處理。本章所將討論之民航危險物品處理作業，亦以IATA的這一套DGR為圭臬。

第一節　危險物品分類

對於人類身體健康、生命財產的安全以及環境生態的保護，具有相當大風險的物質或物品，就是危險物品。在運輸時，必須加以規範，以免讓運輸系統的人、物及環境遭致損害。根據施智璋（2000）在「歐盟關於危險貨品的公路安全運輸規定」指出，目前常經由運輸處理的危險物品大約有六萬至二十萬種。聯合國賦予每種不同的危險物品一組四碼的序號，稱為「聯合國序號」（UN number）。目前的序號是由0004到3358，其中的序號不一定均為連號。除此之外，在危險品裝載時，運送人都必須注意相對於每一個物品的聯合國序號都必須配置一個特定的「裝載專用名稱」（proper shipping name）於物品本身或運送文件上。

危險物品的運送模式大致可以分為航空、海運、公路、軌道、內河等五種。在航空運輸領域對危險物品的分類標準係以國際航空運輸協會（IATA）所制定之「危險物品規則」為主要依據，其種類共可分為九大類，茲分述如下：

一、第一類：易爆物

1.第一項：具有巨量爆炸危害的物質或物體（articles and substances having a mass explosion hazard），例如火藥。

2.第二項：具有射出危害的物質或物體（articles and substances having a projection hazard），例如飛彈。

>>

3.第三項：具有起火危害以及輕微的爆破危害或輕微的射出
危害，或者兩者兼具，但無巨量爆炸危害的物質或物體（
articles and substances having a minor blast or projection
hazard），例如燃燒彈。

4.第四項：不致引起重大危害的物質或物體（articles and
substances which present no significant hazard），例如鞭炮。

5.第五項：具有巨量爆炸危害，但敏感度低的物質或物體（
very insensitive substances which have a mass explosion
hazard），例如爆破用炸藥。

6.第六項：敏感度極低且不具有巨量爆炸危害的物質或物體
（extremely insensitive article which do not have a mass
explosion hazard）。

二、第二類：氣體

依據國際航空運輸協會（IATA）所制定之「危險物品規則」
於氣體（Gases）的定義是「物理性質在攝氏五十度時的蒸汽壓大
於300 KPA，或是在攝氏二十度及101.3 KPA的標準壓力差下是完
全氣態的物質」。

(一)第一項：易燃氣體

1.在攝氏二十度及標準壓力差101.3 KPA時，體積在13％或
13％以下與空氣混合所形成的混合物，其物理特性為會起
火的氣體。

2.不論燃燒範圍的低點為何，與空氣的燃燒級距至少為十二
個百分點的氣體。

‹ ‹

(二)第二項：非易燃氣體，無毒性氣體

1.在攝氏二十度及標準壓力差不低於280 KPA時，或是做為冷凍液體時的非易燃氣體、無毒性氣體。

2.此類氣體會稀釋或取代正常的氧氣。

3.此類氣體通常會供應氧氣，相對於其他物料，雖非易燃，但相對於空氣會有較高的可燃性。

(三)第三項：毒性氣體

已知其毒性或腐蝕性足以導致人體的危害。

三、第三類：易燃的液體

第三類危險物品是以物質或物品的「閃點」做為歸類的依據。凡是閃點高於攝氏六十一度的物質或物品均歸屬於「易燃的液體」。

四、第四類：易燃的固體

(一)第一項：易燃固體

易燃固體（flammable solids）在運送過程中很容易因摩擦生熱導致起火或是物品本身具有「即然性」（readily combustible）。

(二)第二項：自燃性固體

1.「起火物質」：此類物質即使數量稀少，只要與空氣接觸，常會自行起火。

2.「自熱物質」：此類物質與空氣接觸時，即使是沒有供給能量，也會自行加熱。但此類物質只有在量大或假以時日的長時間才有被點燃的可能。

(三)第三項：遇水燃燒的固體

此類「遇水燃燒的固體」遇到水則會釋出易燃氣體，而與空氣形成爆炸性混合物。

五、第五類：氧化物質，過氧化物

(一)第一項：氧化物質

此類物質本身未必會自燃，但是因為會釋出氧氣，恐有與其他物質接觸而產生燃燒的危險。

(二)第二項：有機過氧化物

有機過氧化物為溫度不穩定的物質，會產生放熱性自我加速分解。

六、第六類：毒性物質和傳染性物質

(一)第一項：毒性物質（toxic substances）

第一項毒性物質若吞食或吸入肺部，或經由皮膚接觸會造成嚴重傷害或當事人死亡的危險。

(二)第二項：傳染性物質（infectious substances）

第二項傳染性物質包含具有生命力的細菌、病原體、病毒……等微生有機物，而可能會對人類或動物產生危險。

七、第七類：放射性物質

1.第七類第一級分類的標貼顏色：白色。

2.第七類第二級分類的標貼顏色：黃色。

3.第七類第三級分類的標貼顏色：黃色。

4.第七類第四級分類的標貼顏色：黃色且專載運輸。

八、第八類：腐蝕性物質

第八類腐蝕性物質若接觸活體組織或物質材料時，有腐蝕或毀壞的危險因素存在，如硫酸、王水……等。

九、第九類：雜項危險品

對於第九類DGR分類標準的涵蓋範圍來說，主要是任何危險物品在前述八大分類中均無法被歸類者，則一律隸屬於這個類項，統稱為「雜項危險品」，例如磁性物質、可能危害到機體結構的物質，及其他因固有的特性若未經過適當的包裝處理就不適合空運的物品。

除此之外，危險物品除依危害性質分類外，部分有重大危害之物品，國際航空運輸協會也依其個別的危險程度大小從事「包裝群」的區分。包裝群的區分如下：

1.第一級包裝群（Packing Groups I）：危險程度最大。
2.第二級包裝群（Packing Groups II）：危險程度中等。
3.第三級包裝群（Packing Groups III）：危險程度最小。

「歐洲公路共同協議」則更對每一種危險種類所包含的危險物品劃分為若干「項目」，屬於同一個項目的危險物品都具有相同的運輸屬性。

第二節　禁止當做行李載運的危險物品

根據國際航空運輸協會（IATA）危險物品管理規則（DGR）

圖8-1 民航局為了宣導旅客不要將危險物品帶上飛機，特於機場安檢入口處旁邊的櫥窗擺設各式危險品的樣本

資料來源：楊政樺攝於台北松山機場

的規定，下列的危險品，不可以接受當做行李：

1.任何貼有ICAO/IATA四角鑽石形危險標誌的貨櫃或物品。

2.裝有鋰電池或煙火裝置等危險物品的保險公文箱。

3.腐蝕性的物質，例如酸、鹼、水銀、濕電池等等。

4.易爆物，例如煙火、火藥、照明彈。

5.易燃的壓縮氣體，例如露營炊事用瓦斯，可燃、不可燃、超低溫冷凍、有毒的液化瓦斯。

6.帶有磁性的物質。

7.氧化物，過氧化物，例如漂白粉等等。

8.帶有放射性物質。

9.可燃的液體，例如打火機油、暖爐油、油漆、亮光油及稀釋溶劑等等。

‹‹‹

10.易燃的固體，例如自燃的氧化物質、遇水氧化的物質及容易被引燃的物質。

11.有毒物和傳染性疾病病毒。

12.會氧化燃燒的液體。

13.可燃的壓縮氣體。

14.其他被國際民航組織（ICAO）、國際航空運輸協會（IATA）、我國的交通部民用航空局限制為危險品名單上的項目。

　　為俾便航空公司、航空貨運承攬業及航空站地勤業處理旅客託運物品的辨認及運送安全，國際航空運輸協會（IATA）及國際民航組織（ICAO）特將一般旅客常見之透過航空運輸途徑從事運送行為的危險物品依據DGR九大分類標準，規範了全球民航界一致認定的四角鑽石形危險標誌，在每種危險品的分組，都有其相對應的標貼（labeling）。有關各組危險品的標貼如圖8-2所示。

第三節　允許當做行李載運的危險物品

　　根據ICAO和IATA危險物品管理規則，下列物品通常會被當作危險品，但可當做行李攜帶，不受危險物品管理規則之限定。旅客不必事先通知航空公司的危險物品包括：

1.旅客攜帶上飛機或是託運含有酒精性的飲料，每單一包裝數量在五公升以內。

2.個人盥洗用品，例如髮膠、香水、藥品酒精放在手提或託運行李內，數量在兩公斤或兩公升以內；每單項物品在0.5公斤或0.5公升以內。

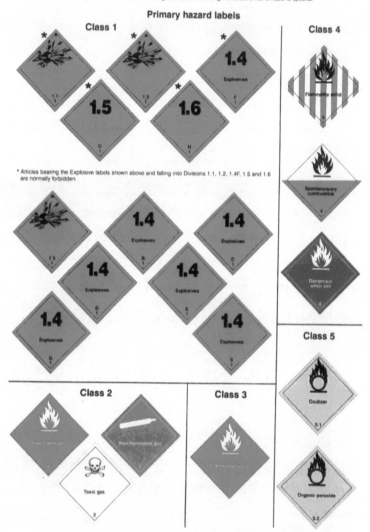

圖8-2　ICAO/IATA四角鑽石形危險標誌

資料來源：IATA，"Dangerous Goods Regulations"

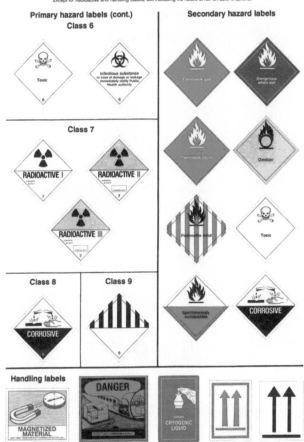

（續）圖8-2 ICAO/IATA四角鑽石形危險標誌

資料來源：IATA,"Dangerous Goods Regulations"

3. 每位旅客攜帶防腐用乾冰兩公斤以內，並且包裝良好，包裝可釋放二氧化碳氣體。

4. 安全火柴，液化石油氣之打火機。

5. 含碳氫化合物的捲髮器（每人可以攜帶一具）。可以放入託運行李之中，其安全蓋需緊扣在發熱電池上。惟瓦斯氣

充填劑禁止當手提或託運行李攜帶。

6.外科治療用植入心臟的起搏器（心律調整器）所含放射性
物質，例如鉍電池或放射性調合藥物。

旅客必須預先通知航空公司的危險物品包括：

1.醫療用小型氧氣瓶，只能當託運行李，且氧氣需放光。

2.殘障旅客義肢用小型二氧化碳氣瓶，惟不能在客艙使用。

3.比賽用或打獵用小型槍支彈藥，只能當做託運行李。

4.一般來說，輪椅旅客在報到劃位時，其攜帶之輪椅均交由
勤務人員託運，並轉由航空公司提供之輪椅由專人或家屬
協助登機，但就若干個案由旅客以自行攜帶之輪椅至登機
門者，於登機前，其裝有濕電瓶的輪椅，仍必須在登機門
收取為託運行李。

第四節　載運的限制條件

下列的特殊項目必須經由航空公司許可之下才可以運送：

1.授權許可接受託運的危險物品，僅能視為個案，並不是以
後都照前例辦理。

2.在購票及訂位時事先通知運務單位。

3.依據危險品管理規則，危險品必須有適當的證明文件和特
別的包裝、標誌、標籤明示其上。

4.如果有其他航空公司參與聯運危險品，則必須要事先獲得
聯航之書面同意確認，才能接受。

5.在接受載運之前，要先經過公司專門人員的檢定，確定合

乎危險品的管理規定才能接受。

接受當做託運行李並僅能裝載於下貨艙之危險物品包括電動輪椅、小型槍枝彈藥等，其注意事項包括：

1. 電瓶驅動的輪椅，若其使用密閉防漏型的溼電瓶，要注意：
   (1)溼電瓶要斷路。
   (2)電瓶兩極要作絕緣，避免短路。
   (3)溼電瓶要以絕緣材料固定在輪椅上。
   (4)兩個或兩個以上的電瓶綁在輪椅上，彼此之間要以緩衝物質保護。

2. 電瓶驅動的輪椅，若其使用非防漏型電瓶，要注意或提供容器包裝：
   (1)電瓶要斷路。
   (2)電瓶兩極要作絕緣，避免短路。
   (3)溼電瓶要以絕緣材料固定在輪椅上。
   (4)輪椅裝運，永遠要保持直立狀態。
   (5)假如輪椅不能一直保持直立的狀態，電池就必須卸下按規定包裝，否則禁止帶上飛機。

3. 注意事項：卸下的電瓶必須在牢固的包裝下運送，託運務外表必須貼上「腐蝕性」的「危險品」標籤。對攜帶動力輪椅旅行旅客的聯航訂位不可作確定承諾。此類旅客的輪椅不可以聯運直掛到最後目的地，除非事先得到後段航空公司的書面允許。

4. 運動用或打獵用小型槍支彈藥：不包括那些易爆物，燃燒彈，每位旅客攜帶限量五公斤之內。

在不同限制條件可接受為手提行李或託運行李的物品包括：

1. 酒精性飲料：可以接受為手提行李或託運行李，唯酒精濃度不超過70％，每一容器容量在五公升以內，每人限帶六瓶且需包裝妥當。

2. 小型醫療用氧氣瓶：不可以接受為手提行李，但可以接受為託運行李，唯必須注意託運前要將氧氣放光。

3. 不可燃的噴霧劑：可以接受為手提行李或託運行李，但必須是旅客自用的東西，每一個單獨物體容器不能超過0.5公斤或0.5公升。

4. 殘障旅客操作義肢之用的小型二氧化碳氣瓶：可以接受為手提行李，但不可以接受為託運行李。

5. 運動用槍彈：不可以接受為手提行李，但可以接受為託運行李，唯旅客必須事先經過政府相關單位及航空公司的許可。每人託運不可超過五公斤。

6. 保存食物用的乾冰：可以接受為手提行李或託運行李。但乾冰被當作行李託運時，就必須填寫「特殊物品裝運單」（The Special Load Notification to Captain Form）交給機長。特殊物品裝運單的內容至少應該包含：貨單號碼、危險品運輸名稱、危險品種類及包裝等級、包裝件的數量及裝載位置、物品毛重、運送目的地、是否為「僅限貨機運送」的危險品、是否有國家特別規定的危險品。

7. 打火機：不可以接受為手提行李或託運行李，但允許由旅客隨身攜帶。不過，汽油式打火機、打火機燃氣、備份充填氣不允許隨身攜帶，更不能託運。

8. 安全火柴：可以接受為手提行李，但不可以接受為託運行李，僅允許為隨身攜帶。

9.附有電瓶之輪椅：不可以接受爲手提行李，但可以接受爲託運行李，唯必須注意電瓶的處理。

10.含碳氫化合物的捲髮器：不可以接受爲手提行李，但可以接受爲託運行李，每人限一具，充填劑禁止攜帶，且其安全蓋必須扣緊在發電池上。

11.水銀氣壓計：可以接受爲手提行李，但不可以接受爲託運行李，必須有堅固的外包裝及密封的內襯，防止水銀滲透。

表8-1　隱含於行李中之危險物品及注意事項

項　目	特別注意事項
輪椅	溼電瓶不可帶進客艙或放在行李中，需特別處理
露營器具	易燃或液化燃料、瓦斯
化學物質	有毒物質，如液、固氯化物等
疫苗	乾冰
氣筒	壓縮氣體
牙科藥品	松香溶劑
清潔用品	易燃物，氧化物，汽油等清潔材料
滅火器	高壓氣體不能接受託運或手提行李
烤肉炭，引火物	引火易燃液體、固體
電子產品	磁性物質，水銀裝置，電子零件
駕駛燈	可充電的鉛酸電池
燃料充填物	加熱液化瓦斯禁止當行李
冷凍食品	乾冰
家常用品	油漆，噴霧劑，漂白水
人工呼吸器	壓縮空氣，氧氣瓶
噴霧罐	僅限於旅客使用的盥洗用品
稀釋溶劑	易燃液體
工具箱	可能裝炸藥，壓縮、可燃氣體，膠水，油漆，腐蝕液體
修理箱	膠水，油漆，有機過氧化物、溶劑
儀器	可能含有水銀

第五節　隱含於行李中之危險物品

運務員於機場櫃檯執勤時必須特別注意,對於旅客委託託運的行李或放在一般的行李中,常可能在其中隱含一些不可當行李載運之危險物品,為了維護飛安及公司營運,運務員應以敏捷的專業判斷適時予以過濾,詳見**表8-1**。

第六節　危險物品之處理

一、銷售單位的責任

銷售單位包括行銷企劃人員、訂位人員、票務人員。如果有旅客要求攜帶任何危險品上飛機,有關人員就有責任告知旅客正確的規定。如果不很清楚的話,一定要先詢問有關部門的建議和相關規定,再轉告旅客。接受旅客訂位之後,記得在訂位記錄上加上特別記錄,事先通知各有關部門在開櫃之前知道。當旅客出現在機場劃位之時,櫃檯運務員很容易就可以作適當的處理。

二、機場運務單位的責任

機場運務單位包括客運及貨運單位。當機場劃位櫃檯接到有關危險品限制項目中的物品時,首先根據IATA DGR確定該物品,再照著各航空公司制定之危險品處理手冊的規定去作:

　　1.是否可以上飛機?

2.是否可以手提？

3.是否可以託運？

4.包裝是否合乎規定？

5.有無標籤及文件？

6.有無任何重量或數量限制？

7.需不需要填寫「特殊裝載通知單」通知機長？

三、文件及標籤

1.民法第626條規定：「託運人對於運送人應交付運送上及關於稅捐警察所必要之文件，並應爲必要之說明。」所謂「必要文件」意義甚廣，舉凡完成運送目的所必須者，均包括在內，如係特種貨品，依法必須有特殊允准的文件者，其特准證件皆是。蓋運送之終結目的，在能將運送物安全運達於目的地，並能依時完好交付於受貨人，如果必要之文件有缺，或者遲滯於中途，或者受阻於投遞，凡此均有背託運人交付運送之原意，爲託運人本身利益計，亦應事先妥爲交付。因此，如果旅客欲託運危險物品，是需要事先通知航空公司，託運人（旅客）並有義務準備有關危險品的申報文件，俾便運送之順遂。

2.運務員必須根據旅客託運物品的性質，以危險物品處理規則判斷是否爲危險品。若是，則依九大分類標準黏貼適當危險物品標籤，例如，運動用彈藥，包裝（箱）上貼以 "1.4 LABEL" 標籤；乾冰，包裝上貼以 "CLASS 9-Dry Ice" 標籤；濕電瓶，包裝上貼以 "CORROSSIVE LABEL" 標籤。

3.填寫「特殊裝載通知單」一式四份，特殊物品裝運單的內容至少應該包含貨單號碼、危險品運輸名稱、危險品種類

及包裝等級、包裝件的數量及裝載位置、物品毛重、運送目的地、是否爲「僅限貨機運送」的危險品（如圖8-3）、是否有國家特別規定的危險品等。再將此四聯通知單，一份給班次離境站，一份給到達站，一份給機長，一份由航空公司的航務部門保管。

四、安全檢查管制物品之處理

手提行李通過安全檢查時，查獲下列管制品需取出作特別處理。

1.刀器類：包含水果刀、廚刀、隨身攜帶小刀、雕刻刀、尖刀、剃刀、手斧、剪刀、取冰器、倣製劍、木劍、短劍……等。
2.倣造品：包含倣製槍、水中用魚叉、手槍型打火機等。
3.其他限制物品：工具、木匠工具（扳手、鐵鎚、鑿子、鋸子）、高爾夫球桿、腳踏車鐵鍊、棍棒、鐵棒、手銬等。

五、安全檢查手提改託運物品處理程序

若旅客持手提行李通過機場航警安檢單位時被認爲不符合手

圖8-3 「僅限貨機運送」的危險品標籤

資料來源：IATA, "Dangerous Goods Regulations"

提行李的認定，必須將手提改為託運物品時，運務員應注意：

1. 安全託運物品必須放於特別的信封或者是安全袋之內，寫上旅客姓名、班機、座位號碼、日期、物品名稱、數量、給予旅客收據。
2. 安全物品託運只能用在自己的航空公司，不可接外家航空公司。
3. 利用電報、傳眞，旅客艙單通知續程站（目的站）有關資訊，注意接收託運安全物品。
4. 太大的託運安全物品，直接掛上行李牌送進貨艙，所有尖銳的地方，都應該包裹妥當。

一般旅客經政府單位許可所攜帶之槍彈必須當託運行李載運；執行公務，如押解人犯之憲警人員，可隨身攜帶槍械，然在登機前仍需將槍械交予航空公司人員，按安全管制物品改託運之處理程序處理。如果上述安全管制物品在飛機到達之後，無人認領，必須保管在一個可以監護得到的地方至少兩個月，或是依照當地法令規定，才可以處理這些無人認領的物品。

第九章

>>

勤務作業

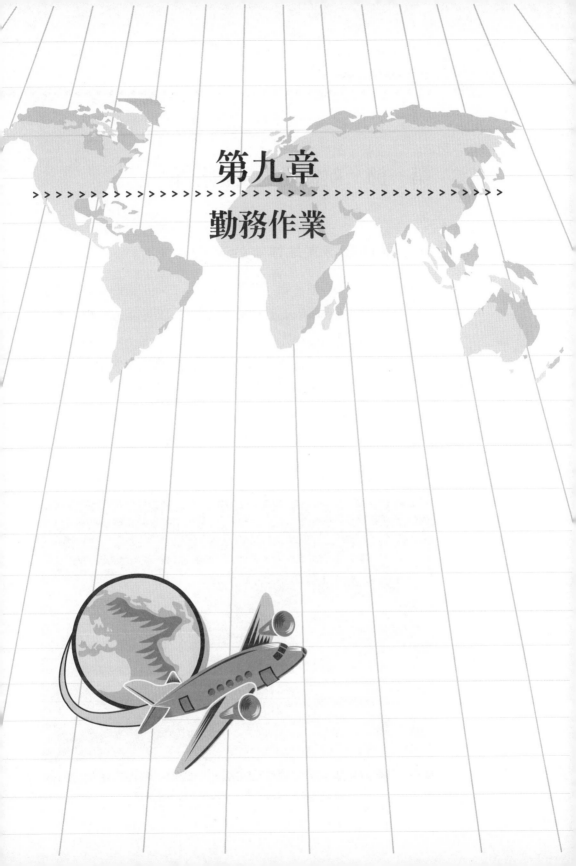

第一節　航機勤務支援作業

一、航機勤務支援作業的流程

　　當您滿心歡喜地背起行囊登上飛機，從事翱遊四海的海外旅遊，享用著機上香噴噴的膳食侍應品及空服員熱情的接待，是否曾想過班機能夠順利地完成每一趟希望的飛行是多少地勤公司勤務人員默默耕耘的成果？為了能讓飛行的每個環節保持安全、舒適、便捷，講究專業分工的勤務作業包含正規班機及過境班機的機坪導引、客貨機行李裝卸、空服侍應品的補給、客艙清潔……此均為勤務工作的範疇。首先在這一章對勤務工作的正式引介之前，我們先瞭解一些航次之間的作業流程：

圖9-1　為避免航機滑動造成安全顧慮，必須以輪檔固定飛機位置
資料來源：楊政樺攝於台北松山機場停機坪

圖9-2　航空公司利用空橋從事旅客登、離機的運務作業

資料來源：楊政樺攝於台北松山機場停機坪

圖9-3　華信航空的波音737-800利用台勤公司的扶梯車上、下客

資料來源：楊政樺攝於高雄小港機場國內線停機坪

>>>

(一)準備迎接來機

當飛機歷經辛苦的空中旅行，機上旅客們滿懷著不同的希望及旅次目的而即將飛抵目的地機場的跑道前，地勤公司的勤務作業人員及裝備機具就已在任務區上準備就緒，整裝待發，隨時等候每一架次的航機勤務服務工作。

(二)航機導引及定位

雖然飛機在天空可以遨翔萬里，但是到了地面，仍必須仰賴週邊設備及人員的協助方能順利完成這趟飛行。由於一般百人型噴射客機的駕駛艙離地約有三至四公尺的高度，存在相當程度的視野死角，需要藉助勤務人員的指揮。航機滑行到停機位時，為了幫助機長找到合適的停機位置，勤務員必須以拍板及手勢提供機長有關左、右轉的方向導引及告知停定位的場面服務。當航空器順利停妥於指定的停機位置後，勤務人員利用通訊器材與該機的機長通話，確認飛機關車後，為避免航機滑動造成不必要的困擾及安全顧慮，勤務人員必須將輪檔放置於航機主輪後側，以免飛機滑動。

(三)以空橋或扶梯車提供旅客上、下飛機

一般而言，具規模的機場會運用空橋，銜接機場航站大廈的登機門，以利旅客於查驗證件後的登、離機。然而，航空公司的飛機依航線屬性及用途有各式各樣、大小不一的飛機形體，機長如何將飛機停放於適當的位置，以利空橋或扶梯車搭放，也需勤務人員從事安排與導引。一般來說，勤務員會依據航空器形式將飛機引導至停機坪地面上事先以油漆劃好的各機型適宜的停止線，俾便後續作業的順利完成。部分沒有空橋設施或空橋不足的機場，則由勤務人員以扶梯車提供旅客上、下飛機。

<<<<<<<<<<<<<<<<<<<<<<<<<<<<<<<<<<<<<<<<<<<<

(四)旅客離機

當飛機停妥，勤務人員將空橋或扶梯車搭上後，當空服員確定地面相關準備手續完成後，旅客就可以利用空橋迅速離機。國內航線由於起降時間緊迫，通常會安排後門供後座旅客下機，以保持動線順暢；對於病患旅客也提供專人負責的輪椅、擔架服務，讓旅客有賓至如歸的感覺。

(五)行李卸載

當航空器停妥，旅客在下飛機的同時，勤務人員也同時在機邊以略帶傾斜的自動履帶車來接行李。勤務人員將航空器的貨艙打開後，將旅客託運行李利用自動履帶卸下，迅速地載運到行李轉盤從事循環輸送，以便等候於行李提領區的旅客將託運的行李取回。

(六)初步檢查

在勤務人員運送行李的同時，航空公司的機務人員也會依據標準作業程序，就航空器的發動機、起落架、機輪、鼻輪罩……等，做落地後的初級檢查，以便瞭解發動機是否有吸入異物（包含鳥擊）或輪胎有無耗損、負荷過重的情形。一般而言，依照各航空公司的規定，航空器落地之後必須做三百六十度巡查，從引擎、機輪、起落架、機翼、表面蒙皮、機窗、附屬儀器、燈號……等等，都作一番目視與初步檢查，做為下一趟飛航前的適航查核。

(七)航機必要資源的補給

當航空器於停機坪上等候下一趟飛行之前，當運務員或勤務人員接獲機長指示必須添加燃油時，就必須協調燃油公司派油車添加Jet A1燃油。於此同時，勤務員也可同步進行添加航機必要

圖9-4　國際機場的行李輸送轉盤

資料來源：楊政樺攝於馬來西亞蘭卡威國際機場

圖9-5　中正國際機場二期航站海關的行李輸送帶

資料來源：國立高雄餐旅學院陳劍豪同學提供

圖9-6　班機每一趟落地後，都有專人從事三百六十度巡查
資料來源：遠東航空公司王穎駿先生提供

用水、添加機上氧氣儲量、清除廁所穢物的工作。由於一般噴射機油箱位於機翼，所以燃油車會開到機翼旁進行相關作業。俟燃油公司加油作業完成後，機長或勤務人員必須在核對油表、檢視實際加油量多寡與燃油公司油單提報的數字無誤後簽署認可。

(八)空中侍應品的補給

　　航空器客艙中的膳食侍應品、報章雜誌、救生用品、乾貨、相關雜項物（如耳機、眼罩、紙拖鞋、紙杯……）等的補充也是每趟飛行都必須進行的工作。餐車的運送由空廚公司以具備冷藏功能的餐勤輸送車進行，並大多由前艙工作門運送。飛機在歷經勞頓的飛行旅途後，客艙必須經過重新整理及資源補充，方能以全新的姿態上路，俾便續程班機的旅客登機後，能有耳目一新的尊榮感受，以提高公司的服務品質形象。

圖9-7　機艙中的餐點、報章雜誌、救生用品等的補充也是每趟飛
　　　　行都必須進行的工作

資料來源：楊政樺攝於台北松山機場停機坪

圖9-8　復興航空公司從事空勤侍應品補給的餐勤車

資料來源：楊政樺攝於台北松山機場停機坪

(九)行李上艙

　　在清理客艙、補充航機必要資源及空勤侍應物品、三百六十度巡檢完成之後，於登機門值勤的運務員確認可以讓旅客登機後，另一趟旅程的旅客就開始進行登機了。在此同時，託運的行李也經由運務櫃檯行李託運處，經過行李分檢系統分門別類後，由地勤公司的勤務員載送上來，在確認託運物的所有人均在客艙後，迅速送上航空器的行李艙（註：若託運物的所有人沒有確實於該航班上，則其行李將拉下，以確保該旅客的權益及維護全機安全）。於此同時，除了旅客託運的行李之外，勤務人員尚且必須處理客機、貨機出口及入口的行李郵件裝載、航機貨物的打盤、裝櫃作業。行李裝卸工作必須依據各航空公司航機到離時間，配合適當的人力及裝備從事服務，直到每天最後一班航機起飛後才算暫歇。

(十)續程航段旅客登機

　　俟運務員接獲各相關單位通報可以讓旅客登機的訊息，隨即在登機門前廣播旅客登機。當所有旅客都登了機，運務人員便會以平面無線電通知地勤公司的勤務人員將空橋後退、關艙門、在鼻輪起落架處架上推車的拖桿，與機長通話的電訊也在起落架處以耳機連結上，所有後勤車及器具都被推至備勤區，完成後推前的消除障礙準備。

(十一)後推航機至滑行道

　　當機長向塔台申請起飛許可獲准後，就由「航機拖車」施行「航機移線後推作業服務」，將飛機後推至滑行道。因為飛機基於安全考量，通常不由飛機本身完成後退動作，而由地勤人員來執行該項任務。

>>

圖9-9　中正國際機場二期航站的行李分檢系統，電腦
　　　　會判讀行李上的行李籤條條碼，並將之分門別
　　　　類送至各行李裝櫃帶

資料來源：國立高雄餐旅學院陳劍豪同學提供

圖9-10　行李在此裝櫃後，再送上飛機

資料來源：國立高雄餐旅學院陳劍豪同學提供

<<<<<<<<<<<<<<<<<<<<<<<<<<<<<<<<<<<<<<<<<<<<

(十二)完成作業

　　完成航機移線後推作業後，地勤公司的勤務人員就把推車拖桿拔除，通話器收回，並退回滑行道向機長以手勢表示完成作業。

二、機場勤務部門的工作範圍

　　對於桃園航勤股份有限公司（簡稱「桃勤」）、台灣航勤股份有限公司（簡稱「台勤」）、長榮航勤股份有限公司……等在機坪內從事航空器拖曳、導引，行李、貨物、餐點裝卸，機艙清潔及其他相關勞務之「航空站地勤業」或航空公司的機場勤務部門來說，他們的工作範圍及項目大抵包含：

(一)機坪作業督導與管制

　　負責協調和處理有關作業及資料的處理、通報航機作業的督

圖9-11　通常飛機在地面作業時，會以空調冷氣車取代機上的 APU電源供給來提供客艙冷氣

資料來源：遠東航空公司王穎駿先生提供

>>

導、協調機下作業的人力、裝備的需求……等。

(二)機坪服務作業

　　機坪服務主要係提供各型飛機到離機場所需之場面服務，並引導航機順利起降。服務項目包含航機進離場引導作業，航機進離場輪檔及滅火作業，航機進離場車道管制及耳機通話作業，航機加油作業，各型飛機飲水及廢水系統操作與服務，航機清廁作業，航機地面電源車（ground power units, GPU）、氣源車（air starter units）、空調冷氣車作業（air conditioning units），航機煞車冷卻作業，航機擋風玻璃擦拭作業，航機離場推機作業，航機移位作業，航機異常支援作業……等。此外，值得介紹的是APU的觀念：航空器在發動機故障或未啓動時是依靠「輔助動力單元」（auxiliary power unit, APU）來提供機上所需的電源。簡言之，透過APU獨立的第一級及第二級渦輪引擎（N1，N2）有專屬的供電和燃燒系統，可自行產生電力，帶動電力系統、氣源系統和液壓系統，以供全機在地面上發動機關掉時各機件與裝備的使用，APU也能在空中當發動機失去電力時提供緊急電源供給。然而，當航機於地面作業時，亦可利用航機地面電源單元（ground power units, GPU）提供必要的電力，並透過空調冷氣車作業（air conditioning units）來提供機上所需的冷氣，在炎炎酷暑時，俾便旅客一進客艙就能享受迎面而來的沁涼冷氣，如圖9-11所示。

(三)裝卸服務

　　主要負責客機、貨機出口與入口行李、郵件的裝載及航機貨物的打盤、裝櫃作業。裝卸作業必須依照各航空公司航機到離時間，配合適當的人力與裝備以順利完成裝卸航機任務。

(四)貨物服務

一般而言，商用飛機（commercial airplanes）可分為全客機（all passenger）、全貨機（freighter）、客貨兩用機（combi）、客貨轉換型飛機（convertible）等機型。對於地勤公司的貨物服務來說，主要是根據航空公司各班次航機的特性，提供郵件、貨物的裝載調度服務，諸如進出口郵件集調，進出口貨物集調，場內、外貨運倉儲進出口貨物拆理、打盤（櫃）服務……等。當航空公司於貨艙艙位不足時，裝貨之順序依序為：飛機停飛之待件（aircraft on ground parts）、外交郵件或郵袋（diplomatic mail/pouch）、活生動物／易腐敗貨物（live animal / perishable cargo）、高價貨物／遺體（valuable cargo / human remains in coffins）、快遞貨物（express cargo）、航空公司內部的貨物（company material）……等。

(五)旅客服務

服務項目包含提供傷患輪椅、擔架支援服務，出境櫃檯行李裝櫃與託運服務，進口行李拆理、轉機處理服務，出、入境旅客手推車服務，雨傘服務……等。

(六)機艙服務

服務項目為負責航機之客艙清潔及餐點、侍應品補給。航機在經過勞頓的旅途後，客艙必須從事客艙清潔作業後，方能再度以嶄新的面貌重新出發，服務續程航段的旅客。

圖9-12 行李分裝櫃與旅客用行李手推車

資料來源：國立高雄餐旅學院陳劍豪同學提供

圖9-13 機場地勤公司對進出口貨物集調的處理

資料來源：楊政樺攝於北京首都國際機場

第二節　飛機進出停機區之勤務支援作業

一、飛機引導作業

在地勤公司或航空公司勤務部門擔任引導人員者，首先在執勤時必須穿著引導專用反光背心，並穿戴安全頭盔及安全鞋，另外因為工作環境常受班機起降的噪音影響，可攜帶耳塞。從事飛機引導作業時，尚有下列規定：

1. 白天使用紅色指揮板拍，夜間或視線不良時使用閃光指揮棒，引導手勢要明顯正確。
2. 依指定班機停放位置表引導飛機進入停機位。若因天候或其他因素影響停機位置時，需先用對講機與航務部門之簽派員聯絡，瞭解狀況後再引導飛機進入停機區。
3. 引導作業完成時，引導人員將右手拇指豎起高舉向機長示

圖9-14　勤務人員以紅色指揮板拍從事民航客機的機坪引導

資料來源：楊政樺攝於台北松山機場停機坪

意作業完成。

俟引導完成，機長確實於停止線將飛機關車後，為避免航機滑動造成不必要的困擾及安全顧慮，勤務人員必須將輪檔放置於航機主輪後側。B-737型或ATR-72的中小型飛機使用小型輪檔，MD-82、MD-90、B-757、A321、A320型飛機使用大型輪檔，輪檔的放置地點均在兩鼻輪前後適中位置。輪檔要緊靠輪胎，先放置低的一方，再放置高的一方。若輪檔位置不正確，不可立即移開修正，應使用另一付輪檔將另一主輪檔擺妥後始可修正。而若要將輪檔移開前需確實檢查航機前後所有的貨艙門均已關妥，空橋、扶梯、地面裝備及人員均已撤離時方能為之。移開輪檔時要先移開高的一方，再用移開的輪檔將低的一支輪檔撞離輪胎。輪檔如由右邊移開應從右邊拖回，如由左邊移開應從左邊拖回，嚴禁由機腹下方或拖桿上方通過，完成上述動作後必須將輪檔歸位，俾符合標準作業程序。

二、航機移線後推作業服務

由於航廈前停機線的區位空間有限，工作人員及旅客往來頻繁，基於安全的考量，航空公司的班機欲關艙門後推時，通常都由地勤公司或航空公司勤務部門以「航機拖車」從事後推。俟將飛機後推至滑行道後，始由航機本身的動力滑行至跑道頭等待起飛。航機後推時，勤務人員必須依照公司規定的標準作業程序，在飛機左方或右方之適當位置徒步伴隨飛機至滑行道，並隨時注意後推區之安全，若發現任何狀況應即告知拖車操作員或伴隨之通話人員。茲於後簡述飛機後推的操作程序：

(一)鼻輪插梢定位

將鼻輪插梢插入起落架安全梢位置。部分機型有粗細兩支插

梢者，粗的插入起落架安全梢位置，細的插入抗偏器旁邊的位置。插細插梢時先將圓型鎖樺按至定位，同時插入細插梢。插梢需在輪檔放置妥當後，立即插入定位。

(二)拖掛桿

　　飛機拖桿有頭、尾之區分，連接飛機之一方為頭，連結拖車之一方為尾，將拖桿頭移至飛機的兩鼻輪之間。掛拖桿時應先檢查鼻輪插梢是否已插至定位，確定插妥後再掛拖桿。作業人員進入鼻輪輪艙下方，兩腿半蹲，兩手肘置於兩膝大腿上，兩手握提把，提起拖桿，將拖桿頭凹槽掛入推桿位置。右手拉出拖桿頭右側之圓型卡樺，左手將卡樺向下按至定位，右手鬆開圓型卡樺，檢視彈回定位後，左手試提卡樺確認拖桿是否掛妥後將拖桿尾端掛上拖車。

(三)卸拖桿

　　飛機後推至滑行道，待飛機確實停妥後，始可進入鼻輪艙下作業，卸拖桿時按下列順序操作：首先由作業人員進入鼻輪艙下方，兩腳跨開將拖桿置於胯下。右手將拖桿頭右側圓型卡樺拉出，左手同時將卡樺向上提至定位，右手鬆開圓型卡樺彈回定位。兩腿半蹲，兩手肘置於兩膝大腿上，兩手握提把，將拖桿提起，兩手鬆開使拖桿上之輪子著地。放下時需特別注意兩腳與拖桿間之安全距離。

(四)卸鼻輪插梢

　　拖桿卸下後，即將插入起落架安全梢位置之鼻輪插梢拔出。卸鼻輪插梢時，腿部應與鼻輪輪胎保持適當安全距離，卸插梢時不可僅握住插梢上之帶子用力猛拉，以免帶子拉斷，插梢仍未卸下。鼻輪插卸下後，與隨機之通話人員站在一排，左手將插梢高

圖9-15　航空公司的班機欲關艙門後推時，通常都由地勤公司或
　　　　航空公司勤務部門以「航機拖車」從事後推

資料來源：楊政樺攝於台北松山機場停機坪

圖9-16　拖桿連接飛機之一方為頭，連結拖車之一方為尾，將
　　　　拖桿頭移至飛機的兩鼻輪之間

資料來源：楊政樺攝於台北松山機場停機坪

舉，給座艙內機長檢視該機鼻輪插梢已卸妥，並以右手掌向前高
舉，揮手與機長及乘客示意再見。

　　除此之外，根據波音產品安全噴射運輸機安全事件（Boeing
product safety jet transport safety events）統計資料顯示，飛機倒推
（pushback）作業構成一項深具潛在性的危險，自一九六四年至
一九九二年十二月，全球共發生三十一件因飛機倒推或前拖作業
時，勤務人員遭到飛機鼻輪及主輪輾傷的意外事件。飛機倒推或
前拖作業共分三個階段進行，第一是定位及扣接推車及拖桿，其
次是實際倒推或拖進的動作，最後是解開拖桿。在這三十一件意
外事件中有十八件造成人員死亡；三十一件意外事件中81％是發
生在飛機倒推或拖進進行過程之中，其餘則發生在扣接及解開拖
桿的過程。這些意外事件縱使未構成死亡事件，其輾傷的程度也
是非常嚴重，甚至是需要實施腿部切斷手術。隨時隨地提高警覺
及避開機輪的運作範圍是防止這類意外事件的首要之道。爲了安
全起見，在機坪工作有下列的安全準則：

1.標準作業程序：勤務員應充分瞭解機坪作業的相關法規與
　標準作業程序，並嚴格遵守。
2.良好的溝通：無論飛機滑入或滑出機坪時，都是藉著運
　務、勤務、機務、班機機長等的團隊合作，才能完成地面
　作業。因此，設身處地多多瞭解其他單位的職掌與有效的
　溝通管道，才能充分地相互配合。
3.敏銳的觀察：勤務員值勤時應隨時注意四周環境及飛機、
　車輛的動態，以避免進入危險區域及機器設備的移動路線
　中。
4.反應能力：許多有礙安全的徵候和事件都是發生在實際執

行作業時，因此，做好危險預防工作，仰賴於團隊中所有成員充分提供有關（潛在）危害安全的因素，進而建立預防措施。

第三節　出入境行李及貨運作業

一、出境行李及貨運作業

(一)行李託運受理及應遵守事項

1. 視國內線或國際線之受理託運作業的時間，請乘客出示登機證，詢問託運物品內容，注意外觀表面有無破損，如有貴重或易碎物品時，應請乘客自行攜帶。

2. 確認登機證目的地後，依照旅客艙等之免費行李重量額度從事過磅，在額度內者，將行李牌第三聯交給乘客，第一、二聯掛在託運的行李上，並將登機證號、行李牌號、重量等確實登錄在託運登記表上。上述三聯的行李牌，一聯隨飛至目的地，一聯送交機場安檢清艙單位，一聯由出發站存檔。超過額度者需加收超重費。

3. 受理小件物品託運時，需用公司通信袋或保險箱裝妥，特殊物品應個案處理，以防遺失。

4. 出境行李需依規定掛行李牌，並經安檢人員加蓋收訖章，經X光透視檢查後，始可輸送進入機坪。

5. 行李分裝要確實，不同目的地之行李應分開裝車。同一目的地而班次不同亦應確實分開裝車，以免混淆。

6. 行李分裝人員應隨時注意班機動態，運送行李應按當班次

送達目的地不得脫班。另確實以網繩固定，避免滑動，以策安全。

7.行李裝入貨艙依簽派人員指定之重量平衡放置，並與貨物分開。活生動物託運受理時應確實檢查包裝是否牢固，若不牢固應協助旅客再加強包裝。且裝載動物的牢籠要有底盤，以防止排泄物污染貨艙。

8.氧氣瓶不得託運。如欲託運必須先將瓶蓋完全打開，將瓶中氧氣全部放空成空瓶始得託運。

9.收受託運榴槤時，包裝需完整，或以公司提供之塑膠箱裝運。

10.危險品（槍彈）託運作業：凡危險品（槍彈）之接受託運及歸還均由督導（領班）以上主管處理。詳見本書第七章及第八章之武器託運及危險物品處理作業。

11.原則上，航空公司通常不受理散發異味之貨物、易碎品、易腐品的行李託運。對於不可避免而必須受理的易碎品、易腐品的行李託運，必須事先告知旅客或託運人運送途中的可能風險，並請其簽立切結書，以釐清託運人及運送人的責任義務，並於行李上張貼或懸掛「易碎品標籤」。

(二)貨運作業

1.若旅客在登機前臨時決定取消行程，不管是什麼原因，只要是旅客不想上飛機，誰也無法強迫他登機。如此一來，櫃檯的運務員只好將之cancel，但是如果他有託運行李，則勤務人員必須將飛機的貨艙打開，將其行李卸下（雖然卸貨的動作有可能會造成班機延遲起飛，但這個措施是為了避免歹徒將炸彈包裹放在飛機，勤務作業的處理原則是旅

客與其託運行李一定都要同時在同一班機內）。

2.旅客的出境貨物必須辦理託運手續，辦妥後始可貼上公司貨運標籤。藉由運務櫃檯內的輸送帶送往安檢人員，以X光透視檢查，並蓋上查訖章之後，始可輸送機坪區。貨物未蓋查訖章或包裝不良、漏水等應退回貨運人員處理。

3.貨運輸送帶末端之分裝人員必須將目的地及班次不同之貨物確實分開裝車，以免送錯飛機貨艙，徒生困擾及旅客抱怨。

4.貨物運往機坪時，分裝人員需告知運送人員貨物裝載概況，包括運送目的地、活生動物、報值行李、易碎品、不得重壓物品、易滑動掉落物品……等。

5.分裝員將貨物搬上車時應小心輕放，重者置於下面，輕者置於上面。裝疊要牢固，防止運送途中掉落或被風吹走，活生動物不可重壓並要留有通風空間。

6.機場的貨物輸送帶係多家航空公司共用，作業時應特別小心以防拿錯，輸送帶末端分裝區，值勤之分裝人員必須嚴守崗位，如需暫時離開必須由同仁代為看管，以防貨物遺失。

7.貨物裝機時應與行李分開放置，不可混在一起，亦不可堆積在貨艙口，以防止貨艙門打不開而造成困擾。另外，勤務人員應該確實以網繩固定行李，避免滑動，以策安全。

8.活生動物裝機時，擺放要平穩，通風要良好，行李貨物堆放不可靠其太近，以防污染。

9.公司內部通信文件袋裝機時置於貨艙門邊。保麗龍包裝之水產裝艙時，不可置於防水盤梗上，以防包裝破損漏水。紙箱包裝之水產類，裝機時需先墊吸水紙，以防貨艙內行李或貨物被污染。

10.運往機坪之貨物，雨天時需加（裝）蓋防水雨蓬，並慎防途中遺落，貨運櫃檯及輸送帶作業區環境四週應經常保持整潔。

二、入境行李及貨運作業

(一)行李到站作業及應遵守事項

1.行李與貨物在卸機時要分開放置於行李車上，不可混在一起，行李及貨物數量過多時，其運送順序行李優於貨物（如有轉機行李或貨物時應立即查看最近之飛往班次予以轉機運送）。

2.行李運至出口轉盤時，駕駛行李車人員先行輸入電腦字幕，顯示該班次行李已送上轉盤，方便乘客明瞭領取的轉盤區位。

3.乘客攜出行李時應確實核對號碼牌，並撕下第二聯，始可放行。乘客之行李外形包裝相同者甚多，應特別小心對號，以免錯誤。

4.乘客未領取或留置轉盤區之行李或物品，擔任查驗撕牌人員應攜回交主管處理。

5.乘客持有行李牌而找不到行李時，先瞭解一般情形，並立即向主管報告追查，乘客如將行李牌遺失欲領取行李時，需登記其身分證號碼（或護照號碼）及通訊電話以利後續處理。

6.接獲危險品或託運武器到站時，必須通知組長、值班督導或其他主管處理。

(二)貨運作業

1. 貨物與行李卸機時應確實分開，卸下之貨物應即送達貨運站入庫點交給貨運艙管人員。
2. 水產與大宗貨物由勤務人員發放給貨主，點交時應確時點清數量，並核對取件人證件，於簽收單上簽名，並留電話以利聯絡。
3. 貨物貼（掛）有重物標籤時應注意搬運方法，以免因用力不當受到傷害。
4. 遇有運送之水產漏水，應立即予以清除，並向主管反映要求起運站改進。

三、出入境行李貨物遺失之追查及處理

　　對於航空公司每天龐大的運輸量來說，有時或因班機轉機的時間不夠，或因航空公司將託運行李上錯班機，或因將行李牌掛錯目的地，或因不慎卸載了不該卸載的行李，或因機場的行李輸送帶發生故障，甚至是旅客本身的疏失……都有可能讓旅客在抵達目的地後找不到自己的託運行李。不管這中間發生了什麼問題，總之，對旅客來說，就是行李不見了，而負責行李協尋的運務員這時就必須提供適當的協助，以維護旅客的權益。在行李異常的初期階段，運務員如果能有效率地處理，將有助於旅客行李的尋獲，而且運務員必須非常有技巧地處理旅客的行李協尋或索賠，減低旅客的不便，重建旅客對公司服務的信心。

　　在機場實務上常見的行李異常事件通常可以分為三大部分，分別是行李未到、無人提領的行李、行李箱破損或內容物遭竊。茲分述如下：

(一)行李未到

在國際航線的營運上常會發生行李未到的異常狀況，究其原因，可能是轉機時間不足所致。以長榮航空所飛的美加航線來說，有舊金山、洛杉磯、紐約（含西雅圖）、溫哥華等四條航線，大部分旅客的轉機時間常在兩個小時以上，但因這幾個機場的轉運量都很龐大，有時在業務繁忙的情形下，當地的運務員就無法即時處理完成，就會造成續程站所謂的「行李未到」。

運務員遭遇「行李未到」的案例時，必須先確認旅客的行李的確是滯留於前一個出發站。在實務上，常常有糊塗的旅客會忘記自己行李箱的顏色及款式，甚至沒有詳細在行李提領區上搜尋自己的行李，就直接向航空公司聲稱行李未到，因此運務員必須確認無誤後才予以通報相關單位，免得產生不必要的烏龍事件。若確認無誤，且查明該班次的團體旅客及託運多件行李者沒有誤領或拿錯，且於短時間內無法將行李找回時，運務員應委婉向乘客說明致歉，並至機場行李處理中心填寫書面的「行李意外報告」（Property Irregularity Report, PIR），內容包括飛行航線、旅客所攜帶的行李數，並拿各式行李的樣本圖片供旅客辨認，繼而將相關資訊輸入電腦，透過國際性協尋組織尋找遺失行李，以便進一步追查處理。在操作實務上，現場作業的運務員為旅客留下相關資料的這個程序，部分航空公司簡稱這項作業為開case。開case時，運務員必須詳加記錄旅客行李的顏色、大小特徵與內裝物品，當然還包括旅客的聯絡方式、運送地址，並影印旅客的護照、機票，留下旅客的「行李籤條」，俾便後續的行李協尋作業。如果旅客遺失行李無法於當日送返旅客手上時，且行李延遲或誤送的原因可歸責於公司時，可由值班主管授權提供旅客購買日常必用品（如換洗衣褲、盥洗用品）的預支現金，而這些預支的款項將從其行李遺失的賠償金額中扣除。

>>>

　　而談到法律上的行李追尋責任歸屬問題，假設旅客的行程是多航段且搭乘航空公司超過一家以上，旅客有權向其中任何一家參與承載之航空公司提出索賠申請，依據國際航空運輸協會（IATA）規定，如遇旅客在中途停留站或目的地站發現行李遺失時，最後承載之航空公司必須負責找尋並歸還旅客，這是所謂的「末段承載原則」。若該航空公司在旅客提出行李索賠的機場沒有設置辦事處時，所有曾參與載運之航空公司皆有義務協助其聯絡應該擔負責任的航空公司處理。

(二)留置行李的處理

　　在實務上，常會發現有旅客在歷經漫長的飛行旅途而抵達目的地後，會很健忘地將自己的託運行李遺留在行李提領區而匆匆出關，對於類似案例，業界稱為「留置行李」（on hand baggage）。運務員若遭遇此案例，則先嘗試由此行李上尋找物主的聯絡方式，以便立即聯絡旅客前來領取，若沒有任何聯絡方式，則運務員必須將行李的樣式及相關資訊輸入電腦，以待旅客或其他航站來提領。值得一提的是，如果「留置行李」一直無人提領，則留置時間依照機場當地的政府法令規定保管，若當地法令沒有規範，則慣例上國際線對「留置行李」的保管期間為九十天。超過存放期限時，除法律另有規定外，航空公司有權自行處理之。

(三)行李箱破損或內容物遭竊

　　有關行李箱破損或內容物遭竊的現場處理作業是一樣的。運務員先針對旅客所陳述的情況開立一份書面記錄，並影印旅客的護照、機票，留下旅客的「行李籤條」（baggage clain tag），再轉交行李處理中心的理賠單位處理。

　　基本上，若旅客的行李於貨艙內損壞，在行李轉盤處或航空

<<<<<<<<<<<<<<<<<<<<<<<<<<<<<<<<<<<<<<<<<<<

圖9-17　行李運至出口轉盤後，到站旅客紛紛至轉盤區位提領行李

資料來源：楊政樺攝於台北松山機場

公司的專設櫃檯有專人負責辦理修護或受理申訴個案。旅客填畢行李破損報告書後，航空公司會交由事先已簽約的皮件公司來修護（註：目前長榮與華航皆由英輝皮件公司代理皮件維修），或由旅客自行送修，再將收據寄回公司申請理賠。若損毀的程度不堪修護，有些航空公司會理賠一只新的行李箱，有些則以一年折舊10％的折舊率，依據行李箱購買的年份換算理賠金額。若是旅客行李的內容物遭竊，則由行李處理中心的理賠單位以個案方式交涉處理。

除此之外，值得一提的是對於「轉機行李」的處理。國際航線之旅客於行程中因無直飛班機（或該班機於中途點停留）必須於某航點作一短暫停留後再繼續其行程，此種旅客稱之為「轉機旅客」。在實務上，在運務櫃檯負責辦理旅客報到劃位的運務員對於國際航線的轉機旅客，常在起程站就將旅客在轉機站的座位劃好，並給予包含轉機站至目的地站的登機證。舉個例來說，某位旅客的行程是SEA（西雅圖）飛到TPE（台北）轉機，再前往

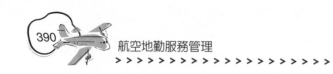
其目的地KUL（吉隆坡），旅客在西雅圖辦理報到劃位時，可以一併確認好從台北飛往吉隆坡這一段的機位，而航空公司的運務員除了給他西雅圖到台北的登機證外，也把台北到吉隆坡的登機證一併給他，這種狀況我們稱為through check in。對於轉機行李的處理方式，運務員只要根據這位旅客的第一段航程的行李牌號碼，就能從電腦叫出此牌號擁有者的訂位記錄，並根據該記錄找到其下一段的航程。當運務員證實這名旅客的確有在轉機站（台北）搭上往吉隆坡（目的地站）班機，就可以將行李放到該班機的貨艙。

實務上，若干航線在多季時有時會因遭遇大風雪而使班機延遲，而班機延遲將使得轉機旅客更加屋漏偏逢連夜雨。在此困窘的狀況下，大多數的航空公司會主張「等人不等行李」的原則，除非是「專櫃」的行李（亦即此行李櫃僅轉到同一個班機）可以直接在機邊直轉外，其他大部分的行李櫃還是要拉回場站，先拆櫃，再分裝到轉機的行李櫃，而使得轉機旅客可能無法及時取得行李。於此同時，勤務人員或支援行李協尋的運務員就必須以委婉的方式面對旅客抱怨，將衝突減到最低，以維護公司形象。

第四節　輪椅及雨傘服務

一、輪椅服務

(一)出境

需要輪椅服務的乘客必須先於航空公司的運務櫃檯辦妥登機手續，並填寫「急（重）病旅客通關申請書」，經航空公司或地

<<<<<<<<<<<<<<<<<<<<<<<<<<<<<<<<<<<<<<<<<

勤公司人員將申請書送至航警及安檢等有關單位後，派遣勤務員以公司制式輪椅將旅客由公務門將直接推入機坪區登機。

值得注意的是，目前大多數的航空公司基於輪椅旅客自備之輪椅款式、動力來源型式不一，因此規定乘客自行攜帶之輪椅必須在運務櫃檯報到時即行辦理託運，由勤務員裝入航機貨艙隨該班機送達目的地。若旅客之輪椅係為裝設電瓶之動力輪椅，其電瓶必須是密閉防漏的。若該電瓶為非防漏型電瓶，且輪椅不能一直保持直立狀態，則電瓶就必須卸下按規定包裝，否則禁止帶上飛機。

(二)入境

若本站由前一航班之出發站發出之離境班機SITA telix電報資料中接獲病患乘客需要使用輪椅的通知時，必須派遣勤務員將公司制式輪椅推至機艙門口等待。俟接到病患後，將其送至航站大廈外之旅客出口搭車處，並協助其搭車。若該病患有接機親友，則協助送至搭乘交通工具方便處，再將輪椅推回原位。此外，基於公司優質服務品質的考量，應婉拒病患旅客或陪同人員餽贈之任何費用或物品。

二、雨傘服務

雨傘係為方便乘客於雨天經由機坪上下飛機之服務，所有傘具於使用後均應注意保養及保管。

1.雨天乘客上下飛機未使用空橋時均應提供雨傘服務，以免乘客淋濕。
2.由於上下飛機乘客甚多，傘具應妥善處理，並置於安全方便取用處，以免延誤登（離）機時間。

第五節　航空站消弭外物作業

所謂「外物損害」（foreign object damage, FOD）係指航空器於機坪作業時，常因操作過程或發動機試車時，遭到地面上的金屬零件、石頭、碎布、紙張、繩子、衣物、垃圾、螺釘／栓、工具……等物體捲入發動機或APU，導致機體、發動機及人員損傷者稱之FOD。當然，所謂發動機吸入異物大部分都是噴射機才會出現的狀況，這是因為無論是渦輪噴射發動機或渦輪扇噴射發動機，都必須吸入大量的空氣與油料混合燃燒，才能產生推力。這個時候，如果在大量吸氣時碰上外物，發動機就會有內部結構受損的危險。一旦真的讓發動機受損了，除了航空公司得付出大把大把的鈔票修護，萬一影響到旅客安全，就會讓事情變得複雜。

因此，為了避免FOD的發生，飛機製造商在飛機設計階段就會把發動機的進氣口位置做一些改變，比方說將發動機採取後置配置，提高進氣口距離地面的位置，減少異物吸入的機會……等等。甚至當飛機在地面作業時，進氣口可用蓋子遮蔽可能的風砂（當然會保留一點孔洞讓空氣吸入），或是在鼻輪加裝擋泥板，以避免濺起的泥沙造成FOD。此外，使用飛機當作生財工具的航空公司在消弭FOD之行為則稱為「消弭外物作業」（foreign object elimination, FOE）。根據波音公司*Airliner*雜誌的統計，全球每年因FOD造成的損失約為四十萬美金。FOD對航空公司所造成的直接損失除了維修費用外，間接成本亦包括航班延誤或取消導致客源的流失、飛機排班及組員派遣問題、人員受傷潛在的責任及保障問題、增加航空公司基層員工及管理者額外的工作量……等。

FOD的預防除了每日航站的清掃車清掃道面外，對於通過道

面的各種車輛，也使用震盪器消弭卡在輪胎間之碎石。另外航空公司爲落實飛安工作，降低外物對航空器之損害，特訂定消弭外物實施計畫（foreign object elimination, FOE），利用每天數次人員撿拾各種道面雜物，以確保公司飛航業務正常運作。

一、實施區域

　　航空公司所使用之機坪作業區，均由公司相關部門的員工共同維護。

二、實施要領

1.每日上班開始三十分鐘後，實施例行性的異物清除檢查一次，並確認無雜物存在。
2.其餘作業時間發現異物隨手撿拾清除，並置入雜物桶內。

圖9-18　飛機的發動機最怕碰到FOD

資料來源：遠東航空公司飛安部王穎駿先生提供

三、清除異物程序

　　每日上班開始三十分鐘後，由值日督導、領班集合勤務人員。每人分配一個小置物罐，攜提至作業機坪間，人員排成一字型，以掃街方式清除異物並置入罐內，同仁將異物攜回集合地點，倒入舊報紙上集成一堆。任務結束後，由督導分析並登錄在「FOE日報表」內，於每月固定日前統計於月報表呈公司飛安部門從事專業分析，俾便研提機坪安全改善策略（實際狀況將視各航空公司規定而定）。

四、一般注意事項

1. 進入機坪的車輛必須經由地面的「雜物震盪器」將輪胎中的碎石渣清除，以免造成機坪產生FOD的風險。
2. 機坪作業人員在接近發動機或「輔助動力單元」（auxiliary power unit, APU）進氣口附近時，應注意衣帽或隨身易掉落之物件。
3. 在停機坪從事例行勤務工作的所有人員應養成不要隨意拋棄雜物之習慣。
4. 基於FOD使航空公司遭受的無謂成本龐大，航空公司全體員工均應瞭解防止外物吸入發動機或APU對公司所產生的負面衝擊。
5. 客艙清潔作業：為了讓旅客進入航機時有高品質的整齊潔淨感受，當每個班次航機停妥，客人下機之後，勤務員必須在續程航班的旅客未登機前將客艙地面、座椅、椅背袋內雜物清理乾淨，並將椅背袋內之安全須知、嘔吐袋（清潔袋）、書報雜誌等排放整齊，椅背之頭枕巾應予整平，安全帶交叉放置整齊。客艙盥洗室也一併打掃清潔，並保

持足夠之清潔配備物品。

第六節　地勤服務相關車輛及地面安全

　　「工欲善其事，必先利其器」，地勤公司或航空公司的勤務部門為了便利地勤服務（ground service）的順利進行，必須準備諸多因應不同任務而有的設備及機具車輛，諸如負責供應飛機在地面停留時所需電源的「電源車」（ground power units），負責飛機飲水供應的「飲水車」（portable water truck），清除飛機廁所污水的「清廁車」（lavatory service truck），負責供應飛機停留地面期間空調冷氣的「冷氣車」（air conditioning truck; air conditioning unit），負責飛機發動機啟動的空壓機「氣源車」（air starter unit），負責飛機移位、離場推機的「航機拖車」（aircraft towing tractors），負責飛機主艙、腹艙之貨盤、貨櫃裝卸的「主貨艙裝卸車」（main deck loaders）及「腹艙裝卸車」（low-lobe loaders），負責飛機散艙行李及貨物裝卸的「貨物履帶車」（belt loader），提供旅客上下機的「扶梯車」（passenger steps truck），營運公務使用之「公務車」（route van）……等。因此，讀者不難發現要完成一趟航空運輸的順利起降，需要多少默默耕耘的地勤人員所提供包羅萬象的服務。本節對前述諸多地勤相關車輛選擇其中常見的勤務操作方式以為介紹：

一、飲水車

　　對飛機補充飲水前，必須先將飲用之蒸餾水裝至桶內，氣壓加足，將勤務車開至定位，並按下列程序操作：

1. 先確定飛機在電源啓動的狀態下，將機身加水口橡皮蓋打開，轉開入水口蓋，將排氣開關轉至定位。勤務人員在從事飲水操作時要注意風向，以免衣服被水噴濕。

2. 接上注水管後，將水車之水管開關打開，將水注入。大多數的飛機水加滿時會自動溢出，但作業人員仍可參照水位表加入水量。

3. 加水完畢後，將水車之水管開關關閉，將排氣開關轉回定位，卸下水管接頭放回水車原位固定，並將注水口蓋及飲水艙橡皮蓋轉（扣）回復原。

二、清廁車

大部分的飛機設計是將廢水直接排到機外，也就是天空中（當然，馬桶水除外）。因爲這些廢水份量不多，所以會直接在大氣中蒸發掉，如果飛機在地面上，那些廢水也是直接流到地上，由其自動蒸發。不過，廁所馬桶的廢水有專門的儲存槽，它是由地勤公司或航空公司的勤務部門直接利用清廁車抽走。

各型飛機廢水系統的位置均不盡相同，以波音737型飛機爲例，在機身前後方各有一個廁所，其廢水操作位置有兩個，前廁在前機腹右方盥洗室服務位置，後廁在後機腹右下方盥洗室服務位置。而對MD機型來說，飛機在機身前左方有一個廁所，後方有兩個廁所，其廢水操作位置有兩個，前廁在前機腹左下方盥洗室服務通路位置，後廁在後機腹左下方盥洗室服務通路位置，但廢水口僅有一個。地勤公司的勤務人員會在排泄飛機廢水前，先將廢水車水桶裝硬水約八分滿，氣壓加足，將車開至定位，並按下列程序操作：

1. 將廢水艙橡皮蓋打開，打開廢水口蓋，接上廢水排泄管並

<<<<<<<<<<<<<<<<<<<<<<<<<<<<<<<<<<<<<<<<<<<<<<<<

　　扣緊。

2. 將航空器的「拉把」依反時針方向轉二公分順勢向下拉至定位，再順時針方向轉固定，將廢水排入車上桶內，俟廢水全部排出後，將拉把依反時針方向轉，待其自動彈回時，依順時針方向轉至固定。

3. 將飛機廢水口內之安全蓋關閉後，卸下廢水管接頭放回車上固定，將廢水口蓋扣回。轉開注水口蓋，由注水管加入適量藍色清潔劑，將水源開關打開，注入水源時不可過量，以免水位過高於飛機起降時溢出，注入後將水源開關關閉。

4. 卸下水管接頭並將注水口蓋轉回復原，將廢水艙橡皮蓋扣回復原，至客艙廁所內清潔廁所，並將配備用品予以補足。

圖9-19　台勤公司處理機上廁所「黃金萬兩」的清廁車

資料來源：楊政樺攝於台北松山機場停機坪

三、冷氣車

雖然飛機上有電源提供客艙冷氣的供應，但考量當航機停妥後，為了避免機上電源的資源耗損，通常係由地面獨立的冷氣車以「外接」的方式，供應航機於地面等候轉換續程任務期間的需要。勤務人員於接獲班機靠站的訊息後，必須駕駛冷氣車以從事航機之客艙空調供應。其作業程序如下：

勤務人員將墊椅移至飛機空調進氣口處下方地面，將風管拉至飛機空調進氣口處下方地面，站上墊椅，打開空調口外之蒙皮蓋，將通風管頭卡入空調口並扣緊後，扭轉啟動冷氣系統開關，並壓住三至五秒後讓冷氣系統整體運作。拉開風口拉柄，調整冷氣之溫度，使冷氣進入機艙內（夏天約攝氏二十至二十五度，陰雨天約攝氏十至十五度）。俟確定冷氣關閉後才可卸下風管，並應注意冷氣系統之水量、機油、冷媒是否充足。

四、扶梯車作業

(一)動力式扶梯車

勤務人員使用動力式扶梯車讓旅客上下飛機時，勤務人員必須注意扶梯車在即將接近飛機約十公尺時試踩煞車，距離三公尺時調整前端梯面高度，應低於客艙門下沿十至十五公分（這個舉動是為了避免航機受損）。開艙前勤務人員應該先將梯面左側活動門板向後拉，再與空服員以拇指確定OK後，打開艙門再將動板拉向前定位。待上下客完畢後，先將梯面左側活動門板向後拉，確定艙門關妥後，再依業務人員手勢撤梯。

另外，作業人員必須考慮飛機發動機吸力甚強，靠梯時需待發動機熄火後再靠，並注意扶梯之活動欄板是否已拉回定位。

(二)人力扶梯

　　當勤務人員獲知班機落地時，必須將扶梯推至機坪兩停機位中間的白色虛線位置待命。俟飛機停妥後，確定輪檔已定位，再將扶梯往前推至距機身約五公尺處，確定艙門已開妥後，將扶梯接近艙門口，並適時修正角度，扶梯支架與艙門邊沿保持約五至八公分之間隔，扶梯前端之橡膠緊貼機身，推（拉）轉動把手，將煞車支架撐起。完成後，勤務人員用手勢告知空服員，表示旅客可以下機。俟完成人員撤離、任務結束，獲得登機門值勤的航空公司運務員告知後，才可推（拉）轉動把手撤離扶梯。

(三)貨物履帶車

　　對於每一班次航機貨艙的上下貨作業，勤務人員必須以貨物履帶車裝卸入出境行李及貨物。當駕駛履帶車前行接近貨艙時，先行依實際狀況調整履帶之高度，適合裝卸作業。在履帶前端與艙門口之間加鋪鐵板，以利貨物順暢輸送。裝卸作業時，履帶兩端至少各需一人裝卸。

(四)行李車

　　對於每一班次航機貨艙的上下貨作業，勤務人員必須以行李車從事行李、貨運之載運、裝卸。當航機停妥後，行李車行至班機前十公尺外時試踩煞車，以時速五公里以下倒車緩慢接近飛機。拉手煞車，熄火，排入前進檔，並加輪檔後才開始作業。對於到達班機及離境班機的作業程序如下：

1.到達班機：勤務人員開始將行李卸於車上，並將行李運至旅客出口處轉盤，啓動轉盤按鈕，將行李放上轉盤，同時以電腦字幕顯示該班次之行李已到達，方便旅客查詢及領取。

2.離境班機的作業：行駛前先確認該車之行李目的地、班
次、飛機編號及停機位置無誤。開車駛往停機位置，將行
李裝入貨艙（車輛接近飛機程序與到達班機程序相同）。

(五)接駁車

當航站大廈停機坪容量飽和，部分航班的班機必須停於外側

圖9-20　台勤公司的動力式扶梯車

資料來源：楊政樺攝於台北松山機場停機坪

圖9-21　台勤公司的接駁車

資料來源：楊政樺攝於台北松山機場停機坪

機坪時，勤務人員必須駕駛接駁車負責接送旅客前往登機或接送
到達旅客回到航站大廈。基於安全考量，勤務人員同時必須注意
機坪待命區及上下客區域附近不得有任何人與物品停留或放置。
旅客上下車時，開車人員必須清楚確認旅客已確實完成上下車動
作之後，始能關門與啓動，以免發生危險。

(六)餐勤車

　　餐勤車是地勤公司或空廚公司從事航機客艙之侍應品供應的
專門車輛（如圖9-8）。對其作業程序分爲靠機作業及離機作業說
明如下：

■靠機作業

　　勤務人員將餐勤車駛至兩停機位白虛線外側試踩煞車，俟飛
機停妥、輪檔檔妥，飛機引擎減速後，向前接近飛機侍應艙門，
應留五十公分左右的空間。車輛停妥後，下車放置輪檔。並考量
到餐勤車箱因有升降系統，基於物理學「重心低，底面積大」的
穩定原則，操作支腳按鈕放下支腳，以增加車輛的穩定度。爾
後，操作車箱升降系統，將車升至侍應艙門下沿之高度，將平台
前緣伸至艙門下沿適當距離，打開艙門定位，欄杆向前推至適當
距離，並插梢固定之，並可開始進行「侍應品」的補給作業。

■離機作業

　　補給作業完成後，將兩側欄杆收回到底，艙門關妥，將平台
縮到底。勤務人員將車箱降到底，尾門啓開下車，將尾門豎立。
支腳收起，輪檔移開（收起）後，確定總電源鬆開復原後，再以
「倒車」方式駛離，餐勤補給作業順利完成。

五、地面安全

　　在本節結束前，我們要介紹「地面損傷」（ground damage

incident, GDI）的地面安全觀念。在實務上，本節所介紹的這些地勤服務相關車輛，常因人為疏忽造成班機或相關設備的損傷，我們稱為GDI。我們先來看三個真實案例：

【案例一】某國籍航空公司的一架波音747-400型客貨兩用機在執行完馬尼拉飛返回台北的任務後，於一九九八年十一月十日進行清洗作業，卻因化學藥劑受風吹至照明車而燃燒，再蔓延到左機腹輪艙，造成航機失火。

【案例二】一九九八年五月十四日，某國籍航空公司勤務人員駕駛M-623履帶車，載送飛機輪胎前往棚廠，經松山機場六號空橋時，適逢另一家航空公司的拖車正在倒車，M-623停下來，而後方勤務員駕駛M-054行李車載貨前往貨運站，未能保持距離發生追撞，致M-054行李車車頭損毀。

【案例三】一九九八年五月二十二日，某國籍航空公司勤務人員駕駛M-708冷氣車於機坪處理完飛機的相關作業後，因未將冷氣車左側檢查蓋收下，以致行駛時擦撞另一台冷氣車，造成其右後方損毀。

上述三個案例只是GDI事件中的個案。實務上，勤務人員常因為時間壓力忽略或未體認危害安全的潛在風險，也有來自於自身心理或生理上的匆忙傾向，也有來自於工作時的分心、外來的壓力、班次調動頻繁、服務對象繁密的疏失，以及裝備維修保養的確實性及人員安全與技術訓練的不足……種種因素導致「地面損傷」的產生。管理者應針對事件發生原因的行為本質去檢討改進，並將事件案例融入勤務人員的教育訓練課程，讓遵守安全守則成為一種自然的習慣。

第十章

航空安全簡介

　　人類文明史上，航空器的發明是一個重要的里程碑。它促使了各國人民快速的互動、文化的交流、經貿的活動，在短短的百年之間，人類文明的成長速度，超越了過去的數十世紀，徹底改變了時空的意義及人類對於世界的掌握程度。然而，回顧整個人類文明史，藉由各民族的神話及傳說可發現，生活在二度空間的人類自古以來就十分嚮往飛行，對飛行可能造成的意外亦有諸多想像的描述。

　　人類文明史上第一宗被記載的「飛安事件」係來自於古希臘神話。話說克里底（Crete）這個國家的邁諾斯（Minos）皇帝希望在該國建造一座迷宮，以囚禁兇殘暴烈、必須以童男爲食的牛頭人身怪獸，特命當時盛名遠播的雅典工匠戴得勒斯（Daedalus）擔任迷宮的總設計師，並監造迷宮的竣工完成。工匠戴得勒斯是雅典人，而當時雅典是克里底的藩屬國，每年必須進貢若干名童男以供被皇帝囚禁的怪獸食用。天資聰穎的雅典王子對於這件事很不以爲然，且眼見每年老百姓骨肉分離，將活生生的童男進貢給怪獸感到不忍及憤慨，爲了拯救童男，誓言殺死怪獸，遂單槍匹馬地前往克里底。然而，峰迴路轉、曲曲折折的迷宮豈是那麼容易可得其門而入？

　　在一個意外的緣起，邂逅了克里底的公主，兩人一見傾心，雙雙墜入情網。在「嫁雞隨雞」的心理下，公主要王子使用線索牽引進入迷宮。歷經一番激戰後，王子終於將怪獸殺死，並循線安然退出。公主心知如果父王知道自己竟跟他唱反調，恐有大難，遂跟著王子私奔回雅典。賠了夫人又折兵的克里底皇帝聞悉後大怒，誤以爲迷宮設計師戴得勒斯將迷宮之秘告訴雅典王子，不由得戴得勒斯的辯解，乃將戴得勒斯及其獨子伊卡盧斯（Icarus）關入迷宮。戴得勒斯在被拘禁中不願坐以待斃，隨即以樹枝製成弓箭，俟機射下飛經之鳥族，採集羽毛，用蠟製成雙翼，並教導

其子飛行技術，準備飛離這座小島避難，起飛前他頻頻告誡其
子：「千萬不可飛近太陽，以免蠟翼熔化。」兩人終於藉著人造
雙翼飛離小島，但伊卡盧斯年輕貪玩，見到天空美麗的雲彩心生
嚮往，竟忘記父親的叮嚀而展翅高飛，終於因為太接近太陽，熔
化了蠟翼，墜海「失事」。

　　神話屬於形上學，是「準終極真實」（the penultimate truth）。
它超越語言，超越意象、概念、思想，雖然無法以實證的方式來
理解神話，或證明神話的真偽，然而，我們可以從神話中接收象
徵性符號所傳遞出來的訊息，可以引導我們以同理心去認識神話
的形成原因，亦即人類似乎自古便知自己是屬於地面的二度空間
生物，勉強飛上天空與鳥族爭地盤，似乎違反造物者的原意，難
免必須擔負風險。

　　隨著旅次活動日益頻繁，運輸系統的運量、效能亦大幅提
高，伴隨著交通技術的複雜性與交通狀況的不確定性增加，人類
為求謀生，勢將產生旅次，亦需面對可能發生交通意外事故的風
險，因此，交通運輸雖提供人與貨物在空間上移動的服務功能，
亦增加人類死亡的風險。為求降低風險事故可能造成之不預期損
失，一般皆會針對該系統或活動之風險因素、事故類型進行主、
客觀風險指標分析，並研擬有效之預防、控制策略，即所謂「風
險管理」。有感於我國空運安全的飛安風險為IATA所調查的國際
平均率之三點五倍（如圖10-1所示），在國際形象及運輸安全的
考量下，交通部於「運輸政策白皮書」中將「重視運輸安全，確
保環保品質」列為研擬運輸政策五大原則之一，而交通部民用航
空局亦要求航空公司以「零失事」為營運目標，以「飛安第一，
安全至上」為企業經營理念，顯見提供運輸安全環境已成為政府
長期欲建立之運輸政策目標。另一方面，航空運輸的發展已成為
國家進步的指標，我國近年來經濟持續成長，加以地面交通運輸

>>>

趨於飽和及因國民生活水平提高所帶來的旅遊、觀光、商務機會增加，使得民航事業的成長更是一日千里，年載客量屢創新高，政府推動爭取亞太營運中心的目標似乎指日可待。惟台灣因受限於狹窄空域，在軍、民航繁忙的飛航需求下，如何提升飛航品質、保障旅客生命財產安全，實為當前政府及民航業界在面臨亞太地區其他競爭者所要面臨的第一課題。

　　長久以來，飛航安全一直是民航運輸最重要之環節，而追求零失事是民航業界長久以來努力的目標。從一九九八年二月十六日中華航空空中巴士A300-600R型班機在中正國際機場北側發生空難、二○○○年十月三十一日晚上十一點十八分新加坡航空SQ006的波音B747-412 MEGATOP型客機因機師誤闖封閉施工的跑道，起飛後墜毀於中正國際機場05R跑道，這些人命的犧牲，再次突顯飛航安全的重要性。因此，目前飛安的問題不只是單純

百萬飛時失事率

14

12

10

8

6

4

2

88　　89　　90　　91　　92　　93　　94　　95　　96　　97 年份

圖10-1　國籍航空公司與IATA全球失事統計比較

資料來源：交通部民用航空公司，《民航政策白皮書》，2000年

<<<<<<<<<<<<<<<<<<<<<<<<<<<<<<<<<<<<<<<<<<<<<<<

航空公司面臨營業利潤的損失、高額的賠償費及事故後經由精算大幅攀爬的保險費率、商譽形象的損失……等問題，更是擴大為社會大眾的關注焦點。每每遭遇空難，主管機關同樣宣示「安全」之不可妥協性與安全至上的理念，但我國相對高於全球平均飛安失事機率的嚴重程度，已造成國家形象的負面衝擊及民眾搭機的危機感。

　　自一九八七年政府宣布開放天空政策至今，無論國內航線或國際航線的客、貨運成長率都呈倍數成長，如此高的成長市場，表面上不僅代表我國國民所得大幅提升，另一方面值得我們深思的是在如此高運量和密集航班下所潛藏的飛航安全問題。美國「飛航安全基金會」負責人馬休茲說：「近年來空難比率雖不再增加，但是在未來十二年到十五年內空中交通量將增為三倍，意外事件則必然會大幅增加，除非大幅提升飛航安全，否則未來十五年內可能每一星期就會發生一次大空難。」倘若再漠視飛航安全，後果將是難以想像的。基於「無飛安即無營運」的民航業界生存鐵律，作者在本書最後一章對飛航安全的基本觀念從事引介性的介紹，是希望民航產業的研習者能建立「飛安不分軒輊」、「全員飛安」的觀念。

　　接下來，讓我們先回顧近年來我國國籍航空公司重大的飛安事故的統計，如**表10-1**及**表10-2**所示。航空運輸是一種服務業，而服務的第一項前提就是「安全」，在這種高科技及高風險的行業下，如何確保百分之百的飛航安全，確實是現今所有航空從業人員所要努力的目標。而飛航安全作業涵蓋廣泛，且為一持續不斷之工作，飛安成效有賴方向之正確與訓練之落實，確遵標準作業程序及嚴守工作紀律……等等。因此，唯有力圖增進人員對飛安的認識、確認飛安之重要性、強化飛安共識，才能朝向確保飛安零失事之目標前進。

表10-1　國籍航空公司歷年致命失事表

失事日期	航空公司	機型	飛航性質	失事地點（飛航狀態）	死亡人數	失事經過	可能因素
1969 02/24	遠東	DART HERALD B-2009	客運	台南縣歸仁鄉（巡航）	36	飛行中右發動機故障，飛行員無法排除故障，高度驟降後無法即時立即尋找適當迫降地點，導致失事。	機械因素 人為因素
1969 12/22	遠東	DC-6 B-2005	客運	越南芽莊（巡航）	6（地面19亡）	空中發生爆炸，液壓系統失效，落地後反槳及氣煞車失效，飛機出跑道衝入民宅後起火焚毀。	機械因素
1970 02/21	遠東	DC-3 B-243	貨機	台北東南方拇指山（爬升）	2	左發動機故障馬力消失，高度下降向左偏，駕駛員處置失當，致使飛機下墜撞擊拇指山。	機械因素
1970 08/12	中華	YS-11A B-156	客運	松山機場西北方福山（最後進場）	14	進場時在雷雨亂流陣風天氣狀況，可能影響操作與判斷，又未適當利用助航設施及作適當處置以致失事（撞山位置向左偏離航道475呎83°）。	氣候因素 人為因素
1971 11/20	中華	Caravelle (SE-210) B-1852	客機	馬公西南方約6浬（巡航）	25	航路上爆炸後失事。	場站管理（其他）
1972 09/16	大華	Hughs300 B-15104	農噴	南投縣名間鄉（巡航）	1	研判急彎失事。	人為因素
1975 07/31	遠東	VISCOUNT B-2029	客運	松山機場華航9修護棚廠前（最後進場）	28	松山儀器降落系統進場中於著陸前因逢陣雨能見度轉劣，飛行員決定重飛，造成升力驟減、飛機下沉，向右偏出跑道外，飛機螺旋後右機翼尖撞擊地面失事墜毀。	氣象因素 人為因素

（續）表10-1　國籍航空公司歷年致命失事表

失事日期	航空公司	機型	飛航性質	失事地點（飛航狀態）	死亡人數	失事經過	可能因素
1978 06/29	永興	PL-12 B-12108	訓練	台中水湳機場內（巡航）	1	模擬農噴航線墜地失事飛機損毀。	人為因素
1978 08/13	台灣	CESSNA-206 B-11102	客運	綠島機場西北端海灘 (最後進場)	1	落地重飛墜地。	人為因素
1979 09/11	中華	B-707 B-1834	訓練	桃園竹圍漁港外海（爬升）	6	起飛後於飛行中可能已產生不正常狀況，飛行員在不及辨別前已失去高度，最後改正不及而墜海。	人為因素
1980 02/27	中華	B-707 B-1826	客運	馬尼拉機場 (最後進場)	5	在最後進場階段對減速板不正當使用以致產生高下沉率，最後造成在跑道頭外異常之重落地失事。	人為因素
1981 06/13	台灣	BN-2A-8 B-11108	客運	花蓮東南方W-7航路（巡航）	2	躲避颱風航路途中失蹤。	氣象因素
1981 08/22	遠東	B-737 B-2603	客運	苗栗縣三義鄉（巡航）	110	空中解體墜地全毀。	機械因素
1982 11/17	遠東	BELL 212 B-2311	運補	基隆357度75浬（巡航）	15	台北松山機場起飛後未降落基隆北方 84 浬探油船上。	不明因素
1984 09/28	台灣	BN-2A B-11109	客運	蘭嶼北方約七浬海面（巡航）	10	台東豐年機場起飛後未降落蘭嶼機場。	不明因素
1986 02/16	中華	B737-200 B-1870	客運	馬公機場320度位18浬 (初始爬升)	13	落地時重落地飛機跳起，重飛後失去聯絡。	人為因素

（續）表10-1　國籍航空公司歷年致命失事表

失事日期	航空公司	機型	飛航性質	失事地點（飛航狀態）	死亡人數	失事經過	可能因素
1986 03/13	台灣	貝爾212 B-11120	運補	板橋市漢生東路205號（著陸）	1	機械故障迫降，飛機重損。	機械因素
1988 01/19	台灣	BN-2A B-11125	客運	蘭嶼青蛇山(初始進場)	10	天氣不佳，未遵守目視規定撞山失事。	人為因素
1989 06/27	永興	CESSNA B-12206	客運	高雄小港機場1浬處(初始爬升)	12	失事原因不詳。	不明因素
1989 10/26	中華	B737-209 B-12120	客運	花蓮加禮宛山(初始爬升)	54	起飛後撞山失事。	人為因素
1991 03/28	永興	UH-12E B-12111	農噴	高雄縣六龜鄉中興村尾庄（巡航）	1	實施農噴，機尾掛到鋼纜，墜入小溪邊，飛機分解。	人為因素
1991 12/29	中華	B747-200 B-198	貨運	台北縣萬里鄉大湖區（爬升）	5	發動機插梢斷裂脫落。	機械因素
1992 04/10	台航	BN-2A B-11116	客運	台東東南20浬海上（下降）	7	發動機故障迫降海上，飛機沉入海中。	不明因素
1993 02/28	永興	DO-228-201 B-12228	客運	綠島與蘭嶼之間海上（巡航）	6	可能原因：1.駕駛員未遵目視飛行規定超低飛行，操作不當墜海。2.超低空飛行天氣突變或遭遇亂流，在無法克服情況下墜海失事。	不明因素
1994 04/26	中華	A300-600R B-1816	客機	日本名古屋(最後進場)	264	1.飛行員未遵守製造商的操作程序。2.誤操的設計安全容忍度不足。	人為因素 飛機設計

«‹‹‹‹‹‹‹‹‹‹‹‹‹‹‹‹‹‹‹‹‹‹‹‹‹‹‹‹‹‹‹‹‹‹‹

（續）表10-1　國籍航空公司歷年致命失事表

失事日期	航空公司	機型	飛航性質	失事地點（飛航狀態）	死亡人數	失事經過	可能因素
1995 01/30	復興	ATR-72 B-22717	客機	桃園縣龜山鄉兔子坑山區 (初始進場)	5	510A班次目視進場於松山機場東南11.2浬撞山失事。	調查中
1995 02/27	亞太	Bell-206 （直升機） B-66222	運渡	嘉義縣梅山鄉圳南村大樹腳山區 （巡航）	1	欲飛渡至玉井農會，在嘉義縣梅山圳南村大樹腳山區撞山失事。	人爲因素
1996 04/05	國華	DO228 B-12257	客運	馬祖北竿海面 (初始進場)	6	目視及GPS尋找跑道速度高度不足落海。	人爲因素
1997 08/10	國華	DO-228 B-12256	客運	馬祖壁山山區 (初始進場)	16	目視視距不良，偏離航道撞山失事。	人爲因素
1998 02/16	中華	A300-600R B1814	客運	桃園中正機場 (最後進場)	202	降落失敗左傾墜地。	調查中
1998 03/03	德安	Bell-412 B-55522	醫療	馬公外海鑽油平臺 （著陸）	3	平台降落失敗墜海。	調查中
1998 03/19	國華	Saab340 B-12255	客運	新竹外海6浬 (初始爬升)	13	新竹外海初始爬升時墜海。	機械因素
1999 08/22	中華	MD-11 B-150	客運	香港赤鱲角機場 （著陸）	3	山姆颱風來襲降落香港翻覆。	調查中
1999 08/24	立榮	MD-90	客運	花蓮 （落地後滑行）	1	落地後客艙起火。	調查中
33件					885 死亡		

表10-2　1970至1999年致命失事事件統計

所有致命失事　　（1970~1999）		
可能主因	項目次數	百分比
人為因素	16	43.2%
機械維修	7	18.9%
飛機設計	1	2.7%
氣象因素	2	5.4%
調查中	5	13.5%
其他或不明	6	16.2%
總計	37	100%

註：同一件失事可能包括兩件「可能主因」。

第一節　著名的飛安相關定律

　　航空事業營運的基石乃在飛安，沒有飛安，就沒有所謂的營運。隨著全球航空運輸量大增，航空事故日益頻繁，這項關係到大眾安全最起碼的安全標準開始成為一門被重視的系統科學。時至今日，將飛航安全定義為「各種技術與資源，經過整合，以求在運作飛航系統時免於事故的發生」，已為多數人所接受。安全既為航空事業的基本要求，因此無論是政府、飛機製造商、航空公司、搭機民眾都必須遵守法規與紀律，注意飛航安全，採取一切必要的措施，達成零事故飛航的目標。

　　縱觀目前航空界盛行的幾種飛航安全的理論模式，比較著名的分別是「墨菲定律」、「航空失事錯誤鏈理論模型」、「骨牌理論」、「乳酪理論」和「可容忍風險理論」……等等。上述幾種飛安理論共同的特色，就是造成事故發生的每一項失誤都可以

<<<<<<<<<<<<<<<<<<<<<<<<<<<<<<<<<<<<<<<<<<<<<

從事明確的界定，失誤與失誤之間的界限也很清楚；這類理論在事件發生的過程是屬於比較簡單的情況，可以很清楚、很有系統地區別每一項失誤。有關這些理論的細節討論如後：

一、墨菲定律

你可曾有過這樣的經驗？不帶傘時，偏偏下雨；帶了傘時，偏不下雨！卡在故障的電梯中需要使用手機聯絡救援，而手機剛好沒電；看電影時，你出去買爆米花的時候，銀幕上偏偏就出現了精彩鏡頭；當兵時，最需要女友愛情的滋潤，卻在受訓階段最艱辛時碰上女友的「兵變」……越是你認為不會發生的事，它就越會發生。像這樣讓人啼笑皆非的事，生活中卻屢見不鮮，而這正是墨菲定律的實例。在風險安全的應用裡，我們要討論的是在安全工作領域中無所不在，且百試不爽的「墨菲定律」：

Murphy's Law

Nothing is as easy as it looks, Everything takes longer than you expect. And if anything can go wrong－it will, at the worst possible moment.

墨菲定律

「沒有一件事情是如我們所看到的簡單，每一件事都比你預期來得複雜，任何可能發生的事一定會發生，而且都是在最糟的情況下。」

「如有機會讓它發生錯誤；錯誤就不會發生。」（If it can go wrong, It will.）順著這個邏輯反過來說：

> 「如不讓它有機會發生錯誤，錯誤就不會發生。」（If it can't go wrong, It will not,）

　　任何事如預防得法，根本不讓它有機會發生錯誤，這豈不就是安全？失事預防最高準則就是設法將任何人、事、地、物管理得很好，不讓它有機會出錯，即使發生錯誤，亦備有妥善的對策因應，確保安全，此安全準則證諸於日常家居、休閒、運動、交通等等，無不靈驗，對「安全」這一課題更是至理名言。「明知有問題，試了再說」是典型的墨菲定律違背者，自然亦違背了安全準則，常常心存安全意念，絕不違背墨菲定律，實爲促進安全的最大保障。

　　也許人類在上帝原先的安排中，並不屬於三度空間的活動範圍，因而雖然科技提升了人類交通的空間層次，但航空所面臨的自然挑戰與風險，今天仍然存在。但由於科技進步與人們的努力，已使航空失事率大幅降低，根據統計，一般大衆航空平均約飛行一千八百次會發生一次飛安事件，而民航定期班機則平均約二千二百次飛行才會有一次飛安事件出現，如此安全機率相較於任何海陸交通安全毫不遜色，且有過之，航空安全仍是值得人們信賴的。

二、航空失事錯誤鏈理論（Error Chain Rule）模型

　　天空何其廣大，卻怎麼也容不下絲毫的錯誤。根據以往的案例統計趨勢，飛機失事很少會因爲單純的因素而肇事，而是出自於一連串的錯誤造成，通稱爲「錯誤鏈」。如果能夠多加一道飛安的防線，打斷或終止錯誤鏈中的一環，便能拯救數百個家庭揮之不去的夢魘。往常的失事調查在尋找失事原因時，通常會過度

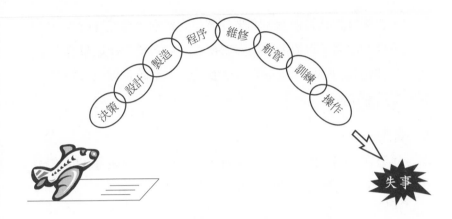

圖10-2　飛航失事「錯誤鏈」模型

重視失事結果或主要原因，而忽略了這個錯誤的演進過程。因此，我們可以從錯誤鏈的長短看出飛安系統裡的弊病，弊病越多反映出改正的機率越大，只要能改正一個鏈（並非全部），即可避免災難發生。

三、骨牌理論

　　一九三一年H. W. Heinrich在人為因素方面之研究率先提出「骨牌效應理論」，以探討航空事故發生之原因。由於骨牌只要排列中之一片被推倒，即會產生連環傾倒之效應，故該理論係運用

UNDERLYING	BASIC	IMMEDIATE	SAFETY	CONSEQUENCES
CAUSE	CAUSE	CAUSE	DEFENSES	ACCIIDENTS
(MANAGEMENT)	(SYSTEM)	(INDIVIDUAL)	(FILTER)COUNTERME	(RESULT)
LATENT ERROR	LATENT ERROR	ACTIVE ERROR	ASURES	ICCIDENTS

圖10-3　骨牌理論

推理，自失事的結果追溯整個事件發生的過程，再發掘所有可能造成失事的原因，以協助管理階層檢討其在各項工作之督導上是否仍存在相同的問題，進而謀求改善之道，以防止類似事件再發生（交通部運輸研究所，1997）。

(一)骨牌一

為潛在原因，由中、上管理階層及工作線上管理者在問題發生前所產生。此類錯誤可能存在於：

1.計劃（設定之目標、策略）。
2.組織（組織架構、工作職掌）。
3.領導（溝通管道）。
4.管制（為達成目標加強管制）。
5.人員（專業訓練）。

(二)骨牌二

為基本原因，可能為由骨牌一所引起，且在組織運作中另產生潛在問題。此類錯誤可能存在於：

1.任務（工作、工時、品管要求）。
2.物料（材料、裝備）。
3.環境（工作場所環控及設備規劃）。
4.訓練（初、複及各項訓練）。
5.人員（生、心理狀況）。

(三)骨牌三

由第一線工作人員造成之直接錯誤，常見的錯誤為：

1.未遵守指示。
2.冒然燥進但不知如何做。

3.為省時間而忽略規範、程序。

4.未使用保護裝備。

5.未先預料可能後果。

6.用錯設備或用待修、換之設備。

7.未看、未聽。

8.未認清身體限制。

9.未使用安全設備或保護裝置。

10.注意力不夠。

四、骨牌四

　　是設立安全防禦系統以減少危險及避免意外，此設計爲消除由管理階層及組織系統所產生之潛在錯誤及由個人產生之直接錯誤。「骨牌四」又被解釋爲「安全對策」，能有效地防堵大部分錯誤發生。失事僅發生於安全防禦系統崩潰或肇因於個人之嚴重直接錯誤。

五、骨牌五

　　是意外發生後之結果。當直接錯誤太嚴重且躲過防禦系統，或潛在錯誤結合其他因素而穿越防禦系統時，意外即發生。此將造成公司或個人之直接、間接損失，包括：

1.人員（工作人員、乘員、旁觀者）傷亡。

2.設備受損。

3.聲譽、收入、行政作業、訴訟費損失，社會大眾信心、員工士氣低落，保險費、債務增加。

　　在骨牌理論中，骨牌代表失誤，當第一面骨牌倒下時，常引發下一階段的失誤，使後續的骨牌依次倒下，最後造成事故的發生；預防之道在於抽掉骨牌，使得失誤停止，而不會惡化成事

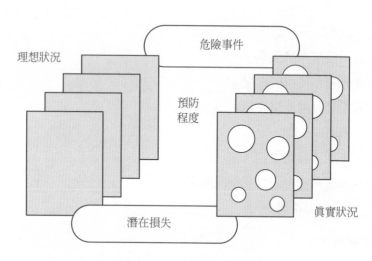

圖10-4　乳酪理論示意圖

資料來源：Reason J., *Managing the Risks of Organizational Accidents*, Ashgate
Publishing Limited, England, 1997.

故。

四、乳酪理論

　　每一片乳酪都是有洞的，代表每一環節所可能產生的失誤，
當一項失誤發生時，光線可穿過該片乳酪，如果第二片乳酪的位
置正好吻合，光線就穿過第二片乳酪，當許多片的乳酪剛好形成
串連關係，光線完全穿過，表示事故終於形成；預防之道就在於
設法移動乳酪，以阻斷光線的穿透（Reason, 1997）。

五、可容忍風險理論

　　依據英國健康及安全部（Health and Safety Executive）在一九
九一年所提出的可容忍風險理論顯示：當個人或群體中的個體進
行某項活動時，若該項活動事故統計資料顯示，每年發生死亡事
故風險或每年死亡機率高過某一門檻值時，則必須採行一些措施

促使風險降至門檻值以下，否則必須停止該項活動，其中門檻值可能為政府法定標準或一般社會大眾可接受程度的整體表現。另一方面，若該項活動風險值在門檻值以下，同時風險落在ALARP區域之內，除非當風險已經降至非常低，低於門檻值之下，則可判定此風險能夠被忽略。

英國健康及安全部所研提的可容忍風險圖如**圖10-5**所示，由圖中可進一步說明何謂ALARP區域。由於個人風險基本定義係指任何特定個體在一年中從事某項活動時，發生死亡事故的機率值或頻率，因此，將每單位時間死亡機率之可能範圍經由兩條臨界線——「不可容忍（intolerability）臨界值」與「可接受（acceptable）臨界值」劃分為三個區域：「不可容忍區域」、「ALARP區域」、「可接受區域」，各區域涵義如下（張新立、陳家緯；2000）：

(一)不可容忍區域

當該系統（或活動）風險值或單位時間死亡機率高於不可容忍臨界值時，則判定系統（或活動）安全風險屬於不可容忍區域範圍內，即表示此區域風險值在任何情況下不為任何群體或個人所能接受。在此定義下，就個人而言，必須立即停止或避免繼續從事該項活動，直到活動風險值降至不可容忍臨界值以下，方進行該活動。就系統營運者而言，必須投入所有資源（甚至停止營運）、不計任何經濟成本將風險降至不可容忍臨界值以下。

(二)ALARP區域

ALARP（as low as reasonably practical）係指雖然系統（或活動）風險值已降至不可容忍臨界值以下，落在可容忍風險範圍之內，然仍需在「合理地可實際執行」的條件下，繼續降低系統（或活動）的風險。Stan Schofield（1998）則進一步區別「可實際

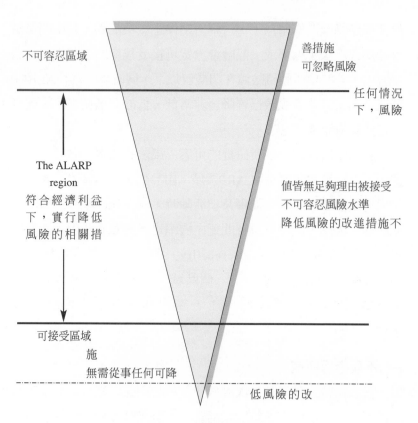

不可容忍區域

善措施
可忽略風險

任何情況
下，風險

The ALARP
region
符合經濟利益
下，實行降低
風險的相關措

值皆無足夠理由被接受
不可容忍風險水準
降低風險的改進措施不

可接受區域
施
無需從事任何可降

低風險的改

圖10-5　可容忍風險圖

僅具可行性，且預期利益大於執行成本

資料來源：

1.Andrew W. Evans, 1994.

2.The United Kingdom's National Report on compliance with the Convention on Nuclear Safety Obligations, HSE, 1998.

3.〈城際大眾運輸安全風險評估之研究〉，國立交通大學運輸工程與管理學系碩士論文（張新立，陳家緯：2000）

執行」（practicable）與「合理地可實際執行」（reasonable practicable）兩者間之差異，「可實際執行」係指僅考慮技術可行性而不考慮經濟成本因素，「合理地可實際執行」則同時考慮成本與降低風險的相關程度。因此，ALARP區域是歸納出所有可行

改善安全措施之後，衡量各項措施能否滿足改善後效益超過投資成本的條件，即若安全改善措施落在ALARP區域時，則營運者或個人就必須執行。

(三)可接受區域

當該系統（或活動）風險值或單位時間死亡機率低於可接受臨界值時，則判定系統（或活動）安全風險屬於低死亡機率區間的可接受區域範圍內，即表示此區域的風險值在任何情況下為任何群體或個人所接受，無需繼續進行任何可以降低風險值之措施。

藉由可容忍風險理論於飛航安全的適用，「不可容忍臨界值」與「可接受臨界值」在飛安指標上則可以明顯看出安全區、風險

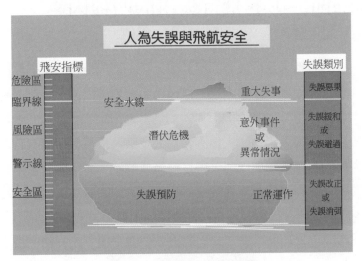

圖10-6　飛安冰山指標圖

資料來源：

1.Besselink, C., "Integrated Safety Management System," Presented at the Flight Safety Foundation's 49th Annual International Air Safety Seminar at Dubai, 1996.

2.李雲寧，王穎駿，〈高科技環境下之風險管理——人為失誤與飛航安全文化〉，《民航季刊》，第一期，1998。

區、危險區及其相關的警示線、臨界線，失誤類別分別對應相關的飛安指標，一旦失誤在某個區域越界，最後便會形成浮出安全水界的冰山而肇致航空業者最大的夢魘——重大失事（李雲寧、王穎駿，1998）。

針對上述所介紹的國際慣用飛安理論，吾人可知要改善飛安並不可能做到飛安零風險，積極的做法是期望將風險降低到可以接受的狀態。其次，飛安事故的產生是由許多的因素交互作用造成，並非由單一因素造成，這種觀念有別於每當有空難事件發生，媒體新聞總習慣將事故肇事成因的因素從事單一化的推論（如氣候因素、人為因素），在此特別提出。

第二節　影響飛行失事的四種因素

根據歷年來飛行失事的統計與分析，造成飛行失事的原因，不外乎三大因素：人為因素、機械因素與環境因素，近年來有民航業者（李雲寧、王穎駿，1998）認為組織文化因素也應該納入。在這四種因素中，人為因素佔大多數，機械與環境有時亦可由人為的正確判斷與處理，得以避免或解決。而組織文化是一種無形的可能因素，要衡量或改善的話，需要高層決策者的決心與各部門的配合，因此並不是一件簡單的工程。

然而，誠如前一節「著名的飛安相關定律」的介紹，重大的飛行失事通常都起源於一連串「輕微」的人為疏失及錯誤判斷所造成，因此要預防失事，就要防範及制止這些疏失。茲於後分別簡述影響飛行失事的四種因素：

一、人為因素

駕駛艙組員在執行飛航任務時可概分成五個階段，分別是飛行前檢查、離場／滑行／起飛、飛航中、進場及落地、飛行後。飛行前檢查主要在取得航路資料並進行各項檢查，確保飛航組員、飛機性能適合執行飛航任務；離場至落地階段，由駕駛艙組員從事飛機運作並與乘客、塔台進行通訊；飛行後則進行事後檢討及休息等動作，記錄本次飛行經驗，預防下次執行飛航任務潛在風險。有關其可能影響飛安的人為因素包含：

1. H1－應主動查覺而未反應（active failure）：未遵守法規、未按標準或程序操作，缺乏資源管理，缺乏紀律，工作態度有問題。
2. H2－無意間而未反應（passive failure）：自滿、疏忽、大意、疲勞、工作負荷過量、誤解通訊、警覺性低、組員合作不良。
3. H3－專業不足（proficiency failure）：處理不當、判斷錯誤、缺乏訓練、經驗與能力不足。
4. H4－失能（incapacitation）：心理或生理失能無法勝任飛行任務。

二、機械因素

一般飛機的維修，除了依循降落次數與飛行時數的分級檢修外，尚有飛機製造商所公告的「技術通報」檢修（service bulletin, SB），和民航局具有強制性質的「適航指令」（airworthiness directive, AD）。

所謂SB是由原製造商依據其任一使用客戶送廠報修的航空器

技術問題，認為有研發改善的可行性建議，會將此方法以通報的方式公告予全球使用同機型的航空公司，並告知其應如何修正或更新，以做好「售後服務」的效能。而如果民航局認為飛機製造商所提的SB確有可能影響到整體飛航安全，便會發佈一份正式的官方「適航指令」（AD），強制航空公司從事改善。

除此之外，根據民用航空局的航務檢查員手冊及適航檢查員手冊（交通部民用航空局，1997）所述：航空公司的維修工作可分為五大項，第一項是定期維護（scheduled maintenance），指具備有特定執行時距之維護工作群，藉由定期之執行以避免航空器安全性及可靠性之惡化。第二項是不定期維護（unscheduled maintenance），指肇因於定期維護、故障報告或資料分析產生的維護需求所引發之無固定執行時距之維護工作群，其目的在於將裝備的狀態恢復至可接受之安全及可靠程度。第三項是發動機、螺旋槳及裝備之修理或翻修，指有關在工場內對發動機、螺旋槳及裝備所執行之定期及不定期維護工作，有別於直接在航空器上執行之維護工作。第四項是結構檢查或機體翻修。最後則是特殊維護及安全考量，主要是處理運作中之航空器艙內失火，並維護緊急及漂浮裝備。有關其可能影響飛安的機械因素包含：

1.T1：發動機重大故障、無法維持正常推力、失火。
2.T2：發動機故障、火警。
3.T3：起落架、輪胎。
4.T4：飛行操作系統。
5.T5：結構損壞。
6.T6：火警、冒煙（駕、客、貨艙）。
7.T7：工廠維修、服務（包括人為失誤）。
8.T8：電子系統。

9.T9：設計、製造。

10.T10：其他。

11.T11：系統失敗。

12.T12：自動駕駛。

三、環境因素

　　航空運輸雖有速度快、不受地形阻隔、旅行時間短、用途廣泛等優點，但除運費高、運量受限制之外，航空器運作時的倚賴性重，且深受天候因素等實質環境所影響。飛航組員必須熟悉航機運行時各種相關的媒介，掌握相關的變動資訊，以安全完成飛航任務。有關其可能影響飛安的環境因素包含：

1.E1：天氣。

2.E2：航管、通訊、航路衝突。

3.E3：地勤人員、客航艙組員、旅客。

4.E4：鳥擊、外物損壞。

5.E5：機場設施。

6.E6：地面支援（政策、處理程序、訓練）。

7.E7：導航設備。

8.E8：危險物品。

9.E9：安全保安。

10.E10：其他。

四、組織文化因素

　　從組織行為的角度來說，企業組織就像部落一般，有時候甚至可以說是部落族群的集合體，而這些族群在許多行為上、對事物的認知和傳統習慣上都可能非常的不同。以航空業這種資本密

集、技術密集的產業來說，組織規模通常不會太簡單，然而組織內這麼多屬性不同、價值觀不一定相同的部落族群是否會因為這些差異性影響到例行性運作，甚至是我們所擔心的飛安呢？

「組織文化」這個字眼，通常在飛機失事調查報告裏很少被提及，而且很難證明它會是一個強而關鍵的失事因素，因為失事報告總是針對事實而論（例如飛行員、航管、航站管理、氣象、飛機設計／性能、維修等錯誤），不會深入探究文化的源頭，其實這也許才是問題所在（李雲寧、王穎駿，1998）。所以，有必要從瞭解文化及跨文化間的問題著手，最後塑造出和諧安全的文化指標。就航空業內包含的文化層次，區分為：

1.國家文化：包含國家，民族，宗教，種族，國人共享的行為常模、態度、價值觀、習性等。
2.企業文化：航空公司內的員工來自不同的背景及產業，企業內同仁間共享的行為常模、態度、價值觀、習性及公司內不成文的規範等。
3.專業文化：航空公司內各部門係以技術分工分類（如機師、空服員、機務員、運務員……），各專業群體中常限於自身的專業本位。
4.機隊文化：包含重型機、輕型機、國內線、國際線……等機隊均有不同的文化，各種飛機型別或機隊因專業之特殊技術屬性而共享的行為常模、態度、價值觀、習性、榮譽感等。
5.機師經歷次文化：各機師來自不相同的個人經歷（軍中輔導轉業、自訓、外籍……），其各自飛行經驗及背景相異，需加強文化適應。

除了上面所述的文化衝突外，與組織文化有關的可能影響飛

安因素尚包含：

1.O1：航員選擇與訓練。

2.O2：標準與法規不足。

3.O3：行政效率差。

4.O4：潛伏失察。

5.O5：管制與監督不足。

6.O6：目標模糊。

7.O7：溝通不足。

8.O8：其他。

第三節　飛機失事之分類

　　目前在全球飛安界最具公信基礎的民航機失事統計分析的標竿文獻分別是國際航空運輸協會（IATA）的「全球民航機失事統計摘要報告」、美國波音飛機公司飛機安全工程部門針對全球商用噴射機失事的綜合統計及《國際飛行周刊》（*Flight International*）固定在每年一月份當期周刊上刊行的前一年全球民航機失事統計資料。藉由這些血的教訓之統計分析，讓航空系統的相關組成分子當成借鏡與改善參考，期能達到「他山之石，足以攻錯」。

　　然而，什麼是「飛機失事」？依據國際民航組織及東方航空公司協會（Oriental Airline Association, OAA）對於航空器失事之分類，包括飛行失事（accident）、意外事故（incident）、特殊飛安事件三大類，其中特殊事件包括危險事件（hazardous events）、鳥擊（bird strike）、空中接近（air miss）、放棄起飛（abort take off）、空中關車（engine shutdown）、地面受損（ground

表10-3　國際民航組織對飛行安全事件之定義與處理概要

項目／概述		定義	處理程序及改進措施
飛行失事（accident）		為飛航目的，自人員登機至離機期間，飛機運作中發生肇致人死亡、傷害，或飛機遭受實質損壞、失蹤之事件。	由民航局按交通部頒布之航空器失事調查處理規則處理，當事公司負責協助並據失事檢討結果執行有關改進措施。
意外事件（incident）		飛機於意圖或非意圖飛航、發動機運轉中發生人員傷亡或飛機損壞、飛航中起火、發動機失效、發行操縱系統失效、組員失能等事件。	在國外發生時，由外站協助機長處理，並由機長提出報告。飛安室據提報資料向民航局提報報告表（國內由所在場站逐報民航局），飛安室負責檢討
改進。特殊飛安事件	危險事件（hazardous events）	飛機在空中或地面發生有礙安全但未肇致人員傷亡或飛機損壞之事件。	在國外發生時，由外站協助機長處理並由機長提出機長報告。飛安室據提報資料向民航局提報報告表（國內由所在場站逐報民航局），飛安室負責檢討改進。
	鳥擊（birds strike）	飛機運作中與鳥類相接事件。	機長按格式填報 bird strike report，由發生鳥擊事件之場站報送當地航空站（或由飛安室代填報），航務處並摘其重大者填報東方航協（OAA）、FSF或 ICAO等。
	空中接近（air miss）	兩架飛機在飛航中過於接近，有可能發生相撞危險之事件。	機長按格式填報 air miss report（或由飛安室填報），由航務處洽請相關之航空站調查改進，並提報東方航協（OAA）。
	放棄起飛（abort take off）	飛機在起飛過程中發生引擎（或其他系統）嚴重故障，或遭遇危險情況時在許可範圍內中止起飛。	機長提出機長報告，按事實情況由總機師室研究，並按機長報告處理程序送機務處（或相關單位）調查辦理並覆機長。

（續）表10-3　國際民航組織對飛行安全事件之定義與處理概要

項目／概述		定義	處理程序及改進措施
特殊飛安事件	空中關車（engine shutdown）	飛機在飛航中引擎發生較嚴重故障，必須將該引擎關閉，以避免引起危險情況，及免使引擎遭受嚴重損壞之事件。	機長提出機長報告，按事實況由總機師室研究，並按機長報告處理程序送機務處（或相關單位）調查辦理並覆機長。
	地面受損（ground damage）	飛機在地面停機或滑行中遭受其他因素（如地面裝備碰撞、其他滑行中飛機碰撞等）所發生之損壞事件。	據機長報告協調有關單位調查改進，並洽請機務處法保室辦理保險理賠。
	爆胎（tire bursts）	飛機在滑行、起飛、落地中輪胎因故發生爆破事件。	據機長報告協同總機師室調查檢討後，按機長報告處理程序送機務處處理並覆機長。
	遭遇亂流（turbulence）	飛機在飛航途中遭遇嚴重之不穩定氣流事件。	據機長報告協同總機師室調查檢討，並由機務處按規定作飛機特別檢查。
	航管違規（ATC violations）	飛機在飛航或地面運作期間，未照飛航管制規定操作之事件。	按航管單位指控後，通知機長提出書面申訴，會同總機師室調查（必要時向對方洽取通話記錄），較重大者應舉行檢討會，研擬改進辦法並覆對方。
備註		本表所列飛安事件項目分類，係根據國際民航組織（ICAO）及東方航空公司協會（OAA）規定。	

資料來源：

1.中華民國飛航安全基金會，「航空安全計畫管理訓練講義」，第43頁。

2.交通部運輸研究所，「國內外航空事故肇因分析與失事調查組織以及作業之研究」，1997。

damage）、爆胎（tire bursts）、遭遇亂流（turbulence）、航管違規（ATC violations）等項，有關其定義、處理程序與措施詳如表10-3所示（交通部運輸研究所，1997）。

在正式介紹這些航空器失事的分類標準之前，值得一提的是

>>

失事調查的目的原則。根據國際民航組織（ICAO）在國際民航公約第十三號附約「航空器失事調查」內容明白闡釋，飛機失事調查之目的為：「調查失事或意外事件之根本目的，在預防失事或意外事件之發生，不在追究過失或責任。」針對上述公約的精神，我國也在二○○○年四月五日修訂頒布的民用航空法第八十四條中強調：「飛安會對航空器失事及重大意外事件從事之認定、調查及鑑定原因，旨在避免失事之再發生，不以處分或追究責任為目的。」而民用航空法第八十七條更直接闡釋了失事調查的目的：「飛安會應於航空失事或重大意外事件調查工作完畢後，對行政院提出調查報告及飛安改善建議。政府相關機關及航空器所有人及使用人應依其建議改正缺失。」我們不希望讓這些失事罹難者的血白流，而期望人們能在前人的錯誤中學會不犯重複錯誤的警惕，讓飛安水準能提高可靠度與穩定水準，裨益公共安全的維繫與經貿發展的基礎。

本節我們將對飛安實務常用的三種飛機失事分類──「失事事件」、「意外事件」及「危險事件」從事詳細說明：

何謂「航空器失事」（即失事事件）？前述國際民航公約第十三號附約將航空器失事定義為：「自任何人為飛航而登上一航空器時起，至此等人員全部離開該航空器時，其間該航空器所發生之事故。」且：

1.有人因身在該航空器上，或直接觸及該航空器之任何一部分，或由該航空器上脫落之任何部分，或直接暴露於其引擎噴氣下，而遭受致命或重傷者；但其傷害若為藏匿在非供乘客及機組員所正常使用處所之偷乘者，則不包括在內。

2.該航空器蒙受損壞或其結構變異，以致損及該航空器之結

‹‹

構強度，但損壞僅及於推進器、鼻端、天線、輪胎、煞車、整流罩者，或航空器小凹陷、穿孔者，皆不包含在內。

我國於二○○○年四月五日頒布修訂的民用航空法第二條第十七款對「航空器失事」則作如下之定義：「航空器失事，指自任何人為飛航目的登上航空器時起，至所有人離開該航空器時止，於航空器運作中所發生之事故，直接對他人或航空器上之人，造成死亡或傷害，或使航空器遭受實質上之損害或失蹤。」

「航空器失事調查處理規則」更作進一步解釋：「所稱死亡，指因該次航空器失事而致傷害在七日以內死亡者。」而所謂傷害，指有下列情形之一者：

1.失事後七日以內需住院治療四十八小時以上者。
2.骨折，但不包括手指、足趾及鼻等之單純性骨折。
3.撕裂傷導致嚴重之出血或神經、肌肉、筋腱之損害。
4.任何內臟器官之傷害。
5.二級或三級之灼傷或全身皮膚有5%以上之灼傷。

所稱之航空器實質損壞，指航空器蒙受損壞或其結構變異，致損及該航空器之結構強度、性能或飛航特性，或通常需經大修或更換受損之組件者。但屬發動機之故障或受損，而其損壞僅限於發動機、發動機蓋或其配件，或損壞僅及螺旋槳、翼尖、天線、輪胎、刹車、整流罩，或航空器表面小凹陷、穿孔者，不在此限。

遇航空器失事，為求航空器上生命財產之安全，相關機關首應力為救護，其次為失事調查，因失事調查，不但為確定此次失事之責任所在，並為今後預防措施之準據。我國民用航空法第八

十六條因而有如下規定：「航空器失事或重大意外事件發生時，飛安會應立即成立專案調查小組，指揮調查相關之工作。該航空器所有人、使用人及民航局應即向飛安會提供一切相關資料，並應採取救護及協助失事調查。失事現場之有關機關應協助飛安會從事現場證據之搜尋、保全以及其他相關之工作。」有關失事調查報告之主旨，雖然國際民航公約第十三號附約表明，「調查失事或意外事件的根本目的，在預防失事或意外事件的發生，不在追究過失或責任」，但是，在研究失事責任與今後預防方法方面，預防方法為未來飛航安全之所繫，而確定失事責任，尤與當事人之權益所關。舉凡運送人與乘客間的關係、運送人與貨物託運人間之關係，以及所有人與承租人、借用人，或犯有故意過失之行為人間的關係，無不依失事責任以決定。

接下來要討論的是「意外事件」。依據國際民航公約第十三號附約及民用航空法第二條第十七款規定，指航空器運作中，凡不屬於失事但影響或可能影響航空器作業安全之事件，符合下列情形之一者稱之：

1. 航空器運作中所發生之事故，人員所受傷害程度低於重傷害者。
2. 發動機故障：指同一架飛機一具以上發動機故障，惟不限於發動機，亦包括壓縮器及渦輪葉片失效，螺旋槳、整流罩及其配件損壞。
3. 火警：飛行中所發生之火警，包括非發動機內部之發動機火警。
4. 地障及障礙物意外：實際造成或可能撞及地障或障礙物之意外事件。
5. 飛行操縱及穩定性問題：操縱飛機時遭遇困難之事件，例

‹‹

　　如飛機系統失效、天候因素、操作飛機時超過許可限度
　　等。

6.起降意外：跑道外著陸、超過降落點、衝入清除區或未放
　　起落架著陸。

7.飛行組員失能：必要之飛行組員於執行交賦任務時，體能
　　降低所導致之失能。

8.減壓：緊急下降造成之減壓。

9.接近事件或其他航路意外：接近事件及錯誤程序或裝備失
　　效所造成之空中交通意外。

10.翼尖、天線、輪胎、煞車、減速裝置損壞或航空器表面小
　　凹陷、穿孔，但不致影響結構性能或飛航特性者。

11.飛行中因投擲或失落機件或物件，肇致地面人員傷亡者。

　　至於「危險事件」係指航空器無論在空中或地面，發生有礙
飛航安全之情事，而未肇致人員傷亡或航空器之損壞者。除此之
外，有關前述提及航空器失事時必須採取救護及協助失事調查的
權責單位「航空器飛航安全委員會」（ASC），其組織規程係由
行政院依據民用航空法第八十四條規定而訂定：「行政院為調查
及避免航空器失事及重大意外事件，設飛航安全委員會（以下簡
稱飛安會），為一常設委員會，其組織規程由行政院另定之」、
「飛安會獨立行使其職權，不受任何干預。民航局基於適航或飛
安管理之需所進行處理，不得妨礙飛安會之調查作業」、「飛安
會對航空器失事及重大意外事件從事之認定、調查及鑑定原因，
旨在避免失事之再發生，不以處分或追究責任為目的」及「航空
器失事及重大意外事件調查處理規則，由飛安會定之」。

　　我國的飛安會係為隸屬於行政院院長飛航安全專業諮詢幕
僚，類似美國NTSB、英國AAIC、日本AAIC、加拿大TSB、澳洲

BASI、丹麥AIC之失事調查專責機構，以避免以往失事調查程序「球員兼裁判」的缺失，其主要掌理事項如下：

1.國內外航空器失事及重大意外事件之調查與原因鑑定。
2.航空器失事調查能量的建立與研發。
3.飛航安全資料庫的建置與發展。
4.適時提出失事調查報告及飛安改善建議。
5.飛航安全報告系統的建置與發展。
6.飛安改善、建議執行情形的後續追蹤。
7.與國際飛航安全專業組織的聯繫與交流。

目前，該委員會之失事調查工作採委員合議制。設置委員五人，由行政院長聘任，並指定其中一人為主任委員，以綜理會務。委員會議由主任委員召集之，以每月舉行一次為原則，必要時得召開臨時會議。委員會下轄失事調查組及飛航安全組，由主任委員於其中指派一人兼任執行長，以執行委員會議的決議事項。此外另聘專業技術人員與行政支援人員，以協助完成各項技術與行政工作。飛安委員會於接獲航空器失事通報後，立即組成機動小組，由主任調查官率領前往失事現場進行調查。

第四節　航空公司飛安實務

我國「民航政策白皮書」中特別強調「確保飛航安全」，民航局也以「飛航安全，世界一流；民航服務，顧客滿意」為目標，並將各航空公司的飛安表現視為航線額度、停機坪使用、機場辦公室等公共資源的分配評鑑項目。飛安工作在航空公司的組織編制裏，最具「理想化」的狀況是能直屬於總經理管轄，且能

獨立於航、機務部門之外，較能具備「超然立場」發揮其功能，不過民航局對飛安部門的組織定位並無強制性的規範。有關目前國籍航空公司飛安部門的業務職掌，除了常態性的機長報告處理外，至少包含飛安政策釐訂、飛安督導、消弭外物損害管制（FOE）、飛安教育訓練、飛安刊物之彙編、飛航違規事件之處理、失事調查……等事項。有關目前各國籍航空公司執行飛安相關工作的一般化主要內容如下：

一、飛安管理

(一)飛安政策

飛安作業涵蓋廣泛，且為一持續不斷之工作，飛安成效有賴方向之正確與訓練之落實，確遵標準作業程序及嚴守工作紀律。飛安工作成效非一蹴可幾，建立良好失事預防制度及落實教育訓練工作，為保障飛安之不二法門。

(二)飛安工作重點

以中華航空公司的飛安室業務執掌為例，工作重點包含：

1.飛安政策之釐訂及執行。

2.飛安預防計畫之釐定與執行。

3.飛安風險的評估與管理。

4.飛安教育訓練之策定與執行。

5.整體飛航安全的督導、抽查與考核。

6.飛安事件調查與處理。

7.飛安資訊系統的建立與交流。

8.各類飛安諮詢之提供。

9.飛安品質及績效之監控。

10.配合辦理及追蹤民航局對航務運作下之安全運作指示事項。

11.航務運作下有關地勤作業安全之督導。

12.空勤組員身心保健。

(三)機長報告制度

為確保公司的飛航安全，發掘任何可能危害飛安的因素及死角，使其在尚未造成真正的危險時，將之消弭於無形。飛安工作並不只是飛安部門的工作，而是全公司成員共存共榮的天職。為使公司各項規定、程序、運作及設施裝備能符合標準，並使全體員工能適時提出改進建議，使相關單位或人員先行預防及改善，消弭任何有礙飛安的潛在因素，因此透過具名或不具名的報告制度，並以免責方式處理，由專業的飛安部門經由分析辨識各項有違飛安的因素，並提供改進建議方案，以提升整體作業效率，促進公司營運與發展。機長報告包含「異常事件機長報告」、「一

圖10-7　防不勝防的鳥擊事件常造成航機發動機的損毀

資料來源：遠東航空公司飛安部提供

般機長報告」，茲分述如下：

■一般機長報告

　　機長服行飛航任務期間，發現直接或間接與場站作業、裝備設施、旅客服務以及飛機維護等相關之有違飛安應加強改進或其他建議事項，僅需填寫「一般機長報告」。

■異常事件機長報告

　　機長服行飛航任務期間，凡發生飛行失事、意外事件、危險事件或特殊事件（鳥擊、放棄起飛、空中關車、地面受損、爆胎、遭遇亂流、航管違規及回航、機務重大故障）等飛安事件時，應填寫「異常事件機長報告」。

二、飛安督考制度

　　若干重視飛安的國籍航空公司在「飛安督考制度」上會由專責的飛安部門負責查核公司所屬飛行機師、空服員、簽派員及線上維修人員之專職任務及操作技術是否確實遵照公司政策及各項規定，以維繫飛航安全的穩定。

(一)飛行安全督導考核

　　為落實飛安計畫，防止飛安事件發生，特依年度飛安計畫訂定督導考核辦法，實施定期與不定期檢查，以確保公司各項業務正常運作。

(二)酒精抽檢

　　美國聯邦航空法（Federal Aviation Regulations, FAR）第91.17條規定：「凡是飲用任何酒精性飲料之八小時內，或血液中酒精濃度等於或超過0.04%，禁止駕駛民航飛機。」而我國的民用航空法施行細則之「航管飛航規則」第八條規定：「飛航組員及航空器上工作人員在飛航前及飛航中，不得使用足以影響其工作能

力之任何酒類、麻醉劑及藥物。」對此，民用航空運輸業固定翼航空器飛航作業管理程序第七十五條亦有規範：「航空器使用人應建立相關之麻醉藥物及酒精測試計畫，並執行抽檢所屬相關飛航作業人員（包括駕駛員、空服員、簽派員及線上維修人員），檢測記錄應存檔備查。」民用航空局得以定期或不定期方式對航空器所屬相關飛航作業人員（包括駕駛員、空服員、簽派員及線上維修人員）實施麻醉藥物及酒精檢測，檢測不合格者，不得從事相關飛航作業。前項之檢測標準如下：

1.麻醉藥物檢測：尿液樣本反應需呈陰性。
2.酒精濃度檢測：血液中酒精濃度不得超過0.04％。

而除了以尿液、血液測試之外，目前航空公司多以「吹嘴式微電腦酒精測試吹管」從事抽測，而抽測記錄依民航局規定，至少應保存十二個月以備查驗。根據交通部民用航空局規定：「飛航組員酒精含量呼吸檢測（E.B.T.）超過0.2毫克／公升者，不得擔任當日飛行任務。」是故，目前若干國籍航空公司為維護飛航安全，在實施上通常會「從嚴」擴充法規面的酒後限制時效，而於組員手冊之「空勤組員生活行動須知」規定「任務組員於任務前二十四小時以內不得飲酒」，並嚴格實行，甚至有部分航空公司還規定觸犯此規則者將處以停飛、記過，情節嚴重者甚至採取解聘之處分，以昭炯戒。

三、飛安會議

(一)飛安諮詢委員會

藉由飛安諮詢委員會議，能經常檢討各單位及員工對飛安工作之宣導與落實，並針對可發生或已發生影響飛安之問題，共同

研擬預防及應變措施，提升公司的全面飛安品質。

(二)飛安促進會

　　為增進公司整體飛行安全，除每月由航務部門舉辦之飛安月會，共同研討飛安問題及實施教育宣導，期能強化飛安觀念，發揮預防功效，以零飛安事件為公司全體員工共同努力之目標。

四、飛安資訊傳遞與交流

(一)飛安公告

　　1.目的：
　　　(1)針對公司發生之意外、危險、異常事件的發生經過、原
　　　　因及檢討改進措施，通知各單位，以收宣導預防之效。
　　　(2)公布飛安相關資訊及新知，提供全公司參考學習。
　　2.實施對象：公司相關單位。

(二)航務飛安通報

　　1.目的：針對各類直接或間接影響飛航安全之操作技術、任
　　　務派遣、飛機性能、場站作業、裝備設施、維修保養及天
　　　候狀況等問題，通報全體組員參考注意。
　　2.實施對象：全體飛航組員。

(三)飛安通告

　　為廣泛宣導飛安工作，落實飛安訓練及教育，進而揭櫫飛安效果，適時編纂並提供有關飛安知識或重要資料，藉以提醒同仁未雨綢繆，共同防範，以臻飛安工作人人有責之最佳效果。

(四)飛安資訊交流

1. 由航空公司飛安部門定期利用飛安月會報告或編撰翻譯、影印、E-mail、資料分發,將所獲得之國內外製造廠商、國際性飛安會議及飛安新知分享各飛航組員。

2. 公司內部會議:包含機長報告、內部飛安報告系統、飛安促進會、機種技術座談會。

3. 國內各飛安組織:包含中華民國飛安基金會、中正理工學院航安班、漢翔航太工業、各航空公司飛安部門、國籍航空飛安年會、交通部民用航空局(CAA)、航空器飛航安全委員會(ASC)。

4. 國際各飛安組織:包含飛安基金會(Flight Safety

圖10-8　每天上班前,各單位部分主管在高層C.E.O.以身作則的帶領下,義務於機務廠棚及停機工作區從事消弭外物實施計畫

資料來源:遠東航空公司飛安部提供

圖10-9　強調「飛安第一」的遠東航空公司在高層C.E.O.帶領下
　　　　，從事消弭外物實施計畫後，正在檢視從機坪所撿拾到
　　　　可能導致機體、發動機損傷的外物

資料來源：遠東航空公司飛安部提供

　　　　Foundation）、國際航空組織（IATA、ICAO、OAA……）、
　　　　國際飛安教育訓練機構（USC-ISSM、SCSI、NATCO……
　　　　）、國際性飛安會議、各類航空飛安雜誌……。

五、消弭外物損害管制（FOE）

　　所謂「外物損害」（Foreign Object Damage, FOD）係指航空
器於操作運行中遭到地面上的石頭、碎布、紙張、繩子、衣物、
垃圾、螺釘／栓、工具……等物體導致機體、發動機及人員損傷
者稱之。根據波音公司"Airliner"雜誌的統計，全球每年因FOD
造成的損失約為四十萬美金。FOD對航空公司所造成的直接損失
除了維修費用外；間接成本亦包括航班延誤或取消所導致客源的
流失、飛機排班及組員派遣問題、人員受傷潛在的責任及保障問

>>

題、增加航空公司基層員工及管理者額外的工作量……等。

　　FOD的預防除了每日航站的清掃車清掃道面外，對於通過道面的各種車輛，也使用震盪器消弭卡在輪胎間之碎石。另外航空公司為落實飛安工作，降低外物對航空器之損害，特訂定消弭外物實施計畫（foreign object elimination, FOE），利用每天數次人員撿拾各種道面雜物，以確保公司飛航業務正常運作。

六、推動CRM的飛安思維

　　根據波音公司針對一九五九至一九九七年全球商用航空六萬磅以上噴射飛機每百萬離場全毀失事率的統計（圖10-10）發現，在最初十年內失事率有非常顯著的降低，那是由於飛機結構、系統、裝備、動力、操控以及地面基礎架構的改進。而近三

全毀失事
全球商用噴射機機隊（1959-1997）

30

25

不包括：破壞
　　　　軍事行動

每
百
萬
次
離
場
失
事
率

20

15

10

5

0
59　61　63　65　67　69　71　73　75　77　79　81　83　85　87　89　91　93　95　9798

圖10-10　1959至1997年全球商用噴射機全毀失事統計

資料來源：〈高科技環境下之風險管理—人為失誤與飛航安全文化〉，《民航季刊》，第一期（李雲寧，王穎駿；1998）。

十年來，當失事率降低到接近谷底時，卻不再繼續下降，而穩定地持續每百萬次離場一至兩次的失事率。這種無法達成飛航零失事率的關鍵，主要在於人為失誤因素的瓶頸一直無法突破（李雲寧、王穎駿，1998）。由於航空事故中以人為因素所佔比例較高，故國內外航空界普遍認為加強航空人員之管理與訓練乃飛航安全與品質中最為迫切之課題，進而提出航員資源管理（crew resource management, CRM）之理論。

第一代的CRM為「座艙資源管理」（cockpit resource management），係於七○年代由荷蘭航空公司（KLM）率先研發，根據傳統管理學發展，以心理學的方式衡量態度與個人風格，著重人際關係與溝通技巧，期能導正不適任人員。美國航空太空總署（NASA）亦於一九七九年舉行第一次座艙資源管理研習會，根據會議討論發現空難發生的原因大多是人為因素層面所致，像是機組員間溝通不良、決策的錯誤、領導的問題……等。這次研討會期望藉由訓練駕駛員能在過程妥善運用駕駛艙裡的資源，來降低「駕駛員的錯誤」發生，而這樣的訓練過程稱為「座艙資源管理」，大部分的航空運輸業者也在這個會議提出意見，希望能夠發展一個可以在飛行過程中增強人際關係層面的訓練計畫。CRM的研究與實施在當時如雨後春筍般地蓬勃發展，而於一九八八年十二月由美國聯邦航空總署（FAA）正式通告此訓練為座艙資源管理。

隨著研究焦點的擴大，本來是以個人為主，爾後擴大範疇為駕駛成員團隊，因此在此時也改名成為CRM（crew resource management）。第二代CRM為「組員資源管理」，係於一九九三年二月十日由美國聯邦航空總署通告把座艙資源管理中之座艙組員（cockpit）改名為飛航組員（crew）而成為航員資源管理。第二代CRM著重狀況警覺、領導、溝通技巧等特定的飛行概念，以

>>

圖10-11　有效的CRM包括了飛機的硬體、軟體及前後艙組員的
　　　　　溝通協調與資源整合

資料來源：國立交通大學運輸科技與管理學系提供

更模組化的團隊導向進行教學，例如決策、溝通等，所謂團隊組
員則包括了其他後艙人員、簽派員、維修、航管人員。

　　到了第三階段，CRM的訓練方向漸漸朝多個方向發展，演變
為包括各基層、中階、高階主管乃至於整個企業組織的第三代「
企業資源管理」（corporate resource management, CRM）。這種把
人類的思考模式從個人到群體到組織而至整個企業，發展成強化
整體環境內之良性互動關係，都是為了在高風險的航空業中，達
成高效率的安全飛航任務。

　　而第四代CRM的特色是「整合與程序化」。美國聯邦航空局
（FAA）引進了一個新的訓練課程AQP（advanced qualification
program），也就是「進階資格課程」，這樣的課程是一種自發式

<<<<<<<<<<<<<<<<<<<<<<<<<<<<<<<<<<<<<<<<<<<<<<<<<

的課程，它允許航空運輸業者能夠發展創新的訓練方式來適用於其組織；但這樣的訓練方式充滿高度的彈性，業者必須將CRM的概念融入平常的技術訓練之內。

而第五代的CRM是以錯誤導向為主的，並且對於錯誤管理也發展了不少的解決對策。但從其他方面來看，也必須考慮駕駛員生理、心理的限制因素，如疲勞、工作負荷程度、緊急狀況所帶來的壓力……等。這些壓力因子也扮演重要的角色，具有極大的影響力，透過第五代CRM的發展與訓練，期望將能夠有效地偵測錯誤的產生，並且管理錯誤。在錯誤發生時給予適當的處理，在錯誤不幸發生後減緩其所帶來的後果。CRM並非萬靈藥，不完全能夠去除在飛行中其錯誤的存在。由於人類本身的限制與複雜的行為科學很難完全杜絕錯誤的發生，但是CRM卻可以是組織對於管理這些錯誤的一帖良劑。

目前最新的第六代CRM稱為LOSA。LOSA（line operation safety assessment）為一項對飛行員非考驗性的安全評估計畫，由完訓的座艙觀察員（OBS）坐於駕駛艙內收集飛行員從飛行前的簡報、檢查，一直到飛行任務結束，全程觀摩其操作程序、航管通話、組員協調、飛行管理系統的運用、決策下達及異常狀況處理等。該班機組員的資料在分析中不會被確認。經由整體性資料的收集及系統化的分析，以掌握線上作業的缺失及研擬因應的對策，進以消弭潛存的危機。

有關LOSA的緣起是美國大陸航空公司於一九九五年經歷兩次失事事件後，聯邦航空總署（FAA）要求其全體飛行員接受一次全面性的模擬機考驗，執行完FAA所要求的模擬機考驗後，大陸航空在檢討其成效時，發現在近三千位飛行員中只有一位飛行員未通過考驗。於是大陸航空的管理高層決定重新探討線上飛行作業的缺失所在，並研擬相關的因應對策來消弭人為疏失的產

生。大陸航空於一九九六年起與德州大學（UT）奧斯汀分校合作，在號稱CRM之父的Robert Helmreich教授指導協助下，開始執行LOSA計畫。大陸航空公司於二〇〇〇年LOSA的總結報告中提出的最主要的疏失為：

1.自動化系統key in的錯誤及未相互確認。
2.檢查表使用的不確實及不正確的回覆。
3.組員與航管人員通話上的疏失。

　　大陸航空在確認其線上飛行作業的疏失所在後，經由飛行訓練及標準部門在程序修訂及模擬機訓練與考驗的加強，並安排全體組員參加Error & Threat Management訓練課程，來強化組員對疏失的認知，以避免疏失的產生。在美國除大陸航空外，Delta及U.S. Airway，在亞洲區，紐航、安捷及國泰均在德州大學的協助下積極推廣LOSA project。ICAO目前已積極研擬及推廣LOSA program，未來LOSA將成為飛安系統管理上降低人為疏失的一項重點計畫。

第五節　航空保險的種類及未來趨勢

一、航空保險的種類

　　航空公司在從事風險管理的措施上，約略可分為「風險控制」（risk control）及「風險理財」（risk financing）。前者用意在預防及減少風險的發生（如航空公司的飛安預防計畫），後者則以財務計畫來填補風險產生時的經濟損失，其中最經常被使用的風險理財策略就是保險。保險是藉由支出保費，將本身可能遭遇的

經濟損失轉由保險人承擔。同時，購買保險除能節稅外，理賠的
保險金額不僅免課稅，而且保險費亦為可扣減的費用。

　　航空公司的風險管理在保險方面的策略運用通常是透過購買
航空保險。最早的航空保單是二十世紀初推出的，其標的物通常
泛指一般飛行器，包括飛船、熱氣球、飛機、戰機、太空梭等，
而與航空經營者及一般民眾之權益相關之航空保險種類，大致包
括：

(一)飛機機體保險

　　承保所有人、租用人或受託人、航空事業經營人之航空器機
體。承保範圍包含飛機於飛行（flight）、滑行（taxiing）、停泊
（on the ground）時所引起飛機本身全毀或損壞的賠償責任。但
飛機機體保險的承保排除項目為：

1. 機械故障：正常耗損、折舊、機件失效或失能、累積／延
　伸性損失。
2. 核子輻射汙染。
3. 航空保險業一致協議，將戰爭危險自所有保單中除外不
　保。在此規定中對戰爭、侵略、罷工、騷擾、民眾暴動、
　劫機非法扣押沒收或充公除外不保，但保險公司對不可歸
　責於航空公司之劫機及非法扣押航空器之索賠則有所限
　制，亦即必須經合理的確認該機不可能復歸於被保險人，
　才由保險公司予以賠償。

(二)不堪使用損失保險

　　當被保險之航空器已經不堪使用時，其修理停航期間所發生
的賠損狀況，保險公司會每週或每日補償其金額。

(三)乘客及乘客行李責任保險

此種保險是為承保航空業對乘客人身及乘客的行李損失賠償責任，也是佔所有航空保險中最大比例的，但不包括機師及隨機人員的行李在內。對同一家航空公司而言，乘客責任保險的保險金額依照飛航地區法律規定的差異而有所不同。

以乘客人身保險而言，在國內航線，根據我國「航空客貨運損害賠償辦法」第三條規定，對於每一乘客應負之損害賠償，其賠償額對死亡者為新臺幣三百萬元，重傷者為新臺幣一百五十萬元。但被害人能證明其受有更大損害者，得就其損害請求賠償。而對飛航國際航線的賠償金額大致有兩種標準：華沙公約約定的保險金額為美金二萬元，而蒙特婁協定則規定含律師費用美金七萬五千元，不含律師費用為美金五萬八千元。這兩種公約的適用範圍端視飛航航線以及航空公司是否為協議的簽約會員而定。

以乘客所攜行李的保險而言，在國內航線，根據我國「航空客貨運損害賠償辦法」第四條規定，航空器使用人或運送人對於載運貨物或行李之損害賠償，其賠償額依下列標準：1.貨物及登記行李：按實際損害計算，但每公斤最高不得超過新臺幣一千元；2.隨身行李：按實際損害計算，但每一乘客最高不得超過新臺幣二萬元。而對飛航國際航線者而言，依據華沙公約規定，航空公司對於每一乘客託運行李損失的責任係以每公斤美金二十元為限，而對於手提行李則以每人美金四百元為限，但如法律另有規定，將以適用之法律規定為依據。

(四)第三人責任保險

所謂「第三人」就是指被保險人的受僱人及乘客以外的其他人，尤其在人口密集的上空發生意外，則航空公司需付上巨額的賠償額，所以這類的保險都設有最高賠償的責任限額。以一九九

八年二月十六日中華航空桃園大園空難而言，遭墜毀的飛機所致之地面上死亡及受傷的第三者、慘遭壓頂之禍的計程車以及遭直接撞擊損壞的房屋賠償，就是由該航所投保之第三人責任保險來理賠。

　　但值得強調的是，「第三人責任保險」的賠償範圍係針對「直接損失」者，亦即求償者的求償理由必須直接和該事故有直接關聯，而且以直接遭受物質上或身體上的損害為限。

(五)郵件責任保險

　　承保航空公司受託承運貨物、郵件及其他貨物損失的賠償。實務上，此種保費較低廉，而郵政當局對郵件所負的責任是依照郵件運輸管理相關規定，保險契約並不和其他之航空保險一併處理。

(六)產品責任保險

　　承保飛機製造廠商因設計全部或部分缺陷，和因修理或零件換裝不當所導致的損害，最高責任額為美金五百萬元。

(七)搜索救助保險

　　當航空失事的地點不確定時，則需進行搜救工作，如果搜救的地點救助困難的話，則也需要不少費用，此類保險是指通常不管在搜索或是救助都需採取限額之給付。

(八)戰爭與劫機保險

　　對於兵險及劫機，一般的航空及責任保單皆列為明示除外條款，然而對此除外項目可另繳保費後，在原保單中予以簽回加保（write-back）。在此類保險的機體保險包含罷工（strikes）、暴動（riots）、民眾騷擾（civil commotion）、破壞行為（acts of sabotage）及劫機（hijacking），然而這份戰爭危險的承保期間遇到下列事

故則將自動終止：1.美國、蘇聯、中共、英國、法國等五大強權間爆發戰爭；2.任何使用原子或核子融合／分裂或其他類似反應之戰爭武器之敵對爆炸，無論被保險的航空器是否可能被牽涉其中。

二、航空保險業未來的趨勢

最後，我們以航空保險業未來的趨勢做為本節的小結。

(一)新飛機價值更高、載客更多

二〇〇〇年六月二十七日長榮航空與波音公司在台共同宣布達成一項購買波音B777型客機的採購協定，長榮對此新穎的機型一口氣投入將近三十億美元的單一訂單，總共包括三架B777-200X、四架B777-300X以及八架訂購權。此型客機的最大特點是配置全世界最大推力之單一引擎，奇異公司之GE90-110及GE90-115引擎，每具推力高達十一萬五千磅，超強程的續航力為現有B747-400的兩倍。而中華航空也即將引進空中巴士A340型客機，無論是B777或A340，都能從台北直飛紐約或倫敦，沿途不必再停靠任何航點，除了可以更有效地以時間效率區隔市場，對於燃料及降落費亦節省不少，可以大幅地縮減成本。

而對外籍的民航業者來說，以阿拉伯聯合大公國杜拜為基地的阿酋航空及新加坡航空也已公開承諾購買二十六架具有多達五百五十個座位、被業界號稱為「二十一世紀之旗艦」的空中巴士A3XX。這類民航史上最大的飛機，是歐洲空中巴士集團於二〇〇〇年六月二十二日正式啟動的耗資一百至一百二十億美元的超大型客機A3XX的計畫。A3XX將有七個機型：四類載客型、一種載貨型、兩種為客貨兩用型，平均可載客四百八十到六百五十人。A3XX內部空間比任何現有機型都來得寬敞，根據不同的設計，內部可設置健身房、臥室，甚至一個小的賭場。不甘示弱的

波音公司，也正在研發號稱比A3XX更輕、更快、通用性更高的加長型B747X。

雖然新飛機價值更高、載客更多已成為民航機發展當下的趨勢，但這麼龐大的投資是否確能帶來利潤？航空保險業如何精算此類超大型客機的營運風險？我們姑且拭目以待。

(二)理賠金額天文數字

國際民航組織（ICAO）於一九九九年五月二十八日宣布達成新的「蒙特婁公約」，在新約對航空公司的賠償責任做了一些規定：無賠償上限僅在航空公司有過失時為之，而在賠償下限部分修正為十三萬五千美元（註：舊版的蒙特婁公約賠償責任上限為含律師費七萬五千美元；不含律師費五萬八千美元）。依公約內容來看，前述所謂「無賠償上限」並非指完全沒有限制的高額理賠，而是依照受害者的實際損失來決定賠償金額。每位罹難旅客依照其個人日常薪資所得水準、剩餘可工作年資、撫養親屬情況……等資訊減去應繳稅賦及個人日常生活開支等，換算為實際的損失金額，再加上固定的喪葬費用。所以每一位罹難旅客的理賠金額都不盡相同，而屆時罹難旅客家屬應就法定賠償金額下限金額與實際損害計算，端視何者金額較高，選擇對自己較為有利者。此外，依公約規定，受害者可以選擇承運人（航空公司）主要營業地、開票地點、旅次目的地、事故地……等，以對自己最有利的地點為管轄地進行求償訴訟。而我國於一九九九年三月十七日修訂之「航空客貨損害賠償辦法」的內容和精神也與新版蒙特婁公約相去不遠，我國的賠償責任上限規範為「無限制責任」、死亡賠償責任下限為新台幣三百萬元（舊版為新台幣一百五十萬元）。

由**表10-4**可窺見，歷年來空難理賠金額的大幅上揚，已有引

發民眾覬覦龐大的理賠金額而發生保險學領域所謂「道德與心理風險」（moral or morale hazard）的案例：在一九九八年二月二十三日大華航空（現已合併爲立榮航空）台北飛嘉義班號9565班機上，有一林姓旅客以點燃的汽油瓶企圖造成失事而讓家人獲得賠償金，所幸陳姓男空服員機智地制伏嫌犯及完成滅火程序，同時通報機長，該機機長基於安全顧慮緊急迫降台中水湳機場，始沒釀成大禍。對此類因道德與心理風險導致的飛安事件，錯置理賠機制的補償意義之趨勢是否會在保險與道德之間產生模糊的鴻溝，值得保險與法學領域的學人研究。

(三)保險金額愈趨高漲

　　飛安事故的發生頻率可以反應在保費的高低，這是基本的保險精算原則，如果保費的支出過於龐大，航空公司會以經濟學上的「機會成本」來評量改善安全的成本是否高於或低於購買保險後的公司價值，若是高者則進行風險控制進而改善安全，低則以保險做爲轉嫁策略。實務上若航空公司在續保的契約程序中，若對於過去單位時間內的飛安或整體經營風險有顯著改善時，將很容易獲得保費降低的空間。

(四)加入「世界經貿組織」（WTO）後的衝擊

　　我國加入WTO（World Trade Organization）後，可預料的將是國外保險公司將紛紛來台搶食國內旅運及其他保險的有限市場。可預期的是，加入WTO後，保險業勢必面臨合併或經濟規模重組的趨勢。

三、小結

　　俗語說「行船走馬三分險」，雖然旅運行爲本身不可避免地會有危險發生的機率，因爲輸送會產生動能，一旦有意外或碰撞發

表10-4 1981至2000年飛安失事理賠金額一覽表

事故日期	航空公司名稱	使用機型	失事地點	賠償金額
1981/08/22	遠東	Boeing 737 B-2603	苗栗三義	NT$ 1,500,000
1984/09/28	台灣	BN2-2A B-11109	蘭嶼北方約七浬海面	NT$ 1,600,000
1986/02/16	中華	Boeing 737 B-1870	澎湖馬公機場	NT$ 2,600,000
1988/01/19	台灣	BN2-2A B-11125	蘭嶼青蛇山	NT$ 1,780,000
1989/06/27	永興	Cessna B-12206	高雄小港機場	NT$ 1,900,000
1989/10/26	中華	Boeing 737 B-12120	花蓮加禮宛山	NT$ 3,000,000
1993/02/28	永興	Dornier228 B-12228	蘭嶼與綠島之間海上	NT$ 3,000,000
1994/04/26	中華	A300-600R B-1816	日本名古屋	NT$ 3,600,000
1996/04/05	國華	Dornier228 B-12257	馬祖北竿海面	NT$ 7,200,000
1997/08/10	國華	Dornier228 B-12256	馬祖壁山山區	NT$ 7,600,000
1998/02/16	中華	A300-600R B-1814	中正機場	NT$ 9,900,000
1998/03/19	國華	SAAB340 B-12255	新竹外海	NT$ 9,900,000
2000/10/31	新加坡	B747-400 9V-SPK	中正機場	425,000美元

資料來源：楊政樺資料彙整

生，能量的轉換將造成生命及財產的損失。即便發生空難時機毀人亡的畫面藉著新聞媒體的傳播會讓人們產生若干程度的震撼，然而從科學的理性分析來看，以「曝光量」（exposure base）當成各項交通工具發生事故或造成民眾死亡的比率分析基礎來說，搭

飛機仍為目前最安全的運輸方式。根據美國國家運輸安全委員會的統計顯示，一九九八年在美國共有四萬三千九百零二人因遭受與運輸有關的意外事故而罹難，其中僅有六百八十三人因空難而喪生。且根據王穎駿（1998）彙整國際航空運輸協會（IATA）的「全球民航機失事統計摘要報告」、美國波音飛機公司飛機安全工程部門針對全球商用噴射機失事的綜合統計及《國際飛行周刊》（*Flight International*）的全球民航機失事統計資料所獲得的結論：「每六十二萬五千次離場可能發生一次飛機失事。簡單來講，假如你每天都搭一次這類型飛機的話，要經過一千七百一十二年才會遇到一次失事，但是遇到失事也不見得致命。」雖然目前由於飛機結構、系統、裝備、動力、操控以及地面基礎架構的改進，航空安全的可靠度已足以讓旅運者信賴與放心搭乘，但由於過去三十年來，雖然失事率已經降低到接近谷底，卻不再繼續下降，而穩定地持續每百萬次離場一至二次的失事率，始終無法達成飛航零事故的目標。航空業界一直不斷戮力地在增進飛航安全，無論是裝備的改良、安全的管理及危機應變處理都日趨精進，以期達成零失事率的目標。期待未來，我們會擁有一個更安全的天空！

附錄

> >

SITA TELIX航空電報代碼

A	
A/A	Air-To-Air
A/G	Air ground
AA	All after....
AAR	Advance arrangements required
AB	All before...
ABA	Advance boarding advisory
ABBV	Abbreviate
ABC	Abnormal and emergency checklist
ABD	Aboard
ABM	Abeam
ABNML	Abnormal
ABT	About
ABV	Above
AC	Alternating current
ACC	Accessory
ACCOM	Accommodate, Accommodating, Accommodated, Accommodation
ACCT	Account, Accounted, Accounting
ACFT	Accept
ACFT, A/C	Aircraft
ACG	According
ACK	Acknowledge
ACMP	Accompany
ACN	All concerned notified
ACRS	Across
ACS	Access
ACT	Active, Activate, Activated
ACT, ACDNT	Accident
ACTI	Accident investigation
ACTY	Activity
ACUM	Accumulate
ADCON	Advise all concerned
ADCTC	Advise contact
ADIF	Advise if
ADIN	Advise (us) instructions

ADIZ	Air defence identification zone
ADJ	Adjust
ADJBL	Adjustable
ADLT	Adult
ADM	Administration
ADNO	Advise if not okay (correct)
ADOA	Advise on arrival
ADPTR	Adapter
ADQT	Adequate
ADS	Address
ADSAP	Advise as soon as possible
ADSE	Addressee
ADTK	Advise if ticketed
ADTN	Addition
ADTNL	Additional
ADV	Advise
ADVNC	Advance
ADVOC	Advise if overcarried
ADVR	Advise rate
ADVY	Advisory
ADWUF	Advise when you forward
AFCT	Affect
AFF	Affirmative
AFI	Advise file information
AFS	Aeronautical fixed service
AFT	After...(time or place)
AFTN	Aeronautical Fixed Telecommunications Network
AFTWD	Afterward
AGN	Again
AGR	Agree, Agreeing
AGRD	Agreed
AGRMT	Agreement
AGT	Agent
AHD	Ahead
AIS	Aeronautical information services
AKAD	Acknowledge and advice
ALCTN	Allocation

ALIST	Advance list
ALLOC	Allocate, Allocated, Allocating, Allocation
ALLOT	Allotment
ALLW	Allow, Allowance, Allowing
ALRDY	Already
ALRN	Aileron
ALSTN	All station concerned
ALT	Altitude
ALTN	Alternate, Alternating, Alternative (light alternates in color)
ALU	Aluminum/silver color
ALWB	Allowable
AM	Amplitude modulation
AMD	Amend, Amended, Amending, Amendment
AMP	Amplifier
AMS	Aeronautical mobile service
AMT	Amount
ANCPT	Anticipate
ANLYS	Analysis
ANS	Answer, Answered, Answering
ANT	Antenna
AP, APT	Airport
APCH	Approach, Approached, Approaching
APLY	Apply
APP	Approach control office or approach control
APPR	Appear
APPV	Approve, Approved, Apporving
APPVL	Approval
APR	April
APRNT	Apparent
APROP	Appropriate
APRXLY	Approximate (or approximately)
ARML	Airmail
ARND	Around
ARNG	Arraged, Araged, Arranging, Arrangement

ARR	Arrive, Arrived, Arriving, Arrival, Arrival message
AS	Altostratus
ASA	As soon as
ASAP	As soon as possible
ASFLW	As follows
ASGMT	Assignment
ASGN	Assign
ASST	Assist, Assisted, Assisting, Assistance
ASSW	Associate with
ASSY	Assembly
ATC	Air traffic control
ATCHD	Attached
ATD	Actual time of departure
ATLC	Atlantic
ATND	Attend
ATS	Air traffic services
ATTN	Attention
AUG	August
AUTH	Authorize, Authorized, Authorizing, Authorization
AUTHY	Authority
AUTO	Automatic
AUX	Auxiliary
AVBL	Available
AVE	Avenue
AVG	Average, Averaged, Averaging
AVS	Availability status message
AWB	Air waybill
AYRQ	As your request
B	
B/L	Bill of lading
B/U	Brush up
B/U	Build up
BAG	Baggage
BAL	Balance

BCST	Broadcast
BD, BRDG	Boarding
BDC	Bottom dead center
BDGT, BGT	Budget
BDRY	Boundary
BEC	Become, Becoming, Became
BEL TO	Belonging to
BFR	Before
BGN	Begin
BHD, BHND	Behind
BKDN	Breakdown
BKLOG	Backlog
BL	Brunch
BLDG	Building
BLK	Black
BLK	Block, Blocking
BLKD	Blocked
BLST	Ballast
BLTN	Bulletin
BLU	Blue
BLV	Believe, Belief
BLW	Below
BND	Bound
BOGI	Bogie
BOMB	Bombing
BOOK	Books
BRF	Brief
BRG, BRNG	Bearing
BRKN	Broken
BRKS	Breaks
BRKT	Bracket
BRN	Brown/Color
BRTH	Berth (no preference)
BTN	Between
BTR	Better
BTRY	Battery
BYD	Beyond

C	
C	Degrees Celsius (centigrade)
C/O	Carry over, Care of
CAA	Civil Aviation Administration
CAB	Carburetor
CAB	Civil Aeronautics Board
CAD	Civil Aviation Department
CAMERA	Cameras
CAPT	Captain
CARY	Carry
CATR, CATG	Catering
CBC	Cabin crew
CCAA	China Civil Aviation Administration
CCW	Counter clock wise
CEE	Chinese
CEFT	Certificate
CEL	Ceiling
CEROR	Certificate of origin
CFDL	Confidential
CFM	Confirm, Confirmed, Confirming, Confirmation
CFY	Clarify
CGO	Cargo
CGO MNFST	Cargo manifest
CGSTN	Congestion
CHAP	Chapter
CHAT	Chart
CHD	Child
CHG	Change, Changed, Changing
CHNL	Channel
CHRG	Charge
CHTR	Charter
CIP	Important passenger to the company
CIRC	Circulate
CIRCR	Circular
CK, CHK	Check, Checked, Checking
CKEE	Checkee
CKPT	Cockpit

CKR	Checker
CLD	Cloud
CLN	Colon
CLNG	Cleaning
CLOR	Clear/Color
CLR	Cleared to, Clear
CLRNC	Clearance
CLSD	Closed
CM	Centimeters
CMA	Comma
CMNC	Commence
CMOD	Commodity
CMPCT	Compact
CMPLMT	Complement
CMPLMTRY	Complementary
CMPNT	Component
CMPS	Compass
CMPSN	Composition
CND	Condition
CNEE	Consigner
CNER	Consigner
CNL	Cancel, Canceled, Canceling, Cancellation
CNMT, CNSGT	Consignment
CNSPN	Consumption
CNTCT	Contract
CNTR	Center
CNTRL	Central
CO, CIB	Company
COA	Collect on arrival
COACT	Company's account
COD	Cash on delivery
COD	Cash or collect on delivery
COL	Collation, Collate
COLL	Collect, Collected, Collecting, Collection
COLM	Column
COMAL, COMAIL	Company mail
COMAT	Company material

COMCL	Commercial
COMI	Commercial invoice
COMM	Communications
COMND	Command
COMP	Computer
COMPR	Compare
COMPT	Compartment
COMSN	Commission
COND	Conditional reservation
CONEX	In connection with (connecting)
CONN, CNCT	Connect, Connected, Connecting, Connection
CONQ	Consequently
CONS	Consider, Considered, Considering
CONSTR	Construction
CONT	Continue, Continued, Continuing
CONTNUS	Continuous
CONX	Connection
COOP	Cooperation
COORD	Coordinate
COR	Correct, Corrected, Correction
CORD	Correction to previous message (inserted by communications only)
CORP	Corporation
CPC	Cockpit crew
CPG, CONFIG	Configuration
CPI	Close file
CPLT	Complete, Completed, Completing, Completion
CPN	Coupon
CPP	Computer flight plan
CPPC	Change prepaid to collect
CPTY	Capacity
CRIT	Critical
CRM	Cream/Color
CRW	Crew
CSLDT	Consolidate
CSTM	Customs

>>>

CSTR	Customs regulations
CTA	Communicate all addressed
CTC	Contact, Contacted, Contacting
CTC WZ	Contact with
CTF	Correction to follow
CTFY	Certify
CTNR	Container
CTO	City ticket office
CTRL, CTL	Control, Controlled, Controlling
CTSH	Collect from shipper
CU.FT/MT	Cubic feet/meter
CUD	Could
CUFT	Cubic feet
CUMT	Cubic meter
CURR	Currency
CVR	Cover
D	
D	Dollars
D/D	Delay due
D/M	Delivery manifest
D/O	District office
DAM	Damaged
DAPO	Do all possible
DBL	Double
DBLB	Double room with bath
DBLK	Deblocked
DBLN	Double room without bath/shower
DBLS	Double room with shower
DBML	Diabetic meal
DC	Direct current
DDUE	Delay account of
DEC	December
DECR	Decrease, Decreased, Decreasing
DEF	Definite
DEG	Degrees
DEL, DLY	Delay, Delays, Delaying
DELR	Dealer

DEP	Depart, Departed, Departing, Departure, Departs, Departure control
DEPT	Department
DES	Descend to or descending to
DESC	Describe, Description
DESIGN	Designate, Designation, Designator
DEST	Destination
DFTN	Defection
DGR	Danger
DIDNT	Did not
DIF	Difference
DIMS	Dimension s
DIP	Diplomatic (followed by type of shipment, e.g. mail bag or cargo)
DIPL	Diplomatic
DISC	Discuss, Discussed, Discussing, Discussion
DISP	Dispatch, Dispatched, Dispatching
DIST	Distance
DISTR	Distribution, Distributor
DISTT	Distant
DIV	Division
DIVSN	Diversion
DIVT	Divert, Diverting
DLR	Dollar
DLT	Delete
DLV...	Deliver, Delivered, Delivering, Followed by dates when appropriate e.g. delivered on 14th/DLV14
DLVR	Deliver, Delivered
DLVRY	Delivery
DMG	Damage
DMO	Dependent meteorological office
DMPNK	Delivery manifest (pink)
DMWITE	Delivery manifest (white)
DMYLW	Delivery manifest (yellow)

DOC	Document
DOM	Domestic
DON'T	Do not
DRFT	Drift
DSCTN	Discontinue
DSPN, DISPO	Disposition
DSRE	Disregard
DST	Daylight saving time
DT	Date
DTCTR	Detector
DTG	Date-Time group
DTRM	Determine, Determined, Determining
DTRT	Deteriorate, Deteriorated, Deteriorating
DUPE	Duplicate
DURG	During
DUST	Dust Storm
DVID	Divide
DVLP	Develop
DWG	Drawing
E	
E	East, Eastern longitude
E/B	Eastbound
EA	Each
EEE	Error
EEF	Effective
EG	For example
ELEC	Electric
ELEV	Elevator, Elevation
EM	Emission
EMB	Embarking, Embarked
EMERG, EMGCY	Emergency
EMIG	Emigrant
ENDG	Ending
ENDVR	Endeavor
ENG	Engine, Engineering
ENGR	Engineer
ENQ	Enquire, Enquired, Enquiring

‹‹‹

ENRT	En route
EOA	End of address
EOM	End of message/Telegram
EQPT	Equipment
ESNTL	Essential
EST	Estimate, Estimated, Estimating, Estimation
ESTAB	Establish, Established, Establishing, Establishment
ETA	Estimated time of arrival
ETC	Etcetera
ETD	Estimated time of departure
ETE	Estimated time enroute
ETO	Estimated time over
ETR	Estimated time of release
EV	Every
EVE	Evening
EVLP	Envelop
EXAM	Examination
EXC	Except
EXCHG	Exchange
EXCL	Exclude, Excluded, Excluding
EXER	Exercise
EXH	Exhaust
EXLI	Export license
EXP	Expect, Expected, Expecting
EXPL	Explain
EXTD	Extend, Extending
EYE	I
F	
F	Degrees Fahrenheit
F/A	First aid
F/A	Flight attendant
F/E	Flight engineer
F/F	Fuel flow
F/O	First officer
F/Q	Fuel quantity
F/S	Flight stewardess
FAA	Federal Aviation Administration (USA)

FAC	Facility
FAL	Facility of international air transport
FAM, FAMI	Familiarization
FAX	Facsimile
FCC	Federal communications Commission
FCST	Forecast
FEB	Feburary
FIG	Figure
FILG	Filling
FILM	Films
FIN	Financial
FIR	Flight information region
FIRB	Flight information region boundary
FIS	Flight information service
FL	Flight level
FLIST	Final list
FLT	Flight
FLTR	Filter
FLW	Follow, Followed, Following
FM	From (and including)
FMT	Further to my telegram
FNCTN	Function
FNL	Final
FOOTWR	Footwear
FPM	Feet per minute
FREQ	Frequent, Frequency
FRI	Friday
FRNG	Firing
FRNT	Front
FRQ	Frequent
FRT	Freight
FRY	Ferry
FT	Feet (dimensions unit), foot
FTG	Fitting
FTHR	Further (farther)
FURNITR	Furniture
FUS	Fuselage

FVR	Favor, favor of
FVRBL	Favorable
FWD	Forward, Forwarded, Forwarding
FWDDARML	Forwarded by air mail
FWDDCML	Forwarded by company mail
FWDDCMT	Forwarded by company material
FWDDOCGO	Forwarded by ocean cargo
FWDDRGML	Forwarded by registered mail
FYI	For your information
G	
G/A	Go-around
G/A	Ground/air
GA	Go ahead, Resume sending
GAL	Gallon
GAS	Gasoline
GBL	Government Bill of Lading
GBLD	Garbled
GEN	General
GBO	Geographic or true
GH	Ground handling
GHA	Ground handling agent, Ground handling agreement
GHC	Ground handling charge
GHS	Ground handling service
GMT	Greenwich Mean Time
GND, GRND	Ground
GOVT	Government
GPH	Gallon per hour
GPO	General Post Office
GRADU	Gradual, Gradually
GRD	Guard
GRN	Green color
GRP	Group, Grouped, Grouping
GRS	Gross
GRY	Grey color
GSA	General Sales Agent

GST	Gust
H	
H/O	Head Office
H24	Continuous day and night service
HARDWR	Hardware
HD	Head
HDF	High frequency direction finding station
HDG	Heading, Headed
HDL, HNDL	Handle, Handled, Handling
HDQ	Headquarters
HI	High
HLD	Hold, Holding, Held
HLF	Half
HNGR	Hangar
HONED	Hotel room needed
HORES	Hotel reservation
HORIZ	Horizontal
HOTAC, HTL	Hotel accommodation(s)
HOYES	Hotel reservation OK
HP, H/P	Horse power
HR	Here
HR	Hour(s)
HS	Has
HSTS	Hostess
HTR	Heater
HURCN	Hurricane
HV	Have
HVY	Heavy
HW	How
HWVR	However
HYDR	Hydraulic
I	
I/B	Inboard
IATA	International Air Transport Association
IAW	In accordance with
ICAO	International Civil Aviation Organization
ICT	Incident

ID	Identifier or identification or identify
IDENT	Identification, Identify, Identify, Identifying, Identified
IGNTN	Ignition
IMG	Immigrate, Immigration
IMP	Impact
IMP	Important
IMPOSS, IMPSBL	Impossible
IMPR	Improve, Improving, Improved, Improvement
IMT, IMMDT	Immediate, Immediately
IMTLY	Immediately
INADQT	Inadequate
INAUG	Inauguration, Inaugural
INBND	Inbound
INCL	Include, Including, Included, Inclusive
INCOR	Incorrect
INCPLT	Incomplete
INCR, INCRS	Increase, Increased, Increasing
INCRRFA	Message relates to uncertainly phase
INCV	Inclusive
IND	Indicated, Indication, Indicator
INDEF	Indefinite, Indefinitely
INF	Infant
INFO, INFM	Inform, Informed, Informing, Information
INJC	Injection
INOP	Inoperative
INP	If not possible
INQR	Inquire
INS	Inches (dimensional unit)
INSP	Inspect, Inspected, Inspecting, Inspection
INSPR	Inspector
INSRT	Insert
INST	Instructor
INSTL	Install, Installation
INSTR	Instruction, Instructed, Instruct
INTCHBLE	Interchangeable

INTER	Intermittent
INTL	International
INTMD	Intermediate
INTRP	Interrupt
INTSF	Intensify or intensifying
INTST	Intensity
INTVL	Interval
INV	Inventory
INV	Invoice
INVEST	Investigate, Investigated, Investigating, Investigation
IP	Instructor Pilot
IRREG	Irregularity
ITNRY	Itinerary
J	
JAN	January
JPN	Japan
JUL	July
JUN	June
K	
KG	Kilogram (kilogrammes)
KM	Kilometers
KMH	Kilometers. Per hour
KT	Knots
KW	Kilowatts
L	
L	Line
L/H	Left hand
LAT	Latitude
LCL	Local
LCT	Locate
LD	Load
LDG	Landing
LENG	Length
LFT	Left
LFTOVR	Leftover

LGT interference or	Light (used to qualify icing turbulence, static)
LKLY	Likely
LMT	Local mean time
LNG	Long (used to indicate the type of approach desired or required)
LNK	Link
LOC	Local, Location, Locally
LOCDLVY	Local delivery
LODG	Loading
LONG	Longitude
LR	Last received telegram (communications)
LS	Last sent telegram
LT	Local time
LTD	Limited
LTFLW	Letter follows
LTHER	Leather
LTL	Little
LTR	Letter
LUB	Lubrication
LV	Leave
LVG	Leaving
LVL	Level
LWBR	Lower berth (single occupancy)
LWR	Lower
M	
M	Meters
M/A	Meet and assist
M/H	Man hour
MAG	Magnetic or Magnetized Material (blue label)
MANIF	Manifold
MAR	March
MAT	Material
MAX	Maximum
MAY	May
MB	Millibars (Milibars)

MCHN	Machine/Machinery
MEAS	Measure
MECH	Mechanic, Mechanical, Mechanism
MED	Medical
MEDA	Medical Case
MEMO	Memorandum
MET	Meteorological, Meteorology
MGR	Manager
MHZ	Megahertz per second
MIC	Microphone
MID	Middle
MIL	Military, Military specification
MIN	Minutes
MINR	Minimum room rate desired
MISC	Miscellaneous
MISG	Missing
ML	Meal
ML	Miles (statute)
ML	My letter
MLFTN	Malfunction
MNFST	Manifest
MNM	Minimum
MO	Month
MODIF	Modify, modified, modification
MODR	Moderate, (Medium) room rate disired
MOM	Wait a Moment
MON	Monday
MONTR	Monitor
MOV	Move, Moving
MPH	Statute Miles per hour
MPS	Metres per second
MR	Mister
MRNG	Morning
MRS	Mistress
MS	Minus
MSCN	Misconnect, Misconnected, Misconnection
MSG	Message(s)

MSHDL	Mishandled
MSR	Message (transmission identification) has been Misrouted
MT	Mountain
MT	My telegram (Message, cable, wire etc.)
MTG	Meeting
MTNC, MAINT	Maintenance
MUAL	Manual
MULT	Multiple
MUNI	Municipal
MXD	Mixed
N	
N	North
N	Northern latitude
NA	Not available
NAC	No action taken on your message
NATL	National
NAV	Navigation
NB	Northbound
NC	No change
NC	No connection (communications)
NE	North East
NEC	Necessary
NEG	Negative
NG	No good
NGT	Night
NIFY	Notify
NIL	None
NIL	Nothing
NIS	Not in stock
NM	Nautical miles
NML	Normal
NMP	North and Mid Pacific
NN	Need
NOACT	No action taken
NOB	Not on board

NOHOL	Not holding
NONREV	Non revenue passenger
NOOP	No operate, no operation, not operated
NOREC	No recognition
NOREP	No reply
NOSH	No show
NOSIG	No significant change (for use in trend type landing forecasts)
NOSUB	Not subject to load, must ride
NOTAM	Notice to airmen
NOTRC	No trace
NOV	November
NR, NBR	Number
NRC	No record passenger
NREC	No record
NRV	Non revenue
NS	Nimbostratus
NSTP	Nonstop
NTBA	Name(s) to be advised
NTC	Notice
NTSTP	Night stop
NTW	Network
NW	North West
NWP	Newspapers, Magazines
NWT	Net weight
NXT	Next
O	
O/A	On or about
O/F	Over-fly
O/H	Over haul
O/H	Over-head
O/P	Order Point
O/R	On request
O/T	Oil temp
OAG	Official airline guide
OBD	On board

OBJ	Object, Objected, Objecting, Objection
OBND	Out bound
OBS	Observe, Observed, Observing, Observation, Observer
OBSC	Obscure, Obscured, Obscuring
OBSCD	Obscured
OBST	Obstruct, Obstruction
OC	On condition
OCN	Ocean
OCNL	Occasional, Occasionally
OCP, OCC	Occupied
OCR	Occur
OCT	October
ODR	Order
OFC	Office
OFCL	Official
OFF	Off, take Off
OFLD	Offloaded (followed by reasons for Offload)
OG	On ground
OH,OHD	On hand
OJAST	On the job assignment
OK	We agree, in order
OPER, OPR	Operate, Operated, Operating
OPRR	Operator
OPS	Operations
OPTIC	Optical
ORA	Other restricted articles
ORD	Ordinary, indication of an order
ORDY	Ordinary
ORG	Organize, Organized, Organization
ORIG	Origin, Original, Originate, Originated, Originating, Origination
OSI	Other service information
OTHS	Other advance arrangement required or other service for no code exists

OTP	On top
OTR	Other
OTRW	Otherwise
OTS	Out of service
OVBAG	Overnight bag
OVBK	Overbook, Overbooked, Overbooking
OVC	Overcast
OVCD	Overcarried
OVFLY	Overfly
OVHD	Overhead
OVNGT	Overnight
OVR	Over
OVRCHRG	Overcharge
OVS	Overseas
OVSL	Oversale (over sold)
OW	One way
OZ	Ounce
P	
P	Pounds Sterling (U.K.)
P/C	Periodic check
P/N	Parts number
P/O	Plane overhaul
P/U	Pickup
PAC	Pacific
PALT	Pallet
PAN	Pantry (in galley)
PARA	Paragraph
PART	Partshipment
PAX	Passenger
PAXMNFST	Passenger Manifest
PAYLD, PLD	Payload
PBL	Passenger boarding list
PC	Pieces (the first two dashes for Number of pieces)
PCL	Parcel, Package
PCS	Piece
PCT	Percent, Percentage

‹ ‹

PDM	Possible duplicate message (inserted by communications only)
PER	Personnel
PERM	Permanent
PFM	Perform
PFMNS	Performance
PIC	Pilot in command
PKG	Package
PKLT	Packing list
PL	Passenger list
PLD	Plaid/Checked/Tweed color
PLS, PSE	Please
PLT	Pilot
PMSN	Permission
PMT	Permit
PNEFF	Personal effects
PNK	Pink color
PNL	Panel
PNR	Passenger Name Record
PNR	Prior notice required
PO	Purchases order
POB	Person on board
POS	Positive
POSS	Possible
PPD	Prepaid
PPGTN	Propagation
PPT	Passport
PRD	Period
PREC	Precautionary
PREP	Prepare, Prepared, Preparing
PRESS	Pressure
PREV	Previous
PRIM	Primary
PRIN	Principle
PRINV	Progressive inventory

PROB	Probable, Probably, Probability
POOC	Proceed, Proceeding, Procedure
PROCDR	Procedure
PROG	Progress
PROGCK	Progress check
PROP	Propose, Proposed, Proposing
PROT	Protect, Protecting, Protection
PROT	Protecting reservation
PROV	Provisional, Provisioning
PRPY	Property
PS	Plus
PSI	Pound per square inch
PSN	Position
PSNT	Present
PT	Point
PTA	Prepaid ticket advice
PTCL	Particulars, Particular
PTCP	Participation
PTLY	Partly
PTM	Passenger transfer message
PTY	Party
PUB	Public, Publication, Publicity
PUBL	Publish
PUR	Purser
PVT	Private
PWCT	Passenger will contact
PWR	Power
PXACT	Passenger account
Q	
QC	Quality control
QK	Quick
QLFY	Qualify
QLTY	Quality
QMRK	Question mark
QNTY	Quantity
QSTN	Question
QT	Quart

QTE	Quote
QTR	Quarter
QUAD	Quadrant
R	
R/C	Route check
R/H	Right hand
RCFM	Reconfirm, Reconfirmed, Reconfirming, Reconfirmation
RCH	Reach
RCMD	Recommend, Recommended
RCNO	Reconfirmation not required
RCPT	Receipt, Reception
RCV	Receive, Received, Receiving, Receiver
RCVR	Radio receiver
RDCTN	Reduction
RE	Refer
REC	Records
RECAP	Recapitulation
RECON	Reference conversation
REF	Refer, Reference, Referring to
REG	Region
REGL	Regional
REMF	Reference my phone (call)
REML	Reference to my letter (memorandum etc...)
REMT	Reference to my telegram, cable, wire
REORG	Reorganize
REP	Represent
REPR, REPTV	Representative
REQ	Require, Required, Requiring, Requirement
REV	Revenue
REWNG	Reweighing
REX, REXP	Explosives (explosive label)
REYF	Reference your phone call
REYL	Reference you letter, memo, etc...
REYR	Reference your
REYT	Reference your telegram, cable, wire

RGLN	Regulation
RGLR	Regular
RGLTR	Regulator
RGRD	Regard
RGT	Right
RHR	Rather
RLNG	Releasing
RLS, RLSE	Release
RLY	Relay
RMRK	Remark
RMV	Remove
RND	Round
RNG	Radio range
RO	Regional office
ROFOR	Route forecast (in international meteorological figure code)
ROX	Rate of exchange
RPL	Replace
RPLSH	Replenish
RPLY	Reply
RPM	Revolution per minute
RPPT	Report
RPR	Repair
RPT	Repeat, Repeated, Repeating, Repeatition
RQ	Request, Indication of a request
RQID	Request if desired
RQP	Request permission
RQR	Request for reply
RQST	Request
RSN	Reason
RSV	Reserve
RSVN	Reservation
RSVR	Reservoir
RT	Round trip
RTAT	Rotate
RTC	Relay via private cable company

RTG	Routing
RTN, RET	Return
RTP	Relay via Public Telegraph
RTX	Relay via telex
RUSHR	Rush reply
RVS	Revise
RWY	Runway
RYHA	Release to you for handling
RYT	Reply your telex
S	
S/B	Southbound
S/N	Serial number
S/O	Shut off
SAN	Sanitary
SAT	Saturday
SB	Stand by
SBJ	Subject
SCASE	Suitcase
SCLN	Semicolon
SCT	Scattered
SCTR	Sector
SE	South East
SEC	Seconds
SEP	September
SEPN	Separation
SEQ	Sequence
SEV	Severe (used e.g. to qualify icing and turbulence reports)
SFT	Square feet
SGL	Single
SGLB	Single room with bath
SGLN	Single room without bath/shower
SGLS	Single room with shower
SGST	Suggest
SHL	Still hold, shall
SHPMNT, SHPT	Shipment

> >

SHPR	Shipper
SHTL	Second class hotel
SHUD	Should
SHWR	Shower
SI	Special inspection
SIG	Signature, Sign, Signed
SITA	Societe Internationale de Telecommunications Aeronautiques
SKJ	Schedule
SLCT	Select
SLP	Slip
SLW	Slow
SML	Small
SMRY	Summary
SMTH	Smooth
SNBR	Snubbed
SND	Still need
SNSR	Sensor
SOP	Standard operation procedure
SPC	Space
CPCK	Spotcheck
CPCL	Special
SPEC	Specification
SPNSR	Sponsor
SPPT	Spare part
SPRD	Spread
SPT	Separate
SPVR	Supervisor
SQK	Squawk
SPCH	Search
SRG	Short range
SRY	Sorry
SSR	Special service requirement
ST	Street
STD	Standard
STF	Stratford

<<<<<<<<<<<<<<<<<<<<<<<<<<<<<<<<<<<<<<<<<<<<<<

STK	Stock
STN	Station
STNR	Stationary
STP	Stop
STR	Striped color
STSVC	Statement of services
STWD	Steward
SUBJ	Subject
SUBT	Substitute
SUG	Suggest, Suggested, Suggesting, Suggestion
SUIT	Double room with bath and sitting room (when more then one bedroom is required, include requirement as Additional Information)
SUN	Sunday
SUPL	Supplementary
SUR	Surface
SVC	Service
SVCBL, SER	Serviceable
SVRL	Several
SW	South West
SYS	System
T	
T/A	Turn-around
T/C	Transportation credit
T/O	Take off
T/O	Take over
TACH	Tachometer
TAGNR	Tag number
TAR	Tariffs
TBO	Time between overhaul
TDA	Today
TECH	Technical
TELCOM	Telecommunications
TEMPO	Temporary, Temporarily
TFC	Traffic
TGM	Telegram

THR	Threshold
THRU	Through
THSN	Thousand
THTL	Tourist (class c hotel), tourist (third) class hotel
THU	Thursday
TIL	Until
TKS	Thanks
TKT	Ticket
TLX	Telex (teletypewriter exchange service)
TMNT	Terminate
TMW	Tomorrow
TNDCY	Tendency
TNGT	Tonight
TNSN	Tension
TNST, TRA	Transit
TO	Town Office
TOD	Time of delivery
TOR	Time of receipt
TOS	Time of sent
TOT	Time of transmission
TPY	Tapestry/Spotted color
TRANS	Transmitting, Transmitter
TRBL	Trouble
TRF	Transfer, Transferred, Transferring, Transshipment
TRK	Truck
TRML	Terminal
TRNG	Training
TRPB	Triple room with bath
TRPN	Triple room without bath/shower
TRPS	Triple room with shower
TRPT	Transport
TRQ	Torque
TRVL	Travel
TSO	Time since overhaul
TTL	Total
TTY	Teletypewriter
TUE	Tuesday

TUR	Tour (sightseeing, etc.)
TURB	Turbulence
TWD	Toward
TWNB	Double room with bath, twin beds
TWNN	Double room without bath/shower, twinbeds
TWSN	Double room with shower, twin beds
TXT	Text
TXTL	Textiles
TYPH	Typhoon
U	
UFN	Until further notice
UGT	Urgent
UM	Unaccompanying minor (follow by age)
UNA	Unable
UNACC, UNACOM	Unaccompanied
UNADV	Unable advise
UNCHD	Unaccompanied child
UNCHG	Unchanged
UNCTC	Unable to contact
UNDLD, UNDLV	Undelivered
UNEC	Unnecessary
UNK, UNKN	Unknown
UNL	Unlimited
UNQTE	Unquote
UNREL	Unreliable
UNS, U/S	Unserviceable
UNSTDY	Unsteady
UNUSL	Unusual
UPBR	Upper berth
UPR	Upper
USBL	Usable
V	
V/D	Variable displacement
VA	End of work
VALU	Valuable
VCHR	Voucher
VCNTY	Vicinity

VER, VERT	Vertical
VFY	Verify
VIA	By way of
VIP	Very important passenger (person)
VIS	Visibility
VLR	Very long range
VNT	Vent
VOL	Volume
VOLT	Voltage
VRBL	Variable
VSBL	Visible
VV	Vice versa
W	
W	West or western longitude
W/B	Weight and balance
WA	Word after
WARN	Warning
WB	Word before
WD	Word
WED	Wednesday
WENHO	We do not hold
WGN	Wagon
WH	Warehouse
WHN	When
WHT	White color
WIE	With immediate effect or, effective immediately
WILAD	Will advise
WILCN, WILCT	Will contact
WILCO	Will comply (with)
WILFO	Will follow
WILRE	Will report
WIP	Work in progress
WK	Week
WKN	Weaken or weakening
WL	Will
WLARML	Will forward by air mail
WLBE	Will be

<<<<<<<<<<<<<<<<<<<<<<<<<<<<<<<<<<<<<<<<<<<<<<<<

WLCML	Will forward by company mail
WLCMT	Will forward by company material
WLDEP	Will depart
WLFWD/HSTS	Will forward by care of hostess
WLFWD/PSR	Will forward by care of purser
WLOCGO	Will forward by ocean cargo
WLRGML	Will forward by registered mail
WND	Wind
WO,W/O	Work order
WPM	Words per minute
WRANT	Warantee
WT	Weight
WUD	Would
WUFWD	When you forward
WX	Weather, Weather report
WZ	With
WZT	Without
X	
XMIT, XMT	Transmit
XMTR	Transmitter
XPNDL	Expendables
XPR	Expire
XTN	Extension, Extend, Extending
XTSN	Extension
Y	
YD	Yards
YDA	Yesterday
YL	Your letter
YLW	Yellow color
YR	Your
YT	Your telegram (telex, cable, wire, tec.)
Z	
Z	Greenwich Mean Time groups only

‹‹‹‹‹‹‹‹‹‹‹‹‹‹‹‹‹‹‹‹‹‹‹‹‹‹‹‹‹‹‹‹‹‹‹‹‹‹

參考文獻

一、中文部分

1. 《中華航空公司運務作業手冊》。

2. 《中華航空公司飛安預防手冊》。

3. 《長榮航空公司運務作業手冊》。

4. 《長榮航空公司地勤作業手冊》。

5. 《遠東航空公司勤務作業手冊》。

6. 《遠東航空公司運務作業手冊》。

7. 《遠東航空公司危險品管理手冊》。

8. 《遠東航空公司貨運作業手冊》。

9. 《遠東航空公司空服員作業手冊》。

10. 《復興航空公司運務作業手冊》。

11. 《立榮航空公司運務作業手冊》。

12. 《華信航空公司失事預防手冊》。

13. 張有恆，1998，《航空運輸管理》，鼎漢國際工程顧問股份有限公司。

14. 趙維田，1991，《國際航空法》，水牛圖書出版公司。

15. 汪進財、盧清泉，1996，〈臨時飛航事件班機調度因應策略之研究〉，《運輸計劃季刊》，第25卷，第二期。

16. 鍾惠存，2000，〈航空公司班機誤點延滯擴散與控制之研究〉，國立交通大學運輸工程與管理學系碩士論文。

17. 高聰明，1999，《航空客運風險管理》，長榮航空訓練中心叢書。

18.高聰明，2000，《航空電訊用語》，長榮航空訓練中心叢書。

19.楊政樺、張健豪，1998，"Is the Airline Business easy to run？"，《世界民航》雜誌（*Airway*）國際中文版，第二十期第98-103頁。

20.林如蘋，1996，〈機場航空噪音費徵收之研究－以中正機場為例〉，國立交通大學交通運輸研究所碩士論文。

21.陳家緯，2000，〈城際大眾運輸安全風險評估之研究〉，國立交通大學運輸工程與管理學系碩士論文。

22.中華民國飛航安全基金會，〈航空安全計畫管理訓練講義〉，第43頁。

23.交通部運輸研究所，1997，〈國內外航空事故肇因分析與失事調查組織以及作業之研究〉。

24.呂錦隆、段良雄，1999，〈航空公司認同卡對航空旅客選擇行為之影響研究〉，中華民國運輸學會第14屆論文研討會。

25.交通部民用航空局，2000，《民航政策白皮書》。

26.李雲寧、王穎駿，1998，〈高科技環境下之風險管理－人為失誤與飛航安全文化〉，《民航季刊》，第一期。

27.蕭銘雄，1996，〈考慮活動與旅運的時間價值研究〉，成功大學交通管理學系博士論文。

28.楊政樺，2001，《航空運務學講義》，國立高雄餐旅學院航空服務科教學講義。

29.王穎駿，1998，〈從數字看飛安〉，《世界民航雜誌》（*Airway*）國際中文版，第十六期第56-59頁。

30.施智璋，2000，〈歐盟關於危險貨品的公路安全運輸規定〉，《中華民國第七屆運輸與安全研討會論文集》。

<<<<<<<<<<<<<<<<<<<<<<<<<<<<<<<<<<<<<<<<<<<<

二、英文部分

1.The United Kingdom's National Report (1998), On *Compliance with the Convention on Nuclear Safety Obligations*, HSE.

2.Besselink, C. (1996), *Integrated Safety Management System, Presented at the Flight Safety Foundation's 49th Annual International Air Safety Seminar at Dubai.*

3.Carey, M. and A. Kwiecinski (1994), "Stochastic Approximation to the Effects of Headways on Knock-on Delays of Trains," Transportation Research B, Vol. 28B, No. 4, pp. 251-267.

4.Aaker, D. A. (1996), Measuring brand equity across products and markets. California Management Review 38, pp. 102-120.

5.Ben-Akiva, M., Cyna, M. and de Palma, A. (1984), Dynamic model of peak period congestion. Transportation Research 18B, pp. 339-355.

6.Abkowitz, M. D. (1981), An analysis of the commuter departure time decision. Transportation 10, pp. 283-297.

7.Abu-Eisheh, S. A. and Mannering, F. L. (1987), Discrete/continuous analysis of commuters' route and departure time choice. Transportation Research Record 1138, pp. 27-34.

8.Kearney, T. J. (1989), Frequent flyer programs: A failure in competitive strategy, with lessons for management. Journal of Service Marketing 3, pp. 49-59.

9.Reason J., (1997), Managing the Risks of Organizational

Accidents, Ashgate Publishing Limited, England.

10. Goodwin, P. B. (1974), Time Effort and Money, Three Components of the Generalised Cost of Travel, PTRC Ltd., Warwick, July.

11. Takayuki Morikawa, Moshe Ben-Akiva and Kikuko Yamada (1991), Forecasting Intercity Rail Ridership Using Revealed Preference and Stated Preference Data, Transportation Research Record, No. 1328, pp. 30-35.

12. International Air Transport Association (1999), Dangerous Goods Regulations, Montreal-Geneva.

13. *Airline Business*, May 1999, Phone alone.

14. *Airline Business*, Aug 2000, Will check-in get smart

15. *Airline Business*, Jul 2000, Motivated Mergers.

16. *Airline Business*, Mar 2000, The Merger Puzzle.

三、網路部分

1. 美國西北航空公司網站 www.nwa.com

2. 美國聯合航空公司網站 www.usairways.com

3. 美國大陸航空公司網站 www.flycontinental.com

4. 中華航空公司網站 www.china-airlines.com.tw

5. 長榮航空公司 www.evaair.com/welcome.asp

6. 遠東航空公司 www.fat.com.tw

7. 遠東航空易飛網 www.ezfly.com.tw

8. 復興航空公司 www.tna.com.tw

9. 立榮航空公司 www.uniair.com.tw

10. 華信航空公司 www.mandarin-airlines.com、www.hibird.com.tw

11.交通部運輸研究所 www.iot.gov.tw

12.交通部民用航空局 www.caa.gov.tw

13.國際民航組織網站 www.icao.org

14.美雅捷運網站 www.mantraco.com.tw

15.國際航空運輸協會網站 www.iata.org

16.國際航空電訊協會網站 www.sita.com

國家圖書館出版品預行編目資料

航空地勤服務管理　= Airline management in
airport service／楊政華著. -- 初版. --臺北
市：揚智文化, 2001[民 90]
　　面；　公分. -- (餐飲叢書)

ISBN　957-818-310-0（平裝）

1.航空運輸–管理

557.93　　　　　　　　　　　90012867

餐旅叢書

航空地勤服務管理

作　　者／楊政樺
出 版 者／揚智文化事業股份有限公司
發 行 人／葉忠賢
執行編輯／閻富萍
地　　址／新北市深坑區北深路三段 260 號 8 樓
電　　話／(02)8662-6826
傳　　真／(02)2664-7633
網　　址／http://www.ycrc.com.tw
 E-mail／service@ycrc.com.tw
印　　刷／鼎易印刷事業股份有限公司
 I S B N／957-818-310-0
初版一刷／2001 年 9 月
初版六刷／2018 年 10 月
定　　價／新台幣 550 元